U0579905

当代中国哲学家文库

中华人文精神的重建

以中国哲学为中心的思考

图书在版编目(CIP)数据

中华人文精神的重建：以中国哲学为中心的思考／郭齐勇著.—北京：北京师范大学出版社，2011.10

(当代中国哲学家文库)

ISBN 978-7-303-13548-6

Ⅰ. 中… Ⅱ. ①郭… Ⅲ. ①中华文化－研究②哲学－研究－中国 Ⅳ. ①K203 ②B2

中国版本图书馆CIP数据核字(2011)第203635号

营销中心电话 010-58802181 58808006
北师大出版社高等教育分社网 http://gaojiao.bnup.com.cn
电子信箱 beishida168@126.com

出版发行：北京师范大学出版社 www.bnup.com.cn
北京新街口外大街19号
邮政编码：100875
印　　刷：北京联兴盛业印刷股份有限公司
经　　销：全国新华书店
开　　本：155 mm × 235 mm
印　　张：29
字　　数：400千字
版　　次：2011年10月第1版
印　　次：2011年10月第1次印刷
定　　价：50.00元

策划编辑：饶　涛　　责任编辑：祁传华
美术编辑：毛　佳　　装帧设计：毛　佳
责任校对：李　菡　　责任印制：李　啸

治学点滴
（代序）

问： 您可以给我谈谈您的治学经历吗？

答： 我在高中时代就爱好哲学。1966 年高中毕业后，曾当过知青，下过乡，又当过工人，在十二年里较深入地理解了中国社会的底层，又不废读书，特别是读马克思、黑格尔、列宁的哲学，也读当时出版的《欧洲哲学史简编》、王充的《论衡》、杨荣国的《中国哲学史》等。我与内人幸运地遇到恢复高考的机缘，分别考上武汉大学与武汉水利电力学院，于 1978 年三十一岁时圆了大学梦。我考入武汉大学哲学系，读本科后又考上硕士研究生，先后获哲学学士与硕士学位。从本科生开始便自觉定位于中国哲学，师从萧萐父、李德永、唐明邦教授等。1984 年底硕士毕业留校任教至今，一直执教于武汉大学，做人、治学受萧老师等前辈学者的影响，坚持实践老师提出的“德业双修，学思并重，史论结合，中西对比，古今贯通”的二十字方针。1987 年至 1990 年在萧先生门下，在职攻读博士学位；1989 年 1 月晋升为副教授；1992 年 8 月获哲学博士学位；1993 年 3 月晋升为教授，同年 10 月被增列为博士生导师。曾到美国哈佛大学、日本关西大学做高访学者；到德国特里尔大学、我国台湾政治大学做客座教授；到德国慕尼黑大学、莱比锡大学，俄罗斯科学院，日本东京大学、早稻田大学、东北大学、国际日本文化研究所，韩国首尔大学，台湾大学、台湾“中研院”，香港中文大学等机构做过中国哲学方面的学术性演讲。

我早年曾简单化地批判儒学与传统文化，中年后转到同情地理解与绍述的立场。学术研究方面，从熊十力与现代新儒学做起，在研究过程中逐步确立了自己的精神文化之方向，继而上溯中国哲学源头，立志发潜德之幽光，努力阐扬中国哲学智慧的特点与优长。在中国哲学的研究方面抓住两头：一是现代，一是先秦。

问：您在20世纪80年代的文化热中就崭露头角，写过不少文章。请谈谈当时的情况与尔后的变化。

答：从1985年至1990年，我评析了当年诸名家的文化观，尤其对“儒学复兴”、“西体中用”、“彻底重建”诸说与《河殇》的文化观予以批评，阐发了业师萧萐父先生的“明清之际早期启蒙说”，又从人类学与文化哲学的不同维度讨论文化问题，研究文化变迁中的涵化与整合以及文化类型学，尤其对“传统”作出疏导，对传统与现代的关系、传统文化的诠释与评价问题作了细致的分析。1990年以后，我的学术思想发生了大的转折，对传统文化资源特别是儒学的正视与开掘更为自觉。这根本上缘于现实批判之后的反思，即现实批判所需要的道德资源、道德勇气也可以来自传统文化，政治自由主义与儒学恰好可以互补。

问：我读过您近年在高等教育出版社出版的《中国哲学史》，篇幅不大但自成系统，我也知道您十多年来写了好几篇论文，重点讨论了中国哲学的方法论、特色与分期问题，您愿就这些方面聊聊吗？

答：我主张理直气壮地承认中国哲学的正当性，努力确立中华民族哲学传统、哲学智慧与哲学思维的自主性或主体性，发掘中国哲学的独特价值，同时主张保持世界性与本土化之间必要的张力，在与西方哲学的比照、对话中，超越西方哲学的体系、框架、范畴的束缚，实现中国哲学学科的自主发展，构建学科的主体性。在方法论方面，我强调内在式批判，继承性创新，不是强势地而是弱式、软性地诠释，重视理解的历史性与诠释的相应性，同情地理解，理性地批导，肯定并总结改革开放以后中国哲学研究的范式的转移。

通过对中国哲学的“道”、“气”、“阴阳”、“五行”等“基元概念”及儒释道诸家哲学路数的分析，从根源上揭示中国哲学的要义与特征，认定中国哲学不同于西方的实体主义；其宇宙论是生成论，主流是生机主义，将世界视为连续性的创进不息的过程；注重天地人物我之间，身心之间的相互感通、整体和谐、动态圆融，在天人性命、形上形下、价值理想和现实人生之间没有鸿沟；重视存在的体验、生命的意义、人生的价值，具有很强的实践性；中国哲学具有自身独特的概念、逻辑、理性与异于西方的认识理论和哲学智慧。中国哲学、传统形上学的基本特征可概括为三个方面：一是创化日新、生生不已；二是相依相待、整体和谐；三是事实与价值的联系、语言与超语言的贯通。这些原创性的智慧是全人类极其宝贵的思想传统和思想资源。诠释中国哲学的最高信仰“天”的意义及天人之间、人与自然之间、人与社会或他人之间、个体人的身与心之间的辩证智慧及其当代价值与意义。以中国哲学自身内在逻辑发展及其与外来哲学的交融为背景，我提出了中国哲学史上的四分期说：先秦为创立期，汉至唐代为扩大期，宋至清代为融会期，清末民初至今为潜藏期，以四期说架构中国哲学史。

问：从您近年在中华书局出版的论文集《中国哲学智慧的探索》一书中，我透过学术专业性很强的一些论文，仍能体会到您最为关心的是儒释道精神及其现代转化的问题，请谈谈您在这方面的研究。

答：我从儒释道各家的核心范畴、精神价值与运思风格等方面，对中国人的终极归属、政治观、伦理观、人生修养论的现代意义等做了一定的研究。如讨论中国古代哲人的生存智慧，东亚儒学核心价值观及其现代意义，原始儒家（孔、孟、荀）的正义论与道德心性论，《周礼》、《礼记》中蕴涵的社会公正思想资源，礼学与现代生活及文明对话，先秦诸子与诸子学，苏格拉底、墨家与儒家关于“孝”、“爱”的同异，《老子》与《庄子》之“道”论及其同异，佛教的精神解脱与社会参与，马祖禅的哲学意蕴，朱熹与王夫之的心性情才论的比较等，重视儒释道的心性修养论、人格境界论、生死观等在当代社会心理调节等方面的功能，肯定先秦到宋明的心性论这一富矿有益当代，值得发掘。对学术前沿的课题，如儒家与自由主义的对话、公与私、公德与私德、儒学的宗教性与超越性、文明对话等论域发表了自己的见解，有拨乱反正的意义。重点阐发了先秦儒家政治哲学的根据及其包含的中国古代社会正义论的思想内涵与特色，儒家德性伦理的深刻意义，认定儒学是具有宗教性品格的精神形态、人文学说，指出“亲亲互隐”观念、亲属容隐制度在古代与现代的意义，唯有合乎人情、顺乎人心的法律规定才能真正保护并捍卫人民自身的权利。我重新解读儒家与专制王权之关系，肯定传统儒家型社会是“大社会”，认为其众多自治组织、管道和广大的民间社会空间的传统是接植民主政治的基础。

问：我知道您很关心出土文献，请谈谈您运用出土简帛探究先秦哲学的情况。

答：好的。我对郭店楚简、上博楚简等与经学诠释方式、中国哲学的关系予以讨论，与传世文献相比照，讨论先秦经典与天道观、天命论、心性论与身心观等，又较全面地研究并体悟先秦各家关于三材之道，终极信仰，自然、社会、人生与思维的睿智。我曾研究郭店楚简与孟子心性论的关系，《性自命出》的心术观，《五行》的身心观、“圣智”论与内在道德论，上博楚简所见孔子为政思想及其与《论语》之比较，《恒先》的道法形名思想等。其中，对现代经学三种路向的梳理、孔子与六经关系的讨论以及中国经典诠释学特色的诠释，有关思孟五行的论文中辨析“仁之思”、“智之思”、“圣之思”的关联，揭示圣德相对于仁、义、礼、智四德而言所具有的统合与生成之意蕴，有一定的创见。

问：您曾深入研讨了20世纪中国哲学，愿闻其详。

答：我以现代性与传统之关系为中心，检讨“五四”新文化运动，反省“五四”，超越“五四”，主张正确地反思传统与现代、东方与西方的关系，通过理性地批判传统的负面，来创造性地转化传统，承继传统文化的睿智，开发其具有现代价值的哲学观念。我研究了孙中山的哲学及其心性文明论与人格建国论；重点评析了“五四”的另一个被人忽视了的传统，即文化保守主义传统与现代新儒学思潮；对熊十力、梁漱溟、胡适、冯友兰、金岳霖、贺麟、方东美、唐君毅、牟宗三、徐复观、殷海光、冯契、杜维明、刘述先、成中英的本体论、方法论、文化观作了深入研究，挖掘了以上哲人的哲学思想的内在张力，探索了他们对传统儒释道诸家及易学传统之重建的得失，讨论了中国哲学在当代重建的重心与途径。我认为当代马克思主义必须进一步自觉地与中国传统文化、西方现代思想相融合，特别是要自觉吸收儒学精华，马克思主义的中国化在一定意义上就是儒家化。

问：您对国学系统与中华人文精神的探索，有何新见？

答：我重视根源性的重建，研究了中国哲学智慧与现代企业管理、现代人安身立命的关系。我曾于20世纪90年代前期即重新界定“国学”概念，提出了四层次说，即国学包含了常识层面、学术或技艺层面、道德价值与人生意义的层面、民族精神或国魂与民族魂的层面，指出任何民族的现代化都不可能是无本无根的现代化，失去民族之本己性的现代化，绝对不是成功的现代化，指出学习国学更重要的是把握中华人文精神与价值理念，了解中华民族与文化融会的过程及其可大可久的所以然，堂堂正正地做一个中国人。我讨论了国学、儒学与汉学的关系，认为国学的重点是经与经学，儒学是国学最重要的部分。

志在重建中华人文精神。我提出中华民族核心价值观是以“仁爱”为中心的“忠、孝、仁、义、礼、智、信”的价值系统，其中的内容随时代扬弃，在自觉注入时代精神，改造其内涵之后，当代中国仍必须以此为基础重建中国人的真正具有内在约束力的文化认同、伦理共识、精神信仰、终极关怀，因此必须重视传统核心价值的创造转化。我全面阐述了传统“和谐”思想及其向度与内涵；中华人文精神的特质，即人文包含了宗教，重视自然之道，也有自己独特的科学技术传统；强调中国的制度文明尤其需要重新认识与发掘，国学与中华人文精神“化民成俗”的意义仍值得重视；自觉阐发了儒释道智慧与当代人心理调适的关系。

问：请您谈谈您在现实关怀、教育改革与人才培养方面的工作。

答：我试图改革半个多世纪以来中国大学文科教育只有概论与通史而不重视中外经典的弊病，与同仁一道于2001年始在武汉大学创办国学试验班、中西比较哲学试验班，强调原著经典研读，纠正分科太细的毛病；推动人文通识教育，倡导建立以经典导读为主的核心课程；提议国民教育中应重视并增加国语、国文、国学的分量，建议《四书》全面进入初中课堂，认为这有助于一代代中国人健康的人生观与做人做事之道的培养；提议修改现行刑法、民法等有关条文，接上容隐制的传统与现代人权观念，保障公民的亲情权与容隐权。我个人在政治上是自由主义者，在经济上是社会主义者，在文化上是保守主义者。我力图调动传统资源来批判现实。我极力主张推动政治改革，强调权力制衡。中国文化、中国哲学、儒学中的政治文明，包括制度文明的经验教训一定要认真分析、总结，不能胡子眉毛一把抓。

我一直坚持在第一线为本科生上课，一直到现在，每学期上三门或四门课（其中一半为本科生开，一半为硕博士生开），每门课从头到尾讲下来。1993 年以来，培养硕士生二十余人（含在读），博士生三十余人（含在读，含外国留学生），与十余位博士后人员（含在站）及十余位国内外进修生或访问学者等合作研究。二十多年来在武汉大学所开的课程主要有：中国哲学史、文化学与文化哲学、中国文化、国学通论、《四书》导读、《四书》与儒家伦理、《老子》《庄子》与道家智慧、《礼记》会读、哲学史方法论、儒学专题研究、宋明理学专题等。

问：请问您有什么治学心得与体会？

答：熟悉中西哲学经典，多读现代人的书，要有一定的阅读量，研究必须建立在全面、准确理解第一手资料和学术前史（海内外相关研究成果）的基础之上。还是孟子讲得好：掘井及泉，以意逆志，深造自得。这既是态度，又是方法，又是功夫。我们需要以健康的心态体认传统社会、哲人及其智慧，在当代予以创造性转化与重建。儒学是生命的学问，学问与生活一致，我力求做到洁身自好，公道正直，敬老尊贤，提携后进，尽心尽力推动国学（中华文化）的研究与普及工作，在教学的第一线与学子们共同切磋古代经典，努力培养读书种子。教学相长，其乐无穷。

目　录

上篇　中华人文精神与文化哲学的探索

当·代·中·国·哲·学·家·文·库

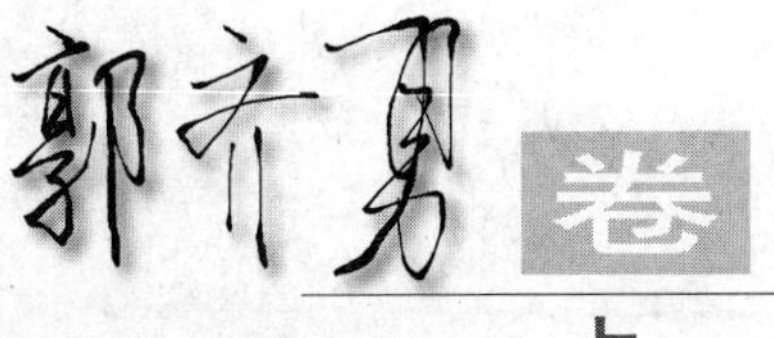

卷

上　篇

中华人文精神与文化哲学的探索

中华人文精神及其当代意义

今天，我们确实患有“失语症”。在文明对话中，我们拿什么对话？我们今天的文化中，缺失的是中国自家文化的主体性，因为我们很多文化人只是在重复、模仿、因袭西方的特别是美国的话语，其中有些知识人也并不理解西方，只是以他自认为的西方价值方式要求一切，以为只有他所抽象理解的西方价值才有普遍性，而非西方的特别是中国的价值都是所谓落后的、保守的、特殊的，云云。他们并不认识自家文化的宝藏。“五四”以来，中国几代知识分子的文化主体意识日渐淡薄，对自身文化的理解越来越偏执。今天，我们确实要把这两件事提到议事日程上来：一是保卫中华人文精神，二是保卫汉语的纯洁性。这如同我们的国防与保卫国家安全一样重要。

什么是现代化、现代性？为什么说经济全球化是一把双刃剑？东方的现代性与东方的传统有什么关系？什么是“人文精神”？中西方人文精神有什么不同的特点？什么是“传统”与“传统文化”？

什么是“中华人文精神”？“中华人文精神”

是怎么形成的?“中华人文精神”有什么特点?为什么说“中华人文精神”不与自然相对立,不与宗教相对立,不与科学相对立?它与自然、宗教、科学有什么关系?“中华人文精神”死亡了吗?如果没有死亡,它在当代有什么价值,有什么现实意义?在现代化与经济全球化的背景下,我们应当如何重建“中华人文精神”?

中华人文精神就是“仁爱”的精神!“仁”是人的内在的道德自觉,是人的道德的自主性。“仁”又是“天、地、人、物、我”之间的生命的感通,是“天下一家,中国一人”的价值理想。这种价值理想以“己欲立而立人,己欲达而达人”,“己所不欲,勿施于人”的“忠恕”之道作为主要内涵。这可以推广为人与人之间,乃至国家间、民族间、宗教间、文化间的相接相处之道,乃至人类与动植物、人类与自然的普遍的和谐之道,是“人与天地万物一体”的智慧。

重人生、重道德的中华人文精神在几千年的形成与发展过程中,涵盖并包容了自然、宗教与科学技术,并不与自然、宗教、科学技术相对立、相排斥。

在物质主义、功利主义的今天出现了“现代病症”。中华人文精神提倡的仁、义、礼、智、信、忠、孝、诚、恕等价值,在剔除其历史附着的负面性效应之后,完全可以提炼、转化、活化其合理因素,渗透到今天的社会生活中去,进而作为正面、积极、健康的力量参与现代化建设,作为价值指导,治疗现代社会的病症,恢复人的尊严,重建人的意义世界,重建人与“天、地、人、物、我”的良性互动关系。

中华五千年文明孕育的人文精神,是我们走向现代化的21世纪的重要精神资源,是炎黄子孙精神生命的源头活水。弘扬中华人文精神,有助于克服当代社会生活的某些困境,尤其有利于当代伦理的重建。

1. 中华人文精神的产生及其内核

我们中华民族在长期社会实践过程中逐渐形成了独特的精神信念和价值意识。其中,尤以对“天、地、人、物、我”及其关系的反思,特别是对“人”自身的反思最具特色。在中华民族长期融合的历史过程中,儒、释、道三教,特别是儒教,在政教礼俗的各方面影响甚巨。中华各民族及各种思想流派在历史上关于人与天道(天神)、人与自然、人与物、人与人、人与自身之关系的讨论，可以说汗牛充栋，言人人殊，今天我们很难以偏概全。但大体上，我们仍然可以把三千年来，在社会上层与下层中逐渐形成共识的、围绕“人”的若干思考略加总结与概括。

与世界上其他民族一样，中华先民在原始宗教的氛围中，“人”的地位暗而不彰，或者说，人总是与“神”，特别是与自然神灵的“帝”，或有意志的人格神的“天”相联系、相纠缠的。甲骨卜辞和《尚书》中的“帝”或“上帝”，就是殷代人的至上神。甲骨卜辞中“帝其令风”、“帝其令雨”、“帝其降馑”、“帝降食受（授）又（佑）”① 的“帝”，多半指自然神灵。而《尚书》、《诗经》中的“帝”，则是自然神灵与祖先神灵崇拜的合一。“帝”或“上帝”是人类群体及其生活的主宰。周代钟鼎铭文中，“天”字出现的频率很高。“天”、“人”两个字的字形十分相近，“人”形上加一圆点即是“天”字。在周代，至上神的称谓由“帝”、“天”混用，逐渐变为“天”的独用。“天”成为创造生命、万物，并福佑人间的人格神。如：“惟天阴骘下民”，“天乃佑命成汤”，“天乃大命文王殪戎殷”，“天休于宁王，兴我小邦周”，“天生烝民，其命匪谌”，“天生烝民，有物有则，民之秉彝，好是懿德”，等等。② 但“天”的人格神权威逐渐下落，变成非人格的最高主宰，甚至变成人们咒骂的对象，这在《诗经》中可以找到很多例证。

周代的礼乐教化，集宗教、伦理、政治于一身，其中表现了中华民族“人”的意识、“人文”的意识的凸显。礼治显然是人的积极有为之治，但从本源上讲，荀子认为，礼的源头是“天地”、“先祖”和“君师”。天地是生命的本元，先祖是族类的本元，君长是政治的本元。所以，礼文，在上方事奉天，在下方事奉地，尊敬先祖，尊重君长。这是安定人民之本。而礼、乐之教，当然还有诗教、易教、书教等，是用来对统治阶层、知识阶层的人，陶冶身心、端正品行的，继而用来提升百姓的文化素养、人格境界，调节、满足人们的物质与精神需求。所谓

---

① 分别见《殷墟文字乙编》和《卜辞通纂》。

② 分别见《尚书》中的《洪范》、《泰誓》、《康诰》、《大诰》和《诗经·大雅》中的《荡》篇、《烝民》篇。

"礼以道其志，乐以和其声"[①]，以礼节民，以乐和民，就是这个道理。

孔子的时代是中国人"人文意识"觉醒的时代。孔子说："周监于二代，郁郁乎文哉，吾从周。"[②] 孔子把继承了夏商两代文明而又有所创新的丰富繁盛的"周文"，作为我们民族深厚的大传统。"周文"源于且不脱离原始宗教而又强调了礼乐教化。孔子点醒了、拯救了周代礼乐文明的活的精神，并把它提扬了起来，这就是"仁"的精神！"仁"是礼乐的内核，没有"仁"的礼乐，只是形式躯壳、虚伪的仪节。

中国人文精神其实不是别的，就是孔子"仁学"的精神！"仁"是什么呢？"仁"是人的内在的道德自觉，是人的本质规定性，即孟子所说的人异于禽兽的那么一点点差别。"为仁由己"，"我欲仁，斯仁至矣"[③]，凸显的是人的主体性，特别是道德的自主性。这种价值理想以"己欲立而立人，己欲达而达人"，"己所不欲，勿施于人"[④] 等"仁爱忠恕"之道作为主要内涵。孔子的"仁学"是中华人文精神的内核，是人文主义的价值理想，此不仅是协和万邦、民族共存、文化交流的指导原则，而且也是"人与天地万物一体"的智慧。无怪乎《全球伦理宣言》的起草者孔汉斯先生，把孔子的"己所不欲，勿施于人"作为全球伦理的黄金规则，这是很有见地的。[⑤]

孔子和儒家极大地弘扬了人的自强不息、积极有为的创造精神，特别是人在物质文化、制度文化、精神文化诸层面的积极建构，促进文化的发展与繁荣，肯定道德、知识、智慧、文采、典章制度、礼乐教化等。但孔子和儒家在极大地肯定人的文化创造的同时，并没有陷于人类中心主义和人文至上主义的立场，反而谨慎地处理了人文与自然、人文与宗教、人文与科学的关系。

2. 中华人文精神的特点[⑥]

中国的"人文精神"，不与宗教对立，不与自然对立，不与科学对

① 《礼记·乐记》。

② 《论语·八佾》。

③ 《论语》中的《颜渊》、《述而》篇。

④ 《论语》中的《雍也》、《卫灵公》篇。

⑤ 参见孔汉思等：《全球伦理》，台北，雅歌出版社，1996。

⑥ 本节参考了钱穆：《中华文化十二讲》，14、83～86页，台北，东大图书公司，1987。

立。这是中国的，特别是孔子、儒家的人文精神的特点。

特点之一：中华人文精神不与宗教相对立。

孔子“不语怪、力、乱、神”，“敬鬼神而远之”[①]，即对民间小传统的信仰，对鬼神迷信不轻易表态，或采取存而不论的态度，但这并不表示他对当时精英文化大传统的信仰有丝毫的动摇。孔子也运用占卜，强调祭祀的重要和态度的虔诚。孔子特别反复申言对“天”的信仰和对“天命”的敬畏。孔子说：“获罪于天，无所祷也”；“君子有三畏，畏天命，畏大人，畏圣人之言”；“唯天为大”[②]。孔子保留了对“天”、“天命”的信仰与敬畏，肯定了“天”的超越性、神秘性。孔子赞美《诗经·大雅·烝民》篇的“天生烝民，有物有则，民之秉彝，好是懿德”为“知道”之诗[③]，肯定天生育了众民，是人的源泉，认为人所秉执的常道是趋向美好的道德，即天赋予了人以善良的天性。孔子肯定个人所具有的宗教性的要求，又进一步把宗教与道德结合起来。孔子和儒家的积极有为的弘道精神、担当意识，超越生死的洒脱态度，朝闻夕死，救民于水火、杀身成仁、舍生取义的品德，均源于这种信仰、信念。或者我们可以说，儒家人文的背后，恰恰是宗教精神信念在支撑着！孔子说：“天生德于予”；“天之将丧斯文也，后死者不得与于斯文也”；“道之将行也与，命也；道之将废也与，命也。”[④] 儒者的理想能否实现，听之于命运，因为这里有历史条件、客观环境的限制，不必强求，但也不必逃避，主体生命仍然要自觉承担。儒家把这种宗教精神转化为道德精神，儒学即是一种道德的宗教。儒家的“天”，是形而上的“天”，是道德法则的“天”，这个“天”和“天命”转化为人的内在本质，在人的生命内部发出命令。如此，才有千百年来刚健自强的志士仁人们“以天下为己任”的行为和“三军可夺帅也，匹夫不可夺志也”的气概，乃至社会文化各层面的创造。足见儒家人文精神不仅不排斥宗教，反而涵盖了宗教，可以与宗教相融通。这也是我国历史上很少有像西方那样的惨烈的宗教战争的原因。

---

① 《论语》中的《述而》、《雍也》篇。

② 《论语》中的《八佾》、《季氏》、《泰伯》篇。

③ 参见《孟子·告子上》。

④ 《论语》中的《述而》、《子罕》、《宪问》篇。

特点之二：中华人文精神不与自然相对立。

儒家的确把人作为天下最贵者。荀子说："水火有气而无生，草木有生而无知，禽兽有知而无义，人有气有生有知亦且有义，故最为天下贵也。"① 周秦之际的儒家认为："人者，天地之心也……""人者，其天地之德，阴阳之交，鬼神之会，五行之秀气也。"② 但人并不与自然天地、草木鸟兽相对立。人在天地宇宙间的地位十分重要，但人只是和谐的宇宙的一部分。"唯天下至诚，为能尽其性。能尽其性，则能尽人之性。能尽人之性，则能尽物之性。能尽物之性，则可以赞天地之化育。可以赞天地之化育，则可以与天地参矣。"③ 这是讲至诚的圣人，能够极尽天赋的本性，继而通过他的影响与教化，启发众人也发挥自己的本性，并且进一步让天地万物都能够尽量发挥自己的本性，各安其位，各遂其性，这也就可以赞助天地生成万物了。既然如此，至诚的圣人及其功用，则可以与天地相媲美，与天地并立为三。人与天地并立为三的思想，是在这种语境中表达出来的。

中国人文精神强调天地人"三材之道"并行不悖，并育而不相害，且成就了一个人与宇宙的大系统。"《易》之为书也，广大悉备。有天道焉，有人道焉，有地道焉。"④《周易》称天、地、人或天道、地道、人道为"三材"，其"三材共建"和"三材之道"，就是把宇宙万物归纳成不同层次而互相制约的三大系统，三大系统构成一个统一的整体。也就是说，天、地、人不是各自独立、相互对峙的，它们彼此之间有着不可分割的联系，同处于一个"生生不息"的变化之流中。中华人文的精神是一种创造的精神——"天地之大德曰生"⑤——这种精神来自天地。"盛德大业至矣哉！富有之谓大业，日新之谓盛德，生生之谓易。"⑥ 天地之道，阴阳大化的作用，即生成长养万物。生长万物的富有叫做"大业"，每天都有新的变化叫做"盛德"，生生不停叫做"变易"。人效法宇宙的"生生之德"而不断创进。"刚柔交错，天文也。文明以止，人

---

① 《荀子·王制》。

② 《礼记·礼运》。

③ 《礼记·中庸》。

④ 《周易·系辞下传》。

⑤ 同上。

⑥ 《周易·系辞上传》。

文也。观乎天文以察时变，观乎人文以化成天下。”① 物相杂之谓“文”，阴阳刚柔的交错是“天文”，或曰自然条理。自然条理是多样性的统合。依据自然天地之道，在社会人事中采取非武力的形式，叫做“文明以止”。人事条理即是“人文”。人文应效法“天文”。我们观察“天文”来考察四时的变化，观察“人文”来感化天下的人。足见人事法则应与自然法则相匹配，相照应。

宋代儒者讲“人与天地万物一体”，“不剪窗前草”，讲仁爱之心遍及鸟兽、草木、瓦石，讲“民吾同胞，物吾与也”，都是十分鲜明的例证。这表明，中国的人文精神不与自然相对立，不会导致一种人类中心主义以及对自然的宰制、占有或无视动物、植物的存在；相反，它讲求的是与自然的协调。“仁”与“生生之德”恰恰是自然宇宙的精神给人之社会文化活动的示范与渗透。

特点之三：中华人文精神不与科学相对立。

中华人文精神与价值理念非但不排斥科学，反而包容、促进了科学技术的发展。近百年来，对于中国传统文化，人们普遍有两种误解。第一种误解，即是认为中国传统文化是泯灭人的创造性的，是束缚人的自主性和创新精神的。第二种误解，就是认为中国传统文化是反科学的，至少是阻碍科学技术之发展的。这两种误解都需要予以澄清。当然，具体地辨析中国文化在不同时空的发展过程中的正负面的价值，不是本文的任务，这也不是三言两语就可以说清楚的。我在上面阐述中华人文精神特点之二时，正面地回应了第一种误解。这里，我们借助于正面的阐述来回应第二种误解。

中国人文精神并不轻视自然，亦不排斥技艺。对于中国古代科技的发展及其独特范式的研究，我们应当有独特的视域，而不宜以西方近代科学作为唯一的参照。李约瑟的研究尽管还有不少可以商榷之处，但他的慧识是摆脱了“西方中心论”，正确估价了中国古代的宇宙观念、思维方式的特异之处，以及中国古代科学技术实际上作出的绝不亚于西方的贡献。中国人取得了那么多令世人瞩目的发明创造，闪烁着惊人的智慧。“在希腊人和印度人发展机械原子论的时候，中国人则发展了有机

① 《周易·贲·彖辞》。

宇宙的哲学。"① 普里高津也曾引用李约瑟的观点，指出：与西方向来强调"实体"的看法不同，"中国的自然观则以'关系'为基础，因而是以关于物理世界的更为'有组织的'观点为基础"。"我相信我们已经走向一个新的综合，一个新的归纳，它将把强调实验及定量表述的西方传统和以'自发的自组织世界'这一观点为中心的中国传统结合起来。"②"中国传统的学术思想是首重于研究整体性和自然性，研究协调与协和"；"中国思想对于西方科学家来说始终是个启迪的源泉"③。重整体、重系统、重关系的思维范式，重实用、重国计民生的行为方式，给我国古代自然科学和技术的发展所带来的成功的一面，我们应当有清醒而充分的认识。当然，我们也不讳言其局限性。

有一种看法，以为重人生、重道德的中华人文精神就一定会轻视自然、排斥科学，这也是需要辨析的。以中国宋代最著名的人文学者，也是最遭今人误会与咒骂的朱熹为例。朱子的"格物致知"中的"物"，既包含了伦常之事，又包含了自然之物。其"理一分殊"的命题，既重视宇宙统一的"理"，又重视部分的"理"和各种具体的"理"及其相互间的关联。其前提是在"物物上穷其至理"。"上而无极太极，下而至于一草一木一昆虫之微，亦各有理。一书不读，则阙了一书道理；一事不穷，则阙了一事道理；一物不格，则阙了一物道理。须着逐一件与他理会过。"④ 朱子的理学既重人伦，又重天道，肯定自然，肯定科技的价值，他自己在天文、地质、农学上都有贡献，甚至对浑天仪、水力驱动装置等有浓厚的兴趣。⑤

以上概述的中华人文精神的三个特点又是相辅相成的。

---

① ［英］李约瑟：《中国科学技术史》第3卷，337页，北京，科学出版社，1978。

② ［比利时］普里戈金：《从存在到演化：自然科学中的时间及复杂性》，中译本序，3页，上海，上海科技出版社，1986。

③ 颜泽贤：《耗散结构与系统演化》，107～108页，福州，福建人民出版社，1987。

④ 《朱子语类》卷十五。

⑤ 朱亚宗、王新荣：《中国古代科学与文化》，长沙，国防科技大学出版社，1992。本书作者提出了很多与似是而非的时论颇不相同的观点，是一部充满独到见解的专著。

3. 中华人文精神的当代意义

如前所述，中国经典如“六经”，是在天、地、人相互贯通的背景下，重天、重地又特重“人”与“人道”的，与西方思想家所说的人类思想的发展，首先重“神”，其次重“自然”，最后才注重“人”的理路并不相一致。西方人文精神的渊源是希腊、罗马，但真正形成一整套的人文主义，则是在文艺复兴时代。文艺复兴时代的人文主义主要是针对中世纪宗教的。人文主义确实把人的肉体与精神从宗教权威下解放出来，人们谓之为人性的复苏与人的自觉。欧洲早期的人文主义摆脱了神性的宰制，肯定世俗功利的追求，肯定人的情欲、情感，肯定物质的自然界。经过18世纪德国的新人文主义、20世纪的科学的人文主义、宗教的人文主义、存在主义的人文主义诸思潮的发展①，目前西方人文学界的主潮不再是针对“神性”，而是针对“物性”，即针对科技和商业高度发展所导致的“物”的泛滥和“人”的异化。近代西方思想的发展，从讲神而讲人，讲人而只讲纯粹理性，讲意识、经验，再以下就讲生物本能、生命冲动。人认识到“物”的重要，思想也外化到了极致，物质讲到极致，思想和精神要不再堕落，就必须回过头去找宗教、找神。例如宗教人文主义认为，近代以来的文明社会，带来了人的精神的世俗化与物化，使人的高级的精神生活、灵性生活的品质日益下降。马利坦(Maritain)批判文艺复兴和启蒙运动的人类中心主义，使人逐渐离开了神与神圣性，这是人自身的堕落的开始。存在主义反对人类科学（包括社会科学）把人自身客观化、外在化，反对人们在与物、商品、理性机器等的关系中，在生产物质财富的活动中，丧失了真正的内在的主体性。现代社会视人如物，以驾驭机械的态度对待人。手段变成了目的，而作为目的的人变成了工具，变成了符号、号码。人被他人和自己抽象化为一个非真实的存在。因此，当代西方的人文学者所讲的人性，已不是文艺复兴和启蒙运动时所讲的异于神性的人性，而是异于物性的人性。甚至他们中的一些人主张回到人与神的合作，以拯救人的堕落。这就包含了西方宗教精神的再生。这当然不是回到中世纪的宗教的负面，

---

① 参见唐君毅：《中华人文与当今世界》下，《唐君毅全集》卷八，44～51页，台北，学生书局，1988。

这些负面已经过近代文化的洗礼，这是要借助宗教精神来避免人的再度沦落（即功利化、工具化、异己化、物化）。西方马克思主义、文化批判思潮所批评的，正是科技至上导致的“工具理性”的过度膨胀或“理性的暴虐”对人的奴役。

唐君毅先生曾经指出，现代人所面临的荒谬处境是“上不在天，下不在地，外不在人，内不在己”。中华人文精神，特别是儒家的人文精神，可以救治现代人的危机。如前所述，它强调用物以“利用厚生”，但不可能导致对自然的宰制、控御、破坏；它强调人文建构，批评迷信，但决不消解对于“天”的敬畏和人所具有的宗教精神、终极的信念与信仰。儒家甚至主张人性、物性中均有神性，人必须尊重人、物（乃至草木、鸟兽、瓦石），乃至尽心—知性—知天，存心—养性—事天。至诚如神，体悟此心即天心，即可以达到一种精神的境界。儒家并不脱离生活世界、日用伦常，相反，恰恰在庸常的俗世生活中追寻精神的超越。外王事功，社会政事，科技发展，恰恰是人之精神生命的开展。因此，中华人文精神完全可以与西学、与现代文明相配合，正如我们前面所说的，它不反对宗教，不反对自然，也不反对科技，它可以弥补宗教、科技的偏弊，与自然相和谐，因而求得人文与宗教、与科技、与自然调适上遂地健康发展。

当前的科技革命等各方面的发展，使我们面临着伦理的重建。就生命科学的发展而言，基因工程、复制生命、复制人、代理孕母、安乐死、动物权等问题迫切地要求我们建设新的生命伦理。就环境科学和整个社会的可持续发展而言，面对人口爆炸、生态破坏、环境污染所造成的危机，人与自然之间需要有新的环境伦理。面对目前的现实社会，就社会关系而言，不少层面的人与人的关系被物质至上主义所侵蚀，转化为赤裸裸的物与物的关系，经济利害的关系，钱与权的关系，钱、权与色的关系，欲望满足与否的关系，一切都是“可计算”的，现实功利的。作为社会细胞的家庭亦面临着危机。家庭裂解、离婚率增长、单亲家庭增多，重婚或所谓“包二奶”现象，性产业的火爆，日趋严重且腐蚀着整个社会。早恋与堕胎问题，贩毒吸毒等，亦非常严重。此外，随着人口的老龄化带来的老人赡养问题，由于社会保障体系和福利制度不够健全，已经是老龄的人对超龄老人的赡养问题，已屡见不鲜。“孝”

的问题需要重新引起社会的重视并重新加以界定，我们需要建设健康的现代的家庭伦理与社群伦理。公司、企业内外的激烈竞争，尔虞我诈，坑蒙拐骗，信用危机，童工问题，打工者的权益问题等，需要有新的企业伦理。商品经济尤其需要信誉，因此“信”的问题又被提出来了。由于网络化、电子邮件、电子商务的飞速发展，又带来网络伦理建构的问题。国家、民族、种族、宗教间的矛盾冲突，亟须要有新的全球伦理。乃至空间技术的发展，尚需要考虑空间伦理的建构。

中华人文精神提倡的仁、义、礼、智、信、忠、孝、诚、恕等价值，在剔除其历史附着的负面性效应之后，完全可以提炼、转化、活化其合理因素，渗透到今天的社会生活中去，进而作为正面、积极、健康的力量参与现代化建设，作为价值指导，治疗现代社会的病症，恢复人的尊严，重建人的意义世界，重建人与“天、地、人、物、我”的良性互动的关系。

“五四”以降，我们中国的知识分子，大多数是戴着“西方中心论”的眼镜来看待自己的文明的。我们对于自己的历史文化精神其实还相当陌生，基本上处于“抛却自家无尽藏，沿门托钵效贫儿”的状态。所谓“全球化”意味着什么呢？意味着西方的，特别是美国的话语霸权进一步扩张，以至于成为宰制全世界的枷锁。我们东方人、中国人不能失掉本己性，这决不是煽动民族主义，而是要在精神上站立起来，积极参与文明对话。中华人文精神正是我们进行广泛的文明对话的精神依据。健康的“全球化”，决不是以一种语言，一个地域的习惯、一种思考方式，甚至一个国家、一个阶层的利益来宰制一切。各种文明，各种精神资源，各种宗教，各种语言，各种知识都可能成为具有全球意义的因素。我们尤其要了解东亚地区的内在的能力，没有必要把西方的，特别是美国的特殊的东西奉为圭臬，奉为必须效法的普遍的、绝对的标准。

我们有自己的人文传统和人文精神，而且非常了不起。只是由于近百年来中国知识分子自己的践踏，使之暗而不彰。我想，今天中国的知识分子需要重新认识并拥抱自己的文明传统，从而积极地回应、参与广泛的文明交流与对话。

中国古代的“和谐”思想与核心价值

从一定意义上说，任何一个现代国家，都是建立在其民族与文化传统之上的。我国是一个多民族统一的现代国家，不同民族及其文化传统，尤其是千百年来不断融合而成的中华民族及中华文化是立国的根本。文化是人群生活的总称。文化的主体是民族。民族精神是族类生活的灵魂和核心。没有这一灵魂，就没有族类的存在。民族的精魂是通过历史、文化展示开来的。五千年中华民族的文化丰富多样且不断变化，但有其内在的、经久不衰的精神，贯穿在民族生活之中，表现在不同的文化门类、领域、层面、阶段。中华民族精神是民族文化长期熏陶、教化、培育起来，世世代代传承下来，并在老百姓的日常生活中起着作用的信仰，宇宙观念，价值取向，心理、情感、思维、行为的方式，民族的意识、性格与风貌，民族的向心力、凝聚力，民族共同体的共同信念与灵魂，自强不息的动力与源头活水。简言之，中华民族精神是融合起来了的中华民族共同的相对稳定的宇宙与价值观念、审美情趣，是持续不断的一种历史传统，是中华民族从古至今生存与发展中具有维系、协调和推动作用的一种活的精神力量。

我们绝大多数国民都以自己是一个中国人而自豪。中华民族的每一分子，都有身份认同的问题，这就是民族文化的归宿感。广义地讲，全球华人都有心灵深处的认同与沟通。

1. 和平、和谐是中华民族长期融合过程中形成的民族性格

中国先民认识自然、社会、人身与人生，经历了复杂的过程。他们在日常生活中，在仰观天象，俯察地理，近取诸身，远取诸物的活动中，力图把握天、地、人、物、我等各种现象，特别是身边的现象及现象间的联系与关系。

第一，什么是“和”，为什么要强调“和而不同”?

据《国语·郑语》，周太史史伯对桓公说：“夫和实生物，同则不继。以他平他谓之和，故能丰长而物归之。若以同裨同，尽乃弃矣。故先王以土与金木水火杂，以成百物。”史伯指出，以土与金木水火和合，产生了丰富多样的世界。这也是以五行作为基本材料或基本能量。史伯的重心是说多样性的重要，不相同的东西的杂合，多样性的统一（和）乃是人与万物得以生长繁衍的基础条件。简单的同一（同）不可能生出任何新的东西。他奉劝周王室多听不同的声音，不要抛弃“和”的法则而专门喜欢同一。在“和实生物”的思路下，五色成文，五音成声，五味成食，“五行”产生百物。

春秋后期齐国政治家晏婴也主张去同取和。他强调：“济其不及，以泄其过”，在过与不及之间保持中道，求得为政之“平”。晏子指出：

> 君所谓可，而有否焉，臣献其否，以成其可；君所谓否，而有可焉，臣献其可，以去其否。是以政平而不干，民无争心……先王之济五味，和五声也，以平其心，成其政也……君子听之，以平其心，心平德和……以水济水，谁能食之？若琴瑟之专壹，谁能听之？同之不可也如是。①

① 《左传·昭公二十年》。

更早以前，人们在人口的繁衍上已认识到血亲之异缘、远缘的优势。西周就确立了“同姓不婚”的制度。在“五行成百物”、“和实生物”、“和同之辨”中，春秋时人已明确认识到“和”是“生”，即生存与发展的生生不息的基本原则，认为差异性、多样性、多元性才具有生命力、生机。人们在对自然界、社会政事和人自身的经验中，已有了差异统一、动态平衡的认识。健康的社会需要不同的声音、不同的色彩。世界不可能单一化、同质化，以同裨同，以水济水，那样万物不可能繁荣滋长。因此，人世间需要有多种意见、各种力量的并存共处，以他平他，相互制约，相辅相成，相济相生。公元前510年，晋国史官史墨在“物生有两”的论述中，则进一步看到多样性中有主导性的两种力量的搭配、对立与互易。孔子说：“君子和而不同，小人同而不和。”① 君子主张的是多样性的统一。“和”不是“同”，也不是“不同”，它包含又超越了“同”与“不同”。刘勰说：“异音相从，谓之和；同声相应，谓之谐。”② 这对于文化的多样性有着多重的启迪。诸子百家、儒释道都强调“和”。“和”的观念中蕴涵有开放性与包容性。“和”的要点是尊重差异与保存个性。

第二，什么是中国的“文”、“人文”与“天下”？

汉字“文”的本义指纹路，古人说：“物相杂谓之文。”“文”是事物多样性的表称。所谓“天文”指天象的复杂性及其条理，所谓“人文”指人与人、人群与人群相处出现的复杂的现象及社会人间事务的条理。《周易》贲卦的彖辞说：“刚柔交错，天文也。文明以止，人文也。观乎天文，以察时变；观乎人文，以化成天下。”贲卦卦象（离下艮上）表明，阴阳刚柔的自然力量的相交相对、相辅相成是宇宙的条理。“文明以止”句是说，根据天象所示，人世间的文明之道，在人间治理中选择非武力的方式。中国古代的人文，指礼乐教化，以此影响社会风俗，感化天下。血统不同、种姓各异的民族并存，各色人等相异相安相处，这即是民族可以共存、文化可以交流融通的意识。国学大师钱穆先生说：“其实中国民族常在不断吸收、不断融合和不断扩大与更新中。但同时他的主干大流，永远存在，而且极明显的存在，并不为他继续不断

① 《论语·子路》。

② 《文心雕龙·声律》。

地所容纳的新流所吞灭或冲散。我们可以说，中国民族是禀有坚强的持续性，而同时又具有伟大的同化力的，这大半要归功于其民族之德性与其文化之内涵。"①

中国古人的"天下"观，即在融合过程中比较容易超越狭隘的民族与国家的界限。中原与周边，农业民族与游牧民族的民族间、国家间、文化间、观念间有冲突、排斥与战乱，但总体趋势是不断整合与融会，相互学习与补充，不断扩大。长期以来，汉民族与匈奴、鲜卑、突厥、吐蕃、回鹘及百越等民族不断交融，共同造就了中华文化。中华历史、民族、文化的融合有一个漫长的过程，其间形成了人的族群间、文化间、语言间的沟通融合，在观念上形成"协和万邦"、"天下一家"、"中国一人"的文化理想。对于我们这个多民族统一的国家来说，这里肯定的是一种凝聚力。中国文化也以"人文"为中心，消化、吸收不同的宗教、文化，形成新的文化，这一文化比较平易合理，平和而有理性，不走向偏激与迷狂。所以我们没有"十字军东征"那样的惨剧。相对于西方民族而言，中华民族的性格比较看重和合性而不是分别性，比较强调和平而不是斗争。中国人喜欢讲"和"、"合"、"通"、"统"、"会"。古代中华各民族人民通过陆上丝绸之路与海上瓷器之路与外域各国各民族人民有广泛的交往，从来没有采用暴力侵略、强力占领、殖民的方式，而是采用和平友好的方式，这与我们的文化与民族性格有关。

第三，中国人不是一般地讲"和"，而是讲以中庸之道为主轴的"中和"。

孔子主张"中庸"。孔子说："中庸之为德也，其至矣乎！民鲜久矣。"②"中庸"是道德修养的最高境界，一般人很难达到。但我们还是要努力去修养，达到这一境界。"中庸"是普遍的方法学。"庸"有三义：一是"平常"；二是"不易"；三是"用中"。这也说明不可变化的中庸之道就体现在变化的、平凡的日常生活中。所谓"用中"，指为百姓运用中庸之道。

"中"指适中，中和，不偏不倚、无过无不及的标准。"子贡问：

① 钱穆：《中国文化史导论》，19页，上海，上海三联书店，1988。

② 《论语·雍也》。

‘师与商也孰贤?’子曰:‘师也过,商也不及。’曰:‘然则师愈与?’子曰:‘过犹不及。’”[①] 师是颛孙师,即子张。商是卜商,即子夏。子张处事有点过分,子夏处事有些赶不上,过分和赶不上同样不好。在文质关系上,孔子主张“质胜文则野,文胜质则史。文质彬彬,然后君子。”[②] 这是文质关系的中道。孔子评论《关雎》“乐而不淫,哀而不伤”[③]。这是哀乐情感表达的中道。孔子的弟子说孔子“温而厉,威而不猛,恭而安”,这是性情、仪表上的中道。中庸之道不是不要原则,不是迎合所有的人,那是滑头主义的“乡愿”。孔子说:“乡愿,德之贼也。”[④]

《礼记·中庸》引孔子的话说:“君子中庸,小人反中庸。君子之中庸也,君子而时中。”随时符合标准,那标准其实也是与时迁移的。如果一定时空条件下的“礼”是标准与原则的话,“时中”的要求是指与时偕行,与时代的要求相符合。“立于礼”,符合礼,不是机械地拘执僵死的教条、规范。孟子说:“执中无权,犹执一也。”[⑤]“权”,原指秤锤,这里指通权达变的思想,强调动态的平衡统一,原则性(经)与灵活性(权)的统一。

孔子的弟子有子说:“礼之用,和为贵。先王之道,斯为美;小大由之。有所不行,知和而和,不以礼节之,亦不可行也。”[⑥] 以一定的规矩制度来节制人们的行为,调和各种冲突,协调人际关系,使人事处理恰到好处,这是礼乐制度的正面价值。礼使社会秩序化,乐使社会和谐化。礼乐教化的人文精神是人与人、族与族、文与文相接相处的精神,或“以人文化成天下”的精神,“天下一家”的精神。“礼之用,和为贵”是协和万邦、民族共存、文化交流融合并形成统一的中华民族、中华文化的基础。

《中庸》讲:“中也者,天下之大本也;和也者,天下之达道也。致中和,天地位焉,万物育焉。”这是说,中正,有节度,是天下最重要

---

① 《论语·先进》。
② 《论语·雍也》。
③ 《论语·八佾》。
④ 《论语·阳货》。
⑤ 《孟子·尽心上》。
⑥ 《论语·学而》。

的事。和平、妥协、协调，是世界通行的大道。努力用中正平和之道，可使天地万物各安其位，各遂其性，生生不息，繁荣发展。《中庸》主张天下万物并育而不相害，道路并行而不相悖。五千年民族融合、文化整合，形成了中华民族的向心力、凝聚力和共同的信仰信念。其中，“中和”、“太和”、“保和”的理念，成为中华民族的历史传统，是维系与协调不同族群、不同宗教文化的润滑剂，也是从个体到家、国、天下，生存与发展的源动力。“和”与“中和”是在上述精神的影响下，各色人等，各种力量，各种资源，各民族文化的取长补短，交流、对话，和平共处，相互尊重与融合。

今天我们为什么要提倡这一人文精神？因为今天我们处在更大的文化交流的时代，因此一定要有文化自觉，深入开展文明对话。费孝通先生讲：“各美其美，美人之美，美美与共，天下大同。”我们希望东西方之间建立相互了解和尊重，创造和谐的多极化的世界。这就是“和谐世界”的理念。

2. 中国文化关于“和谐”的几个向度

第一，人与天的和谐。

这里涉及人与天命、天道的关系问题，人的终极信仰、信念的问题。中国古代的“天”的含义，我们可以分析为自然之天、意志之天、神性意义之天、义理（即道德价值）之天、偶然命运之天等，但中国古人对于天有一个整体全面的看法，这主要是西周至战国时期人们的看法长期浸润的结果。《诗经》讲：“天生烝民，有物有则，民之秉彝，好是懿德。”天生养了庶民，有一事物就有这事物的规矩，人们所持守的常道，是趋向美好的道德。趋向美好的道德是上天赋予人的法则、规定或人之所以为人的特性。中国传统思想认为天人是相贯通的。人的内在的道德性是天赋的。人活得要有意义、有价值、有格调。

中国古人讨论了人与自然之天，与地，与自然山水、草木鸟兽的关系问题，也是我们今天所说的人与自然生态环境的和谐问题。在人与自然之天的关系上，中国古代思想家认为，天、地、人、物不是各自独立、相互对峙的系统，彼此之间有着不可分割的联系。它们同处于一个充满生机的气场或生命洪流之中。中国传统智慧主张人与自然万物，与草木、鸟兽、瓦石、山水，是密不可分的整体。古代的《月令》，特别重视人对动物、植物、山川、陂池的保护，涉及季节与人的养生、渔猎、伐木、农事等方面的关系。中国的人文精神不与自然相对立，它讲求的是与自然的和谐共处。

人不能没有生存环境。环境是人生存的前提。环境包括自然环境与人造环境，是二者的统合。人与生存环境的共生关系，历来为中国人所重视。《庄子·齐物论》："天地与我并生，而万物与我为一。"这里表达的是"天、地、人、物、我"整体和谐的智慧：无论是作为类的人、群体的人还是个体的人，与无限的宇宙，与有形有限的世界，与天地万物，可以达到契合无间的理想状态。孟子说："亲亲而仁民，仁民而爱物"①；张载说："民吾同胞，物吾与也。"② 我们爱自己的亲人，进而推己及人，爱周围的人，爱人类，爱草木、鸟兽、瓦石，爱自然万物和人造的万物。这些爱当然是有差等的。但仁者把自己与天地万物看成是一种共生的关系。程颢主张天地万物与自己一体，没有分别。儒家主张通过仁爱之心的推广，把人的精神提扬到超脱寻常的人与我、物与我之分别的"天人合一"之境。这同时也表达了一种共生共存的意识。在古代思想家看来，人与自然万物，与草木、鸟兽、瓦石、山水，与驯养、栽培之动植物和衣食住行之器物等是密不可分的整体。天地万物是不同差异的统一。在这个统一体中，万物各安其位，各遂其性，各得其所。

中国哲人观察宇宙人生，以一种"统观"、"会通"的方式，即着眼于天地人物我、人身人心都处在不同的系统或"场"之中，肯定各系统、要素之内外的相互依存，密切联系。人体小宇宙是一个有机联系的整体，世界大宇宙也是一个有机联系的整体，人体小宇宙与世界大宇宙也是一个有机联系的整体。古代哲学就是以"统体"、"一体"，或者以"道"、"一"、"太极"、"大全"、"太和"等概念表明这个整体。

《易经》与《易传》把宇宙看做是整体圆融、广大和谐、旁通统贯的。"《易》之为书也，广大悉备。有天道焉，有人道焉，有地道焉。兼三材而两之，故六。六者非它也，三材之道也。"③ 这里讲，《周易》这

---

① 《孟子·尽心上》。

② 《正蒙·乾称》。

③ 《周易·系辞下传》。

部书是广大而包罗一切的，有天象的规律，有人事的条理，有地理的法则，总括天地人三者而重复起来，所以每卦有六爻。六爻不是别的，就是三者的规律。“天地人三材之道”把各种事物之间复杂的联系与制约关系，归纳成多层次互相制约的天道、地道、人道三大方面或系统。

老子讲：“故道大，天大，地大，人亦大。域中有四大，而人居其一焉。人法地，地法天，天法道，道法自然。”① 道、天、地、人是宇宙间四种伟大的存在。人以地为法则，地以天为法则，天以道为法则，道以它自己的样子为法则。就是说，人要因地制宜，用地要根据天时的变化，变化有其存在于自然界的规律性。“道”是天地自然最根本的总规律与总过程，统摄天、地、人三大系统。

中国古代十分重视生态平衡与人的生存的关系，人与天、地、人、物、我的共生问题。原始人已经了解了农业生产与季节的关系，也开始摸索什么土地适合种什么植物，即有了后来的“宜时”、“宜地”观念的萌芽。《仪礼》和《左传》中都保留了夏商两代，特别是西周至春秋时期人们对山川、土地、树木、谷物等神灵的尊重与祭祀；所有祭祀活动用的牲（猪、牛、羊等）或王室用膳，都不用怀孕的牲畜。关于对山林、鱼鳖的保护，《逸周书·大聚解》记载，从夏代开始即有禁令说：春季，草木开花结果生长的时候，人们不得进入山林，乱砍滥伐，为的是不使茁壮成长的树木夭折。夏季，水中的鱼鳖等动物产卵的时候，渔网等捕捞工具不许投入水泽，为的是不妨碍各种水生动物的繁衍。显然古人已经懂得在向自然界索取资源时，一定要有节制，要注意时令，要按一定的季节进行捕鱼、猎兽的生产活动。在《论语》中，我们了解孔子与弟子对山川土谷神灵的尊重与对飞鸟鱼虫的爱护。在《孟子》、《荀子》中都有类似的说法，在砍伐山林、捕猎鱼兽方面，主张“斧斤以时入山林”，“斩伐长养，不失其时”，细密的网不入池泽等，其目的虽然也是为了人的食与用，为了繁衍人口，为了养生，但其平衡共生的考虑，是很清楚的。

有人认为，我前面论述的都是古代人的理想，而事实上传统社会对自然的破坏也很严重。不可否认，传统社会随着人口增长出现了对原始

① 《老子》第二十五章。

森林乃至整个自然环境的破坏等，但我们必须注意两点：第一，古代对生态环境保护的重视是针对人为破坏的，以上理念与政令确实起了正面的作用。第二，农业社会对自然环境的破坏与工业社会对自然环境的破坏是不可同日而语的。人类进入工业社会后，物种的灭绝、退化才发生质变。工业污染及现代科技对自然的掠夺是全方位的，自然资源将消耗殆尽，退化的地球将不再是适宜人类生存、居住的处所。

前面已说过，古代信奉多神崇拜，不仅对自然山川土地树木之神有敬畏，而且对人造物，如谷物、衣食住行等器物等也有敬畏之心、尊重与爱护之意，或者说有感情。古代人认为，人有人性，人性中有神性，物有物性，物性中也有神性。在农业社会，人们对农耕地和农具有深厚的感情；在现代社会，对炒地皮的商人来说，他对土地毫无感情，土地只是他牟利的中介。而在今天的中国，土地问题，耕地问题，隐藏着极大的危机，我们不能做既对不起列祖列宗，又对不起子孙后代的事情。

第二，人与人的和谐。

这包括社会关系，群与己的和谐，人与人的各种现实关系和人所处的且无法摆脱的社会习俗、制度、伦理规范、历史文化传统等。个体的人不要成为片面的人，必须正确处理与群体的关系，必须正确处理人性健康全面发展的问题。西方哲学家雅斯贝尔斯、哈贝马斯，都十分重视交往理性，珍视交往与孤独的辩证性，这当然是在现代文化的背景上讲的。中国哲学传统中有“成己”与“成人”、“立己”与“立人”、“己达”与“人达”之论，在“己”与“人”的关系上，孔子主张“己欲立而立人，己欲达而达人”，“己所不欲，勿施于人”。成就自己是在成就别人的共生关系中实现的。成就自己，同时必须尊重别人，不尊重别人，也不能成就自己。儒家的“为己”、“成己”、“反求诸己”之学，肯定“人人有贵于己者”①，肯定主体的内在价值，肯定自我的主导作用，在道德实践和政治诉求上，表现了“舍我其谁”的担当意识。自我的完善与实现，脱离不了家国天下的完善与实现。孔子主张“修己以安人”、“修己以安百姓”②。《大学》三纲领：明明德、亲民、止于至善。“壹是皆以修身为本”，以“修身”为中轴，把“正心”、“诚意”、“格物”、

① 《孟子·告子上》。

② 《论语·宪问》。

"致知"与"齐家"、"治国"、"平天下"联系在一起。这是八条目。这里面当然有一些问题，很可能导致自我淹没在群体之中。但是，这种思想传统亦说明了中国人在交往理性上并不会发生困难。

不少人认为，中国思想的主流是压抑个性，妨碍个体性生存和精神独立的。这一看法当然可以找到不少证据，尤其是在专制主义社会的制度结构中，对个性的压抑、性情的萎缩、人格的异化，具有普遍的趋势，这正是近现代仁人志士所批判和鞭笞的负面。但是，我们也应看到，正常的君臣、父子、兄弟、夫妇、朋友五伦，在权利与义务上是对等的对称的，相互要求的，并非只有单方面的义务。

中国思想中有大量的关于人的个体存在性和精神自由的向往，有很深的意蕴，可以予以创造性转化。儒家关于"为己之学"与"我善养吾浩然之气"的观点，道家关于生命自我之超拔飞越的"逍遥无待之游"的精神之域，玄学与禅宗的"自信、自肯、自得、自在"之论都有许多值得发掘的宝贵资源。

儒家张扬个体人格，并认为这种个体人格是宇宙生命的反映。他们有很强的责任感、使命感、担当意识与能动性，强调三军可夺帅，匹夫不可夺志等，确实是一种追求自由意志与人格的精神。

《老子》有"道生之，德蓄之"之说。道是人之所共由，德是我之所自得。庄子哲学突出了人的个体性。尤其是"自本自根"，"独有之人，是为至贵"，"独与天地精神往来"、"以游无穷"诸说，从精神上肯定了个体人的地位。庄子的《逍遥游》、《齐物论》在我国哲学史上明确提出了"个体性"原则。庄子天籁齐物之论所说的是"道"；这个道是整体的和谐，而这种整体的和谐源于个体人格的平等、独立，不同物事的彼此差异，即众人、众物、众言论的不同不等；这一"道"表现出对各种相对的价值观念的容忍和尊重。庄子逍遥无待之游所看重的是"德"；这个德（得）即个体的自在自得，而这种个体的自在自得取决于个体如何超越精神枷锁、名分等级制度、物质欲望的束缚；这个德传达的是对泯灭个体人独立地位、自由本性的抗议，是对无所依待的精神自由的向往追求。

但是，每一个特殊的人都是通过他人，通过社会群体与社会组织等一些中介，来肯定自己并得到满足的。因此，个体必须通过社会群体的现实生活，通过家国天下，把自己实现出来；社会群体的发展和实现，终究必须落实在每个个体的意识和行为中。具体的社会历史文化传统对个体人的生存有限制，而人恰好是在这限制中生活，并努力超脱出这些限制，实现自我的价值。

个体性的确立，个体的自我完善，必须考虑个体与群体、理性生命和感性存在、大体与小体、道义与功利、必然与自由等一系列的矛盾。"个体性"原则在中国哲学中的确立，有赖于现代化事业和现代人的全面发展，有赖于对传统资源的合理发掘与利用。人总是在与生存环境，与天地人物我的关系中，在社会生活与社会组织中成就自己，实现自己。整体和谐不妨碍个体自由，反过来也是如此。古代人"虚己容人"、"虚己容物"真是了不起的智慧。

第三，身与心的和谐。

这是个体人与自己的精神世界、内在自我的关系问题。在人与内在自我的关系上，中国传统哲学家认为个体生存的意义世界，与个体人身心的涵养有很大的关系，可以帮助人在生命与心灵上都处于健康状态。道家、佛家主张身心神形的合一与超越，由此而建立起道家、佛家特有的修养论、境界论。

当下，每个人好像都戴着面具，不能坦诚地显现真相。这就是社会身份人格与真实的自我发生了裂解或异化。灵性的消解，感悟的钝化，情欲和贪念的炽张，生活品质或生存目标的低俗，是市场化的媚俗的"大众文化"对人性涵泳的极大挑战。

中国传统哲学家很看重个体人的生存品位与品质，很重视人文的熏陶和修养。孔子讲："志于道，据于德，依于仁，游于艺。"① 孔子又说："兴于《诗》，立于礼，成于乐。"② 优游、涵养、陶冶于礼乐教化之中，通过《诗》教、《书》教、礼教、乐教来提升民间的品位，是传统知识分子的重要任务。

我们传统的心性论是一富矿，可以开采发掘的资源甚多。即使是朱子的心性论，其实也不是那么面目可憎，相反非常有亲切意味。朱子强调"天理"对于"人欲"的控制与调整，但主要是指内在性的调控，不

① 《论语·述而》。

②《论语·泰伯》。

是外在强加。朱子把“情”分为两部分，一是“七情”（喜、怒、哀、悲、爱、恶、欲），一是“四端”（恻隐之心、羞恶之心、是非之心、辞让之心）。对于“七情”，他强调恰当抒发而不是窒压、泯灭。对于“四端”，他更加认为是道德实践的能动性力量。朱子重视心、性、情、才的关系。他指出，情、才同出于性，同属于心。情才显性，即在道德与社会实践过程中，情与才都具有能动性，使人性得以全面地展开。他指出，情是动，才是力。也就是说，情是感动、发抒，才是才质、才能、能力、气力。“才”能使我们在社会上成就各种事业，也就是使人全面地实现出来。

在全球化和电子网络文明的背景下，人如何生活得更好，更有合理性，更有理想？人类、族类、个体要活得更好，就需要重新反哺人类各文明的精神资源和人生智慧。所谓活得更好不是只顾自己、不顾他人与子孙后代。在这里，中国的智慧是值得重视的。中国古代哲学是生活的智慧，生命的智慧。“天地之大德曰生”，“生生之谓易”。“生”既是生存，又是创新。这些对于实现一个全面健康的人类、族群和个体，都是有所裨益的。

第四，世代的人生存的时间与空间的协调。

前面谈到“天道”、“天地”、“群己”、“人我”、“身心”等问题，均已涉及人生存的时间与空间的交叉。我现在要强调的是，中国古代哲人的特殊智慧，在思考人的生存时，特别重视人类各民族及其事业的可大可久，人与环境的悠久无疆的问题。

《周易·系辞传》曰：“《易》穷则变，变则通，通则久。”《易传》认为，天之道自然实现，是容易被认识的；地之道自然完成，是容易顺从的。人在天地之中生存。人效法天地之道，故从者众（有亲），事有成（有功）。亲者众则事业的时间长久，功业著则受益者的空间广大。此之谓可大可久。华夏文化与文明，正是可大可久。

中国哲学家谈到生存问题时一定要讲一代代人与栖息之广天博地的延绵。《中庸》讲博厚高明，指的是空间，有德性的人与天地相投射相匹配。《中庸》所说的生生不息、不间断、长久、悠久等，指的是时间。只有长久才是经过历史考验的、被长期社会实践检验了的，能行之悠远才能广博深厚，如此才能高大光明。可见没有时间亦没有空间，反过来也一样。这两者是交织的。悠远长久所以能成长万物。只有在时间中，天地人物我才能逐渐地实现出来。人之世代传续及其与自然世界的相接相处才可以无穷无尽。人们的眼光必须长远，不能急功近利，不考虑将来子孙后代的生存。常言道：人无远虑，必有近忧。既要解决近忧，更要有深谋远虑。西方人把悠久的世界放在彼岸天国，中国人认为悠久的世界就在现实界，在延绵之代代相续，在历史文化的传承。所以《中庸》讲天地之道是博也、厚也、高也、明也、悠也、久也。

我想起了从前人们爱挂的一副春联，它的上联是"古往今来，神人共岁"；下联是"天长地久，物我同春"。这是传统中国人的信念与胸怀，很有草根性，这十六个字把中国人生存的时空交织的和谐图景生动地表达了出来。我们要以中国大传统的大智慧回应当代经济全球化的诸多问题的挑战，回应当今、未来人之生存的深度与广度问题的挑战。我们把什么样的自然与社会环境、精神与物质遗产留给子孙？这是我们必须回答的。

3. 创造性地转化传统，建构以"仁爱"为核心的价值系统

今天我们所说的和谐社会，指的是现代化的民主法治、公平公正的市民社会。提倡和谐社会，针对的是现实上的不和谐、不协调。各国现代化建设过程中，不免会出现发展中的不平衡，地区、行业、城乡、贫富的差异。出现不平衡与差异是十分正常的。但一定要有一种自觉，即不断地克服或调整不平衡或太过悬殊的差异。中国传统社会充满着斗争与紧张，正因为如此，传统社会的知识人与民众期盼和谐，留下了大量的"和谐"思想资源，可以成为中国特色社会主义和谐文化建设的重要助缘。

中国古典的和谐智慧并不是否定对立、抹杀差异、矛盾的智慧。马克思深刻指出，差异、矛盾是普遍存在的，没有差异、矛盾，就没有社会的进步和人类的发展。构建社会主义和谐社会是一个不断化解社会矛盾的持续过程。因此，否认矛盾、害怕矛盾的态度是不可取的；但是，放任矛盾甚至扩大矛盾，同样是错误的，危险的。

孔子治国安民的主张，是以良好的社会环境保证老百姓的生活，而后再使其富有，富有了之后，再去教化他们。孔子肯定民生，强调藏富

于民，把维护老百姓的生存权与受教育权看做是为政之本。孔子注意到分配正义、社会公正问题，反对贫富过于悬殊，指出："不患寡而患不均，不患贫而患不安。盖均无贫，和无寡，安无倾。"孟子主张保障老百姓的"恒产"，指出良好的政治是要使老百姓有产业有收入、满足生活的基本需要。儒家还关注养老、救济弱者、赈灾与社会保障的制度设计及其落实，强调整个社会应关注鳏、寡、孤、独等弱势群体。《礼记·礼运》描绘的大同理想是："大道之行也，天下为公，选贤与能，讲信修睦。故人不独亲其亲，不独子其子，使老有所终，壮有所用，幼有所长，矜寡孤独废疾者皆有所养，男有分，女有归。"

防止公共权力的滥用是珍惜民力、保护民生的重要内容。孔子说："政者，正也"，"居敬以行简，以临其民"，"博施于民而能济众"，反对以傲慢的态度对待人民，滥用权力，任意扰民，践踏民意，不顾民生。他提出以"敬"的态度谨慎地使用公共权力的问题，以安民济众、百姓平安为根本目的。

重视和发掘中国传统智慧中的和谐思想的资源，决非要鼓吹全面复古，全盘照搬古代文化的整套东西，更不是试图以中国固有的传统去对抗、抵制现代的文化。我们提倡以批判继承的态度、多元开放的心态，对传统智慧的和谐思想资源进行创造性的转化。

从《四书》、《管子》、《荀子》和宋代以来在民间流行的蒙学读物来看，传统社会朝野共同承认的核心价值，大体上是以仁爱为中心的展开，重要的范畴有如仁、义、礼、智、信、孝、悌、忠、恕、诚、敬、廉、耻等。

传统道德仁、义、礼、智、信"五常"和礼、义、廉、耻"四维"是我国古代思想家对中华民族基本道德观念和道德准则的总结，源于春秋，确立于汉代，是安定国家、稳定社会的最普遍、最重要的道德规范。"礼义廉耻，国之四维"；"四维不张，国乃灭亡。"[①] 礼、义、廉、耻是治理国家的四条大纲。管子学派的意思是，离开了这四条大绳的维系，国家可能会灭亡。百姓懂得了礼、义、廉、耻，就不会做出超过本分、违背常规的事，懂得羞耻，不隐蔽自己的恶行，这样，国家就会强盛。

---

① 《管子·牧民》。

据《论语》所记载，孔子与门生讨论的中心话题，主要涉及仁爱、礼乐、信义、孝悌、忠恕、恭敬、廉耻等。仁是人的本性之一，即对他人、对社会的恻隐、怜悯、同情、关爱、体贴之心。孔子的价值观围绕“仁”而展开。儒家的主张十分平易合理，例如从亲情之爱推己及人。孔子的一以贯之之道，按曾子的理解，是“忠”与“恕”。“忠”、“恕”亦即“仁”的一体之两面。“忠”是尽己之心，“恕”是推己之心。“忠”是“己欲立而立人，己欲达而达人”①；“恕”是“己所不欲，勿施于人”。孔子指出，实践仁德要从自己做起，从当下最切近的事情一步步做起。

现代化在东亚各国的发展，不仅是受到西方刺激之后的反应，而且更为主要的是自身内在的要求，有自身发展的逻辑。儒学思想史上，中、韩、日三国的经世思潮的发展，即是内在调适的一种表现。这实际上为东亚的现代化做了铺垫。明清以来中国商业的发展，与商人的价值理念有关。实际上，例如徽商、晋商等的商业行为中，都有儒家价值、儒家伦理的渗透与体现。近世以来，东亚三国迎接西方的挑战，内在的思想资源仍然是儒学。睁眼看世界并鼓动学习西方的人，包括马克思主义中国化的先驱、中国共产党人的前辈和近代以来的仁人志士，骨子里恰恰是入世的、进取的、主张变化日新的，是关切国计民生、向往大同世界的、儒家情结最深的人。他们的为人为学、思想与行为方式，乃至杀身成仁、舍生取义的献身精神，无一不是儒家式的。儒学思想与现代化的调适，除了我们以上说的这些外，更深层次的即是仁、义、礼、智、信等基本价值的转化。孙中山先生特别提出“忠孝、仁爱、信义、和平”，强调心性文明的建构。②

我国大陆和台湾、香港地区，以及日本、韩国等国家的现代化运动中，民间社会的儒家伦教的积淀起了积极的作用。在文化小传统中，勤俭、重教、敬业、乐群、和谐、互信、日新、进取的观念，无疑是经济起飞的文化资本。这些文化小传统，与儒家精英、文化大传统是密不可分的。从长远的、健康的、高品质的社会目标来看，儒家“仁爱”思想

---

① 《论语·雍也》。

② 参见郭齐勇：《孙中山的文化思想述评》，载《中国社会科学》，1996（3）。

可以纯洁世道人心，整合社群利益，调整人与天、地、人、物、我的关系，克治自我中心和极端利己主义。“恕道”可以为环境伦理、全球伦理的重建提供了重要的思想基础，有助于全球持续性地发展。“诚敬”、“忠信”思想有助于整顿商业秩序，增强企业内部的凝聚力并改善外部形象，提高效率，促进人的精神境界的提升。儒家的价值观、义利观和人格修养论，有助于克服拜金主义、享乐主义和坑蒙拐骗的行为。目前，这些价值至少对于中国大陆社会的整合，和谐社会的建构，具有极其重大的现实意义。

儒学的中心价值系统或核心价值观念是仁爱、敬诚、忠恕、孝悌、信义、廉耻，这是两千五百年来中国社会民间流传的对人具有约束力的信仰、价值系统。仁爱是人性之本然，与世界各民族、各宗教伦理之精核可以相互沟通与对话。己所不欲，勿施于人，己立立人，己达达人，仁民爱物，民胞物与，完全可以成为新的全球伦理的基石，成为化解宗教、民族、国家、文化间诸矛盾冲突的药方和协调人与自然关系的指南。敬与诚是人面对天、地、人、物、我的一种虔诚、恭敬的态度，一种责任意识和敬业精神，真诚无欺，真情自然。愚忠愚孝已被洗汰，而忠孝之心仍可以存于现代社会，化为孝敬父母，尊重前辈的行为，化为对人类、民族、国家、社会、团体的奉献精神。持守道义，主持公道，讲求信用，言行一致，仍是我们做人的准则。

仁爱、敬诚、忠恕、孝悌、信义、廉耻等价值在当下和未来中国社会的发展中，不仅作为普遍性的道德理念，而且作为企业、商业、职业、环境伦理，还将继续起着作用。传统伦理经过时代的转化与我们自觉地批判继承，可以与现代化的新的伦理价值——个性自由、人格独立、人权意识等——整合起来。儒家核心价值观念与现代人权、平等、尊严、理性、道义，不乏可以沟通之处。现代权利意识，现代法律生活，缺乏终极信念的支撑，缺乏深度、累积的社会资本和文化资本之支撑，很可能平面化与片面化地发展。

新时代的全球化的挑战，启示我们要有自己的民族文化认同和伦理共识。如果没有文化认同，中国这样一个多民族的国家就会在现代化的过程中散掉。如果没有伦理共识，也形成不了一个健康的法制社会。因为法制的背后有着信念信仰和伦理共识的支撑。

未来社会的发展仍需要价值指导。面对人与自然、社群、天道、人心诸种复杂关系的调治问题，传统核心价值有重大意义。在人生的安立、精神的归属方面，在社群伦理乃至全球伦理、环境伦理的建设方面，仁义礼智信等核心价值观仍然是我们重要的精神资源。在做人做事的各方面，在人性修养、整饬吏治、加强廉政、降低管理成本方面，传统核心价值观仍有效用。仁义礼智信等价值仍在老百姓的生活与生命之中，极具草根性，只要我们有文化自觉，善于启导，协调整合，仍然会成为我国发展的软实力。人不可以没有文化理想。十年树木，百年树人。教育、培养一代代人风，是最为重要的工作。我们一定要从自己做起，同时着眼于民族文化生命的延续。我们中华民族及其文化因此而可大可久!

总而言之，中华民族精神是融合起来了的中华各民族共同的相对稳定的宇宙与价值观念、审美情趣，并在老百姓的日常生活中起着作用的信仰、心理、情感、思维、行为的方式。追求“和平”、“和谐”，是中华民族长期融合过程中形成的民族性格。保持差异、和而不同、多样统一是发展的源泉。中国的“文”、“人文”与“天下”观即是此意。“和”的观念中蕴涵有开放性与包容性。“和”的要点是尊重差异与保存个性。中国人不是一般地讲“和”，而是讲以中庸之道为主轴的“中和”。中国文化关于“和谐”有四个向度：人与天的和谐，人与人的和谐，身与心的和谐，世代的人生存的时间与空间的协调。从长远的、健康的、高品质的社会目标来看，中华民族的核心价值——“仁爱”思想在今天仍可做创造性的转化，可以怡养人的性情，整合社群利益，调整人与天、地、人、物、我的关系，克制自我中心和极端利己主义。“恕道”可以为环境伦理、全球伦理的重建提供了重要的思想基础，有助于全球可持续性的发展。我们应以批判继承的态度、多元开放的心态，对传统的“和谐”思想资源进行创造性的转化。

关于“国学”与“国学热”的反思

什么是国学？国学包含几个层面？国学与儒学、汉学是什么关系？国学只是精英文化吗？为什么当前社会上对国学有迫切的需求或一定的热度？当前国学是真热吗？国学与国家的文化安全有什么关系？国学与和谐社会的建构有什么关系？国学与本国在国际上的政治、经济、军事、文化之地位及文化输出有什么关系？这些正是本文试图回答的问题。

1. 何谓国学

我们现在所说的国学，包括中华传统文化的各方面，例如中华各民族从古代到今天的蒙学读物、衣冠文物、习俗、家训、礼仪、语言、文字、天学、地学、农学、医学、工艺、建筑、数学与数术方技、音乐、歌舞、戏剧、绘画、书法、思想、心理、信念等。国学中包含有大量的社会、民俗、制度、生活世界的内涵，特别反映在历史、文学、艺术、哲学、宗教方面，同时又是中华人文精神之根，是我们民族的终极信念之所在，是安身立命之本。国学是开放的，包含了历朝历代消化吸收了的外来的各种文化（包括物质层面的、制度层面的与精神价值层面的）。中外文化总是处在不断的交融互动之中。故所谓国学，乃中国传统文化的通称。

1840 年鸦片战争以前，我国并没有“国学”这个概念，因为不需要。清末我国处在列强欺侮、瓜分豆剖的危机中，革命志士意在唤起民众之民族的觉醒，作为反清革命的政治动员，又寓含了中华民族统一国家的建立并日益强大的诉求，遂借助日本人的名称，倡导国学。清末民初的国粹派思想家们所谓“学亡则亡国，国亡则亡族”，即是主张通过保文化学术来救国家民族。章太炎说：“夫国学者，国家所以成立之源泉也。吾闻处竞争之世，徒恃国学固不足以立国矣；而吾未闻国学不兴而国能自立者也。吾闻有国亡而国学不亡者矣；而吾未闻国学先亡而国仍立者也。故今日国学之无人兴起，即将影响于国家之存灭，是不亦视前世为尤岌岌乎？”① 章太炎把国学之兴废与国家之存亡联系起来，指出国学亡则国家无以立。邓实说：“国学者何？一国所有之学也……有其国者有其学。学也者，学其一国之学以为国用，而自治其一国者也。国学者，与有国而俱来，因乎地理，根之民性，而不可须臾离也。君子生是国，则通是学，知爱其国，无不知爱其学也。”② 在邓实看来，爱其国与爱其学联系在一起了，故国学是在清末民初的爱国热潮下兴起的。为什么外国没有国学而独我国有国学，这就是其背景。

我想强调的是，国学不仅仅指传统学术，尤其指其中所蕴涵的文化价值与民族精神。国学当然是相对于西学而言的。在清末民族危机与西学大量进入中国以前，没有国学这一说法。国学这一概念从 20 世纪初年被章太炎们从日本引入之时起，就含有振兴民族精神与弘扬中国文化的道德理性、宗教精神与人文传统，来振兴民族、复兴国家、增强自主精神与自信力，以与东西方列强相抗衡之意，也含有批判或救治世界的西化、工业化、商业化、功利化的弊病之意。可见，国学不仅仅是学问

---

① 章太炎：《国学讲习会·序》，原载《民报》第七号。转引自汤志钧：《导读》，《国学概论》（章太炎讲演、曹聚仁整理、汤志钧导读），6 页，上海，上海古籍出版社，1997。

② 邓实：《国学讲习记》，原载《国粹学报》第 19 期。转引自汤志钧：《导读》，《国学概论》（章太炎讲演、曹聚仁整理、汤志钧导读），7 页。

或学术的概念，而且还是民族性与民族魂的概念。

国学与国学教育，又是与西学相伴而行的。在内忧外患的压逼下，尤其是在欧风美雨的冲刷下，面对全盘西化的思潮，梁启超说："吾不患外国学术思想之不输入，吾惟患本国学术思想之不发明……凡一国之立于天地，必有其所以立之特质。欲自善其国者，不可不于此特质焉，淬厉之而增长之……不然，脱崇拜古人之奴隶性，而复生出一种崇拜外人、蔑视本族之奴隶性，吾惧其得不偿失也。"① "五四"后的三十年，一方面是西方文化铺天盖地而来；相应的，另一方面又是国学教育办得最好的时候。那个时段的家庭、社会、学校教育中，国学都是重要的内容。从学龄前到小学，从中学、中等专业学校到大学，包括教会学校，都有扎实的国学基本知识与中国人做人做事之道的教育，值得我们今天效仿。

作为传统学术的国学，如按传统图书与学术之分类是经、史、子、集四部，按桐城派对学术路向的划分，则包含义理、考据、辞章三学。经学是国学中的重中之重，因为经学中包含有大量的社会史的内涵。我还是认同晚清"穷治语言文字以通经学"的学风。"五四"以来，我们对经学与理学有太多的误解。

国学的内涵非常丰富，章太炎把固有学术文化、经史子集等都纳入国学的范围，他的《国学概论》（20 世纪 20 年代出版）讲了小学（文字学）、经学、诸子、佛学、理学、文史、制度等。钟泰的《国学概论》（20 世纪 30 年代，抗战前出版）讲六书、声韵、章句、六艺（六经）、诸子、目录、汉宋异同、文章体制等。朱自清的《经典常谈》（20 世纪 40 年代出版），讲的是《说文解字》、《五经》（分别讲）、《四书》、《战国策》、《史记》、《汉书》、诸子、辞赋、诗文等。钱穆的《国学概论》（20 世纪 20 年代讲于江苏，50 年代在香港出版）类似中国思想史，讲孔子与六经、先秦诸子、焚书坑儒、两汉经学、汉末批判思潮、魏晋清谈、南北朝隋唐的经学与佛学、宋明理学、清代考据学与民国学术。可见国学范围虽然博大，然对国学教育而言，总是相对简约的，大体上要

---

① 梁启超：《论中国学术思想变迁之大势》，原载 1902 年 3 月 10 日《新民丛报》第三号，又载胡道静主编：《国学大师论国学》（上），23 页，上海，东方出版中心，1998。

了解所谓国学，无不从认识汉字开始，故必须了解一点古文字学（含声韵、训诂学），进而了解一点经史子集的初步，了解一点古代思想史。四书五经当然是其中的重要内容。

当然，我们不能把国学狭隘化。第一，国学不只是汉民族的学术文化，它包含了历史上少数民族的语言、文字、学术文化及其与汉民族的交流史；第二，国学不只是上层精英传统，还包括小传统，如民间民俗文化，各时段各地域各民族的传说、音乐、歌舞、技艺、建筑、服饰、礼仪、风俗、宗族、契约、行会、民间组织等，有如今天的某些非物质文化遗产；第三，国学还包括历史上中外地域文明的交融，如外域文明的传入，西域学，佛学及其中国化，西学东渐与中学西传的内容与历史过程等，都属于国学的范围。

我们必须明了，国学、经史子集等，并不是汉民族的专利，其中包含、汇聚了历史上多民族的智慧与文化，是中华各民族共同创造的、共同拥有的文化精神资源。

今天我们谈国学，我以为，大约有这么几个层面[①]：

第一是常识层面，即国家民族历史文化的“ABC”。针对几代人国学素养的不足，面对媚俗的大众文化的冲击，对国民特别是青少年进行国学初步的教育已是十分紧迫之事。这需要家庭教育、学校教育与社会教育的配合。

第二是学术与技艺层面，即传统文化各门类各方面，包括地方文化、民间技艺、学术传统之传承。要通过微观精细的研究，抢救、整理与继承绝学，古为今用，推陈出新，这需要国家与社会投入资金，养一些甘坐冷板凳的专门家，尤其要培养新生代，并造成代代相传的机制、环境、氛围。

第三是道德价值与人生意义的层面。国学根本上是教人如何做人，如何安身立命。例如《论语》、《孟子》，按梁启超的说法，是两千年国人思想的总源泉，支配着中国人的内外生活，其中有益身心的圣哲格言，一部分久已在我们全社会形成共同意识，我们既做这社会的一分

---

① 我曾于1994年10月23日在《文汇报》上发表了《国学与国魂》一文，此文在当时有一定影响。本文第一部分的一些内容，特别是以下关于“国学”诸层面的分析即源自该文。

子，总要彻底了解它，才不致和共同意识生隔阂。[①] 今天我们提倡国学，主要是提倡理想人格的追求，克服工具理性的片面膨胀所导致的人文精神的萎缩或失落。

第四是民族精神，或国魂与族魂的层面。提倡国学与吸纳西学并不矛盾。对于祖国传统文化的价值理念、生存智慧、治国方略，我们体认得越深，发掘得越深，我们拥有的价值资源越丰厚，就越能吸纳外来文化的精华，越能学得西方文化之真，这才能真正使中西或中外文化的精华在现时代的要求下相融合，构建新的中华文明。一味贬损、伤害中国文化之根，无益于西方精神价值的引进与融铸，无益于新的现代文明的建设。正如鲁迅所说："外之既不后于世界之思潮，内之仍弗失固有之血脉"[②]；也如陈寅恪所说："一方面吸收输入外来之学说，一方面不忘本来民族之地位"[③]；任何民族的现代化都不可能是无本无根的现代化，失去民族之本己性、个性的现代化，绝对不是成功的现代化。

学习国学更重要的是把握中华人文精神与价值理念，了解中华民族与中华文化融会的过程，及其可大可久的所以然，堂堂正正地做一个中国人。

关于国学与儒学的关系。道家、道教，中国化的佛教，都是国学的极重要的内容，儒学也是。儒学的范围也很大，但相对于国学来说当然要小得多，我们不能把这两者等同起来。但是，儒学又是国学的重要组成部分。传统中国文化无疑是多元多样的，儒学只是其中之一部分。传统中国社会的历史文化无疑是流动与变化着的，儒家文化传统也是流动与变化着并与其他文化传统相交织的。但两千五百年来，儒学渗透到全社会上下，适应、调节着社会经济的发展并指引人们的生活，落实在政治制度、社会风习、教育过程以及私人修养与性情陶冶之中，是中国乃至东亚人的生活方式、行为方式、思维方式、情感方式和价值取向的结晶，是朝野多数人的信念信仰，乃至到了百姓日用而不知的地步，极具

---

① 参见梁启超：《国学入门书要目及其读法》及《治国学杂话》，俱见《胡适文存二集》，亚东图书馆，1934。

② 参见鲁迅《文化偏至论》，此时鲁迅还是章太炎的门生和"国学振起社"的成员。

③ 陈寅恪：《冯友兰〈中国哲学史〉审查报告》，参见冯友兰：《中国哲学史》，北京，商务印书馆，1934。

草根性。儒学实际上是东亚与我国走上现代化的基础与铺垫，它在未来的发展中将起着越来越重要的作用。

关于国学与汉学的关系。外国人研究汉学与本国人研究国学有很大区别，不可等量齐观。所谓汉学，又叫中国学，是外国人，特别是西方、日本学者研究中国历史与现实之文化学术的通称。汉学与国学完全是可以不相干的。我们尊重也借鉴海外汉学家与汉学的研究成果，但要注意，那主要是外国人的游戏，多为饾饤枝节，没有内在精魂。外国人视汉学（中国学）为纯客观对象，而本国人对国学自然地投入主观情感，怀抱温情与敬意的心态，而且身体力行。

2. 试说国学的草根性

国学并不只属于文化精英。实际上，国学具有平民化与草根性的特点。在我们的老百姓中，包括不识字或文化水平不高的像我的祖父母、父母亲那样的人，包括“文革”后期，1968 年至 1970 年我在湖北天门县杨场公社插队落户时周围的农民老乡，我当工人时到两湖、浙江几家大工厂培训两年间遇到的一些工人师傅，我们的小学、中学、大学的老师们，所有这些人以不言之教与言教影响其子弟与周围人的精神性的东西，其主流的价值仍然是友善、仁爱、孝慈、正直、良心、为人着想，堂堂正正地做人做事。老百姓接受的并影响他人的生活哲学，是带有儒家文化密码的蒙学读物、家训与民谚民谣中的仁慈善良，廉洁勤谨，忠于职守，与人为善，德福一致，“勿以善小而不为，勿以恶小而为之”，“积善之家，必有余庆，积不善之家，必有余殃”，“老吾老以及人之老，幼吾幼以及人之幼”等，例如《三字经》、《百家姓》、《千字文》、《千家诗》、《弟子规》和《四书》的一些内容。

但是，“五四”以来，作为中国人的国民性的负面的或所谓丑陋的中国人等的揭露，有些过头，伤害了我们的民族性。尔虞我诈，内斗内耗，我们出现过一些丑恶的现象（其实西方也有），但人们往往就会把账算在国民性上，或要中国文化、儒家文化承担责任。我觉得我们要把中华民族文化的真髓，养育、凝聚老百姓的真诚的理念，作为中华民族这样一个多民族国家的族群认同、文化认同与伦理共识的仁爱思想，浩然正气，正道直行，人格修养等，大大地弘扬出来。我不认为这是高头讲章。比方说，老百姓中，其实有很多相互关爱的品格与事例，我们要把这些日用而不知的民间留存的仁爱忠信，仁义礼智信等的道德资源加以保护、拓展。我觉得仁爱、忠信、己立立人、己达达人，不仅是一种理想性的东西，而且是在民间有根源的活的东西。我们现在要有一种文化自觉，把这些百姓日用而不知的、有生命力的、有内蕴的价值启导出来。

3. 体制内的教育是西化的，所谓国学热只能是假热

一方面，民间存留着很多善根，国学确有草根性；另一方面，我们又不能不看到，由于社会巨变所产生的诸多新问题，特别是强势的西化趋向的影响，百多年来文化观念与全民教育的某些失当，国人对于国学又相当的陌生、隔膜。

首先，我们看常识层面。今天我们很多大学生与研究生，不知祖国历史文化的一些常识，不知《四书》、《老子》、《庄子》为何物，更不要说中学生了。有一位博士生寄贺卡给导师，竟称导师为“先师”。社会上更是如此。张艺谋是大文化人了，但他导演的《满城尽带黄金甲》中，周润发饰演的帝王竟对医官说“你的内人”云云不通的话。电视剧《走西口》中也出现“你的家父”等不通的话。不少电视剧喜用“错爱”二字，但恰好用错了。我们有的大学教师常说“我的夫人”云云，不知“夫人”是尊称别人的太太的。有一专门纠正世人用语的杂志说“食色，性也”是孟子说的（有的大报竟然照登，其实这是《孟子》一书记载的告子的看法，孟子批评了这一看法）。还有很多常识上的毛病。例如，不会识繁体字，不知道简繁体字的转换不是一一对应的，闹出一些笑话，把皇天后土、太后的“后”写成“前後”的“後”，把海淀的“淀”写成“澱粉”的“澱”，把子曰诗云的云写成“雲彩”的“雲”，把姓范的范写成“模範”的“範”，等等。

其次，我们看学术与技艺层面。传统文化各门类、各方面，包括民间技艺、经史子集等的传承上，有相当大的断层。“五四”以来，片面的、平面的西化思潮和教育、学术之结构与体制，使得我们这一代甚至前后几代人逐渐丧失了解读前现代文明（或文献）的能力。令我汗颜的是，包括我在内的目前在大学教中国文史哲的所谓教授们，如果人家顺

手拿一册未经整理的旧籍古书让我们读，很可能有些字认不得，有些句子断不了，有些典故不知道，有些篇章读不下来。2001 年以来，我与同事们之所以在武汉大学创办小型国学试验班，就是想整合文史哲各系老师的力量，三个臭皮匠，顶个诸葛亮，大家互补，共同努力，以“小班授课，原典教学，经典导读”的方式，试图培养一点点读古书的种子。因为靠我们这些教授们曾经接受过的、半个世纪以来通行的、分科式的、只学概论通史、不读原著经典的教育方式，我们民族的将来，很可能没有能够读通古书的人，也没有能读通外国经典的人。九年来，我们武汉大学的国学班培养了一些人才，取得了一定的成效，现已自行增设了国学硕、博士点。

再次，我们看道德价值与人生意义的层面。现在有些为人父母者如何教育孩子呢？我曾在公共汽车上看到有的年轻父母当着孩子的面逃票、与老人抢座位、骂人，毫不避讳，有的甚至教唆孩子斗狠，打别人的孩子，所谓免得吃亏。我们本来是礼仪之邦，但我们的留学生或旅行团走到世界各地都会发生不文明、不礼貌，甚至有辱国格、人格的事情。2006 年 9 月，我在美国亲眼看到一些用公费旅游的干部，在公共场所不守公德的丑态。由于爱喧哗，聚众打牌到半夜，有的美国旅店宾馆干脆把中国旅客与其他国家旅客隔开安排。我很理解今天的一些大学生们面临的生活贫困、就业压力，或恋爱、婚姻、家庭问题等，我们期盼社会关爱这些学子，但也希望大学生们经受得起挫折、坎坷。有极个别人自杀或有人出现精神疾病，并不都是心理上的病症，根本上还是人生观、价值观的问题，责任感的问题，生活的信念与态度的问题。2008 年出现的婴幼儿毒奶粉事件尤其值得我们反省，如果连这种事都成为行业内的潜规则，那什么事不能做呢？利欲、金钱、经济利益挂帅，腐化着全社会，使得人文价值、人生意义更加边缘化、狭隘化。

最后，我们看国魂与族魂的层面。可悲的是，有很多知识分子以居高临下的不屑的挑剔的态度，轻慢的语气，以先入之见或自己的所谓“逻辑”或文字游戏的方式，横加肢解传统文化，以为西方的从古到今都有理性，完美得很，中国的从古到今都无理性，糟糕得很。他们不是全面理解思想系统及其背景与特性，而是由这种立场或情感出发，抓住只言片语，拉来就打或贬。对于自己民族的文化及其经典，应有起码的尊重，起码的虚心的态度。为什么其他国家的知识分子不必提出“同情的理解”或“了解之同情”，或没有类似的问题，而唯独我们国家、民族的知识分子必须面对这一问题呢？那是因为人家没有妖魔化、丑化自己的文明及其经典，没有把今人的责任推到祖宗头上去，也没有单一的直线的进化论、进步观，而我们自鸦片战争以来，把国际国内政治、经济、军事的问题，国势的问题简约化为文化的问题，一股脑儿都要传统文化来负责，要孔孟来负责，又把文化问题简约化为进步与落后的二分法，因此把传统与现代打成两橛。实际上孔仁孟义、礼乐文明不仅不构成中国人走上现代的阻碍，相反是一种宝贵的资源与助力。这种不健康的心态与学风，乃严肃的学术研究之大敌，且谬种流传，误人子弟，贻祸青年。

近年来，随着我国的经济实力、政治地位的提升，随着人们对传统文化与现代化的关系的理解有了多维向度，全社会对国学有了迫切的需求或一定的热度。例如，继武汉大学之后，中国人民大学、厦门大学、复旦大学先后也开办了国学班①；一些企业、民间宗教与社团以传统价值观念作为基本理念；公私企业的经营管理者由热衷于学习西方式的管理转过来学习古代哲学智慧与管理方略，一些 MBA、EMBA、总裁班等更多地转向学习中国经典来丰富人生；不少民间人士开拓更多的空间，创造条件让儿童在记忆力最好的时期（3 至 14 岁）诵读一点经典，打下一点童子功。这都是十分可喜的现象，虽然遭到不少非议。国学随着国力的增强，到了发展的最好契机。

但是，当前国学是真热吗？国民对国语、国文、国学，对本国历史文化传统的常识还不甚了了；体制内的，从幼儿到博士所受教育的制度

① 教育部与国务院学位委员会尚没有设置“国学”专业，尚无其名称、代码与编号，目前国学本科生与研究生招生只能挂靠在别的专业上。也就是说，“国学”在体制内的教育中还不具有合法性，至少是没有户口吧！我校武汉大学有资格自行增设硕、博士点（报国务院学位委员会备案），我们以新增设交叉学科的方式增设了国学硕、博士点。但毕业生仍只能分别拿文、史、哲的学位，因为学科专业目录上没有国学学科。其实，设国学学科，只是作为现有文、史、哲等学科的一种补充，绝不是也不可能代替现有的各科。国学的综合性是对分科的一种补充，而该学科强调经典研读，对根源性的建设与传统文化的创造转化及现行文科教学改革都有重大的意义。

安排，基本上是西化的，青少年学习英语的时间与精力大大超过了学习母语、国文的时间与精力，而体制内有关中国历史文化的教育又非常薄弱；如此，我们有什么理由侈谈“国学热”？所谓“国学热”并非真热，其实是假热，只是一些表面现象而已。有的只是敲敲边鼓，只是自发与偶然的现象。

试看我们的教育。幼儿与中小学教育中的中国文化教育应是基础的基础。因此，全社会都应当重视对幼儿、小学生和中学生加强中华民族历史知识与人文精神的教育。不然，大学人文教育就根本没有办法做好。此外，中学文理分科的问题，作为高考的附属物，似应有更加合理的解决方案。从公民的文化教养与民族的文明发展来看，中学生的文理分科是应当为法律所禁止的。同样的，我国应当为民族传统文化的承传立法，或者说，应当在法律上规定，必须对幼儿与小、中、大学生进行传统语言与文化的教育，维护民族语言与文化的纯洁与尊严，必须改变目前青少年学英语的时间、精力大大超过学习母语的状况。我们的国民教育有很多问题。

母语、国学的教育是国本，不可动摇。十多年来，我一直在批评一种现象，即中国大陆地区的各层次教育中，忽视母语的教育，忽视本土文化“ABC”的教育，把英语、西方文化教育看得比母语、本土文化的教育更为重要，这完全是数典忘祖！现在中国的大众文化已是美国文化的殖民地，美国大片横行无忌。反过来看一看法国及欧洲一些国家，它们严格限制大众媒体把英语节目或所谓美国大片肆无忌惮地播放，它们是有限制的。法国知识界不断批评、指导法国的传媒与文化界，法国政府也十分自觉地捍卫法兰西语言的纯洁性与法兰西文化的尊严。相反，我们都失职了！我不是反对学习西方，相反，我是积极主张拥抱西方文明的，我当院长，在本院的教学中，我为以西文学习西方经典创造了很好的条件。我们开办的国学试验班、中西比较哲学国际班，都是开放的，有些课程也用英文上，请外国学者上。但我认为，这一定得有一个界限，即中国的教育（从幼儿园到博士生），宪法与法律允许的中国教育，一定要以母语与本土文化为主导和主要内容。我们现在讲自主创新，讲建立自主创新型国家，首先振兴的应是中国自己的文化传统。中国人靠什么走向世界？中国人的精神文化中当然包含着几千年来与外来文化的融合，中国文化当然是变动着的文化。但中国之为中国，中国文化之为中国文化，一定有自己内在性的东西，有主导性与主体性的常道。这是不可动摇的。因此，我反对所谓“双语教学”的提法，甚至有的大学提倡“全英语教学”，那是应当禁止的，是违法的，是殖民地心态的体现。

作为一个国家的公民、国民，有接触本国经典的义务。一个西方人，不管从事什么行业，在他经受的家庭、社会、学校教育中，起码诵读过、学习过荷马史诗，柏拉图或亚里士多德等希腊哲学，西塞罗等罗马政论，莎士比亚的文学作品等。这都被视为当然，是他们的人文修养的基本功。一个中国人，也应当掌握好母语，具有中国文化的常识。可是今天在中国，如果我们让青少年读一点有关孔子、孟子、老子、庄子的书，会被认为是守旧复古、大逆不道。这是非常奇怪的事情。我认为作为一个中国人，要了解的最基本的经典是《四书》(《论语》、《孟子》、《大学》、《中庸》)，最好适当读一点《老子》、《庄子》、《荀子》、《左传》、《国语》、《史记》、《汉书》、《诗经》、《楚辞》及佛教的《心经》、《金刚经》、《六祖坛经》等。行有余力的中国人还应了解《尚书》、《周易》、《礼记》等。

国人对国语、国文、国学应有起码的修养，反过来，国学又滋养国人。希望教育部门，社会与家庭，对孩子们的教育，特别是在国民教育中更多地加入国学的内容，营建中华民族共有的精神家园。

国学教育总要抓住最重要与根本的东西。钟泰说，读书要有指南，犹如旅行要有舟车与地图，但到穷极处，一定不要忘了目的地，即归趣。他认为，国学的归趣在义理。我们知道，义理是考据、辞章的灵魂。没有义理的考据是盲目的，没有考据的义理是空虚的。没有义理的辞章是虚浮的，没有辞章的义理则行之不远。在国学的多层面中，最高的层面还是国魂，即中华民族的主要精神的方面，那是中国人之所以为中国人、中国文化之所以为中国文化的根本特质处。

4. 国学的再发现

近二十多年来，我常常到东西方一些国家或地区去出席会议或讲学。总的感受是，那些地区或国家的民间社会的空间比较大，生活中，自己的传统文化、礼俗的传承比我们好。今天，我国大陆地区的民间生活更加多元化了。企业、媒体、行会、社群、宗教团体中需要而且也可以提供更多的社会资本与文化资本，包括本土文化资源。我们建设今天的文明，需要更多借鉴古代的文明。

国学的再发现，并不是复古，更重要的是，其中的价值观念能更多地渗透到现代人的意识之中。国学之一的儒家思想与制度的某些因素，经过创造性转化，也可以参与当代的制度安排与秩序设计中，例如“礼”之中就有不少可以转化。儒家思想可以与现代政治自由主义、生态环保主义、女性主义对话。比方说，我们实行社会主义的市场经济，必须兼顾公平与效率，有关公平与社会公正，正是儒家的强项。又比方说，年轻人讲自由，其实，不管是政治的、哲学的、道德的、美学的或艺术的等层面的自由，抑或伯林讲的消极自由与积极自由，在儒释道各家的论说中都十分丰富，值得发掘。现代的政治法律制度，不可能不建立在德性伦理之上。我们的家庭伦理、社群伦理、工作伦理、企业伦理的建设，都可以在国学中找到资源。在生态伦理、文明对话、国家间与族群间的交往伦理方面，国学资源都大有可为。我们有责任做创造性转化的工作。就自由主义者必须具有的独立的批评能力和精神，必须具有的道德勇气、担当精神而言，就自由、理性、正义、友爱、宽容、人格独立与尊严等自由主义的基本价值而言；就民主政治所需要的公共空间、道德社群而言；就消极自由层面的分权、制衡、监督机制和积极自由层面的道德主体性而言；儒家和传统诸家都有可供转化和沟通的丰富的精神资源。儒家的道德主体为政法主体预定了位子。

德国特里尔大学的文学院长、汉学家波尔教授（他的中国名字叫卜松山）曾经在北京与特里尔多次郑重地对我说过：“你们中国有很好的道德资源，特别是儒家文化中有很多很好的做人的道理，可惜你们放弃了，没有用这些本土的文化资源教育后代，这非常遗憾!”这值得我们警醒。

一个社会，如果没有基本的伦理共识，那是非常危险、非常可怕的。再严密的法律，代替不了社会的伦理道德；进一步说，健康的现代化的法治社会恰恰是建立在民众的底线伦理、民众的伦理共识的文化土壤之上的。

重视和发掘中国传统智慧中的思想资源，决非要鼓吹全面复古，全盘照搬古代文化的整套东西，更不是试图以中国固有的传统去对抗、抵制现代的文化。我们提倡以批判继承的态度、多元开放的心态，对国学传统进行创造性地转化。

罗伯特·贝拉（Robert N. Bellah）关于日本德川宗教的研究给我们多方面的启示。他说："存在于德川时期的中心价值系统在现代依然起着决定作用，也许是以更加强化的、理性化的形式而存在。将作为各个阶级的身份伦理而起作用的中心价值系统应用于现代，证明是十分有利于处理每个阶级所承担的新的经济责任。"① 贝拉关于中国的整合价值占首位，日本以重视政治或达到目标为特征，中国伦理是普遍主义的，日本伦理是特殊主义的等论断，都是值得商榷的。但他具体分析了德川时代的中心价值，指出了这些价值在日本现代化道路与过程中的作用，是很有意义的。丸山真男曾对此作了中肯的评价。② 中国大陆和台湾、香港，以及新加坡、韩国等国家与地区的现代化运动中，民间社会的儒家伦教的积淀起了积极的作用。在文化小传统中，勤俭、重教、敬业、乐群、和谐、互信、日新、进取的观念，无疑是经济起飞的文化资本。

更多的人形成中华民族的文化认同是中华民族凝聚力的基础，这可以反对国家的分裂。面对西方文化铺天盖地地席卷域内和西方宗教的无孔不入的渗透，我们一定要有文化自觉与文化安全意识。目前，基督教、天主教在中国大陆特别是农村发展很快，势力很大；台湾民进党当局"去中国化"日甚一日。还有民族分裂主义与恐怖主义者的活动等。因此，自觉发展国学，可以维护国家的文化安全，团结海峡两岸及海外华人，形成民族文化认同，增加凝聚力。振兴国学与国家的文化安全有密切关联。

总而言之，国家的兴盛与国学的复兴是一体两面的事情。国学复兴有助于本国政治、经济、军事、文化、外交地位之提升，有利于建设文化大国及文化输出。国学也是文化产业的基础，但大众文化正在糟蹋民

---

① ［美］罗伯特·贝拉：《德川宗教：现代日本的文化渊源》，228页，北京，三联书店，1998。

② ［日］丸山真男：《评贝拉的〈德川宗教〉》，《德川宗教：现代日本的文化渊源》附录三，259～296页。

族传统。建设孔子学院是好的兆头，但绝不能只停留于教现代汉语，而应当讲中华文明，进行文明对话。不懂自己的国学、历史文化传统，拿什么与人家交流对话？

当前，我们提倡国学，主要是为了弘扬中华人文精神，克制当前的信仰缺失、唯利是图的倾向，坚持富而好礼，富而后教，调动传统历史文化的资源，积极参与现代社会的建设，建构中华民族主体性的价值系统。在伦理共识、文化认同、终极关怀方面，国学可以发挥积极的作用。国学是我国现代化建设的软实力！

中国哲学资源的当代价值

现代化建设的宝贵的资源之一——传统文化和传统哲学资源，往往被人们所忽视或怀疑。这实际上已使我们付出了代价。在我看来，现代化健康发展所面临的诸多问题，尤其是人与人性的全面发展问题，人生的安顿、价值、意义与终极关怀的问题，人与天、地、人、我关系的疏离与紧张的问题，工具理性超常膨胀之下目的理性之重建的问题，金钱权力拜物教下社会人心缺乏维系的问题，道德危机、教育危机、人口素质贫弱化和单面化的问题，现代社会管理与企业管理中的若干软件问题，整个国民的工作伦理、职业道德、公民意识乃至良知自我的重建问题，市场经济秩序所要求的个体性原则与整体性原则的定位问题，如此等等，越来越需要我们在西方、东亚现代化经验和我国自身现代化实践基础上，重新发现、发掘、回采中国文化与中国哲学资源，并加以调适上遂的发展。在一定意义上，我们可以说，现代化过程是中国人文精神的再塑造、再发现的过程。

杜维明教授指出：西方的现代化虽在历史上

引发了东亚的现代化，但没有在结构上规定东亚现代性的内容；东亚现代性是西化和包括儒家在内的东亚传统互动的结果；今天，东亚社会中不仅存在着儒家政治文化的正负面影响，而且存在着儒家传统的多方面作用，例如，它仍然是不少知识分子自我认同的精神资源，又在企业伦理、民间社会的“心灵积习”和生命形态的价值取向诸方面起着作用；仁、义、礼、智、信的核心价值可以为东亚建构一套凸显义务、同情、辞让、正义和公德，从小康趋向大同的社会理念；发掘儒家传统的人文资源不仅有助于中国现代精神的发展，也可为建构全球伦理提供条件。①

杜先生关于现代精神与传统伦理的论述，可谓金玉良言。如何认识传统道德伦理，儒家伦理的核心价值能否经过现代的洗汰，转化为当代的社会理念，是一个十分复杂的问题。今天，传统伦理仍为不少人所诟病，或者大不以为然。有的人一看到“儒家伦理”就一言以蔽之，曰“反动”，曰“保守”，曰“腐朽”。这里需要作出一些层次的分疏。清代戴震至“五四”第一流思想家对儒学的批判，如“以理杀人”、“吃人的礼教”等，是确当的。“五四”的洗汰，主要是洗刷其负面性的东西——政治化、制度化的儒家伦理规范在君主专制主义、男性中心主义背景下的负面功能，如摧残人性、戕害妇女、妨碍人的自由全面的发展等。这些东西是不是儒家伦理传统的全部呢？当然不是。“五四”洗刷的恰恰是儒学的躯壳、形式，这种洗刷，有利于儒学内在精神的弘扬。

1. 达用篇：中国智慧与现代企业管理

中国古代哲学的智慧在东亚现代化的过程中起着越来越巨大的作用。20 世纪 20 年代至 40 年代，中国老一辈工商界的创业者，例如荣德生先生、宋棐卿先生等沪津实业巨擘，提倡和实行传统文化精义，特别是“儒工”、“儒商”的做人之道和管理之道，将“己立立人”、“己达达人”、“以诚待人”、“以德服人”、“己所不欲，勿施于人”等儒家信条，融进他们的经营原则。这种以自我管理为中心，调动人的积极性，协调各种人际关系，形成公司群体的企业精神，从而达到全系统管理的

① 详见［美］杜维明：《儒学创新的契机》，载《读书》，1997 (9)。

做法，曾使他们获得极大的成功。在日本、韩国、新加坡、东南亚一些国家和中国台湾、香港地区，儒家经典《周易》、《论语》、《孟子》、《大学》、《中庸》、《荀子》，道家经典《老子》、《庄子》，兵家经典《孙子兵法》，法家经典《管子》、《韩非》，还有《左传》、《国语》、《吕氏春秋》，乃至禅宗的公案，甚至属于民俗文化的《三国演义》、《菜根谭》等，日益受到企业家们的青睐，儒、释、道智慧在现代社会管理和企业管理中获得了新生命。据悉，日本松下公司创办人松下幸之助的经营秘诀，就是《周易》的变通原则和《老子》的自然之道。"松下精神"曾被概括为"和谐、自省、纪律、忠诚、献身"；整个公司崇尚敬老尊贤等传统的价值观念，与竞争自强、讲求效率、奖掖青年并不发生冲突。日本丰田公司几代总裁，从祖辈丰田佐吉到父辈丰田喜一郎到孙辈丰田幸一郎，继承并不断补充的座右铭，现为六个字："天、地、人、智、仁、勇"。前三个字取自《孟子》的"天时不如地利，地利不如人和"，后三个字取自孔子儒学的三达德。真所谓"礼失而求诸野"，一个世纪以来被我们不断詈诟毁谤的孔孟之道，在中国大陆之外的现代化进程中发挥了积极作用。

中国的管理哲学（不仅仅指儒学），确有许多方面值得我们珍视，值得我们再发挥，再创造。其中，我认为尤显重要的有七个字：生、变、和、中、敬、群、无。

（1）"生"的原则。生的原则即创造性原则。《周易·系辞传》曰"天地之大德曰生"，"生生之谓易"。中国哲学崇尚"生生之德"，即以人的创造性精神匹配天地乾坤父母之大生广生之德，尽人能以弘大天性。中国"尊生"的传统，即尊重、发扬创造性的生命精神，强调全面发挥人的潜能，参赞天地之化育，理性地适应并进而主宰天地。在管理学上，《周易》的管理智慧，即把自强不息、生生不已的主体精神，"元、亨、利、贞"的流衍创化的客观历程和效法天地的自然之道结合起来。这样，它就不是单方面地强调开拓创新，穷通变易，而在一定程度上又涵盖了顺应自然之意。因此，开与合、守常与应变、原则性与灵活性、创造性与继承性（创业与守成）的辩证统合，即是企业管理的一种高级的智慧或艺术。

（2）"变"的原则。"变"也是一种"生"。但"生"的意涵主要是

"创生"、"生化"，而"变"的意涵主要是"变通"、"制宜"。《周易》被人称为"变经"，《老子》五千言通篇讲变化之道，《孙子兵法》的战略策略更是应对瞬息万变之经典。一方面，《易》、《老》、《孙》之预测学、管理学和谋略学，总结了自然、人事正反诸方面的经验教训，对吉凶、祸福、穷达、存亡、生死、利害诸关系的把握，提供了最佳趋避的模型和最佳应变的方法。在阳与阴、否与泰、剥与复、损与益、革与鼎、既济与未济之间，寻找因条件变化而不断求变的契机。由是而提出了因时、因地、因物、因位制宜的要求。所谓"制宜"，是主观价值与客观实际配合得宜，关键在管理主体的感通化裁之功。中国哲学提供了一种高级的变通智慧，这种智慧和西方科学的管理方法不同，是具有根源性的智慧，或者说是一种人文的睿智，把管理看做是以人的价值主体为依归的。有的学者称之为"道智"或"道术"，以区别于西方知性的科学的管理。① 另一方面，《老子》、《易经》、《易传》、《孙子兵法》关于刚柔、予取、进退、攻防、正奇、明晦等权变谋略的思想，在市场营销、价值战等方面，提供了灵活的战术计谋、市场权术等辩证智慧。商场如战场，军事辩证法可用于商战。

(3)"和"的原则。"和"主要指"和谐"、"保留差异"及"多样统一"。孔子讲"和而不同"；有子讲"和为贵"；史墨讲"和实生物，同则不继，以他平他谓之和"；《礼记》讲"和也者，天下之达道也"②。中国哲学关于天地人我之间的"和谐"思想、"宽容"思想，不仅为人类自然环境的生态平衡和人文环境的生态平衡提供了睿智的参照，而且纠正了人们片面执著于"斗争哲学"的负面影响，是现代社会管理和企业管理的重要思想资源。现代管理强调人与自然、人与社会、人与人、人与内在自我的协调关系，强调一种宇宙一体、普遍和谐的整体观念。我国儒道诸家素来肯定并发挥的"天地与我并生，而万物与我为一"，"仁者以天地万物为一体"和"民吾同胞，物吾与也"③ 的宇宙家族思

---

① 参见［美］唐力权：《变通的慧识：〈周易〉对现代管理的启示》，载香港《法言》，1992 (12)。

② 以上参见《论语·子路》、《论语·学而》、《国语·郑语》、《礼记·中庸》。

③ 以上参见《庄子·齐物论》、王阳明《传习录》上、张载《西铭》。

想及推己及人、润物及物的意识，在未来世界具有越来越重大的作用，对于企业之间及企业内部人际关系的处理，乃至企业长久效益的显现开发有着重大的意义。

(4)“中”的原则。“中”指“中道”，无过无不及。与“和”略有不同，“和”是强调容纳相异的人才、思想、意见，保持一种生态关系，“中”则指处事所掌握的“节”和“度”。“中庸”只是平常的道理，于平常中见“道”。“尚中”、“执中”的管理方略，对“过”与“不及”之两端保持动态统一，使各种力量与利益参和调济、相互补充，在大小、刚柔、强弱、周疏、疾徐、高下、迟速、动静之际保持弹性，具有一种节奏感，实在是一门高超的管理美学。

(5)“敬”的原则。这里指尊重人才和敬业精神。严格地说，中国哲学区分“仁”、“诚”、“忠”、“信”、“敬”、“恭”诸范畴。宋人陈淳的《北溪字义》颇有分疏，我们这里笼统言之。现代企业的经营之道，在正常的市场经济秩序的规约下，一种健康而有效率的竞争，决不是假冒伪劣的横决天下，根本上应是在延揽、使用、对待人才方面，内部员工的敬业精神方面，产品质量信誉方面，即是对内对外的诚信无欺的态度。忠于职守、团队精神、勤奋严谨、真正的主人翁态度和责任感，作为企业伦理或工作伦理的建设，无疑是现代企业管理的首要前提。有人认为，儒家伦理强调维持系统整合的价值而不重视目标达成的价值，因而不利于竞争和效率。这种看法是有片面性的。从长远的背景上来看，东方现代化与西方现代化的不同，即在于东方文化精神积淀在其工作伦理之中，不是以个人主义为动力，而是在注重不同人的利益的同时，更加肯定勤奋和睦、敬业乐群、相互协调及对企业的忠诚、奉献、责任。另外，管理者对各种人才、各级员工，使得人人的德、位、禄、用相称，使之各遂其性，各显其能，而不致有不平之感，亦是儒家治平天下的一条重要原则。这在现代社会与企业管理中，亦是一个十分重要的现实问题。

今天，世界各地的商家都发现了一条新的经营之道——以创意超越顾客的期待。让产品超越顾客的期待，是赢得顾客、建立忠诚度最有用的办法。惊喜的客户往往会再度上门，而且为企业作免费宣传。为顾客服务是继产品质量之后，成为企业下一个全力以赴的目标。改善对顾客服务的品质，从顾客利益出发，让顾客满意，其实是企业管理的首要原则。此外，市场营销中，又有了坦诚相见的商规。使自己的产品深入人心的最有效的方法是先承认自己的不足，因为潜在用户会在你承认自己的短处时发现你的长处。这可以说都是“诚”、“敬”原则的活用。

(6)“群”的原则。这里指群体本位（包括家族本位）、群体协作精神。当前我们需要重新厘定现代化进程中个体与整体的整合与互动原则。传统礼治社会重视群体价值，有一整套协调个体与群体之利益、意志、关系的办法。其负面则是个体的独立性往往被淹湮于社会群体的伦理纲常之中。在以个体为元点或细胞的市场经济生活秩序中，现代社会较之传统社会的巨大进步是使个体性得以确立。也就是说，个体的生存权利、私有财产、经济权益、政治权利、教育权利、人格独立与尊严及道德价值实现权利的不可剥夺，不可让渡，及其法律保证和舆情保证，是有序化的现代社会生活的支点，在此基础上重建适合于市场经济的社会整体秩序、公共利益，保证公平竞争，承认与肯定他人及社会整体权益的实现，重建社会公正、正义等道德原则，调节个体与整体的关系，调节义与利的关系，是现代管理中的重要环节。东亚现代化的一条成功经验是凭借传统文化资源，调整劳与资、民与官、私与公、个体或家族企业权益与政府的行政工程、个人主义动力与团队精神祈向和效忠国家社会之间的关系。这显然具有现实意义，可以克服西方的某些“现代病”。

(7)“无”的智慧。这里主要指道家“无为而无不为”、“无用之用乃为大用”的方法学，亦即重视管理中的软件。据巴斯克与艾索思多年对美国公司与日本公司所作的比较研究表明，美日公司在硬性因素方面，即结构、制度、策略方面都很类似，主要差别在于日本公司特别重视软性因素，即技巧、作风、人员与最高目标。道家之道，虚灵不昧，是无用之大用。那些看起来并无实际效用、虚无抽象的企业精神、企业哲学、企业价值观、企业风格、企业凝聚力等，却渗透到企业管理有形有用的各个方面，正所谓“无之以为利，有之以为用”。实有之用是有限之用，虚无之用是无限之用。在管理中，科学的、工具性的，例如财务、成本或计量的管理是有限之用，而公司文化精神、一代人风的培育却是无限之用。[1] 管理不仅仅提供结构、计划、规章、控制、分工的原则，更重要的是观念、价值、信仰、氛围、文化。因此，成功的企业都能形成自己独特的价值信念，形成一种凝聚力，使员工自觉地为企业目标奋斗，并使这种文化精神在员工中代代相传。这才是决定企业成败、兴衰的根本。

总之，中国哲学提供给现代管理学的智慧是多方面的，其核心是把人作为企业最大的资产或真正的资源。人才是决定企业成败的关键，企业竞争就是人的竞争，而管理就是充分调动人的因素，充分开发人的资源，充分发挥人的主动性和创造性，充分协调人与人之间的各种关系。人文学的管理比纯科学的管理具有更深长的价值，二者当互济互补。

2. 立体篇：中国哲学与现代人安身立命

东亚新崛起使得人们对西方文明中的“现代性”，对传统东方文化与现代化的关系作出重新估价。这不仅反映在前述企业管理之中，而且反映在人的终极关怀和精神寄托方面。人类不是（或者不能总是）近视的、浅显直接、急功近利、只顾得上应付近忧而没有远虑的爬行者。在当今商潮澎湃、人必曰利的氛围中，真正的有识之士所考虑的是如何回复人的本位，保持人的尊严的问题。一方面，市场经济、民主制度、科学技术、理性精神，自由、人权、个体人格的解放和在法律面前人人平等，这样一些价值的生根，无疑是中国现代化的主潮，也是中国向西方学习的根本。另一方面，不管物质昌明、科技发达到什么程度，人的终极托付、安身立命的问题总是一个无法由科学或物质取代的问题。现代社会是一个天、地、人、我日益疏离的社会，而中国哲学所提供的根源意识和人文睿智恰恰可以救治诸如此类的现代病。

中国改革所面临的最大困难其实不仅仅在于经济的无序，而且在于道德的沉沦。几十年来新传统的道德面临着新的挑战，尤其是金钱至上、贪污腐败的挑战。几千年来儒家人文精神可供滋养现代心灵的宝贵资源，又被强烈而片面的反传统潮流所遮蔽和阉割。作为东方现代化源头活水的重视教育、尊师重道、重视道德人格素质培育等民族传统美

---

① 参见唐亦男：《道家“无”的智慧与现代企业》，载香港《法言》，1992（12）。

德，需要我们在新形势下重新认识和发掘。这是培育现代化所需要的一代代健康人才的一个极其重要的方面。否则，就不能调治当下的人文环境，孕育出能够托起中国未来现代化所需要的德业俱健、素质极佳的人才。纵观全球各地区的现代化，呼唤本民族传统的人文精神，以传统价值批判现代化的负面，几乎成为一大潮流，成为一个十分现实而迫切的问题。

一个民族，一个人，活在世界上总要有“家”可归。工业化、商品化、现代化带给当代人的病痛就是在精神上流落街头，无家可归。在钱权交易、升官发财、功名利禄、醇酒妇人的追逐中，心灵方寸之地，良知自我之所，已告沉沦，那也等于失去了整个世界。人们在厌倦了名利的争逐之后，才可能转而寻找心灵的归乡与故园。因此，中国哲学所讲求的人之所以为人之道，所提倡的精神境界和人格修养，所尊崇的气节操守和道义担当，所重申的做人原则和治世原则，所阐扬的人生意义和价值，在今天不仅没有过时，而且具有现代与后现代的意义和全世界的普遍价值：就全世界范围的现代化来说，包括西方的现代化，不借重于自己民族传统的精神文化资源，是根本不可能成功的。西方现代化以希腊、罗马文明、基督教精神和近代人文主义作为自己的源头活水，东亚现代化也以包括中国宋明理学精神在内的儒教文化作为自己的源头活水，中国大陆的现代化必定不可能将传统精英文化弃之如敝屣。否则，那就是无本无根的现代化。人们在当今的现代化建设中，已开始惊呼中国物质资源的匮乏，然而还没有更多的人，包括知识分子中的大部分人，认识到中国精神资源由于近世以来片面地毁谤传统造成的严重匮乏。物质资源的短缺是一个有形的问题，精神资源的匮乏则是一个无形的问题。无形的问题无所不在，无孔不入。所以，我个人认为，21 世纪中国思想史的重要走向是由离异到回归，由批判到重建，由糟蹋圣贤到再建民族精神，由毁弃崇高到再建崇高，接上儒、释、道精英文化的主流和大统。重建道统，实现道统、学统、政统、治统的相互制衡，纯洁世道人心，与法治社会的秩序和市场经济的秩序建设，并不相矛盾，毋宁说是一种最好的补充。这还只是就社会层面的文化建设来说的，如果就人的生存处境来说，从人生终极之地的安立来说，从寻找生命托付之所、安顿我们的人生来说，儒释道的文化理想，在今天仍然是非常重要的资源，值得认真地发掘和发展。在对待我们民族的祖宗所创建、赓续的民族精神的心态上，我们提倡一种温情和敬意的态度，而不能像近世大批判运动那样，作断章取义的毁辱、歪曲。传统文化的负面在现代化运动中的洗汰、代谢，在各民族的现代化中都是一个自然过程，而不是一个主要问题。现在的主要问题是：传统精英文化提供给现代化的精神资源道德、价值资源应如何回采、重铸？

（1）儒家的安身立命之道

儒家精神是一种“极高明而道中庸”的精神，儒家境界是一种道德境界和超道德的“天地境界”。所谓“极高明而道中庸”，就是说我们不必做什么惊天动地的事情，在平常的生活中，在现世伦常的义务中，在某种社会角色和社会位置上，我们每个人都可以非常崇高地生活，不苟且，不偷堕。只要我们对于我们的生活有高度的觉解，我们所做的平常事就有不平常的意义。作为一个普通的人，无论我们能否成就某种外在的功业，那是不重要的；只要我们顺着天地父母的秉赋有所发挥创造，我们的内心得到了某种精神的满足，这就实现了我们生活的目的。儒家经典四书五经所讲的是天人之际和性命之源的问题。我们生活于其中的宇宙大生命和我们个体的小生命是相互关联的，天赋予我们人的本性，人之所以为人的本性，是一种目的理性、道德理性。

儒家认为，人存在的价值，人的文化生命的本质，在于成就道德人格。只要挺立了道德自我，以良知作主宰，我们就能超越世间各种境遇，超越本能欲望，以出世的精神，干入世的事业。儒家的形上学，把天道与性命、超越与内在都打通了。“天命之谓性，率性之谓道，修道之谓教。道也者，不可须臾离也，可离非道也。”“唯天下之至诚，为能尽其性。能尽其性，则能尽人之性。能尽人之性，则能尽物之性。能尽物之性，则可以赞天地之化育。可以赞天地之化育，则可以与天地参矣。”① 这就是说，我们人的生存，是根植于天地的。我们有物质欲求、情感欲求，不离开平凡的生活，但我们为社会尽道德义务，就是“率性”，即遵循天性，这就是“道”。所谓“教”，不过就是“修道”，就是让每个人觉悟到遵循“道”。中国传统教育是人文的教育，即在履行实

① 《礼记·中庸》。

践中，培育人们的道德人格。一旦人能充分地护持自己的生命理性、道德理性，人就能全面发挥其本性，可以回应天地的生命精神，把人的精神提高到同天的境界，与天地鼎足而三。儒家的学问都要落实到人的生命的价值和意义上来。人在宇宙中的地位由此而确立。儒家主张通过仁爱之心、四端之心、良知之心的推广，推广到他人，甚至推广到瓦石草木鸟兽，把人的精神提扬到超脱寻常的人与我、物与我之分别的"天人合一"之境。

与西方哲学重外在超越、以理性来追求价值之源不同，中国哲学重内在超越，价值之源就在自己的心中。心灵之家而不是超越的上帝，成为根源之地。西方宗教与哲学强化了超越界与现实界的分裂与紧张。中国没有西方意义上的宗教，中国哲学代替了宗教的职能，但它把理想境界与现实人生统一了起来，通过"为仁由己"、"尽心知天"的内倾路径（而不是外向路径），把事实（或现实）世界与价值（或超越）世界统一了起来。这样，形而上与形而下贯穿、衔接起来了，超越形上学点化为内在形上学，通过践形尽性的工夫，使价值理想在现实人生中完全地实现出来。这样，尽管现世不免有卑浊黑暗，但人们生活于其中，照样可以超脱解放，把精神向上提升，使超越的理想在现实世界中实现。人类理性所能设想的"天"、"道"，成为宇宙万物、人类生命的本原，亦是一切价值之源。儒家以其早熟的文化智慧，化原始宗教之玄秘为道德之仪轨，以理性的道德价值支配人心的情绪，这在世界文化史上都是一笔绝无仅有、不可多得的精神遗产。儒家提扬的"居敬"、"体仁"、"存养"、"立诚"，在现代物欲横流、尘世喧嚣，人们疲于追逐，内心紧张焦虑，层层心防，种种顾忌，利益至上，亲情与友情沦落，人生如天涯行脚、人海漂泊之际，具有治疗学的意义，这都是不言而喻的。当心灵之"家"安立不住的时候，人存在的基础必然发生动摇。

（2）道家的安身立命之道

道家是儒家的一个补充。与儒家不同，道家通过否定的方法，否定知识、名教，甚至一切外在形式的束缚，包括儒家仁义的束缚，化解人生之忧。道家所说的自由是精神的超脱解放，不是指放纵形体的情欲。如果执著于外在物欲的追逐，功名利禄的追逐，束缚于名言名教，那就会被物所主宰，不仅不自由，而且形成"机心"、"芒味"，阻隔人与天地的合一。所以，庄子要化掉物形，才能作逍遥无待之游，达到“独与天地精神往来”的境界，庄学讨论了人的生存处境。此身有限，吾生有涯。以有形有限之生投入天下，他要面对无限的时空、知识、意义、价值，“无限”令他不安。在熙熙攘攘的人世和各色人等的不同欲望之追逐竞争中，人心承受了巨大的压力和痛苦，他不知道自己身在何处，如何化解这些痛苦、困惑？庄学把人提升为太空人，超越升华，不为俗累，宛若大鹏神鸟，抟扶摇而上九万里，背云气，负苍天，遗世独立，飘然远行，翱翔太虚，使有限人生获得无限的意义。

《逍遥游》强调得其自在，歌颂生命自我的超拔飞越；《齐物论》强调蕲于平等，是对物我之间的同体肯定。前者讲适己性，后者讲与物化。这就是说，逍遥无待之游只有在天籁齐物之论的前提下才有可能。庄子的这一自由观对现代社会和现代人生有重要的意义。也就是说，这种自由观的思想前提是反对唯我独尊，主张宽容。承认自己的价值，必须以承认别人的价值为前提；承认自己的个性自由、人格尊严，必须以承认别人的个性自由、人格尊严为先导。这种思想肯定各种相对的价值系统的意义，决不抹杀其他的人、其他的学派、思潮的存在空间。在《齐物论》这种平等的价值观的观照下，每一个生命，都可以去寻求自我超拔的途径。总之，道家庄子的人生哲学和人生智慧，启迪我们由现实到理想，由有限到无限，致广大，尽精微，遍历层层生命境界，求精神之超脱解放，直到个人与无限的宇宙契合无间——“天地与我并生，而万物与我为一”。人们从超时空的境界中再回到现实中来，到最高境界时，道家又以道为出发地，向下流注：“道生一，一生二，二生三，三生万物。”① 因此，道家理想也须贯注到现实人生之中。道家思想对于现代人生的安立，具有极高的价值。

(3) 佛教的安身立命之道

佛教的人生智慧，是一种破除各种偏执，空掉一切外在的追逐、外在的攀援，破开自己的囚笼，直悟生命本性的智慧。佛教智慧启迪人们解脱生活的重负、忧患和痛苦。禅宗的返本归极、明心见性、自识本心、见性成佛之论，亦是叫人悟得人之安身立命处。佛教以双遣对破来

---

① 《老子》第四十二章。

消解心灵上的执著，以一种解构的方法，使人自知其限制，自虚其心，自空其说，以求容纳别人。这不仅是个体修养的方法，也是现代社会共存互尊的必需。佛教启示人们反观自己的心灵的无明，对治一切贪、嗔、痴、慢、疑、恶见，扩阔自己的心灵，从种种狭隘、偏见中超脱出来，使自己日进于高明之境，而不为无明所缚。现代人对自己的心灵、生命及价值取向缺乏反省，对自己的思想与行为过分自信，对工具理性过于迷执，而佛教的人生智慧无疑可为此提供治疗和调解。禅宗教人"了生死"。生死能了，则一切外在的执著都可心放下，使有限的生命进入无限，人们不再为自己的有限性惶惑，他的"紧张"、"不安"可以消解，他的创造性反而可以爆发出来。①

中国儒释道三教都有弊病，都有不少负面、消极的影响，但如果我们体悟其原始意义，则不难发现它们所讲的都是"生命的学问"，其特殊的智慧都落实在"人生的方向"上。这些特殊的人生智慧，深究人类存在的最深层次的问题，有助于人们重新反省生命的意义和人生的价值，有助于人们寻找失落了的自我。其当代价值远不止我们前述的这些方面。重新发掘，批判地继承、创造地转化传统资源，以促进我国现代化的健康发展，是民族文化建设的重要工作之一。

3. 分析、转化传统文化资源

在中国现代化这一宏大的系统工程中，人们从不同思维视角，关怀着不同的建设层面。本文的关怀，显然不是物质层面的关怀，不是制度层面的关怀，甚至也不是思想文化层面的关怀，只是与之有关的心性层面的关怀。如果我们平心静气而不是跟风赶浪般地省察西方现代化和东亚现代化，我们不难发现，人类现代化事业的一个重要的建设层面是心性层面。我们要超克西方现代病，同时要解决我们自身现代化建设中面临的困难，从长远的观点看，应当把心性建设放到一定的高度。中国传统以教育为立国之本，教育不应片面地理解为科学知识的传播，而应理解为人文精神的重建。中国人文教育的终极目的是培育民族精神，淳化代代人风，提高人们心灵的素质，帮助人们修养身心，达到一种真善美

---

① 参见霍韬晦：《佛教的现代智慧》，香港，香港法住出版社，1982。

统一的人格境界。

我们对于传统儒释道的智慧，采取分析批判的立场与态度，予以创造性转化。例如，儒家道德伦理有很多不同的层面，我们对它应采取分析的态度。有的学者提出了四层面说。① 以下我借用了此说，又加入了我自己的分析和发挥。

第一层次是儒家道德的终极性，如“仁”、“诚”、“太极”等，它们同时又是儒学本体论的范畴。这些范畴与儒学的天道观、天命论相联系，具有超越性与普遍性。这些学说为道德修养与道德行为奠定形而上的基础。这些范畴隐喻着精神修炼的最高境界。所以，“仁”、“诚”、“太极”等形而上的意义世界，具有神圣意味和超越性，是道德人的终极信念与信仰。达到这一境界，可以由道德实践的路径进入，但要在生命与生活的当下，凭感性体验与理性直观，顿然神契、会悟。

第二层次是儒家和诸子百家大体认同、在历史上有重大作用的各种德目、德行。例如仁、义、礼、智、信、廉、耻、忠、恕、孝、悌、敬、慈、恭、宽、敏、惠等。这些都是第一层次终极范畴的展开与实现。一方面，它们既在道德主体之内，是主体内在的良知良能，即道德原则、观念、情感、意志，又是主体自我修养的境界与目标。另一方面，这些范畴又是客观化了的，维系人间秩序的道德规范，是社会对人的道德要求和社会的道德原则，展示出各种身份、地位、关系中的人的应然行为与态度。本文所讨论的主要是这一层次的内容。传统道德范畴中的许多成分具有超越时空的意义。

第三层次是被历代统治集团筛选出来，加以制度化了的儒家伦理成分。这里又包括两部分。第一部分是能使社会结构稳定的价值，如忠、孝、节、义等。但这些东西有二重性，在大小传统中常常演变为与传统社会紧密结合的愚忠、愚孝、烈节、忠义等。第二部分是本来就具有负价值，又被强化为有利于皇帝专制政权和传统社会结构的三纲等。像三纲五常中的三纲，其实是违背以孔孟为代表的原始儒家精神的。

第四层次是体现于人伦日用、仪节习俗中的儒家伦理成分。其中一部分是儒家人文价值理想贯注到民间的产物，如蒙学读物（《三字经》、

① 详见黄慧英：《儒家伦理各层面的实践》，《儒家伦理与公民道德》，203～205页，北京，中华工商联合出版社，1996。

《百家姓》、《千字文》）等所反映的重教、勤劳、节俭、律己、修身等方面的内容等。这些成分，在“百姓日用而不知”的情况下化民成俗，起正价值的作用。另一部分糟粕（同样在蒙学读物中有反映），与其他民俗文化相结合，成为神权、君权、族权、父权、夫权等宗法社会的附庸或基础，亦在“百姓日用而不知”的情况下起负价值的作用。有的儒家伦理成分下落到民间，与祠堂所代表的习俗文化和它所承担的社会功能相辅助等，起着或正或负的作用。

通过以上分析，我们可以有针对性地予以改造并重释、重建。

人总是生存于宗教信仰、自然生态、社会关系、自我意识与情感等四维空间之中。中国人文精神意在使人们契合天道生生不已之德，使人自识真我，生发一种个人道德价值的崇高感，对天下万物、有情众生等各自的内在价值产生一种博大的同情心，从而洞见天地同根、万物一体。中国哲学提倡一种公正平和的心态，使一切生命、万物万有在不同的存在领域中各安其位。中国传统哲学资源，特别是其中本体论、宇宙论、人生论的思想，有助于解决当代人精神的惶惑、形上的迷失、存在的危机、生命的困惑，有助于救治当代人“上不在天，下不在地，外不在人，内不在我”的荒谬处境。由于生活处境的复杂，同一个人在不同的主客观处境中可能有不同的心灵境界，从而出现多重人格。人生处于不同的意义与价值的网络之中，存在的多重性使得人生境界有了差别。不管我们的科技、商业如何发达，不管我们从事的现代事业如何先进、精密，人性的培育，心灵境界的提扬，人们从实然的人向应然的人的超越，总是不可替代的。这对于人类、民族与自我来说，是生死攸关的大问题。本文的主旨即在于指明，中国文化与中国哲学的资源，不仅在“用”的层面（企业管理），而且在“体”的层面（安身立命），都是现代化的源头活水，不容轻视。

4. 儒学是具有宗教性品格的精神形态

儒学是否具有宗教或准宗教的意蕴与品格，是目前学术界讨论的一个焦点问题。这不仅涉及“宗教”的界说，尤其涉及关于宗教的价值评价。

如按照西方基督教某些教派的定义，佛教亦不能算作宗教。而一些佛教学者也自认为佛教不是宗教，因为它没有神的崇拜，释迦牟尼是人。欧阳竟无说佛教是无神论，既非哲学又非宗教，是别一种特质的智慧。这一判断内隐的情结是："宗教"不大好听。

20世纪20年代以降，我国知识精英出于救亡图存、求富求强的心结，几乎全都接受了近代西方的启蒙理性，并使之变成20世纪中国的强势意识形态。这就包括了对宗教的贬斥，以及人类中心主义、科学至上，乃至以平面化的科学、民主的尺度去衡量前现代文明中无比丰富的宗教、神话、艺术、哲学、民俗等。其解释学框架是单线进化论，如孔德的"神学—形上学—科学"的三段论，特别是已成为我们几代人心灵积习的"进步—落后"的二分法。其"成见"、"前识"正是以"排斥性"（排斥宗教、自然等）为特征的寡头的人文主义。我们可以举出一些面对宗教、评价宗教的"话语"：蔡元培要"以美育代替宗教"；胡适说，科学获得了"无上的尊严"，"信仰科学的方法是万能的"；傅斯年说，把"仁义礼智"与历史学和语言学混在一起的人绝不是"我们的同志"，要把历史学和语言学建设得像生物学、地质学那样。在"科学"变成了不能怀疑的形上学的语境中（今天我们常常说"建立科学的哲学史学"亦其余绪），即使是对儒学敢于有所肯定的学者，也只能说它是"哲学"而不是"宗教"，或者说它本身含有"科学"因素。例如当代新儒家第一代的中心人物熊十力在天道与人道的关系上强调"天在人，不遗人以同天"，肯定人在"天人合一"中的主体性地位。为了张扬儒学的价值，熊先生把古代科技发明的功劳归于儒学。从梁漱溟《中国文化要义》对儒家伦理的评价上，不难看出他与胡适尽管对中国传统资源的看法有很大差异，但仍然是在同一思想架构中思考问题的。

当代新儒家第二代的重镇牟宗三、唐君毅才开始从强势的、排斥性的启蒙心态中摆脱出来，真正体认到西方思想资源中有深层意蕴、深厚价值的是宗教。因此，与第一代熊十力等贬低宗教、划清儒学与宗教的界限等做法不同，亦与胡适、冯友兰等发掘中国哲学中知识论、逻辑学的传统不同，唐、牟等人着力阐发儒学有不同于世俗伦理实践的宗教意蕴，力图发掘儒家道德背后的超越理据。例如，他们认为儒者之"天"与"天道"乃是具有形而上的精神生命的绝对实在。天道高高在上，有超越的意义。天道贯注于人身，又内在于人而成为人之性。这时天道又是内在的。天道既超越又内在，具有主客不二的特性，是一种和合的道德精神与宗教精神。如此，则把天与人、超越世界与伦理世界沟通了起来。从唐君毅、牟宗三、徐复观、张君劢四人联署的1958年《中国文化与世界宣言》中可以看出，他们认为，要作中西比较，要肯定中学或儒学的价值，参照系应当是西方的宗教而不是科学。换言之，过去批评（或褒奖）中国文化的，是说它开不出（或实际上有）科学和民主，现在则变成了中国文化中有无宗教精神，足以使人安身立命。所以有很多批评四先生《宣言》的人，隔靴搔痒，没有看破这一点。《宣言》的起草人唐君毅先生是宗教情结很强的人，他认定要与西方争胜或互动，就看你是否能发掘出先秦、宋明儒学中的宗教意蕴。

当代新儒家第三代的主要代表人物杜维明、刘述先等，对西方宗教和西方文化的体认更为全面深刻，同时对儒学底蕴的阐释亦进一步深化。他们分疏了儒学关于人与自然之和谐的精彩绝伦之论和儒学关于神性与人性、终极关怀与现实关怀的问题。天、地、人、神之关系得到了全面的阐述。杜与刘在此问题上又有很多区别。如杜维明借取W.C.史密斯对宗教意义和目的的研究，即对以一整套具体教条为特点的制度性"宗教"与作为某一信仰共同体中活动着的成员们在精神上的自我认同的"宗教性"的区别为参照，认为儒学（主要指宋明新儒学）观念中有着信奉精神自我认同的宗教倾向。宋明新儒学的自我观念虽然能够从社会作用的层面加以理解，但它却首先具有宇宙论和本体论的道德信仰的深远意义。刘述先在儒学是宗教方面肯定得更多。他借取蒂利希的看法，对宗教采取一种较宽泛的了解，即把宗教信仰当做"终极关怀"看待，指出儒学有其深远的宗教意蕴，他近几年对儒家传统的宗教意蕴、孔子思想中隐含的"天人合一"一贯之道等有进一步申论。杜、刘二人在世界范围内代表儒家与基督教、天主教、伊斯兰教对话。刘比较认同孔汉思（Hans Kung）的看法；杜则不然，杜只肯定到"宗教性"这一步。

与孔汉思合著《中国宗教与基督教》的秦家懿教授当然不属当代新儒家，她在儒学是哲学还是宗教，是儒家还是儒教的讨论中指出：对超越境界的认识在儒学传统起始时便已存在，在天道与人道的关系中，天道仍居首位，人要努力在人道中体现天道。随着祭天礼仪的终止和公众祭祖活动日渐衰微，儒学在宗教礼仪方面作用不大，但在其内涵深处，仍具有浓厚的宗教性，特别是从宋明儒对成圣和超越自我的精神修养的方面可见一斑。

对当代新儒家持尖锐批评态度的已故佛学研究专家傅伟勋非常肯定儒学的宗教意蕴。他认为，有别于西方单一神论的“启示宗教”，中国儒道两家都是“哲学的宗教”或“智慧的宗教”，哲学与宗教融成一片。他指出，儒家所探寻到的终极真实是天与天命，以及源于天命而有的道德心性与生生不已的天道。儒家的终极真实有其原初的天命源头，儒家的终极关怀有着天命的根据，儒家的生死观建立在天命体认的宗教性基础上，儒家具有宗教性格。

我认为，要弄清楚儒学是否具有宗教性，首先要弄清楚中国传统人文精神与西方近代人文主义的区别。前者是涵融性的，后者是排斥性的。诚如钱穆先生所说，中国人文精神可以代替宗教的功能，并且不与宗教相敌对。佛教传入中国后，逐步中国化，被中国人文精神所涵盖。中国人文又不与自然为对，而求能与自然合一。中国人文要求尽己、尽人、尽物之性，使天、地、人、物各安其位，因此能容纳天地万物，使之雍容洽化、各遂其性。它不主张对自然的宰制。中华人文植根于对天与上帝、天帝的信仰，对天命、天道、天性虔敬至诚，说人不离天，说道不离性。人文本是表现于外的，但中华人文又是内发的、内在的。中国人最高的信仰是天地人神的合一。它没有此岸与彼岸两个世界的划分，而认为此世界中是物而神、神而物的，人与万物都有性，此性禀赋自天，则天即在人与万物之中。在中国人的观念中，人神合一，亦可以说人即是天。人之善是天赋之性，人能尽此性之善，即是圣即是神。这就是性道合一、人天合一、人的文化与宇宙大自然的合一、神的世界与人的世界的合一。或者说，中国传统人文的道德精神是具有宗教性的，其特点是内在与外在、自然与人文、道德与宗教的和合。这是不同于西方文艺复兴以降的人文主义的。钱穆先生96岁高龄的最终彻悟仍是“天人合一”。他不认为这是老生常谈，而认为这才是中国文化对世界未来可能的最大贡献。当然，把“天人合一”仅仅视为人与自然（作为对象的，西方近代以来意味的“自然”）的合一，讲成一种环保意识，消解了“天”的神秘性、宗教性和人对“天”的虔敬、人对“道”的体悟，这样理解中国传统的“天人合一”，是不太全面的。

传统儒学对传统知识分子人生安立的作用是大家熟知的。儒者的生命与理想、信念融成一体。其人文理想和价值世界与敬天、法祖，上帝、皇天崇拜，对天与天命、天道的敬畏、信仰，有密不可分的联系。儒家道德、伦理及儒者生活中间有深刻的终极根据，有超越的形上的关怀。其“杀身成仁”、“舍生取义”、“救民于水火”、“即世间即出世”的神圣感、使命感、责任感、担当精神、忧患意识和力行实践的行为方式，特别是信仰上的终极承担，与宗教徒无异。但儒者又生活在伦常之中，不离日用常行，在凡庸中体验生命，体悟天道，达到高明之境。

总之，儒学就是儒学，儒家就是儒家。它是入世的，人文的，又具有宗教性的品格。你可以说它是“人文的宗教”或“道德的宗教”，此“教”含有“教化”和“宗教”两义。它虽有终极关怀，但又是世俗伦理。它毕竟不是制度性的宗教，也无须宗教化。正如前述，我们不必偏执于“科学”或“知性”的傲慢，也不必偏执于“宗教”的傲慢。了解其具有宗教性意蕴，可以帮助我们深化对儒学的认识，但不能把它简单地归结为宗教。

儒释道的人生智慧与心理调节

儒家、道家、佛家是我国文化史上三种重要的思想资源与思想传统。中国人文精神，尤其表现在人生智慧上。先秦儒家孔子、孟子、荀子的人生智慧是德性的智慧，礼乐教化的智慧，通过修身实践的工夫，尽心知性而知天。先秦道家老子、庄子的人生智慧是空灵的智慧，逍遥的智慧，超越物欲，超越自我，强调得其自在，歌颂生命自我的超拔飞越，肯定物我之间的同体融合。中国佛教的人生智慧是解脱的智慧，无执的智慧，启迪人们空掉外在的追逐，消解心灵上的偏执，破开自己的囚笼，直悟生命的本真。儒释道三教的哲学，充满了普遍和谐、圆融无碍的智慧，在今天仍有其价值与意义。

1. 儒家的人文关怀与价值信念

孔子揭示了中华文化的价值理想，肯定人的文化创造，尊重历史上积累的文化成果。这首先表现在他对周礼的维护。周礼源于宗教并取而代之。周代礼乐教化是中华先民长期伟大创造的结晶。礼乐文化促进社会的秩序与和谐。礼让为国，安定社会，消弭争夺战乱，节制骄奢淫逸，是使人民得以安居乐业的前提。“有子曰：礼之用，和为贵。先王之道，斯为美；小大由之。有所不行，知和而和，不以礼节之，亦不可行也。”① 一个稳定和谐的人间秩序总是要以一定的礼仪规范来调节，包括需要有一定的等级秩序、礼文仪节，这是古今中外概莫能外的事情。试问，在两千五百年至三千年前，人类的哪一个文明有如此辉煌的制度文化建设？

《中庸》中记载孔子答哀公问政的一段话说：“仁者人也，亲亲为大。义者宜也，尊贤为大。亲亲之杀，尊贤之等，礼所生也。”这就是说，“仁”是人的类本质，是以亲爱亲人为起点的道德感。“义”是合宜、恰当，尊重贤人是社会之义的重要内容。“亲亲之杀”是说“亲亲”有亲疏远近等级上的差别，“尊贤之等”是说“尊贤”在德才禄位上也有尊卑高下的等级。“礼”就是以上“仁”（“亲亲之杀”）和“义”（“尊贤之等”）的具体化、形式化。

孔子重礼、执礼，主张仁礼并重、文质并茂，但主要是想透过礼的形式复兴其所内蕴的文化价值理想。孔子是把周礼作为我们民族深厚的文化传统和人生与文化的根源、理想来信从、坚守、承担、自任的。孔子对礼乐的继承、传授大有益于他身后几千年世道人心的维系和民族的大融合、文化的大融合。

孔子人文观的核心是“仁”。孔子重“礼”，是对春秋时期乃至春秋以前的文化成就的继承。孔子赞扬子夏由“绘事后素”而悟及“礼后”（礼的形式之背后的人的真性）。没有仁的礼乐，只是形式躯壳，虚伪的仪节，这正是孔子要批评的。孔子说：“人而不仁，如礼何？人而不仁，如乐何？”② “颜渊问仁。子曰：‘克己复礼为仁。一日克己复礼，天下归仁焉。为仁由己，而由人乎哉？’”“樊迟问仁。子曰：‘爱人。’问智，子曰：‘知人。’”③ “仁远乎哉？我欲仁，斯仁至矣。”④ 这里指出了礼乐形式的背后是生命的感通和人的内在的道德自觉。“仁”的内涵包括物我之间、人人之间的情感相通、痛痒相关，即社会普遍的同情心和正义

① 《论语·学而》。
② 《论语·八佾》。
③ 《论语·颜渊》。
④ 《论语·述而》。

感；孝悌是“仁”的基础，“仁”是把孝敬父母、敬爱兄长之心，把父母子女兄弟之亲情往外一层层推扩，推己及人；“仁”不仅是社会的道德标准，更是作为道德主体的人的道德理性、道德命令、道德是非判断、道德情感、道德实践和道德行为。孔子在这里突出了道德的主体性、自律性原则（“为仁由己”，“我欲仁，斯仁至矣”与“克己”）、道德的普遍性原则（“爱人”、“复礼”与“己所不欲，勿施于人”）和道德的实践性原则（“为之难，言之得无切乎？”）。道德是真正显示人之自我主宰的行为，道德是自己对自己下命令，是“由己”，而不是“由人”，即不是听任他律的制约或他力的驱使。孔子是世界上最早认识道德主体性和道德自由的文化伟人之一。

孔子仁道是人文主义的价值理想。孔子说：“夫仁者，己欲立而立人，己欲达而达人。能近取譬，可谓仁之方也已。”[①] 什么是“仁”呢？仁就是自己想要站得住，同时也想让别人站得住；自己想要通达，也想使别人通达。这当然是造成一定的氛围，以爱心帮助别人，让人家自己去立，自己去达。人们可以从当下的生活中一点一滴地去做，这是实践仁道的方法。“子贡问曰：‘有一言而可以终身行之者乎？’子曰：‘其恕乎！己所不欲，勿施于人。’”[②] 君子终身奉行的“恕道”是：自己不想要的东西，决不强加给别人。这不是指物质层面的东西，而是指人格尊严。例如我们不希望别人羞辱自己，那我们决不要羞辱别人。尊重别人，是别人尊重自己的前提。这里强调的是一种宽容精神，设身处地地为别人着想。这也是民间常说的“将心比心”。什么是孔子的一以贯之之道？曾子说：“夫子之道，忠恕而已矣。”[③] “忠”就是尽己之心，“己欲立而立人，己欲达而达人”；“恕”就是推己及人，“己所不欲，勿施于人”。综合起来就叫“忠恕之道”或“絜矩之道”。实际上，“忠”中有“恕”，“恕”中有“忠”，“尽己”与“推己”很难分割开来。这就是人与人之关系方面的仁道。推而广之，这也是国家与国家、民族与民族、文化与文化、宗教与宗教的相互关系的准则，乃至是人类与动植物、人类与自然之普遍和谐之道。

① 《论语·雍也》。
② 《论语·卫灵公》。
③ 《论语·里仁》。

仁道的价值理想，尤其体现在人在道义与利欲发生冲突的时候。孔子不贬低人们的物质利益要求和食色欲望的满足，只是要求取之有道，节之以礼。“君子喻于义，小人喻于利。”“富与贵，是人之所欲也；不以其道得之，不处也。贫与贱，是人之所恶也；不以其道得之，不去也。君子去仁，恶乎成名？君子无终食之间违仁，造次必于是，颠沛必于是。”① 发大财，做大官，这是人人所盼望的；然而不用正当的手段去得到它，君子也不接受。君子没有吃完一餐饭的时间离开过仁德，就是在仓促匆忙、颠沛流离的时候，都与仁德同在。人生存的价值就在于他能超越自然生命的欲求。“君子食无求饱，居无求安，敏于事而慎于言，就有道而正焉，可谓为学也已。”② “君子谋道不谋食”，“忧道不忧贫”③。孔子提出的道义原则，仁爱忠恕原则，仁、义、礼、智、信等价值理想，是中国人安身立命、中国文化可大可久的依据。这些价值理想通过他自己践仁的生命与生活显示了出来，成为千百年来中国士人知识分子的人格典型。他终身所忧的是：“德之不修，学之不讲，闻义不能徙，不善不能改，是吾忧也。”④ 他的快乐，是精神的愉悦。他赞扬颜渊，穷居陋巷，箪食瓢饮，“人不堪其忧，回也不改其乐”⑤。“饭疏食饮水，曲肱而枕之，乐亦在其中矣。不义而富且贵，于我如浮云。”⑥

孟子提倡宏大刚毅、坚定不移的气节和情操，崇尚死而后已、无所畏惧的任道精神。在生死与道德发生冲突时，“生我所欲也，义亦我所欲也；二者不可得兼，舍生而取义者也”⑦。这种冲突，实质上是人的自然生命与人的德性尊严之间的冲突。孟子所倡导的道德选择表现了超乎自然生命之上的善的价值之极致，表现了人为人格尊严而牺牲的殉道精神。孟子笔下“立天下之正位”、“行天下之大道”的“大丈夫”的行为标准是：“得志，与民由之；不得志，独行其道。富贵不能淫，贫贱

① 《论语·里仁》。
② 《论语·学而》。
③ 《论语·卫灵公》。
④ 《论语·述而》。
⑤ 《论语·雍也》。
⑥ 《论语·述而》。
⑦ 《孟子·告子上》。

不能移，威武不能屈。”[①] 这种任道精神和崇高人格曾激励了我国历史上无数的志士仁人。

在利益和仁义发生冲突时，孟子主张把“仁义”放在首位，提倡先义后利。孟子提倡独善其身与兼济天下的统一。他主张做官要“求之有道”。“古之人未尝不欲仕也，又恶不由其道。不由其道而往者，与钻穴隙之类也。”[②]“吾未闻枉己而正人者也，况辱己以正天下者乎？圣人之行不同也，或远，或近，或去，或不去；归洁其身而已矣。”[③] 在自己遭受侮辱时，怎么能匡正别人、匡正天下呢？圣人的行为，各有不同，有的疏远当时的君主，有的靠拢当时的君主，有的离开朝廷，有的身居巍阙，归根到底，都得使自己廉洁正直，不沾染污泥。“得志，泽加于民；不得志，修身见于世。穷则独善其身，达则兼善天下。”[④] 这都是说，人不论处在什么样的境遇、场合中，选择道德还是非道德，如何选择人生道路，怎样保持独立的人格和气节，终究是自我作主的事。这就是孟子“仁义内在”的要旨。

孔子说：“获罪于天，无所祷也”[⑤]；“道之将行也与，命也；道之将废也与，命也”[⑥]；“不知命，无以为君子也”[⑦]；“君子有三畏，畏天命，畏大人，畏圣人之言”[⑧]。周公、孔孟的人文理想不是寡头的人文主义，其背后有深刻的终极理据，有对“天”、“上帝”、“天道”、“天命”的敬畏和信仰。“天”关涉人的类本质和类特性，首先是宗教性和道德性。人不能没有超越的形而上的关怀。孔子对上古宗教的改造，正是把超越与内在结合起来，建构了道德的宗教观。“吾十有五而志于学，三十而立，四十而不惑，五十而知天命，六十而耳顺，七十而从心所欲不逾矩。”[⑨] 如果说“命”只是外在的命运的话，那么“天命”常常关系到内在。一个能够驾驭生活、驾驭世间外在力量并全面发展人的内在

---

① 《孟子·滕文公下》。

② 同上。

③ 《孟子·万章上》。

④ 《孟子·尽心上》。

⑤ 《论语·八佾》。

⑥ 《论语·宪问》。

⑦ 《论语·尧曰》。

⑧ 《论语·季氏》。

⑨ 《论语·为政》。

本性的人，一个积累了一定的生命体验（例如五十岁左右）的人，才能逐渐体悟到天所禀赋给人的性分，直接面对每个人的命运或局限，并对天道、天命和道德人格典范有所敬畏，而又积极地去追求生命的意义和死亡的意义，勇于承担自己应承担的一切，包括救民于水火，博施济众，修己安人，杀身成仁。

孔子提倡追求人生修养的意境，游憩于礼、乐、射、御、书、数六艺之中："志于道，据于德，依于仁，游于艺"[①]；"兴于诗，立于礼，成于乐"[②]；"智者乐水，仁者乐山"[③]。孔子的"吾与点也"之叹（详见《论语·先进》子路、曾皙、冉有、公西华侍坐章；曾点之志："暮春者，春服既成，冠者五六人，童子六七人，浴乎沂，风乎舞雩，咏而归"），表达了儒家在入世情怀中，也有潇洒自在的意趣。儒者的从容气象，胸次悠然，自得其乐，随遇而安。

儒学所倡导的仁爱思想与西方基督教义的博爱精神有着明显区别，爱人从爱自己的亲人开始，这是人之常情常理，然后将心比心，推己及人，关爱他人。这样的境界追求与生命实践是西方基督教义所无法企及的。仁爱思想不远乎吾人，我们从小在家长的耳濡目染下，在家庭与社会生活中就有如何体谅、关爱他人的实践。孔子的忧和乐在哪里呢？他忧的是族群生活的价值与意义的旁落，他的乐是理性的愉悦。儒家有强烈的世间关怀，而背后是终极性的关怀在支撑着，因此能承受各种横逆与苦难，以健康的心态面对客观限制，知其不可而为之，从而彰显了人格尊严与精神的自由。所谓"富贵不淫贫贱乐，男儿到此是豪雄"，乐天知命，正是具有终极承担的人的一种豪情与放达。六艺之学与社会人生理想不断陶冶、滋润着生命，乐以天下，忧以天下，这表明儒者的人文关怀的背后有深厚的背景。

总之，孔孟之道在今天仍然可以作为我们安身立命的精神依据，仍然没有失去它的意义和价值。孔孟之道经过洗汰和转化，21世纪的今天，必将发挥更大的作用。值得我们警醒的是，今天、明天、后天的建设者，也是为人父母者，离我们的道德资源越来越远。我们人文学者应

---

① 《论语·述而》。

② 《论语·泰伯》。

③ 《论语·雍也》。

当做一些工作，把民族的宝贵精神财富传扬下去。

2. 道家的理想人格与超越精神

“道，可道，非常道；名，可名，非常名。无名，天地之始；有名，万物之母。故常无欲，以观其妙；常有欲，以观其徼。此两者同出而异名，同谓之玄。玄之又玄，众妙之门。”① 这里涉及“道”与“名”、“道”与“有”“无”、“道”与万物的关系。“徼”指边界，即事物间的界限，也可引申为端倪。“玄”谓幽深难测。“道”是整体性的，它在本质上既不可分割，也不可界定、言说。“道”是无限的，不可以用有限的感观、知性、名言去感觉、界说或限制。可以言说、表述的“道”与“名”，不是永恒的“道”与“名”。“无名”是万物的本始、源泉；“有名”是各种现象、事物的开端。这表明“道”也是先于语言概念的。无欲之人才能体悟“道”的奥秘，利欲之人只能认识事物的边界或表层。“道”与“无名”是同一个东西的两个不同的名称，都叫做“玄”。“无名”是无形无限的宇宙本体，“有名”是有形有限的现象世界。通过两者之间的变化，人们可以探索深沏幽微的宇宙本体和奥妙无穷的现象世界的门户。

“天下万物生于有，有生于无。”② 道家的道体具有超越性、绝对性、普遍性、无限性、圆满性、空灵性。道家之“无”在道德哲学上具有无限的意义。道家之“道”是有与无、神虚与形实的整合。“有”指的是有形、有限的东西，指的是现实性、相对性、多样性；而“无”则是指的无形、无限的东西，指的是理想性、绝对性、统一性。“有”是多，“无”是一；“有”是实有，“无”是空灵；“有”是变，“无”是不变；“有”是内在性，“无”是超越性。

“道”又被形象化地比喻为“谷”、“谷神”、“玄牝”：“谷神不死，是谓玄牝。玄牝之门，是谓天地根。绵绵若存，用之不勤。”③ “道”如山谷一样。山谷是空虚的，惟其如此，才能永远存在并具有神妙莫测的功能。“牝”是雌性牲畜的生殖器，泛指雌性。“玄牝”，意为万物的

① 《老子》第一章。
② 《老子》第四十章。
③ 《老子》第六章。

始祖，也即是“道”。“谷”、“牝”的门户，是天地的发生、发源之地，绵绵不绝好像存在着，其作用无穷无尽。

道家道论认为，不仅宇宙之有、现象世界、人文世界及其差异变化，即存在的终极根源在寂然至无的世界；不仅洞见、察识富有万物、雷动风行的殊相世界，需要主体摆脱诸相的束缚，脱然离系，直探万有的深渊；而且习气的系缚、外物的追索，小有的执著，会导致吾身主宰的沉沦、吾与宇宙同体境界的消亡。因此，老子主张“挫锐解纷”、“和光同尘”、“谷神不死”、“复归其根”、“为学日益”、“为道日损”、“无为而无不为”、“无用而无不用”。这些话语论证滞留物用、执著有为对于心体的遮蔽，论证摄心归寂、内自反观、炯然明觉、澄然虚静的意义，着重强调了人生向道德和超越境界的升华。

“反者，道之动；弱者，道之用。”① 意思是，向相反的方向变化发展，是“道”的运动；柔弱，是“道”的作用。举凡自然、社会、人生，各种事物现象，无不向相反的方向运行。既如此，柔弱往往会走向雄强，生命渐渐会走向死亡。老子看到事物相互依存、彼消此长的状况。

“天下皆知美之为美，斯恶矣；皆知善之为善，斯不善矣。故有无相生，难易相成，长短相形，高下相倾，音声相和，前后相随。”② 人们都知道美之所以为美，善之所以为善，那也就知道丑恶了。有无、难易、长短、高下、音声、先后都是相对的，相比较而存在，相辅相成，相互应和。“贵以贱为本，高以下为基。”③ “曲则全，枉则直，洼则盈，敝则新，少则得，多则惑。”④ 受得住委屈，才能保全；经得起弯曲，才能伸直；洼下去，反而能盈满；凋敝了，反而能新生；少取，反而能多得；多得，反而迷惑。《老子》书中特别注意物极必反的现象：“祸兮，福之所倚；福兮，祸之所伏。孰知其极？其无正？正复为奇，善复

① 《老子》第四十章。
② 《老子》第二章。
③ 《老子》第三十九章。
④ 《老子》第二十二章。

为妖"[1]；"物壮则老"[2]；"强梁者不得其死"[3]；"甚爱必大费，多藏必厚亡"[4]。

> 人之生也柔弱，其死也坚强。万物草木之生也柔脆，其死也枯槁。故坚强者死之徒，柔弱者生之徒。是以兵强则不胜，木强则折。强大处下，柔弱处上。[5]

老子认识到事物发展的极限，主张提前预测设计，避免事物向相反的方向发展，防患于未然，因而提出了"不争"、"贵柔"、"守雌"、"安于卑下"的原则。他主张向水的品格学习：

> 上善若水。水善利万物而不争。[6]
>
> 天下莫柔弱于水，而攻坚强者莫之能胜，以其无以易之。弱之胜强，柔之胜刚，天下莫不知，莫能行……正言若反。[7]
>
> 知其雄，守其雌，为天下溪。为天下溪，常德不离，复归于婴儿。知其白，守其黑，为天下式。为天下式，常德不忒，复归于无极。知其荣，守其辱，为天下谷。为天下谷，常德乃足，复归于朴。[8]

柔弱之水可以冲决坚强之石，弱可以胜强，柔可以克刚，新生的、弱小的事物能够战胜腐朽的强大的事物。老子看到强大了就接近死亡，刚强会带来挫折，荣誉会招致毁辱，因此安于柔弱、居下、卑辱。他提出"去甚、去奢、去泰"[9] 的主张。老子所谓"玄德"和"常德"，即深远、永恒的本性，如山谷、沟溪、赤子，乃在于它具有超越性和本真

---

① 《老子》第五十八章。
② 《老子》第三十章。
③ 《老子》第四十二章。
④ 《老子》第四十四章。
⑤ 《老子》第七十六章。
⑥ 《老子》第八章。
⑦ 《老子》第七十八章。
⑧ 《老子》第二十八章。
⑨ 《老子》第二十九章。

性，即超越了一定社会的等级秩序、道德准则和善恶是非，摆脱了人为的沾染，真正回复到人的本然的纯粹的性状，这才是人应持守的本性或品德。

"为学日益，为道日损，损之又损，以至于无为。无为而无不为。"① 减损知、欲、有为，才能照见大道。"损"，是修养的工夫，是一个过程。我们面对一现象，要视之为表相；得到一真理，要视之为相对真理；再进而层层追寻真理的内在意蕴。宇宙、人生的真谛与奥秘，是剥落了层层偏见之后才能一步步见到的，最后豁然贯通在我们人的内在的精神生命中。我们学习知识，要用加法，要积累；我们体悟"道"，则要善于用减法，要减损掉日常的知识、规范、伦理、价值。"无为而无不为"，即不特意去做某些事情，依事物的自然性，顺其自然地去做。

"致虚极，守静笃。万物并作，吾以观复。夫物芸芸，各复归其根。归根曰静，静曰复命；复命曰常。知常曰明；不知常，妄作，凶。知常容，容乃公，公乃王，王乃天，天乃道，道乃久，没身不殆。"② 意思是说：致力于"虚"要经常、要彻底，也就是不要让太多现存的、人云亦云的知识、规范、利害、技巧等充塞了头脑，要用否定的方式排除这些东西，激活自己的头脑，使自己保持灵性、敏锐，有自己独立运思的空间。"守中"也是"守虚"、"致虚"。"守静"即保持闲静的、心平气和的状态，排除物欲引起的思虑之纷扰，实实在在地、专心地保持宁静。这也是随时排斥外在之物的追逐，利欲争斗等引起心思的波动。"观复"，即善于体验万物都要回复到古朴的老根，回复到生命的起点、归乡与故园的规律。"观"就是整体的直观、洞悉，身心合一地去体验、体察、观照。"复"就是返回到根，返回到"道"。体悟到"道"的流行及伴随"道"之流行的"物"的运行的这一常则的，才能叫"明"（大智慧）。反之，不识常道，轻举妄动的，必然有灾凶。体悟了"道"的秉性常则，就有博大宽容的心态，可以包容一切，如此才能做到廓然大公，治理天下，与天合德。与"道"符合才能长久，终身无虞。通过"致虚""守静"到极致的修养工夫，人们达到与万物同体融合、平等观照的大智慧，即与"道"合一的境界。

① 《老子》第四十八章。

② 《老子》第十六章。

道家强调无用之用；儒家强调有用之用。儒家之“有”“用”，即建构人文世界，以人文化成天下；道家之“无”“用”，则要从人文世界中超越出来，回归到自然而然的自然境界。道家的逍遥无待之游，是自我真实的自由人格之体现，以“适己性”、“与物化”为特征；儒家的刚健自强之道，是自我真实的创造精神之体现，以“人文化成”为特征。

道家之“无”在道德论、道德境界及超越境界的慧识是值得发掘的。尽管道家以虚无为本，柔弱为用，削弱了“有”之层面（人文、客观现实世界）的能动建构，但在人生境界的追求上，我们对于道家破除、超脱有相的执著，荡涤杂染，消解声色犬马、功名利禄的系缚，顺人之本性，养心之清静方面，则不能不加以肯定。虚、无、静、寂，凝敛内在生命的深度，除祛逐物之累，正是道家修养论的一个重要方面。这种“无为”、“无欲”、“无私”、“无争”，救治生命本能的盲目冲动，平衡由于人的自然本性和外物追逐引起的精神散乱，也是道家道德哲学的基本内容。而道家澄心凝思的玄观，老子“涤除玄览”的空灵智慧意在启发我们超越现实，透悟无穷，然后再去接纳现实世界相依相待、迁流不息、瞬息万变、复杂多样的生活，以开放的心灵破除执著，创造生命。因此，他与孔子儒家相反相成，相得益彰。

按照老子的道德理想、道德境界、人生智慧和人格修养论，他推崇的美德：见素抱朴、少私寡欲、贵柔守雌、慈俭谦退、知足不争、致虚守静、清静无为、返璞归真。老子以此为至圣与大仁。这是老子对人生的感悟，特别是对春秋末年贵族阶级奢侈生活的批判，对贵族社会财产与权力争夺的沉思，对财产与权力崇拜和骄奢淫逸的警告。老子通过冷静观照，提示了淡泊宁静的生活旨趣，看到逞强、富贵、繁华、暴利、暴力、权势、浓烈的欲望、奢侈、腐化、夸财斗富、居功自恃、骄横等的负面。故老子的解构与孔子的建构有异曲同工之妙。

庄子及其学派提出了“逍遥无待之游”——“至人无己，神人无功，圣人无名”的理想人格论。我们在这里着重讨论《庄子》内篇中的《大宗师》、《齐物论》、《逍遥游》三篇文章的主旨，一般认为这是庄子的代表作。

《大宗师》指“道”或“大道”。“大”是赞美之词，“宗”即宗主，“师”就是学习、效法。篇名即表达了“以道为师”的思想。也就是说，宇宙中可以作为宗主师法者，唯有“大道”。既然道的生命是无限的，那么在一定的意义上我们也可以说万物的生命也是无限的。所谓生死，不过如昼夜的更替，我们不必好昼而恶夜，因而勿须乐生而悲死。这才算领悟了生命的大道，也可以说是解放了为形躯所限的“小我”，而成为与变化同体的“大我”了。

“何谓坐忘？颜回曰：堕肢体，黜聪明，离形去知，同于大通，此谓坐忘。”① 该篇假借孔子与颜回的对话，通过颜回之口表达修养工夫。“坐忘”即通过暂时与俗情世界绝缘，忘却知识、智力、礼乐、仁义，甚至我们的形躯，达到精神的绝对自由。“坐忘”的要点是超脱于认知心，即利害计较、主客对立、分别妄执，认为这些东西（包括仁义礼乐）妨碍了自由心灵，妨碍了灵台明觉，即心对道的体悟与回归。《大宗师》作者认为，真人或圣人体道，三天便能“外天下”（遗弃世故），七天可以“外物”（心不为物役），九天可以“外生”（忘我）。然后能“朝彻”（物我双忘，则慧照豁然，如朝阳初起），能“见独”（体验独立无对的道本体），然后进入所谓无古今、无生死、无烦恼的宁静意境。庄子的意思是去心知之执，解情识之结，破生死之惑，顺其自然，不事人为，以便与道同体，与天同性，与命同化。与“坐忘”相联系的另一种实践工夫是“心斋”。“若一志，无听之以耳，而听之以心；无听之以心，而听之以气。听止于耳，心止于符。气也者，虚而待物者也。唯道集虚。虚者，心斋也。”② 此处也是假孔颜对话，托孔子之口表述作者之意。以耳来感应，可能执定于耳闻，不如听之以心。以心来感应，期待与心境相符，尽管上了一层，仍不如听之以气。气无乎不在，广大流通，虚而无碍，应而无藏。所以，心志专一，以气来感应，全气才能致虚，致虚才能合于道妙。虚灵之心能应万物。心斋就是空掉或者洗汰掉附着在内心里的经验、成见、认知、情感、欲望与价值判断，自虚其心，恢复灵台明觉的工夫。

《齐物论》与《大宗师》相辅相成，互为表里。《齐物论》表述了庄周的“天地与我并生，而万物与我为一”的思想，强调自然与人是有机的生命统一体，肯定物我之间的同体融合。“齐物”的意思即是“物齐”

---

① 《庄子·大宗师》。

② 《庄子·人间世》。

或"'物论'齐",即把形色性质不同之物、不同之论,把不平等、不公正、不自由、不和谐的现实世界种种的差别、"不齐",视之为无差别的"齐一"。这就要求我们以不齐为齐一,即提升自己的精神境界,在接受、面对真实生活的同时,调整身心,超越俗世,解脱烦恼。此篇希望人们不必执定于有条件、有限制的地籁、人籁之声,而要倾听那自然和谐、无声之声、众声之源的"天籁",以消解彼此的隔膜、是非和有限的生命与有限的时空、价值、知性、名言、概念、识见及烦、畏乃至生死的系缚,从有限进入无限之域。庄子以相对主义的视域,反对唯我独尊,不承认有绝对的宇宙中心,反对各是其是,各非其非,主张破除成见,善于站在别人的立场,更换视域去理解别人,而不以己意强加于人。

《逍遥游》把不受任何束缚的自由,当做最高的境界来追求,认为只有忘绝现实,超脱于物,才是真正的逍遥。本篇宗旨是"至人无己,神人无功,圣人无名"。作者指出,"逍遥"的境界是"无所待"的,即不依赖外在条件、他力的。大鹏神鸟虽可以击水三千,背云气,负苍天,飘然远行,翱翔九万里之高,然而却仍有所待,仍要依凭扶摇(飙风)羊角(旋风)而后始可飞腾。有的人才智足以胜任一方官吏,行为足以称誉一乡一地,德性足以使一君一国信服,按儒家、墨家的观点,可称得起是德才兼备的人,但庄子认为他们时时刻刻追求如何效一官,比一乡,合一君,信一国,仍有所待。宋荣子略胜一筹。宋荣子能做到"举世誉之而不加劝,举世非之而不加沮",已属不易,然而他能"存我"而未能"忘我",更未能物我兼忘,仍不是最高境界。列子略胜一筹。列子日行八百,任意而适,无所不顺,更不多见,但他仍有所待。他御风而行,飘飘然有出尘之概,可是没有风他就无能为力了,仍不能谓为逍遥之游。有比列子境界更高的人,他们顺万物本性,使物物各遂其性,没有丝毫的造作,随大自然的变化而变化,物来顺应,与大化为一,即与道为一。如此,随健行不息的大道而游,还有什么可待的呢?因其"无所待"才能达到至人、神人、圣人的逍遥极境。这个境界就是庄子的"道体",至人、神人、圣人、真人都是道体的化身。庄子的人生最高境界,正是期盼"与道同体"而解脱自在。"各适己性"的自由观的前提是"与物同化"的平等观。逍遥无待之游的基础正是天籁齐物之论。章太炎《齐物论释》从庄子“以不齐为齐”的思想中，阐发“自由、平等”的观念。“以不齐为齐”，即任万物万事各得其所，存其不齐，承认并尊重每一个体自身具有的价值标准。这与儒家的“和而不同”思想正好相通。

儒家的理想人格是圣贤人格。儒家心目中的圣人或圣王，有着内圣与外王两面的辉煌。虽然“内圣外王”一说出自《庄子·天下》，然而后来却成为儒家的人格标准。“内圣”指德性修养，“外王”指政治实践。儒家强调在内圣基础之上的内圣与外王的统一。因此，儒家人格理想不仅是个体善的修炼，更重要的是责任感和担当意识，是济世救民。儒家的人格特性包括如下内容：自强不息、意气风发、认真不苟、发愤忘食、兼善天下、关怀他人、系念民间疾苦、知其不可而为之，“天下兴亡，匹夫有责”，“立德、立功、立言”，“三军可夺帅，匹夫不可夺志”，“富贵不能淫，贫贱不能移，威武不能屈”等。儒者对国事民瘼有真诚的关怀，努力为国家、民族和人民建功立业，即使遭到贬谪也以深沉的忧患系念天下百姓的疾苦和国家的兴亡。儒家也有其超越精神，穷居陋巷，自得其乐，安贫乐道。孟子讲的“君子三乐”，即“父母俱存，兄弟无故”的天伦之乐，“仰不愧于天，俯不怍于人”的理性之乐，“得天下英才而教育之”的教育之乐，正表现了儒者的情怀。

道家庄子的真人、圣人、神人、至人、天人的理想人格，与儒家有别，其特性是：一任自然，遂性率真；与风情俗世、社会热潮、政权架构、达官显贵保持距离；独善其身，白首松云，超然物外，恬淡怡乐。这是庄子和道家的神韵情采。与儒家积极入世的现实品格相比较，道家凸显的是超越和放达，即不是积极肯定、参与、改造现实，而是以保持距离的心态，否定、扬弃、超越现实。

庄子之真人、至人、神人、圣人，都是道的化身，与道同体，因而都具有超越、逍遥、放达、解脱的秉性，实际上是一种精神上的自由、无穷、无限的境界。这深刻地表达了人类崇高的理想追求与向往。这种自然无为、逍遥天放之境，看似玄秘莫测，但实际上并不是脱离实际生活的。每一时代的类的人、群体的人，尤其是个体的人，虽生活在俗世、现实之中，然总要追求一种超脱俗世和现实的理想胜境，即空灵净洁的世界。任何现实的人都有理想，都有真、善、美的追求，而道家的理想境界，就是至真、至善、至美的合一之境。

3. 佛家的菩提智慧与人生解脱

现代社会是一个五花八门的社会，人生的遭际也一定不会平坦。无论我们是在就学还是在就业，我们面对的总是各色人等和复杂的事物、纷繁的矛盾。

人们的生存处境总是具体的。具体的时空环境总是充满矛盾的。在熙熙攘攘的人世和人们不同的欲望、利益的追逐、竞争和不同性情的人相处的矛盾之中，每一个人的内心都要承受这样或那样的压力和痛苦，人们往往有一种不安的感觉，有时甚至不知道自己身在何处。每一个人都是有限的个体，必然有先天或后天给他带来的这样或那样的局限或缺憾。以有形有限的人生投入天下，每一个个体都要面对无限的时空、无限的知识、无限的意义、无限的价值，这些“无限”也使人有不安之感。每一个生命当然要肯定自己的生存、利益、价值、个性自由、人格尊严，然而，人类社会是一个不同社会关系的重重网络，当你肯定自己的生存、利益、价值、个性自由、人格尊严时，你也要肯定别人的生存、利益、价值、个性自由、人格尊严，必须承认或容忍别人的生存空间和利益追求。如果这些追求是彼此矛盾的，就必须设法调节。如果我们只是一味肯定自我，就会陷进一个难以自拔的泥潭。

每一个个体与生俱来就是有限制的个体，不仅先天与后天的生存环境是有限的，人们的性别、种族、体质、品行、知识、性格、语言、情感、信仰等，更不用说生成长养所遇到的文化背景、环境、氛围等，其实都是有局限的。但人总是不太愿意承认自己的限制，也不太愿意肯定别人的追求。形体所带来的情欲、物欲、功名利禄的追逐、攀缘，知识所带来的表面的偏见、执著、错误和数不清的自认为是绝对真理的东西，还有社会文化所带来的身份、地位、名誉、等级等，对于人来说，都是永远不能摆脱的各种各样的束缚。

所有这些，在佛教看来就是所谓“无明”，就是所谓“贪、嗔、痴、慢、疑、恶见”等。佛教的智慧，就是用否定、遮拨的方法，破除人们对宇宙人生一切表层世界或似是而非的知识系统的执著，获得某种精神的解脱和自由。人们常说，佛教讲“空”。其实，佛家既讲“空”，又讲

“有”。“空”、“有”，不是这两个字的表面意思，不能那样去理解。“空”、“有”之论十分复杂。但起码有这样一条，此所谓“空”，是启迪人们空掉一切外在的追逐、攀缘、偏执，破开自己的囚笼，直悟生命的本性或本真。佛教，特别是禅宗的返本归极、明心见性、自识本心、见性成佛之论及一整套修行的方法，是要帮助自己或他人寻找心灵的家园，启发人内在的自觉，培养一种伟大的人格。佛家的成菩萨成佛陀，与儒家的成圣人成贤人，道家的成至人成真人，都是一种道德人格的追求。

成佛陀、成圣贤，谈何容易？佛家的智慧不是空谈大道理，而是让你学会暂时消解心灵上的执著与烦恼，让你首先自知其限制，自虚其心，自空其说，以求容纳别人。和传统的儒家的“诚恕”之道，道家的“齐物”之论一样，这不单单是个体修养身心的方法，也是一个社会共存互尊的必须，否则，各种纷争、意见、利益冲突就会瓦解整个人类社会。佛教智慧启发人们反观自己心灵上的无明，扩阔自己的心灵，从种种狭隘的偏见中超脱出来，使自己日进于高明之境，而不为无明所系缚。禅宗教人“了生死”。既然连生死都可以了，那么，一切外在的执著都可以放下，人们不再为自己的有限性而惶惑，人们也不再处于“紧张”、“不安”的情结中。人一旦消解了这种紧张、不安，他的创造性反而可以爆发出来。这样，有限的生命便进入到无限的境界之中。

禅宗的悟道，并没有特定的形式规范。例如，小和尚向老和尚请教“什么是佛祖西来意”、“如何是禅”。禅师的回答往往是一棒子打过去：“庭前柏子树”，“西来本无意”，“一个棺材，两个死汉”，等等。问：“如何是佛？”答：“干屎橛”、“麻三斤”。这是说，你本身就问错了，所以要“棒喝”，要扭你的鼻子，打你几下，用肢体语言，让你大吃一惊。这就是悟道的钥匙。悟道，不必借助于外在权威，完全靠你自己的内心、内在本性，靠个体的亲身体验。悟道，也不是要刻意去修行。“生来坐不卧，死去卧不坐，一具臭骨头，何为立功课？”与常人一样地坐卧思想，积累到一定地步，随某种机缘，一点即破。

禅宗让人保持一种“平常心”。“平常心是道”，“饥来吃饭，困来即眠”。六祖慧能“菩提本无树，明镜亦非台，本来无一物，何处惹尘埃”，不需要如神秀和尚主张的“时时勤拂拭”。也就是说，禅宗反对你刻意修行，反对你机械地模仿高僧大德，严守戒律。禅宗认为，每个人，不管他的根器如何，也不管他是否犯过错误，其实他内在地具有佛性或真常心。人们只要化解执著，遂顺自然，护持真我，那么，行住坐卧，无一不是真如，无一不是解脱。保持这样一种自然的平常心，那么，我们所看到的，无一不是“道”。“道”不在人心之外，生活之外，就在人心之中，生活之中。“春有百花秋有月，夏有凉风冬有雪，若无闲事挂心头，便是人间好时节。”

禅宗启发我们由迷到悟，转识成智。而开悟也好，解脱也好，就是要你返归平常，这全凭你自觉、自识、自悟、自了。禅宗公案中有许多机锋、棒喝，用几句摸不着头脑的话或者身体动作，启发人开悟。但仅仅是启发而已，了悟则全靠自己。这一过程，任何人不能取代，正所谓“如人饮水，冷暖自知”。

禅佛教的意境，“不是心，不是佛，不是物”，即超越了一切物、我、人、己的界限，与对象世界凝合一体，成为永恒的存在，真正的本体。禅宗三境：“落叶满空山，何处寻行迹”，遍寻禅之本体而不得，第一境也；“空山无人，水流花开”，虽已破我执、法执，似悟道而非真悟道，第二境也；“万古长风，一朝风月”，从时间来说，在瞬刻中得到永恒，刹那间已成终古，从空间来说，万物一体，第三境也。这种超越时空的境界，又不脱离具体感性的现实世界。这时，山还是山，水还是水，外在事物并无改变，但有了这一高峰体验，其意义和性质根本不同。

返归平常，识得本真，就是“解脱”。但是，人们在日常生活中已经习惯了向外攀缘，使得我们的“平常心”受到污染或扭曲，这也就丧失了自我，使“平常”变成了“非常”或“反常”。人们在生活中出于自保或竞争，不能不层层心防，不能不戴上各种面具，久而久之，弄假成真，“真常之心”被异己化了，不正常的反而误以为是正常的。例如，升官发财、声色犬马的追逐被人视为“平常”，等级秩序的宰制、官场气息、官样文章、商人习气、功利需求、钱权交易反被视为“正常”。种种人情世故的束缚，身份人格的定位，矫揉造作，习以为常，使人失落了真我。人性中的“贞常”、“平常”，已告沉沦。如听任下去，人们都为自己的蝇头小利打算、计较、争斗、掌权，施展影响、玩弄手段，整个世道人心只能进一步边缘化、痞子化。

人生有许多的要求，有很多要求都是正常的、合理的，如饮食、男女的要求，如物质、财富、名誉、权力、地位、感情、知识、学说、成就、功业、利益等。禅的智慧不是要抹杀每个人的欲望与追求，不是消解事功，而是让你保持一颗未被污染的“平常心”。也就是说，你仍然可以有你日常的生活、日常的事业和日常的欲求，你可以非常敬业地从政、经商，做你职分内的事，但你在参与各种社会活动的过程中所遇到的一切引起你心理上“紧张”或“不安”的东西，你都应该立即“放下”，以免变成你的负担或烦恼。这就是要善于“空”，善于“破”，善于“消解”，善于“遮拨”，善于“排遣”。

禅宗主张不立文字，当下自识本心，强调自性是佛，平常即道。一旦见到自己的真性和本有心灵，人们就证悟了终极的实在和得到了菩提(智慧)。禅宗主张，在实际的人生中才有涅槃（自由），在涅槃中才有实际的人生。禅宗以自我觉悟的日常途径或创造性的顿悟，或者借助棒喝等机锋来开悟人心，来提示人生的奥秘，化平淡为神奇，寓神奇于平淡。禅宗的伟大和不朽，就是以证悟自性后所流露的本有悲心、智慧方便来济拨迷妄的众生。这就是启迪我们每个人，不论智愚、贤否、穷达、高下，都要“以出世的精神，做入世的事业”。因此，禅宗的精神既是入世的，又是超世的；既是凡，又是圣，既积极参与社会活动，又善于解脱超拔出来。人之所以为人，不管有何种欲求，不管如何积极参与现实社会的各种活动，总需要一种终极的信念、信仰的支撑。金钱拜物教、权力拜物教也是一种信念、信仰，但不可能是终极的信念、信仰。离开了心灵的归宿与故园，哪怕再有钱再有权，也只能如天涯行脚，人海漂泊，无本无根。作为一个真正的人，总需要有深度的开悟，从三际中解脱出来，超越一切，包括生死的束缚，得到自在的体验。这样的人才有大智大勇承担一切的挑战与痛苦，化烦恼为菩提，既而安身立命。有了终极承担或终极献身的精神，并且转化成人格，才能有高品质的参与。从这种意义上说，我认为，每一个参与者实际上都应当具有一定的宗教信念与宗教情感，能以出世的精神干入世的事业，才能有一种现今十分匮乏的敬业精神、奉献精神。

中国的儒家是一种入世的人文的宗教，中国化的佛教把出世与入世结合了起来。人人皆可以为尧舜，人人都可以成佛，是儒家与佛教的最高信仰。实际上，儒道佛都是要追求一种理想的高尚的社会，这就必先造成人们理想的高尚的内心世界。儒家和禅宗尽管有很多差异，然其共同点都是培育理想的人格境界，使人们的人生实践带有中国式的宗教精神和宗教情怀。

儒家和禅宗有不同的世间关怀、世间肯定，同时又有不同的超越的形而上的要求，即终极的最后的关怀。其“救民于水火”的信念目标和“我不入地狱，谁入地狱”的救世献身热忱，虔敬无欺的神圣感，“尽心知性”、“我心即佛”的安身立命之道，使命感、责任感、担当精神、忧患意识和力行实践的行为方式，特别是信仰上的终极承担，都有其超越的理据。重新体验儒佛道的精神价值，创造性地加以转化，使之作为当代社会生活参与者的重要精神资源，对于我国现代化具有极其巨大的意义。人的意义世界和价值世界的重建，再建崇高，再建理想人格，是21世纪的重大课题。

在价值多元化的工商社会，人们比较强调多方面的社会参与，强调人权、公民权和个体性、主体性，然而在人文淡薄、道德危机、现代化的负面日益显露的当今，单面化或平面化的参与，单面化或平面化地张扬主体、个体，膨胀工具理性与个人主义，已无法协调社会各方面的利益，无法促进社会有序和谐地发展，无法救治人的异化和诸多的社会病。无论就社会的完美发展而言，抑或就个体人格的健康发展而言，人们将更加需要借助于光大佛教（特别是禅）的解脱之道。解脱是净化社会与人心的必由之路。时时参与，时时解脱，在参与中不断解脱，在解脱中不断参与，才是正道。

我国台湾著名心理学家杨国枢先生讲，以儒家文化为基底的中国文化其实是形塑中国人的心理和行为的非常重要的资源，这话很有道理。心理的问题与人生观、基本价值与信念的问题既有联系，又有区别。中国传统的价值理念，特别是儒释道三教的智慧，会给我们提供一些心理学的资源。

儒释道三教的人生哲学、社会哲学、生命境界论与身心性命修养的工夫论，都是富矿，在现代生活中更需发掘，且大有用武之地。这比西方人的某些浅薄的、机械的、生理的、实验的、测试的、计量的，总之是把人当做机器的所谓心理学，不知要高明多少倍！我呼吁心理学界的朋友们对东方文明多下一点工夫，不要总是拾人牙慧，鹦鹉学舌，误人子弟。我看过一些心理学教材，斗胆地说，不敢恭维！有的是跟着西洋人亦步亦趋，还有一些是学生们可以无师自通的东西，何必满堂灌、大教特教，浪费年轻人的青春。心理学在中国有近百年的历史了，我们应该有中国人自己的心理学了！

总之，我郑重地建议青年朋友们，读一点《论语》、《孟子》、《老子》、《庄子》，读一点禅，读一点佛经，这不仅可以治疗各种心理疾病，尤其可以净化我们的心灵，丰富我们的人生。

儒学与马克思主义中国化及中国现代化

传统中国文化无疑是多元多样的，儒学只是其中之一部分。传统中国社会的历史文化无疑是流动与变化着的，儒家文化传统也是流动与变化着并与其他文化传统相交织的。鸦片战争以后，随着传统社会的解体，儒学已经衰落，特别是人们对儒家社会与儒学相对隔膜，看法上存在着诸多分歧。因此，我们要讨论的问题，大标题就会令人质疑。人们可能会说：儒学与现代化建设，与马克思主义及其中国化根本就没有任何关系。但是，我仍然觉得这是需要放在一定范围内认真地加以思考与梳理的问题。

1. 儒家文化是马克思主义中国化的土壤

中国社会、儒家与马克思主义的相干性问题，是百年来中国思想史上讨论得较多的一个问题。①

---

① 20世纪20年代，梁启超、郭沫若等就曾撰文论述马克思主义与儒学的一些共性。30年代的社会史论战对中国社会、儒家文化与马克思主义的关系有不少讨论。

自春秋末期孔子继承三代文化大传统创立儒学，直至清代，儒学一直在不断发展和扩大之中。汉代以后的儒学，不仅仅局限于心性之学或者考据之学的范围，而是在社会政治事务、教育师道、经史博古、文章子集之学的各方面沿着先秦儒学的博大范围扩张，渗透到全社会，适应、调节社会发展并指引人们的生活。儒学落实在政治制度、社会风习、教育过程以及私人修养之中，是两千五百多年来中国人的生活方式、行为方式、思维方式、情感方式和价值取向的结晶，是朝野多数人的信念信仰，乃至到了百姓日用而不知的地步。因此，儒学的地位不是某人、某派的主观意向或情感所能确定的。儒学所以成为中国社会与民间文化的主流，是由儒学的基本精神、广博范围、历史发展客观地确立的，而不是什么人的一厢情愿。某些儒家文化的攻之者与辩之者，都把儒学简单化了，把儒学的范围缩小了，把中国社会与中国历史的发展抽象化了。实际上，传统中国社会就是儒家型的社会，传统中国文化的底色和主潮是儒家式的，传统中国人的主要性格也是儒家式的；反过来说，儒家或儒学在中国所起的作用或功能，类似于基督教、天主教之于西方，东正教之于俄罗斯，印度教之于印度，伊斯兰教之于阿拉伯世界，都是族群文化自我认同的根基、伦理共识的核心。

儒家文化的地位是自然形成的，并不是自封的。儒家本来就是平民之学，是王官之学下移到民间的产物。在礼坏乐崩的时代，孔子兴办私学，承担上古三代的文化传承的使命，把教育开放到民间。战国末期到西汉中期的社会，通过选择，在诸子百家中逐渐确立了儒家的地位。儒家思想比较平易合理，使朝野都能接受，满足、适应了承平时期凝聚社会人心、积极有为地推展事功的需要。历史告诉我们，“马上打天下”的经验不能用于“治天下”。历代贤明的统治者为治世之需，大多选择中正平和的施政安民的良策。儒家善于继承前朝的典章制度，并与时推移，加以适当的因革损益，使之合于当世，便于应用。其伦常之道，有助于社会的秩序化、和谐化、规范化，其生聚教训之策，更足以内裕民生而外服四夷。内裕民生应视为安邦之本。儒家讲礼乐伦理教化，虽在实行时会打一些折扣，但大体上与民众的稳定和平、淳化风俗的要求相适合。社会要繁荣发展，秩序化、和谐化是基本的要求。礼教使社会秩序化，乐教使社会和谐化。在分配经济资源，在财产与权力的再分配过程中，儒家满足人民的一个基本公正合理的要求，强调民生，制民恒产，主张惠民、富民、教民，缩小贫富差距，对社会弱者、老弱病残、鳏寡孤独和灾民予以保护。其推行的文官制度、教育制度，为平民、为农家子弟提供了受教育及参与政治的机会。这个文官制度，就成了我们的一个国本，它使得历代各级政治有了新鲜血液，有了民间基层人士的参与。这种制度的建构本身，是儒家理念促成的。这个制度文明背后的理念，是维系人心，协调社会人心的以“仁爱”为核心的价值系统。

近代以来，我国与东亚诸国迎接西方的挑战，内在思想的资源其实仍然是以儒学为主干的思想传统。睁眼看世界并鼓动学习西方的人，包括推动马克思主义传入中国的先驱、中国共产党人的前辈和近代以来的仁人志士，骨子里恰恰是积极入世的、进取的，主张与时偕行、变化日新的，是关切国事民瘼、向往大同世界等儒家情结最深的人。他们的为人为学、思想与行为方式，乃至杀身成仁、舍生取义的献身精神，无一不是儒家式的。我国早期的社会主义者、马克思主义者都以儒家《礼记·礼运》的大同理想作为引进苏联社会主义、引进马克思主义的文化铺垫。马克思主义中国化的过程中，不仅儒家的社会理想起着极大作用，而且儒家的人格理想、人格操守也激励着中国的马克思主义者、共产党人的先驱、前辈。“志士仁人，无求生以害仁，有杀身以成仁”，“三军可夺帅也，匹夫不可夺志也”，“先天下之忧而忧，后天下之乐而乐”，救民于水火之中，博施济众，修己安人，修己以安百姓。中国几代马克思主义者所以受民众的拥戴，无不与其人格修养、人格魅力有关。

人们常常容易把传统文化与马克思主义对立起来。其实，马克思主义的中国化就包含着与我们民族几代先进分子身上携带的丰富的优秀传统精神的结合。例如，“天下兴亡，匹夫有责”的担当意识，济世救民的情怀，天下为公的理想，百折不挠的毅力，舍生取义的品格，自强不息的意识，力行实践的精神，辩证中和的智慧等，都渗透其间。就理论上来说，中国的民本主义传统、大同理想的传统、内圣外王传统、知行合一传统、实践理性传统、唯物论传统、辩证法传统等，在马克思主义中国化的过程中都起过这样那样的作用。

马克思主义与中国的革命、建设的具体实际相结合，包含了与积淀在社会与民众中的儒家文化的诸因素的结合。新中国的制度建构与儒家社会的建构有着难舍难分的关系。发展生产、改善生活、国富民强、务实、富民、小康思想，与我国古代经典中所强调的治国平天下的根本大法，具有深刻的一致性和承续性。我国优秀的文化精神遗产中有丰富的治国平天下的重要经验。毛泽东思想、邓小平理论、“三个代表”重要思想、科学发展观及和谐社会建构，与儒家传统的经世致用、实事求是、知行合一、民本务实的思想以及天人合德、中庸之道、动态平衡、具体理性等中国智慧有着内在的关联。毛泽东的《矛盾论》、《实践论》，刘少奇的《论共产党员的修养》，邓小平的易简风格等，都带有儒家思想精义与风格、色彩。

费孝通先生说：“我们常常讲有中国特色的社会主义，那是指马克思主义与中国实践相结合的结果，所以在马克思主义进入中国后变成了毛泽东思想，后来又发展成了邓小平理论，这背后一定有中国文化的特点在起作用，可是这些文化特点是什么，怎么在起作用，我们都说不清楚。”① 费先生接着就改革开放后实行家庭联产承包责任制度到家庭工业以及一国两制等，谈到几点：第一，重视家庭，重视世代间的联系与培养后代；第二，和而不同，中国文化骨子里还有个东西可以把不同的东西凝合在一起；第三，多元一体，共存共荣，包含各美其美，美人之美；第四，“能想到人家，不光想到自己，这是中国人际关系中一条很重要的东西，老吾老以及人之老，幼吾幼以及人之幼，设身处地，推己及人……这不是虚拟的东西，是切切实实发生在中国老百姓日常生活里的真情实事，是从中国悠久的文化里边培养出来的精髓……我们现在对中国文化的本质还不能说已经从理论上认识得很清楚，但是大体上说它确实是从中国人历来讲究的‘正心、诚意、修身、齐家、治国、平天下’的儒家所指出的方向发展出来的。这里边一层一层都是几千年积累下来经验性的东西，如果能用到现实的事情当中去，看来还是会发生积极作用的。我们中国文化里边有许多我们特有的东西，可以解决很多现

① 费孝通：《关于“文化自觉”的一些自白》，参见二十一世纪中华文化世界论坛筹备委员会主编：《文化自觉与社会发展——二十一世纪中华文化世界论坛论文集》，5页，香港，商务印书馆，2005。

实问题、疑难问题”①。

总之，马克思主义中国化的过程，其实就是在儒家文化的土壤上进行的。早期的，第一、第二代的中国马克思主义的理论家、政治家，无不具有儒家的品格。无论是早期中国共产主义者的社会正义观与社会理想，还是我们当下建设中国特色社会主义、构建和谐社会的伟大实践，儒家的仁爱、民本、民富、平正、养老、恤孤、济赈、大同、民贵君轻、兼善天下、和而不同、食货、德治主张、入世情怀等，都是其铺垫、背景与积极的思想资源。没有儒家文化就不可能有马克思主义的传入与中国化。所谓“中国化”，在一定意义上就是马克思主义的儒家化。当代马克思主义与儒学，合则两美，离则两伤。

2. 儒家文化与中国现代化

当代马克思主义中国化的核心问题是中国现代化。面对中国社会现代化，促使其健康发展，我们不能不反省中国传统与现代的关系。

21 世纪是一个全球化的时代。“全球化”实际上是“现代化”的一个过程和阶段。全球化是经济、贸易、科技的一体化、趋同化。但现代性是多元的，现代化不等于西化，更不等于美国化。经济全球化不意味着文化一元化。近代以来西方现代化的历程和包括东亚在内的世界其他地区的现代化经验表明，全球化、现代化绝不只是西方民主制度与理性价值的普遍化。麦金太尔在《追寻美德》一书中已经对西方启蒙理性和以功利、权利为中心的现代西方社会提出了深刻检讨。而西方后工业社会已经暴露出的种种负面，也鲜明地揭示了西方的制度、理念与价值观存在着片面性、单向度性和“平面化”的弊病。中国固然需要参照、借鉴西方的制度文明和价值理念，并使某些制度与价值真正在中国生根，以成为中国现代化的助缘；然而，中国的现代化有着自己的道路与模式，自己的特殊性，这缘于中国社会及历史文化与西方不同；而且，正如离开了民族化的马克思主义难以在本土文化中生根一样，离开了民族化的现代化也是难以成功的。

① 费孝通：《关于“文化自觉”的一些自白》，参见二十一世纪中华文化世界论坛筹备委员会主编：《文化自觉与社会发展——二十一世纪中华文化世界论坛论文集》，6 页。

面对西方文化铺天盖地地席卷域内和西方宗教的无孔不入的渗透，我们一定要有文化自觉与文化安全意识。新时代的全球化的挑战，启示我们要有自己的民族认同和伦理共识。如果没有长期以来形成的多民族统一的中华民族文化的自我认同，中国这样一个多民族的国家就会在全球化的浪潮中、现代化的过程中被“化”掉，在市场经济的大潮中被冲“散”掉。如果没有终极关怀与伦理共识，也形成不了一个健康的现代法治社会。因为法治的背后有着信念信仰和伦理共识的铺垫与支撑。

从历史上看，儒家曾不断吸取周边各民族的文化，丰富自身。少数民族不断地给中原带来了活力。反过来说，恰好是在少数民族入主中原之后，例如元代与清代，儒家文化得到长足的发展。今天，儒家仍然是台湾海峡两岸民众的基本信仰与生活方式。海外几千万华人社区，仍然是以儒家文化为主的社区。

中国的现代化道路决定了大力发展社会主义市场经济是我们的必由之路。市场经济为中国的发展带来了活力。但是，不可否认的是，在市场经济条件下，人们的价值观念也出现了一些问题，唯利是图，物质主义、拜金主义、权力拜物教和特权思想正日益成为社会主义市场经济的毒瘤，吞噬着市场经济所创造的成果，也吞噬着社会上活的道德资源，败坏社会心理与风俗。

面对经济全球化与文化多元化的双重挑战，中华民族如何在不脱离世界文明大道的基础上，完成自己的现代化，并傲然屹立于世界民族之林？这是时代给我们提出的重大课题。新时代的挑战，呼唤着弘扬和培育自己的民族精神，共建我们这个多民族国家的共有的精神家园。如果没有自己的民族精神和时代精神，我们就会丧失精神支柱，乃至丧失中华民族。

民族性与时代性、民族精神与时代精神之间有着张力。民族精神，相对强调民族的殊异性和本民族特征的延绵性、连续性；时代精神，则相对强调人类的普遍性和社会历史的阶段性。然而，两者之间又有其统一性。任何一个走在时代前列的民族，其民族精神都是民族性和时代性的统一，或者说是优秀传统与时代精神的结合。一个与时俱进的民族，必然随着时代的发展而不断弘扬和培育民族精神。

经济全球化、世界一体化或网络文化时代的来临，并不意味着民族性的消解，也不意味着前现代文明已毫无作用。中华民族及其文化在数千年里形成了自己的生存智慧、精神系统、信念信仰、终极关怀、思考与行为方式、伦理生活秩序、价值理念、审美情趣。这些东西固然随时更化，不断变迁，但是，仍然有其一以贯之的精神，这是中华民族及其文化可大可久的根据。中国文化从来就是多元多样的。儒家、道家、墨家及诸子百家，道教、佛教及中华各民族历史上的各种文化及诸流派，作为文化资源都是瑰宝，在今天都有同等的价值与意义。我们非常尊重这些文化资源。由于儒家文化与中国民间大众的社会生活的联系最为密切，故儒家文化尤其值得我们珍视。

我们强调重新发掘儒家文化的精神财富，以之作为弘扬民族精神、培育时代精神的重要资源，绝非要鼓吹全面复古，全盘照搬儒家文化的整套东西，更不是试图以中国固有的传统去对抗、抵制外来的文化。儒家文化传统中的确有一些要素由于历史的发展而失去了存在的理由，变成了历史的包袱；另一些要素则可能成为潜在的现代化的胚胎。因此，人们对于“儒家文化传统”本身也存在一个不断重新发现、开掘、回采的过程。我们提倡以批判继承的态度、多元开放的心态，对儒家文化进行创造性的转化。

如上所述，儒家文化中的一些因素，要放在改革开放的社会生活实践、日常生活世界与全球化、现代化的视域中，以现代科学与人文思想、意识来加以考察、分析、批判，始可以转化、建设为今天的精神文明中的有益的内涵，成为今天的民族精神与时代精神的有机的成分。21世纪人类文化的发展趋势是告别“西方中心论”，在现代性与根源性之间保持必要的张力。各文化民族重新认同自己的文化传统，重新发掘自己的文化典籍与文化精神，将是未来世界多元文化中的一种发展态势，它有助于自己民族的现代化和世界化，也有助于人类文明的多层面开拓。“忠孝、仁爱、信义、和平”，不仅是中华民族的文化性格，而且是中华文化对人类的伟大贡献，其内涵亦因不断融合了现代性而更有生命力。

我们应系统地研究现代性与根源性之间的辩证关系，以全球化为背景，从民族精神和时代精神的角度全面清理儒家文化，探寻儒家文化在现代社会生活中的积淀及创造性转化的途径和模式，探寻多元的现代性；深入挖掘儒家文化资源对当今中华民族精神与时代精神的培育所能贡献的思想观念，提炼儒家思想资源中具有普遍意义的思想观念与价值理想；从新的视角审视儒家思想，探索在经济全球化、文化多元化的世界浪潮中，中华民族的民族性特征和中国文化现代化道路的特色，重新检视所谓“国民性”问题；系统清理传统儒家文化的礼乐文明和心性文明资源，抽绎出其中能为当代中国法治社会的建设提供养料的思想资源和能在中国现代化的社会生活中起到积极作用的核心价值观念；为文明对话和全球伦理的建构提供精神食粮；深入考察儒家价值与环境伦理、生命伦理、社群伦理、职业伦理的关系，儒家与现代民主、权利意识、公民社会及现代政治文明的关系，儒学的终极性、宗教性与超越性问题，儒学与女性主义的对话，儒学的草根性及其与生活世界的关系。儒家文化的许多价值理想一直是中国人安身立命、中华文化可大可久的根据。传统农业社会的社会架构和政治体制已经消失，但并不意味着与之相结合过的价值观念、道德意识、思想与行为方式都失去了存在的合理性。在今天，其中大量的精神财富仍然可以创造转化为中国现代化进程的宝贵助缘，为中国的现代化事业提供精神资源。

儒学不仅是农业文明的产物，也是华夏族群的精神形态，是中国乃至东亚社会文化的结晶，蕴涵了东亚各民族的民族性格、终极信念、生活准则、生存智慧、处世方略。儒家文化既是中华民族精神的最集中的代表，又因其“与时偕行”的品格而具有了时代的特性，曾经灿烂辉煌的中国农业社会的儒家文化中的许多因素，尤其是精神因素，不可能不具有超越时空的价值与意义。作为民族的意识与心理，儒家文化在今天仍是活着的。

儒家的精神首先是创造性的生命精神，是人对宇宙的一种根源感。《周易》以“乾元”代表“天”及其大生之德，“天行健，君子以自强不息”；以“坤元”代表“地”及其“广生之德”，“地势坤，君子以厚德载物”。天地把这种广大悉备的生命创造精神赋予人类，因此，人有一种刚健自强、生生不已的主体精神。孔子、曾子、孟子更是极大地张扬了人的自强不息、积极有为的创造精神，将其归纳为“士不可以不弘毅，任重而道远。仁以为己任，不亦重乎？死而后已，不亦远乎”的弘毅自强精神，“富贵不能淫、贫贱不能移、威武不能屈”的“大丈夫”

精神，构成了中华民族精神的主体。儒家文化不是守成的僵死的古董，而是主张常变常新、与时俱进的创造性的有机生命。儒者重“时”，孔子就被尊为“圣之时者”。儒家文化主张“因时而变”、“随时制宜”、“与时偕行”、“与日俱新”，这些都可以转化为当代中国与时俱进、开拓进取的时代创新精神。

儒家文化的人文精神乃是孔子“仁学”的精神。一方面，“仁”是人的内在的道德自觉，是人的本质规定性，它凸显了人的道德自主性。另一方面，“仁”又是“天、地、人、物、我”之间的生命的感通，是“天下一家，中国一人”的价值理想。这种价值理想以“己欲立而立人，己欲达而达人”，“己所不欲，勿施于人”的“忠恕”之道作为主要内涵，以“仁义治天下”、“以礼治国”、“礼之用，和为贵”、“四海之内皆兄弟”的礼义仁爱原则作为处世之方。这可以推广为人与人、家与家之间的和睦之道，推广为国家与国家、民族与民族之间的和平之道，推广为宗教与宗教、文化与文化之间的和合之道，乃至推广为人类与动植物、人类与自然的普遍的和谐之道。“和而不同”论承认不同，整合差异。孔子的“仁学”是中华人文精神的内核，是人文主义的价值理想，此不仅是协和万邦、民族共存、文化交流的指导原则，而且也是“人以天地万物为一体”的智慧。无怪乎《全球伦理宣言》的起草者孔汉斯先生把孔子的“己所不欲，勿施于人”作为全球伦理的黄金规则，这是很有见地的。

传统儒家知识分子一直以天下兴亡、人民安康为己任。在儒家的济世理想中，始终洋溢着一种伟大的居安思危、忧国爱民的忧患意识。这对于维护民族尊严和国家主权，反对外来侵略，都起到了极其关键的作用。儒家是赞同谋利的。董仲舒“正其义不谋其利”是针对君子修身与统治者治国来说的，而不是针对民众与社会的需要来说的。从儒家的思想来看，儒家常把治国者（君子）与一般民众区别开来。对治国者，儒家要求从严，要求他们“不以利为利，以义为利”，故孔子说“君子喻于义”，“为政以德”。但是，对一般民众，儒家要求甚宽。儒家认为人生而有欲，人的物质欲望亦为天之所生，“饮食男女，人之大欲存焉”，有其正当的存在理由。故儒家言“利用厚生”，言“庶”、“富”、“教”。儒家正义谋利的思想在今天仍有积极意义。而且，儒家文化所主张的

"创生"、"尊生"、"变通"、"制宜"、"和谐"、"中庸"、"诚信"、"敬业"、"见利思义"、"以义制利"等思想和智慧也可以转化为现代社会管理和企业管理的宝贵资源。儒家非常重视修身，尤其强调陶冶心灵，养育德性。儒家德目中，"诚"、"信"、"廉"、"耻"等都有深刻内涵，尤其是一系列关于官德的论述与修养工夫论，还有包括监察制等在内的制度文明，在吏治不清的当今，更具有其意义与价值。

有关东亚儒学与东亚现代化的关系，海外学者白鲁恂、傅高义、杜维明、杨国枢、李亦园、金耀基等先生有不少研究成果。夏光综合了这些成果并进一步论证了如下方面：第一，儒学传统与私有财产的密切关系，对个人、家庭及管理、经营各方利益的肯定，家族家庭主义等对企业组织的延伸及劳资关系的调节，忠、信价值的内在渗透。第二，政府以各种方式在其经济生活中积极扮演了干预主义的角色，而大的社会空间及宗族、家族、行会、乡约等民间自治的传统在儒学世界中由来已久。两者有张力，但结合得好则能有效促进现代经济的发展。第三，选贤与能及教育制度、文官制度传统的延续，使今天民间社会的能人跻身精英统治与技术统治的精英政治中。第四，民间组织与自治，积极参与及儒学传统所倡导的公民性与公共品德是东亚的公民社会的成长与发展的基础，也是东亚现代性政治层面的基本内容；儒学色彩的市场经济，由企业精英转化为企业精神；由儒学的公共性参与发展到现代社会管理与社会批判；凡此种种促成了现代东亚社会之民主政治的走向。① 在历史上，儒家、儒商的生存，有赖于又促成了广大的社会空间与民间社会的形成。儒家传统自觉、不自觉地与现代政治、经济与社会的发展密切相关；同时，儒家传统又必须以现代人的公民意识、权利意识、法治观念、道德意识，以社会主义道德文明精神加以引导、改造与运用。

3. 儒学资源在当代马克思主义中国化过程中的可能的贡献

如前所述，儒学与马克思主义，儒学与现代化都不是绝对对立的，

① 参见夏光：《东亚现代性与西方现代性：从文化的角度看》，266～294页，北京，三联书店，2005。以上是我对夏著第七章《儒学传统与现代东亚社会中的经济、政治和文化》之前两节的概括。

它是参与现代化的积极力量，而且不仅仅只具有克服现代病、治疗现当代顽疾的作用，也不仅仅只具有心理慰藉的作用。儒学的主要精神与价值理念，仍然是人之所以为人，中国人之所以为中国人的依据，是当代中华法治社会的民族文化认同与伦理共识之基础。人们常常身在宝山不识宝，儒学丰富的内在宝藏还有待我们一代代人去发掘、发现与转化。

儒学其实是教养，是文明。当今的社会，尤其需要提升民众、国民的教养水平，尤其需要强调文明的程度。健康的现代市民社会需要“温良恭俭让”和有所敬畏的公民。公民社会是凸显个体教养与社会公德公信的社会，故现代性的诗书礼乐之教养，不仅对君子，而且对每一个公民都是必要的，它毋宁是现代公民社会的必需，是构建当代文明社会的基础。文化修养的形成，需要环境、氛围的熏陶，长时间的、几代人的积累。儒家教育是性情教育，在我们当下的家庭、学校、社会教育中应自觉加强儒教的熏陶。

我特别要说的是，不要苛求儒家（儒学、儒教）。大家都不苛求基督教（天主教）、印度教、伊斯兰教、佛教、道教，为什么一定要苛求儒家（儒学、儒教），一定要它给予我们现成的科学、民主、自由、人权等现代价值呢？不给予这些现成的东西就没有价值吗？其实，儒学与基督教等一样，不能直接地开出科学、民主、自由、人权等，但通过我们的批判继承、创造转化，它可以更好地转化并吸纳现当代价值，更好地使现代价值健康地植根于既有的文化土壤。每一个时代的人都有特定时代的责任，我们不能推卸自己的责任，我们也不能把责任都推给古人，让古人承担一切。对儒学采取简单抛弃、一味排斥、不讲道理的态度，轻率肢解，信口开河，或视之如寇仇的方式，是最容易做到的，但那是思想懒汉的做法。这种人没有担当意识。对于我们的有志气有智慧的青年人来说，一定要肯下工夫去切磋琢磨自家的文化基因、文化土壤。这里面有很多不简单的东西。例如“礼”、“三礼”中就有大量的正价值，有很多复杂的面相与深刻的内涵，绝不是所谓“吃人”、“杀人”就可以盖棺定论而弃之如敝屣的。那就等于把洗澡水与婴儿一道泼掉了。

现在是开放与对话的时代，我们以开放的胸怀，接纳、促进新时代的诸子百家，促进古与今、东与西、中西马、儒释道、诸子百家间的对话，以及广义的儒教徒、基督教徒、伊斯兰教徒、印度教徒、佛教徒之间的对话，在文明对话的过程中，把自己的珍宝传承下来并努力地输送出去，让全人类共享！儒家有丰富的资源与马克思主义、自由主义、社群主义、女性主义等思潮对话，在对话中彼此理解、沟通、融会、丰富。

现在又是思考或反思的时代，思考或反思流俗，反思启蒙，反思习以为常，反思思维定式，反思一百多年来时髦人士对中国文化的理解，反思成见，反思科技文明，反思商业化，反思现代性，反思全球化，反思文化工业或大众文化或官场文化，反思功利时代，反思金钱与权力拜物教，反思人类中心主义，反思今天的评价体系，反思对根源性、对神圣性、对敬畏之心、对终极价值与安身立命之道的解构或消解，反思对列祖列宗创造并传承下来的文明遗产和中华文化精神不抱敬意的态度，重建崇高，重建信念与信仰。我们尤其要反思教条主义，反思全盘西化，当然要誓死捍卫各色人等说话的权利。这就是文化的生态平衡即“和而不同”。

现在还是文化自觉的时代，是中华民族文化复兴与重建的时代。张岱年先生说：“建设社会主义的新中国文化……必须认识中华民族文化长期延续发展的根基。中华民族延续五千年，必然有其精神支柱，精神力量，这一点应当充分认识，这就是民族自觉。”“如果否认本民族的优良传统，把过去的历史都看成一团糟，那也就失去了前进的基础，今后的发展将成为无源之水、无根之木了……唯有了解自己的优良传统，才能保持高度的民族自信心。”“传统文化中……一些精粹的思想则能够对现代化起一定的促进作用。应该承认，传统文化中也包含着促进现代化的契机。如果民族意识的内部完全缺乏促进现代化的契机，那么，现代化将是毫无希望的。”“摆在我们面前的唯一正确的道路，就是主动吸收世界先进的文化成就，同时保持民族文化的独立性，认识本民族优秀的文化传统，发扬创造精神，创造自己的新文化……这样才能对世界文化有所贡献，这样才能自立于世界文化之林。”“各个民族各自发扬自己的民族特点，才能构成全世界丰富多彩的世界文化。”① 联系以上引文之

① 张岱年：《文化与哲学》，38、55、61、69～70、79页，北京，教育科学出版社，1988。

上下文，我们可知张岱年先生所说的本民族优秀文化传统主要指的是人与自然、人与人之间的统一与和谐的关系，“天人合一”思想；自强不息、厚德载物的精神；肯定人的人格尊严与人的价值的道德自觉性；博学、审问、慎思、明辨、笃行的精神与方法，知行合一与知行相资等。这些主要来自儒学。张先生正是在此一基础上讲中华民族文化的主体性（含独立性、自觉性、主动性）的，认为一个民族必须具有主体意识，即独立意识、自我意识和自觉能动性，才能立足于世界众多民族之林。①

我对开放的儒学充满了信心。我们中华文化当然要有自己的立足之地，要自立于世界民族之林，当然要有自己的文化主体意识而不能是无本无根的，不能只沉溺于拾人牙慧。我们中华民族文化当然不可能以外来文化为其“体”。但传统或文化（心性的或价值的或观念的文化、制度的文化、器物的文化）总是流动的、变异的。今天的中华文化已是以传统中华文化为主，特别是以其中的儒家型社会文化为主，而不断融合、消化外来文化的新文化。这一新文化体用不二，即体即用。但它的内核与主干，当然是固有的精粹，否则，我们拿什么去与人家对话？拿人家的余唾去与人家对话吗？我们只是“抛却自家无尽藏，沿门托钵效贫儿”的精神弃儿吗？总之，我们要以健康的心态面对传统与现代间、东方与西方间的种种切切，一定要有定力，有主心骨。在构建和谐社会，迎接民富国强之际，千万不要忘记发挥传统经学、诸子，特别是儒家资源的积极作用！

有人说儒家是所谓“泛道德主义者”，这也是因为对儒家知之甚少所致。孟子曾说：“徒善不足以为政，徒法不能以自行。”儒家的范围甚广，很难归结为道德的或泛道德的，政治的或泛政治的。就儒家与政治的关系而论，历史上真正的儒家从不阿附权贵，不是历代权威政治的附庸。虽然历史上不乏曲学阿世的陋儒，但这不是儒学的主流，儒家有以“天”或“德”抗位的传统和批判的精神，乃至“闻诛一夫纣矣，未闻弑君也”。儒家的政治文化资源中的民本思想、民贵思想、民有思想、民富思想、官与民同享同乐思想、载舟覆舟思想等，是可以作出现代转

① 参见张岱年：《文化与哲学》，83～84页。

化与现代诠释的。儒家有很多思想、价值可以与民主政治相连接或作铺垫。“以人民为主体”的思想当然与传统社会的“以民为本”的思想有质的差异，现代社会的“民主”与传统社会的“民本”也有内涵的不同，但不能说二者之间完全没有联系。

儒家在观念、制度及化民成俗的三层次中，有许多因素成为改善传统政治的良性的东西，这里有不少可以转化为现代法治社会、民主政治建设与陶冶公共知识分子的重要资产。儒家的某些理念曾转化为传统社会的一些制度，有一些制度其实是值得我们反刍的，其中的价值常常被我们忽视。儒家有极为丰富的公共意识与公德心，其对公与私、公德与私德、公利与私利的看法，也绝非流俗所言，它当然也不可以归结为所谓的“个人主义”、“集体主义”云云。

自中西交通以降，与儒学和马克思主义的关系一样，儒学和西学也一直处在互补互动的过程之中。17 世纪末至 18 世纪末，西方大哲莱布尼茨、伏尔泰、孟德斯鸠、狄德罗等都十分推崇孔子、儒学，其实康德、罗素、杜威思想中都有很多可以与儒学会通的地方。基督教与儒教也有不少可以会通之处。贺麟先生是我国西方哲学学科的一代宗师。贺先生非常尊重儒学思想资源，对中国文化有很深的理解，对儒家的世界化与现代化，对中西会通寄予厚望。西学在中国的发展当然离不开中国文化，而儒家是中国文化中最为重要的部分，这是毋庸置疑的。在我国，真正懂得西方的社会、文化、哲学、宗教的大家，都是非常尊重本土文明，特别是儒家文化的。这恰好也有助于他们更深刻地而不是肤浅地理解西方与西学。

促进当代马克思主义的中国化，一定要有一种自觉，即当代马克思主义与以儒家为代表的中国文化，以政治自由主义为代表的西方文化的融合。今天，马克思主义、自由主义与儒学之结合有广阔的前景。在经济全球化、多种价值观并存的时代，马克思主义、儒学与自由主义有内在的紧张，但三者在中国现代化过程中的结盟已是客观之大势。

十一届三中全会以来的三十年是我国社会发生翻天覆地变化的三十年。党的十七大通过的政治报告，进一步完善了十四大以来确立的社会主义初级阶段的基本路线，把建设富强、民主、文明、和谐的社会主义现代化国家作为伟大目标。在这一基本路线指引下，我们从事经济建设、政治改革、文化繁荣、社会空间的拓展，尤其是解决民生问题，促进社会公平正义。在这些方面，儒家文化资源大有用武之地。今天，马克思主义中国化与现代化发展之最为紧迫的课题，一是经济与社会得到科学的、全面的、可持续的发展；二是政治与社会改革，构建公平、正义、和谐的社会；三是中国主体性的社会主义的核心价值观，包括荣辱观的建构、振刷官德与整饬吏治。在这三方面的理念、制度、心理习俗系统的建构中，中国智慧及儒家文化资源都可以起非常积极的作用。儒家文化有关人与自然、人与社会、人与人、人与内在自我诸关系的讨论非常丰富，很多历史经验、文明制度、治世方略、人性修养的道理需要我们用当代科学理性精神加以分析与总结，以提供给今天的人们来借鉴。这也是儒家思想可能作出贡献的方面。

因此，随着社会空间的进一步扩大，“大社会”的进一步形成，儒家思想对当代社会的活动作用空间及对当代社会的良性影响也会愈加显豁。在经济与社会发展、政治与社会改革、民族主体性的国民价值系统的建构等向度上，儒家的积极作用会更大一些。在建设富强、民主、文明、和谐的社会主义现代国家的各方面，儒家都能作出自己的贡献。

张岂之先生指出：“民族复兴与文化复兴不可分割。文化的核心是价值观念，民族复兴的提出，反映的是人民的意愿，是中国社会的走向……我国文化复兴的价值体系的建立，需要把优秀传统文化的核心价值与社会主义先进文化的核心价值加以融合……中华优秀传统文化是今天中华社会主义先进文化的渊源，今天中华社会主义先进文化则是中华优秀传统文化新的开拓与发展。源与流的结合反映出中华文化具有深邃而又常新的生命力，它像一条巨流，奔腾不息，是中华民族精神生生不息的动力。”①

当下信用品性的危机，表明当代中国的国民缺少了中华民族主体性的真正具有约束力的信仰系统、价值体系，缺少了伦理共识、文化认同、终极关怀，缺少了敬畏之心与定盘针。这也拷问着我们的教条式的政治与道德教育的有效性。要凝聚人心，解决中国问题，少不了儒家文化的调剂。我们要让更多的人正确地理解儒学。目前民间对蒙学读物与

① 张岂之：《关于“和谐”理念的思考》，参见王俊义主编：《炎黄文化研究》第九辑，4～5页，郑州，大象出版社，2009。

《四书》的一定程度的需要是一个契机。《四书》的基本内涵是忠孝、仁爱、诚信、道义、礼敬等价值，是启发式的，是反求诸己的，是德性论的。我认为，应当自觉地更多地让《四书》内容进入国民教育体系之中，当然要渗透进现代意识，予以创造性转化。这对少年与青年的正确人生观、价值观的形成，对世道人心的整饬与提升有积极意义。这在历史上是行之有效的，是浸润在民间的，故我们不能回避或置之不理。

我们要把中华人文精神活化到当下的社会与人生之中，积极参与现代化的建设，凝结成中国人的主体性的价值系统，并贡献给全人类。我们有深厚的历史感与强烈的现实感，批判当下社会生活的负面，反思现代性，面对实际问题，力求把根源意识与全球意识、传统文化精神与现代化建设相结合，为建设健康的合理的物质文明、制度文明、精神文明而贡献自己的智慧与力量。这也是马克思主义中国化的题中应有之义。

“文化多元”论纲

改革开放以来，我国社会生活发生的显著变化，可以用一句话来概括：从文化一元走向文化多元。我这里使用的是人类学、文化学通用的广义“文化”概念，泛指人们在社会生活中，为了生存或发展的需要，人为地创造、承传、借取、享用种种物质生活及精神生活方式的过程和结果，涵盖人们的生存方式、行为方式、思维方式、情感方式、审美趣味、价值取向、风俗习惯、心理结构、家族结构、社会组织制度等。

现在恐怕没有人否认改革开放以来国民的社会生活，从文化表层的衣、食、住、行活动和工具、器物，到文化中层的经济、政治、科技、教育制度，到文化内核的风俗、心理、宗教、科学、文学、艺术、道德、哲学等，所发生的由单一走向多样的深刻变化。然而，理论界却鲜有从人类文化发展规律的角度来总结中国改革开放以来的文化变异的。本文试图以这样一个视角考察社会主义初级阶段的文化生态环境和建树多元、开放、宽容的现代文化意识的问题。

1. 文化的多源发生、多向发展、多元并存和多样统一是人类文化发展的常态和规律

人类文化发展的规律可以从这样几个角度来考察：

首先，从文化的本质看人类活动的丰富性和多样性。文化更广泛地指社会内部从物质生存条件的再生产和人自身的再生产（种的繁衍）开始的各种人的活动。每一具体社会的文化都是一定历史条件下的人的活动方式和结果的体系。从一定意义上说，按马克思《1844年经济学哲学手稿》的观点，文化的实质可以看做是对象的人化和人的本质力量的对象化。文化一方面是有意识、有目的的人类劳动的对象化（外化），同时又是自然物和人类创造物的主体化（内化）。文化即是主体客体化与客体主体化、外化与内化的动态统一。文化的真正的内涵是人的内在本质的充分发挥，是人的需要、能力（体力、智力、技能）、性欲、情感、审美、意志和交往形式的全面、自由的发展，是人的社会存在的全部丰富性、多样性、完整性。至于人们所创造的物质、精神财富，从一定意义上说，只是文化的形式外壳。

马克思主义的文化理论有两个相互联系的基本点，一个是“人化的文化观”，一个是“多元的文化观”。马克思认为，人在创造出丰富多样的对象世界的同时，创造了自己，生产出自己的全面性。对象世界的生产和人的自我发展是一个事物的两个方面。马克思深刻地指出，在古代，不管处在怎样的狭隘民族的、宗教的、政治的规定上，人毕竟始终表现为生产的目的，而在现代工业社会，生产表现为人的目的，财富表现为生产的目的。因此，稚气的古代的观点显得崇高得多。如果抛弃资产阶级异化，抛掉狭隘的形式，那么，“财富岂不正是在普遍交换中造成的个人的需要、才能、享用、生产力等等的普遍性吗？财富岂不正是人对自然力——既是通常所谓的‘自然’力，又是人本身的自然力——统治的充分发展吗？财富岂不正是人的创造天赋的绝对发挥吗？这种发挥，除了先前的历史发展之外没有任何其他前提，而先前的历史发展使这种全面的发展，即不以旧有的尺度来衡量的人类全部力量的全面发展成为目的本身。在这里，人不是在某一种规定性上再生产自己，而是生产出他的全面性；不是力求停留在某种已经变成的东西上，而是处在变

易的绝对运动之中”。“在再生产的行为本身中，不但客观条件改变着……而且生产者也改变着，炼出新的品质，通过生产而发展和改造自身，造成新的力量和新的观念，造成新的交往方式，新的需要和新的语言。”①

上述马克思主义关于文化本质的理论，说明了人的内在本质的发挥，人的全面性的再生产是人类文化活动的多样性的内在根据。

其次，从文化发生学的角度审视人类文明起源的多样性。如前所述，文化发生在对象的人化与人的本质力量的对象化的互动之中。人类与自然、社会相互作用的过程呈现出千姿百态的状况。就其发生的源头来说，考古学的新发现已经驳斥了关于人类文明或中华文明的“一元发生”、“单元辐射”的观点。这一观点的持论者怀疑人类的创造能力，夸大文化传播的功能，否定相同的发明会在两地同时发生。事实上，史前旧石器时代人类活动的遗址遍布亚、非、欧、美各地；全世界最古老的独立发生、发展的文明至少包括埃及、两河流域、印度、中国、墨西哥和秘鲁。它们虽然并没有同外界隔离，却是土生土长的，一开始就有各自的特殊风格和个性特征。以埃及或其他地中海文明作为世界文明的唯一源头或正宗、中心的论点，及与此相关联的“中国文化西来说”，与新石器时代文化遗址的大量发现完全不相符合。从发生学上看，人类存在的基本条件是：地域、性别、族群、语言、宗教。文化的多样与这些条件的差异有关。中华文化自身的发生，也不是一源而是多源的。过去我们常以华北黄河流域的中原文化作为中华文明的唯一源头，我国考古学近几十年来的最大贡献，是逐步对这个一元中心向外辐射的理论作出修正，探明域内独立的文化源流系统，除黄河中游中原文化外，还有黄淮下游山东文化系统和长江下游江南文化系统，此外还有不少区域文化高度发达的中心，如黄河上游、东南沿海、长江中游、辽河流域、珠江流域、云贵高原等。它们之间虽有相互采借，却各具特色，相对独立，尔后才融会成多样统一的中华文明。我们必须打破那种以埃及—地中海文明为世界文化正宗的文化观，打破那种以黄河中游中原文化为中华文化正源的文化观。

---

① 《马克思恩格斯全集》第46卷上，486、494页，北京，人民出版社，1979。

世界文化的多源发生，说明在对象化的活动中创造文化是人的类特征、类本质；各人种、种族和民族都具有相对独立的创造文化的能力。由于他们同具有人类的普遍通性，又具有不同的体质特征和心理特征；由于他们生活在生态环境大体相当的同一星球中，而直接面对的自然又是各不相同的地理环境；因此，他们创造的文化既有普同的一面，又有差异的一面。具有不同的体质和心理特征的各民族的祖先，在适应不同的自然环境的活动中，创造了不同的生活方式和语言、宗教，有着不同的生存体验，从而导致各民族的文化有着不同的童年时代、不同的发展路向和不同的个性特征。

再次，从文化发展观的角度审视人类文明发展道路的多样性。人类学中的早期进化学派虽然揭示了人类社会和人类文化发展的一般规律，但其普遍的单线进化论，即把人类文明看做是不断地由低级到高级直线递进的观点和忽视文化要素传播、把文化要素与文化整体割裂开来等弊端，遭到19世纪末、20世纪初历史学派、传播学派、功能学派、心理学派等人类学家的批判和修正。到20世纪五六十年代，美国又出现了新进化论、文化生态学和文化唯物论，批评上述各派，从高层次上回归到泰勒、摩尔根的进化论。他们强调了在一般情况下的“单线进化”和在特殊情况下的“多线进化”，注意不同文化中进化的并行现象，认识文化进化的多样性和不同层次的文化在社会整合中形成的特殊社会形态的多向、多线进化的复杂性。也就是说，人类社会或文化除了有“一般进化”外，还有由于适应环境而不断多样化的“特殊进化”。“特殊进化”可能涵盖跳跃、退化、曲折、交叉、互渗。没有不同民族在不同历史过程中的特定的文化适应性变异，即没有多向或多线的“特殊进化”，就不可能存在“一般进化”。

斯大林对马克思主义理论的化约主义和功利主义的偏失，其中之一即是把社会发展简单化地归纳为“五种生产方式”的直线递进模式。实际上，马克思晚年大量的人类学、民族学笔记透露了这样的信息：不应当以西方社会和西方文化的发展道路作为唯一的尺度来衡量世界不同类型的社会和文化的发展；单一的模式不能科学地解释世界各民族文化发展的多样性和丰富性。马克思区分了欧洲和亚洲的生产方式、农村公社，区分了这两个地区文化历史的类型，并且提出了在特殊历史环境里，通过革命，东方社会在农村公社制度的基础上超越资本主义制度的“卡夫丁峡谷”而直接进入社会主义的设想。这就意味着，欧洲中心主义的思考模式、单线进化论和对人类文化发展道路的简单、线性理解，必须加以扬弃。每个地区、每个民族的文化传统决定了该地区、该民族社会文化发展道路的特殊性，当然，马克思晚年人类学笔记和恩格斯《家庭、私有制与国家的起源》主要依据于早期进化学派的学术成果，此后，人类学的成果非常丰富，却没有引起马恩以后的马克思主义者的注意。应当说，马克思主义关于人类文明发展道路的研究还是相当贫乏的。

世界文明的比较研究表明，不同文化的源头、童年时代，许多偶然因素，包括民族迁徙、战争、宗教活动、商业贸易等在内的文化交流、借取、融会，使得各文明发展道路既有区别又有联系。希伯来人、希腊人和罗马人的生存体验和古代中国人的生存体验迥然不同，对尔后中西文化的精神风貌和发展模式有相当大的影响。在人类与动物之间、文明与野蛮之间、文化与自然之间，西方文化的起源和发展，走着破裂式、突变性的道路，而东方文化的起源和发展，走着连续式、渐进性的道路。[①] 没有脱离特殊的普遍，脱离殊相的共相，人类文明发展的普遍道路就在不同类型、不同模式、不同发展道路的各文明之中。

最后，从文化存在论和生态学的角度，审视人类文化生存样态的多样性。从历时态考察，世界文化的源头和走向是多元的；从共时态考察，世界文化和中国文化在每一时刻都是千姿百态的。文化的多样性，不仅取决于文化的时代变迁，而且取决于文化的地域性、民族性、集团性，取决于多元的本土文化与多元的外来文化、多元的传统文化与多元的现代文化结合的复杂性。最近几年的文化大讨论，有一种化约主义的倾向，即笼统地、图式化地比较东西文化。实际上，所谓西方文化（或称基督教文化系统、希腊罗马文化系统）非常复杂，不仅历史变迁，而且共时样态，都是多元的。鸡犬相闻的德国与法国，西欧与北欧，人们的生活方式、风俗习惯、艺术风格，甚至哲学特性，迥然有异。在文化

---

① ［美］张光直：《连续与破裂：一个文明起源新说的草稿》，［美］杜维明：《从世界思潮的几个侧面看儒学研究的新动向》，均载《九州学刊》，香港，1986年第1卷第1期。

讨论中，儒家文化的攻之者和辩之者，都把几千年的中国文化看成是铁板一块、一成不变的儒家文化，这也是有悖于文化史的。事实上，从地域来说，中国南北文化，中国的荆楚、巴蜀、吴越、岭南、燕齐、邹鲁、秦陇、三晋等文化区的特点可以说一直保留到今天；从民族来说，中国文化是多民族文化，即使是华夏族、汉民族的文化也是历史上多民族文化融合的产物；即使撇开民俗文化，只谈精英文化，或者只谈汉民族精英文化，其基因至少有阴阳、儒、墨、道、法、名、兵、农诸家，各家又有不同流派；即使谈儒家文化，各时代、各地区，都有不同的内容和形式。文化的多元并存还表现在，不同时代、不同学养或知识结构、不同阶级或阶层的人对传统的选择、诠释有着极大的差别。传统是有选择地保留的历史，是不同时空的文化主体不断参与的历史。多元的传统与多元的现代文化的结合，是多点、多线、多面的结合，没有什么体用、本末、形质的分别。任何时空的文化的多样，它们的偶然性、盲目性，彼此矛盾、碰撞，同时也是文化生态平衡的需要。

以上四点是我们提出“多元文化观”的理论和历史的根据。总之，世界历史文化的发展，在不同的国家和民族，具有不同的色彩和特点，不同的道路和模式，以多维的而不是单向度的历史视野省视人类社会和人类文化的发展，是历史唯物主义最起码的要求。文化发展的统一是多样的统一，这种统一决不是统一到一个模式中去。历史文化的发生、发展与存在总是非重复的、暂时的、偶然的、杂多的。不同时空、不同民族、不同阶层的人的文化创造活动永远是生动的、丰富的。世界文化或中国文化在现代的走向，愈趋于统一，同时愈趋向多元；愈背离传统，同时愈从高层次上回归传统。“全球意识”和“寻根意识”之间保持着必要的张力。这就是文化发展的辩证法。

2. 社会主义初级阶段的文化生态问题

社会主义初级阶段文化的多样性，首先表现在经济活动的多样性。20世纪八九十年代进行的经济体制改革和建立商品生产新秩序的现代化工程，意在发展多种所有制经济，如国营经济、私营经济、个体经济、中外合资或合作经营、外商独资等，并对部分国营企业实行股份制或租赁承包经营等，基本上摆脱了过去的一元模式。由此引起了人们生活方式、价值意识的多样化。沿海与内地，从事不同经济活动的利益集团和具有不同政治地位、文化素养的各色人等，对于物质文化和精神文化的需要或追求，发生了裂变。

社会主义初级阶段文化的多样性，还表现在各民族人民宗教信仰和各阶层人民政治见解的多样性。宗教也在发展着。从世界文化的趋势来看，从人的生命存在的终极关切来看，宗教意识和宗教活动还将得到一定程度的发展，并在社会生活中起一定的作用。随着政治民主化的推进，人们的法治意识、民主意识、参与意识和独立人格的觉醒，出现了不同的政治要求和不同的政治派别。我们应当力求创造一种能够容忍不同的宗教信仰、思想观念、学术流派的制度环境，不能人为地制造紧张状态和压力。一个健康的社会，应当是多种声音的社会，一种正常的文化环境，应当是多种声音共存的环境。

社会主义初级阶段文化的多样性，还表现在人民群众审美需求的多样性。多种审美趣味、多种知识层次和复杂文化背景的并存，使几乎任何一种艺术形式、艺术风格都拥有自己的欣赏者。例如，从古老的律诗、绝句到现代朦胧诗，从交响乐到摇滚乐，都有自己的知音。不同层次的人们精神生活有不同的需求。同一层次的人们的消遣、娱乐方式也各不相同。

社会主义初级阶段文化的多样性，还表现在外来各种文化的涌入，引起中外各种文化的撞击、渗透，给国内各族人民的道德价值标准、思维行为方式和审美情趣带来了多方面的影响。总起来说，带来了活力，使我们大开眼界，汲取各国人民优秀、丰富的文化，活跃了自己的生活；同时又有一些负面的东西，这些东西与我国国民性格与生活中的阴暗面相结合，可能产生一些有害的后果。但是，对于开放、引进，大可不必有什么“戒备心理”，只有在开放、引进的过程中，比较、鉴别、消化、吸收、选择、重构，才能繁荣、丰富中华文化。无论对于外来的或是民俗的文化，“提倡有益的，允许无害的，抑制有害的，打击犯罪的”方针是正确的。

这就涉及文化生态的问题。人类生活的自然环境必须保持生态的平衡，人类生活的文化环境同样也必须保持生态上的平衡，在创造文化的过程中，把人类与自然对立起来的观点是错误的。从整体、系统的观点考察人的体质与精神的发展、人口生产、自然居住条件、亲属结构、资源的合理开发与利用、技术的开发、城乡的关系等，是文化生态学的任务。

社会主义的本质应当是尊重、保障劳动者的思想自由和合法的经济利益、政治要求，促进人的全面发展。对于公民的科学研究、文学艺术创作和其他文化活动，不应当人为地设置禁区。在宪法和法律的保护下，科学研究，特别是社会科学研究和文学艺术创作的内容、题材、主题（课题）、方法、观点及成果的发表，都不应受到人为的限制。包括公民议政、研政、审政的权利，应当受到法律的保护。学术自由和创作自由的开放度、自由度，是衡量民主政治的标尺。社会主义人道主义的原则是使公民自己掌握自己的命运，自由表达自己的意愿，是关心人，满足人民多方面的物质和精神的消费需求。

承认社会主义初级阶段的文化多元，就是承认经济生活方式的多样性，人们经济利益要求的特殊性，意识形态、社会舆论和人们的价值观念的多样性，这才能形成一个充满生机、活力的社会，才可能达到各民族人民生活幸福和社会主义祖国繁荣昌盛的目的。运用行政力量强制推行一种经济运作模式、一种思考方式、一种舆论，禁止多样的风格、多种学派、势必破坏文化生态平衡。

我国古代哲人史伯、晏婴早在周代就提出过“和实生物，同则不继”的原则，认为“声一无听，物一无文，味一无果，物一不讲”，“若以水济水，谁能食之”，“若琴瑟之专一，谁能听之”。他们明确地主张“和”（诸差异、诸杂多、诸对立因素的统一）而反对“同”（简单的同一）。汉代班固在《汉书·艺文志》中指出，先秦哲学正是在不同思想的辩论、斗争和融合的过程中得到发展的：“九家之术，蜂出并作，崇其所善……其言虽殊，辟犹水火，相灭亦相生也……相反而皆相成也。”可见，举一废百，唯我独尊、割断联系、排斥一切是错误的，反辩证法的，破坏生态的。1957 年前后，我国文化由多元走向一元，致使文化繁荣变成文化贫困，百家争鸣变成万马齐喑，言路开放变成“舆论一律”，思想自由变成思想禁锢，多种经济成分变成单一的所有制结构和僵化的经济模式，各民主党派的积极参与、制衡变成权力过分集中的政治体制，其间的惨痛教训，值得认真记取。十一届三中全会以后，我国文化才开始全面复兴，走向多元。

文化的生态共荣是由人的类本质所决定的。人类的统一性和人种、种族、民族及不同时空条件下社会各集团、各层次人们的差异性是文化的统一性和多样性的前提。人类在丰富多样的活动中创造出五彩缤纷的对象世界，同时生产出自己的全面性和完整性，发展了文化存在的个性形式。同时，在人类文化的多样性中，蕴藏着人类解决现代危机的多重启示。社会主义初级阶段的文化生态共荣，表现了对各民族、各阶层、不同宗教信仰的人们的生活方式的尊重，表现了对人们社会生活的多样性和丰富性的尊重，即对人的存在、欲望、需要、情感、审美、意志、才能和人性发展的尊重。这是社会主义人道主义的基本要求。

在我国走向现代化的过程中，我们必须注意科技文化与人文文化、大众文化与精英文化、城市文化与乡村文化、老年文化与青年文化的相互调适、生态共荣的问题。使一端膨胀、另一端萎缩是不可取的。西方马克思主义关于西方现代科技文明和大众文化（“文化工业”）对现代人的全面发展的限制与束缚的批判是有意义的，值得我们珍视。

3. 建树多元、宽容、开放的现代文化意识

从一定意义上说，现代化就是文化的现代化、人的现代化。现代化有它的基本的实业基础，同时有它的基本的制度结构和价值意识结构。我们走向现代化的过程中面临两大拦路虎：一是几十年来照搬苏联模式、推行教条主义所引起的体制结构上的毛病，二是由于同样的原因引起的意识结构和文化心理上的弊病。我们不仅面临着“球籍”危机，而且面临着“意识”危机。由于我们国家的政治社会生活的民主还不够完善，没有制度化、法律化，由于若干年来我们没有重视对公民的权利意识、义务意识、责任意识的培养，忽视甚至禁止公民的思想自由和个性发展，缺乏主体性的经济利益、政治权利、文化意识和独立人格建树的机制，使得人的素质下降，人们的价值意识结构远远不能适应现代化的需要。淡薄、贫弱的公民意识是官僚主义的温床，奴隶性格和思想的惰怠与官僚机构的低效运转，给现代化造成了重重障碍。几十年政治生活中不规矩的事情和近几年经济生活中的无秩序的现象，反映了这场意识危机的深重。

因此，急务是进行文化新启蒙，优化社会心理，培养公民意识，改造国民的思维、行为方式，肯定多元的价值，提倡个人独立思考，并逐步形成群体的、全民族的文化自我批判精神，凝练新的凝聚力。这是改革成功、实现现代化的重要条件。

现代文化意识，包括怀疑批判、探讨争鸣、求实务实、科学理性的精神；民主意识、法治意识、平等意识、自由意识；市场观念、公平竞争观念、效益观念、开拓进取观念。现代文化意识又是一种多元、开放、宽容的文化意识，与封闭、愚昧、平庸、褊狭、单一、陈腐完全不同。现代文化意识包含群体的自我批判精神，自觉反省几千年的老传统与几十年的新传统的偏弊，克服民族自大（华夏中心、中国中心）和“唯我独尊”的狭隘性，以多元开放的文化心态迎接西方文化的挑战。现代文化意识又是与殖民地心态、民族自卑感格格不入的意识，是在竞争中自立于世界民族之林的意识。现代文化意识还包含超前意识，即充分考虑全民族和全人类的长远利益，不囿于眼前功利，尊重人的全面发展、人类文化的价值和自然生态平衡，既要实现工业化，又要考虑后工业化的问题，革除科技理性过分膨胀带来的异化、疏离、困惑、人性的肢解和环境的污染。

我们提倡多元文化观，是为了改造国民畸形的思维方式。过去，斑斓绚丽的色彩被我们过滤得只剩下“蓝蚂蚁”、“红海洋”、“八个样板戏”。我们的思维方式也变成“单向思维”和好坏二元对立的模式。好就是绝对的好，坏就是绝对的坏，要么革命要么反动，敌人的朋友就是我们的敌人……生动丰富、多姿多彩的世界判然成为两截。一直到现在，保守与改革、传统与现代、中国与西方，似乎壁垒分明、反差强烈。这种定势效应经过多少代政治伦理功能的强化，已形成了社会性的集体无意识。实际上，这种认知结构吞没了真实，篡改、剪裁、歪曲了活生生、多样化的生活。

新老传统的“一元论式”、“单向思维”导致了许多无序的行为或全民族的集体越轨。例如义和团运动的盲目排外，例如从湖南农民运动到红卫兵运动的“矫枉过正”逻辑，例如一边倒、一窝蜂式的全民批胡风、胡适、梁漱溟等，全民办钢铁、全民闹“文革”、全民评《水浒》、全民“经商热”等。政治、经济生活的无序与思维方式的“单打一”有密切的关系。这恰恰是一种“国粹”！举一个例子，西方有科学的地位，同时允许反科学与伪科学相比较而存在。“五四”时期中国的唯科学主义者却把科学尊崇到迷信的地步，一讲科学就要罪民俗、罪宗教，其实科学与宗教与民俗并不是绝对对立的。他们要树立科学的唯一权威，然而科学存在的前提恰恰是怀疑权威。

现代文化意识是多元价值意识，健康的文化心态是开放、宽容的心态。宽容非常重要。不仅对外来文化的吸取融合，而且对本土文化的创造转化，不仅对现实社会的各种不同声音，而且对历史存在过的各种文化现象，都需要有“汉唐气魄”，兼容并包。宽容的心态、宽松的环境，才使我们有树立多维参照系的可能。对外来文化的恐惧心理，对西方传入的衣饰、歌舞、各种流派的学说大张挞伐；或者对民族传统文化的厌恶情绪，整体式、全盘性地反传统，甚至对我们几千年民族精神象征的黄河、长城、龙等也不能宽容，与自由主义精神和现代文化意识是格格不入的。提倡多元文化观，就是希望少一些排他性、少一些形式主义、情绪化的东西和僵硬、单维的思考方式。

现代化的道路和模式是多元的。北欧、西欧、俄罗斯、东欧，北美、南美，日本、东亚，都有适合于自己民族文化传统的发展模式。现代化的发展不能理解为单纯的求富模式。事实上，现代化是一个异常复杂、包容多层次、多方面的系统工程。急功近利，求强求富，很可能欲速不达。西方各国现代化的发展并没有简单地抛弃自己的文化传统，只不过排除其僵死的成分，使传统发生创造性的转化。

马克思主义的发展也是多元的。由于人们所处时代不同，由于各国科学技术发展的水平、经济、政治制度和文化传统不同，人们对马克思主义的理解和运用不同，马克思主义的内容和形式也是千姿百态的。人们现在已经承认西欧、北美许多学者的马克思主义研究成果，不能不承认葛兰西、卢卡奇、马尔库塞、阿尔杜塞、哈贝马斯等西方马克思主义各流派的代表人物，对于马克思主义的发展作出的贡献。在当代，我们必须对马克思主义作出新的诠释，在现代文明背景下重建马克思主义，包括允许有不同的马克思主义的流派的存在。

文化多元是人的多重本质的表现，亦是人的全面发展的需要。马克思主义的一些后继者，一些教条主义的诠释学家，把马克思主义搞成一种褊狭的、封闭的、排他的、唯我独尊的意识形态，使之贫乏化、简单化，这是很有害的。例如，在这些蹩脚的马克思主义者眼中，似乎马克思主义是不讲人与文化，不讲人类文化的多样性和人的个性自由与全面发展的，这恰恰是对马克思主义中最有生命力的成分的阉割。

多元文化观、多维文化视野的建树有赖于知识精英的群体意识和独立人格的发展。知识分子不仅要参与，同时要超越；或者说，有的人要参与，有的人要超越。需要有为学术而学术，为艺术而艺术的专门家。作为社会良心的代表，知识分子有道义、有责任直面现实；作为专门家，又必须保持艺术至上、学术至上、真理至上的追求。知识分子的素质直接关系到现代化的进程和社会主义初级阶段的文化繁荣。

文化变迁中的涵化与整合

研究文化的时间性与空间性、累积性与变异性的特征，以及在文化传播、文化变迁过程中，文化系统之间的调适与冲突、涵化与沟通、整合与融会等问题，可以从不同侧面窥探文化发展的规律。

1. 文化的时空属性与文化的累积和变异

任何文化事物、现象或系统总是一定时间和一定空间的人类群体为适应彼时彼地的自然生态环境和社会人文环境，为满足自身的物质的或精神的需要而创造、承传的。离开了时空参照系，任何文化事象或系统都无法加以描述和衡估。今人往往习惯于笼统地说中国文化、西方文化、印度文化如何如何，至于是哪个时期、哪个地域、哪些群体的中西印文化，却不加以细究，这样的文化分析就缺乏科学性。

文化的时间性，是就文化发展中的持续性、绵延性或阶段性、间断性来说的。其内涵包括：文化在量上的累积和延续；文化在质上的变异与区分；文化特质（即要素）在流变过程中的暂时性或长久性。从时间维度上考察，每一文化系统发生、发展、成熟、衰亡、复兴、重构、再生的过程，即是量的累积（连续性）和质的变异（阶段性）之矛盾的统一过程，也就是旧特质的衰亡与新特质的增加的过程，向异质文化系统靠拢又从高层次上向原文化系统回归的过程。从文化特质的绵延与变异来看，有的易于变迁，如服饰款式、劳动工具；有的则难于变迁，如宗教信仰、哲学理论、文化心理与文化性格。

文化的空间性，是就文化发展中的广延性、扩拓性来说的。其内涵包括：文化事象、文化体系发源、存在的三维空间位置，一定的文化与一定的自然生态环境和社会人文环境的关系；文化特质、文化系统通过民族迁徙、商业、战争、宗教等活动在空间中的传播、流转；生产工具、技术手段、劳动成果、风俗、神话、语言、艺术等被一定地域的人们所创造、沿用或采借。

刘勰在《文心雕龙·时序》里说："文变染乎世情，兴废系乎时序"；"歌谣文理，与世推移"；在《文心雕龙·通变》里又说："黄唐淳而质，虞夏质而辨，商周丽而雅，楚汉侈而艳，魏晋浅而绮，宋初讹而新。从质及讹，弥近弥淡。何则？竞今疏古，风味气衰也。"这里，刘勰以他的价值判断评估了文气、文风、文体在时间序列和空间位置（不仅是自然环境，特别是文化环境）中的发展或变迁，即量的累积与质的飞跃的统一过程。

累积与变异是文化变迁或发展的两种基本形式。累积性指文化缓慢地自然发展，保存或淘汰旧的文化特质，引进或发明创造新的文化特质；变异性指文化特质的增减促使文化体系的结构模式发生全局性的变化，如文艺复兴和启蒙运动在西欧、"五四"运动在我国所发生的文化突变那样。当然变化变异不单指这种浩大的文化运动，它往往也悄然地发生。

从物质文化来说，工具、器物、技术、工艺的进步，既是一种渐进的过程，同时也有渐进过程的中断。从石器到陶器、青铜器、铁器，从蒸汽机到电动机、电子计算机、电脑，人类文化在累积中变异，在变异的基础上重新累积，循环往复，以至无穷。

量的累积和质的飞跃的辩证统一是文化发展的规律。累积的速率，在古代非常缓慢，那是因为文化传播和保存工具的落后，常常使一些发现和发明不能流传后世，或者流传不久又失传。文字的发明特别是纸的发明使文化或知识的累积方式发生了革命性的变革，为人类文化的飞速发展奠定了基础。今天，文字书写符号与音像符号并用，纸的载体和电子载体互补，文化知识和信息的传播、储存手段和累积方式更加令人瞠目结舌，以至达到所谓信息爆炸的地步。文化的累积不仅与文化的载体有关，而且与文化的传播及其方式有关。从世界范围来看，文化的累积是没有地域界限的。

整个人类文化史，是累积与变异，延续性与非延续性辩证统一的历史。例如在风俗史和宗教史上，既有对变迁呈现强大阻力的时期，又有发生剧烈变化的时期。而所有文化变异的发生，都与文化系统的内部机制和此一文化系统与彼一文化系统的相互作用有着密切的关系。文化变异不等于文化发生了“断裂”，因为变异离不开累积。所有的文化系统都是不断地因革损益、运动发展的。

2. 文化的调适与冲突

“文化调适”又叫“文化适应”，指一定的时空条件下的人们的行为模式与特定的自然生态环境和社会文化环境的适应性的关系。“文化调适”又包含不同阶段、不同地域的文化在相互接触、碰撞过程中的调整和适应状况。

文化的适应首先是生态的适应，其次是心态的适应。如新几内亚和美拉尼西亚各地有一种产后性禁忌的习俗和妇女不洁的信仰，这就造成夫妻在婴儿断奶前（产后两年左右）避免同房。因为在一个蛋白质匮乏的社会，这样一来可能确保婴儿获得较多的蛋白质供应量，以免患赤道地区常见的蛋白质缺乏症，同时也是一种意识形态上的生育控制。不同的社会对同样的情况可能选择不同的适应方式。例如南美洲人们食物中蛋白质含量极低的地区并没有长期的产后性禁忌，而很早就有了人工流产的习俗。有一些风俗、巫术不具有生态学上的适应性而具有心理学上的适应性。面对恐惧、焦虑、悲患、欲望，人类心灵渴望安全感和解释，因而投射出幻想。投射到宇宙观上，可能创造并塑成一个民族的超自然现象和仪式活动。

文化的心理适应在不同的文化系统的相互碰撞过程中显得格外重要。佛教文化传入我国的过程中，双方相互冲突、排斥又相互适应、协调，其间经历了大约800年之久。传入之初，中国人把它当做黄老之学或道教的道术来诠释、接受与适应。魏晋南北朝分裂战乱、动荡不安的社会环境为佛教文化的进一步渗入提供了最佳土壤。当时在社会下层俗文化中传播开来的是因果报应、业报轮回论和神不灭论，在社会上层文化中盛行的是否定事物真实性的般若学的"空"论。般若学在与魏晋玄学结合的过程中进一步中国化，最后终于在隋唐时期形成中国式的佛学宗派，并进一步与儒道结合，形成宋明理学。佛教文化在与中国文化相互吸取、适应的过程中，同时伴随着相互冲突。除了理论上的排拒、斗争、驳难外，著名的"三武一宗"灭佛事件对佛教文化（主要是寺院经济）进行了严厉的外在批判，表现了巨大的文化冲突。韩愈的《谏迎佛骨表》表明了儒家知识分子在深层心理上不能允许外来文化凌驾于中国传统的先王学说之上。两种异质文化系统之间剧烈的文化冲突在清末表现得尤其剧烈，彼时中国文化处于劣势，中西文化反差强烈，冲突日甚，加上民族危机与文化危机相互投射，社会心理就愈不能适应。

文化冲突并不专指不同文化系统的碰撞。实际上，任何文化都不是一元的，不可能完全整合，文化各子系统、各要素之间不可能达到完满的调适，彼此间不可避免地存在着冲突。文化冲突与文化调适是一个过程的两个方面，彼此相互作用。地域的、民族的、时代的、阶级的、阶层的文化冲突，总是伴随着彼此之间的协调和统一，反之也是一样。

3. 文化的涵化或潜移

在文化传播、变迁过程中有一种十分重要的形式，即文化的涵化（或称潜移）。关于涵化（acculturation）的定义，人类学界也是众说纷纭。有的认为是和西方文明接触后在未开化民族一方产生的显著的文化变化；有的认为是在较广的范围内，与其他文化接触受到影响产生的东西，并且在它的背后有某种力量存在，或这种接触必须是持续的、直接的。我们赞成后一种定义。涵化指的是不同文化群体深入接触时所发生的变化，即文化移动的过程，也就是伴随文化接触产生的接收、选择、对抗、统一的过程，这个过程是双向对流的。近几百年以来殖民地或其他落后民族向西方文化采择、吸取，即在外部压力下的借取，是其中的特例。

有的人类学家认为，“文化涵化”是既区别于“文化抗拒”又区别于“文化同化”的文化影响形式，即是一种温和的、渐进的文化接触、传播、移入的过程，表现为两种或多种文化之间的交流、互渗，不致引起文化之间剧烈的冲突和对抗。涵化的结果，应当促进双方文化的共同发展，或形成一种新的文化。文化涵化既是对外来文化、异质文化系统吸收、改造和重建的过程，又是对本土文化重新估价、反思和改铸的过程。在这一动态的历史过程中，两种文化系统相互对流，相互作用。

文化的势差在文化交流、移入的过程中有很大的作用，基本流向是从文化势能高的一方走向势能低的一方。当然，这并不是说文化势能高的一方在文化交流中总是主动的。在文化涵化过程中，接受了外来文化系统中的某一特质的社会，首先是以与自身的文化传统相和谐的方式来加以诠释、消化、吸收的。在文化接触和转换的过程中，很多翻译都不一定是准确的（渗入了自身的理解），但恰恰是这些不准确的译本，适应了社会需要，又适应了本土文化习惯，便很快传播过来。人们总是根据自己的传统习惯和社会需要，来吸收自己所需要的营养。如严复对赫胥黎、斯宾塞等的改造。

在文化涵化或潜移方面，最为成功的是日本。日本文化与中国文化的长期涵化是一个例证，日本在近代与西方文化的涵化更是一个典范。日本了解西方最初是通过中国传过去的。魏源的《海国图志》等著作，在19世纪50年代传入日本后，为日本的知识界启蒙。很快，1868年开始的明治维新成功了，同年泰国朱拉隆功大帝发动的改革和30年后中国的戊戌变法都失败了。比较中日泰三国维新运动的得失，是跨文化研究的一个十分有意义的课题。日本的近代化大体经历了“欧化主义”到“日本主义”到“和洋折中化”的正反合的过程。明治政府在初期推行一阵欧化主义的西方生活方式，有些人强烈主张“全盘西化”，其实主要是在外在形式上模仿西方，但这毕竟是浅表层的，以后才走上“和洋结合”的西方文化日本化的道路。日本民族有这样一个特点，即善于结合本国文化背景和现实条件有选择地汲取和改造外国的技术设备和文化思想。在古代通过朝鲜引进我国的炼铜造型技术和从我国引进佛教时便是如此，在近代引入欧美科学技术和机器设备时，没有全盘照搬西方国家的办法，而是根据日本的特点和当时日本产业界的实力，采取新的经营方式，避免了先进国家走过的弯路。日本在古代没有被“汉化”，在近代没有被“欧化”，在现代（第二次世界大战后）没有被“美化”，保持了民族特性，同时又在各个时代都与当时世界上最先进的文化涵化、融合，结合自己的特点加以改铸，使自己立于世界民族之林的前列。日本处在东西文化的交接点上。日本文化与外来文化涵化的经验是值得借鉴和深入研究的。

4. 文化的整合机制

整合（integration）原本是一个生物学和心理学的概念，通过新心理学派引入人类学和文化学领域。所谓文化整合，指构成文化的诸要素（特质）、诸部分、诸子系统的相互适应、和谐一致，及它们以某种决定性方式的综合。也就是说，构成文化的社会组织、风俗、信仰等乖离迥异的元素，包括通过有意或无意的传播从其他文化系统借取的元素，并不是随机拼凑起来的。文化有一种整合的原创力，把这些元素修正、黏合成一个多多少少一致的思想与行动的模式，一个具有协同功能的、结构严密的、相对完整的体系。

美国《社会科学国际百科全书》指出，文化整合有六种形式：构型整合或主题整合；联系整合；逻辑整合；适应整合或功能整合；风格整合；调节整合。《文化模式》的作者本尼迪克特认为，文化是一种各个行为要素的构型，一种整体，一种格式塔。每种文化都有一种主题，一种主导观念。各种文化自觉或不自觉地依照这一主题对各个分散的文化要素加以取舍，然后组合起来，形成某种社会模式。也就是说，一种特定文化中的所有项次具有意义的一致性，遵奉共同的行为模式，体现共同的生活主旋律。人类学中的功能学派认为，一切习俗、制度是在满足需要、适应环境的前提下的整合。文化各部分的一致性倾向不是一种纯粹逻辑的一致性，不管从纯理性看一种文化的矛盾如何的大，一致性在习俗中却是真实而自然的。

文化整合的动因，首先是文化对环境的适应。文化的适应性使文化各特质相互和谐，以适应特定的生存环境。其次是人类的认识逐渐趋于一致的倾向，人类倾向于改革那些从认知和概念的角度看来与自己的实践经验不一致的习俗、行为或信念。可见，文化整合的动力是一定社会群体的创造力。人们通过对环境的适应和认识能力的提高来选择、拒斥、修正并重新组合文化特质。

文化的整合机制，使得文化移植、文化变迁、文化发展得以实现，也就是说，文化涵化、融摄是建立在整合的基础上的。从一定意义上说，每个民族的文化都是历史上文化传播不断积累的结果，即不断地从异质文化中获得营养和活力的结果。每获得一个新的文化特质，就被改造来适应新的文化环境。文化整合的趋势，即一文化体系各特质、各部分协调统一的内在趋势，是这种修正或涵化的动力。一旦文化的某一方面适应了某种新的环境的变化而发生改变，文化的其他方面也很可能发生相应的改变。例如器物的变化所带来的制度、习俗和价值观念的变化，或者价值观念的变化带来器物、制度、习俗的变化，如此等等，起作用的即是文化内在的整合趋势。整合使文化变迁得到了合理的解释。同时，由于对不同的或相似的内外环境可能产生不同的或相似的文化反应，各民族文化的差异性与普同性，文化的类型与模式，亦得到了合理的解释。在“整合”这一内在动力的驱使下，人们的文化行为、观念、价值逐渐适应新的环境，发生新的变迁。

心理人类学家研究了文化的人格整合问题。家庭组织和生计技术这类基本制度产生了某些特定的人格特征，而一旦人格形成之后，就会对文化产生一定的影响。像宗教、艺术等这类社会衍生制度是由基本的人格特征所塑造的，这些衍生制度很可能与社会的适应性需要没有多大的联系，但却反映和表现社会典型成员的动机、矛盾和焦虑。内在整合秩序大体上是由基本制度通过人格特征反射到衍生制度上的。

整合是文化的最重要的机制。整合的重要意义在于它表现了人类的创造力。学习、继承、积累，并从其他民族借取，然后聚合成新的适应新时代要求的文化整体，是文化主体——人的创造力的体现。

当然，我们也不能把文化整合绝对化。每一文化体系，甚至是最孤立、最稳定的部落社会，其文化系统内部都是有矛盾的、前后不连贯的，没有一种完全整合、绝对严密的文化系统。正因为文化体系内部有矛盾，有张力，有不适应、不协调的一面，才需要不断调整，借取外来文化、继承固有文化，组合成适应人的新的需要的，适应内外环境的新文化综合体。我们前面所说文化系统具有协同功能、是结构严密的完整体系、其某一部分的变化可能引起其他部分乃至文化整体的变化，都是相对而言的。

最近几年国内文化讨论中的一个毛病，是将文化系统视为一个过分整合的有机体，似乎物质文化与精神文化、上层建筑与经济基础、主观意识与客观社会之间是不可离析的，似乎器物文化层、制度文化层、风俗文化层与心理文化层之间的互动是必然的。事实上，文化系统是可以析离的，例如伦理——宗教意识、社会——政治理论完全可以成为超越时空的人类共同财富而被吸收，同时与其他新的或异质的因素相融合。但整合的结果并非形成一有机的不可分析的整体，而是一种既融合渗透又相互冲突，甚至并存不悖的松散杂陈但又非完全无序的复合体。有人曾把文化比作一个“章鱼”，有一个中心，但相当松散。事实上，不仅一个文化系统不可能过分整合，任何伟大思想家的思想也并非有一个自早期至晚期一以贯之的过分严密的体系，其间孕育了巨大的张力，许多大问题并未最后解决。其所以伟大，正是因为这位思想家的思想张力非常深刻，迫使后人继续探讨并超越他自己。

总之，文化整合过程是一个动态的历史过程，是逐步走向相对均衡的过程，是不断地综合化的过程。整合不是一次完成的，而是永远不断地进行的。

5. 文化的沟通与融合

文化沟通必须以理解为前提。这种理解，是批判式的理解。从一定意义上说，沟通就是突破各自的规范和界限，突破各民族文化体系的“自我设限”。怎样从民族本位文化体系中跳出来呢？关键是要找到一个新的参照系，在与参照系的比照中，用一种“非我的”、“陌生的”眼光来重新审视自己。这就是哈贝马斯所说的“互为主观”。沟通是和谐、融会的开始。沟通意味着超越自我、扩大自我、接纳非我、融摄非我。例如东西文化的相互投射、互为比照，打破各自的壁垒，也就是打破中国中心观和西方中心论，使中西文化互为参照、“互为主体”。中国文化要与西方文化沟通，必须经过理性的批判。从严复到胡适到金岳霖等好几代知识分子都是做的这项工作。以理性的精神和权威来判断一切、打倒或建设一切，对于摆脱蒙昧状态是必要的。但理性的力量是有限的，滥用理性将会适得其反。中国传统文化又需要经过现代文化意识的洗礼，以现代人文价值透视传统，摒弃其中落后的东西，发掘其中有关人与自然、人与人的有机和谐关系和人的道德价值等合理的层面。近世以来，欧洲思想家企图背离西方文化的逻各斯主义的传统，力图与东方文化、与老庄玄禅发生共鸣，取得共识。这是一种超越语言、逻辑局限的流向。与此相反，中国思想家是背离自己传统的生命哲学、人文哲学的流向，力图引进、吸取西方的逻辑分析方法。这种对流，又不是简单地认同对方，而是通过了自我反省、自我批判的。

文化体系之间的融会是长时间、多方面的。海纳百川，有容乃大。中华文化是由历史上许多兄弟民族文化融合而成的，又是长期以来与异质的阿拉伯伊斯兰文化、印度佛教文化、西方文化、俄罗斯文化不断融合的产物。各民族文化其实是经过多次整合，融化其他民族文化的产物。在现在世界大通的时代，没有一个国家可以自诩它有固有的国粹，最多只能说各国文化有独具的风格，通过传播，各民族文化不断地融合，是文化变迁的主要方式和文化生长的主要规律。

不同文化体系的融会，总是从自发的阶段不断地发展到自觉的阶段的。美国著名的中国学家列文森教授曾经认为，中国近代的文化认同和文化创新都落空了，如张之洞以来的顽固派、国粹派的认同是凝固的、抱残守缺的认同，而胡适、陈独秀的创新是一种浮面的引进，蜻蜓点水式地把西方表面的东西引进过来，实际上他们对西方文化的了解非常有限。列文森的批评有一定的道理。不过，抱残守缺的认同和浮面的引进，在文化涵化、交融过程的开始阶段是不可避免的。

融会必须建立在对中西文化的精髓和弊病的深切了解的基础上。这样，才不至于被动地、奴隶式地模仿，也不至于抛弃自家的宝藏，而是自觉地选择、借取、吸收、融化、批判、创造，取精用宏，含英咀华，组成适应新时代要求的，既不脱离世界文化发展大道，又不失民族文化特色的新中华文化体系。今天，我们主张社会主义文化、传统文化与外来文化更加广泛和深入地相互渗透、补充、综合，不断重新理解和发现自身与对方的新的价值，推进中国文化的现代化建设。

文化的比较类型学研究

20世纪文化哲学和历史哲学的一个十分重大的进步是逐渐摆脱了欧洲中心主义的思维框架和单线进化论，逐渐认识世界文化的丰富性、多样性、殊异性和不同文化的相对性、独特性、民族性，逐渐肯定不同人种、种族在不同地理生态环境下表现出来的独特的文化创造能力及生存方式、行为方式、思维方式、价值取向、审美风格、心理结构形成与发展的特殊道路。这就是文化类型学产生的背景。

1. 文化类型学及西方学者的研究

所谓"文化类型"，是在文化分类中，一种以经过选择并互相起作用的各特征或各组特征为主要内容的结构。我们知道，不同的文化特质（即要素）在历史发展中，不断实现功能上的整合，建构成不同的文化体系。不同文化体系的结构和功能有较大的差异，表现、显示了不同的文化形态或文化类型。人们通常按照惯用的价值定向、整合原理或风俗习惯的复杂程度，作类型学的探索。那些为分类而选择的形象，以文化的特殊性为依据。与考古学家根据典型的人工制品体系（如彩陶文化、青铜文化）划分文化类型，从而确立时间和空间的序列不同，人类学家、文化与历史哲学家考察文化类型，刻意注重各文化体系结构的整合状态及这一结构的核心——风俗习惯与文化心理，区别各民族的文化精神、人生路向、价值系统。从比较中捕捉各文化体系的本质特征，一般不停留在器物文化层面和制度文化层面上，而在深层的独具一格的民族文化心理和民族文化精神上。民族文化心理和民族文化精神并不是一成不变的，然而文化类型学所关注的是它的相对稳定的特征。

斯宾格勒的文化类型学是建立在文化的有机性和文化的相对性的基础上的。他认为，文化历史是一个活泼的生命流行的过程，每一种文化或文化民族都有生长老死、盛衰兴亡的阶段和自圆自足、自我完成的历史；这一文化生命与另一文化生命是有差别的、不可替代的，各人类群体的生存样式、发展路向迥然有别；因此，衡量世界文化没有绝对的、普遍有效的尺度。斯氏的文化类型学充分考虑某一文化系统的整体特征和内在联系，主张详细考察把一种文化的各个部门的表现形式内在地联系起来的形态关系，而不以个别现象或个别特征划分文化类型。寻找不同“文化民族”（他又称做“文化团体”）的“基本象征符号”，是斯氏文化类型学的关键。在他看来，每一“基本象征符号”代表一个文化团体的灵魂。区分文化类型，不是反映血统的“种族”，也不是交流信息的“语言符号”，而是“文化民族”。“文化民族”是一个灵魂的单位。一个历史，即是一个灵魂或一个特定观念诞生、实现和衰亡的历史。斯氏认为，历史在活动过程中，使一些游移的族类结合成一体，表现了一个观念，这样就诞生了一个特殊的文化民族。在这里，不是历史的差异构成观念的差异，而是观念的差异构成历史文化的差异。这正是斯宾格勒唯心主义类型学的实质。

斯宾格勒按照他那一套理论和方法，把世界历史文化划分为九大类型，其中有八个独立的已经发展完成的文化民族。它们是：希腊（古典）、阿拉伯、西方、印度、中国、埃及、巴比伦、墨西哥，此外还有尚未完成的俄罗斯。以上九个“文化团体”都有诞生、发展、成熟、毁灭的过程。斯氏认为，希腊（古典）文化与西方文化完全是两部历史，并无血缘关系。就“基本象征符号”而言，前者具有安分守己、追求现实的“阿波罗精神”，后者具有动荡不安、追求玄远的“浮士德精神”；前者崇尚“接近与现在”（实体），后者则推许“无穷与玄远”（功能）；前者的灵魂是一个“永恒的现在”的灵魂，表明希腊是非历史的、没有真正的时间观念的民族，后者的灵魂是一个落脚时间历程之内无限流逝的灵魂，表明西方是有历史的、有真正的时间观念的民族；前者的特色在注重当下的活动，后者的特色则在关心长远，寄望未来；前者的代表艺术是造型艺术，其特点是具体，从有限的形体中去觅取调和的美感，后者的代表艺术是乐器音乐，其特点是抽象，从无穷的追求中去完成自己的生命；前者的命运是“具体的命运”，其自然科学是“近之物理学”（具体），其悲剧是“场合的悲剧”，后者的命运是“无穷的命运”，其自然科学是“远之物理学”（抽象），其悲剧是“性格的悲剧”。斯氏在这里割断了希腊文化与西方文化的联系。

斯氏认为，介乎希腊文化与西方文化之间的是阿拉伯文化，它的灵魂，既不同于古典的“有限”的阿波罗灵魂，又不同于近代西欧的“无限”的浮士德灵魂，而是一种特殊的宗教道德的灵魂，即光与暗、善与恶二元对峙的“昧津”灵魂（又称“洞穴”灵魂）。斯氏认为，中国、埃及与西方一样是重历史的文化民族，中国是一种道德灵魂；埃及是一种“石”（金字塔）的灵魂，木乃伊的保留意味着现实的生命可以通过死的现象而达到永恒的境地。印度与希腊一样是不重视历史的文化民族，有一宗教灵魂。墨西哥文化及其“玛雅”灵魂中途暴卒，俄罗斯文化及其“平板”灵魂尚未完成。

斯氏文化类型（或形态）学打破了“西欧中心论”的单元直线的世界文化观，肯定了在西方之外，还有中国、埃及等同样重要的历史文化的存在和发展。这是应当肯定的。但是，斯氏的错误在于：在文化发生和文化本质论上持唯心主义的观点，以灵魂和观念作为文化历史的成因、动力、本质和核心，把各民族文化的所谓“灵魂”作为文化类型区分的唯一根据；在文化的发展观上持循环论和悲观的宿命论；在文化研究方法上虽然承认了文化的多样性、差异性，但否定了世界文化的统一性、继承性、连续性，把世界文化史割裂成一部部互不连续、自我生死循环的历史。

和斯宾格勒一样，汤因比也反对把历史发展笼统归结为“古代—中世纪—近代”的公式，认为单线进化论“把进步看成是直线发展的错觉，可以说是把人类的复杂的精神活动处理得太简单化了”，这一公式亦源于西方人的自我中心错觉。[①] 汤因比认为，文化或文明可以比较的前提是共时性与等价性，即假定世界历史上所有的“文明”或“社会”在哲学上是属于同一时代的，是价值相等的。每个文明都可以划分为起源、生长、衰落、解体和灭亡五个阶段，文明发生、发展的动因是所谓“人类对挑战的成功应战”。这种挑战，包括沼泽、海洋、热带森林等自然生态环境的挑战（或刺激）和人为突然来临的打击、异民族的进攻、统治阶级的限制等社会人文环境的挑战（或刺激）。正是在对挑战的不同的应战中，文明走过了它生命的五个阶段。按汤氏的看法，文明发生和发展在既不太好、也不太坏的环境里，环境太好则提不出挑战，环境太坏则人类无法应战。适度的挑战刺激人类成功地应战，并积聚力量应付新的挑战，从而有节奏地走向繁荣，否则便会衰亡。文化或文明发展的主要动力是个别人和少数人的创造性及多数人的模仿；文明衰败的原因是少数人失去了创造性，多数人不再模仿他们，以及继之而出现的作为一个整体的社会丧失了它的社会统一性。

汤因比把人类六千年的文化史划分成二十六个类型，其中包括五个发展停滞的文明：玻利尼西亚、爱斯基摩、游牧、斯巴达、奥斯曼。其余二十一个“文明”或“社会”是：西方基督教、基督教的东正教（包括拜占庭东正教社会和俄罗斯东正教社会）、印度、远东（包括中国社会和朝鲜与日本社会）、希腊、叙利亚、古代印度、古代中国、米诺斯、苏美尔、赫悌、巴比伦、埃及、安地斯、墨西哥、于加丹、玛雅等。某些文明之间存在着某种历史的继承性，即“亲体—子体”关系。例如，西方基督教社会和东正教社会都是古代希腊社会的子体，古代希腊社会以前还有一个米诺斯社会；印度社会是古代印度社会的子体，而古代印度社会与赫悌社会、巴比伦社会都是苏美尔社会的子体；远东社会是古代中国社会的子体；伊斯兰教社会（古代伊朗和古代阿拉伯社会的混合）是古代叙利亚社会的子体；古代埃及社会既无亲体亦无子体。

唯心主义的文化观和历史观，使汤因比把不同文明的生长日益表现

---

① 参见［英］汤因比：《历史研究》上，46～48页，上海，上海人民出版社，1966。

出多样化的形式的原因，归结于具有神力的少数英雄豪杰在面临环境的新挑战时所不断进行的新的应战过程中的创造能力的不同。这种看法显然是错误的。此外，汤氏关于文化与文明的分类是主观的，缺乏客观标准和合乎逻辑的分类根据的。诚如索罗金所批评的，他把几个基督教文明都分开，又把另一些不同的体系合成一个文明，把斯巴达从古代希腊文明中孤立出来，又把玻利尼西亚、爱斯基摩等"次文明"列为独立的文明，还把各大陆上所有的游牧民族的文明统一成一个文明，具有相当大的随意性。尤其是，汤因比主观地勾勒了不同文明的"主要能力"和占统治地位的"主要倾向"：希腊文明是美学的，印度文明是宗教的，西方文明是机械科学的。事实上，从 6 世纪到 13 世纪，西方文明的这个所谓机械科学的特点一点也没有表现出来，这段时间西方文明是彻头彻尾的以宗教见长的甚至比印度文明史上的许多时期更富有宗教的特色。古代希腊文明在公元前 6 世纪以前一点也没有表现过它的美学倾向，相反一度表现了蓬勃的科学与技术上的生命力。古代阿拉伯文明在 8 到 13 世纪的科学技术进步比这个时期的西方要显著得多。[①]

由此可见，斯宾格勒和汤因比关于文化或文明类型、形态及其特征的划分或概括是有很多错误和缺失的，然而我们现在还有不少同志仍在重复这些错误。

2. 我国学者研究文明的比较类型学的意义

我们大家都很熟悉梁漱溟的文化分类学。我们所肯定梁氏的仅仅在于，他没有像西化派胡适那样把世界文化的发展归于一种模式、一条路向，他突破了西方中心论的思考方式，首次把世界文化分为中国、印度、西方三大系统。但梁氏的文化类型学是以"意欲"作为文化分类的标准的。他说：西方文化是意欲向前要求的文化，西方人持奋斗的人生态度，西方的科学、民主和自然科学，是人类为满足自己最基本的需求、欲望，去征服自然的结果；中国文化则是另一类型的文化，其意欲趋向于与环境调和，实现意欲的要求与环境之间保持平衡，中国人持调和持中的人生态度，中国文化类型解决的是如何在情感上使人生活愉

① 参见［美］索罗金：《汤因比的历史哲学》，《历史研究》下，473～474 页。

悦，并获得内在的满足与生活的乐趣；印度文化是意欲反身向后要求的，这一类型的文化代表了人类的超越意识，即从内在自我和外部世界存在的幻想中解脱出来，最终达到“涅槃”的境界。梁漱溟的文化类型学是建筑在叔本华的“意欲”、柏格森的生命哲学和佛教唯识学的永恒之流中的宇宙概念基础上的，在他看来，文化的不同是因为“意欲”的趋向不同，或“意欲”试图解决环境所构成障碍的路向不同。由此，他发展了他的主观主义的文化轮回说。

冯友兰先生由于受到唯物史观的影响，其文化类型学有了若干进步。他在1940年出版的《新事论》中，试图以生产方式作为文化分类的尺度。冯先生认为：我们学习西方，不是要抛弃我们中国文化的特殊性，也不是去学习西方文化的特殊性，而是学习寓于特殊的西方文化中的一些普遍的东西、主要的性质。冯友兰从这种殊共关系出发考察中国文化的类型。他批评全盘西化论者、部分西化论者和中国本位文化论者，因为他们都把中国文化和西方文化看成是特殊的文化而不是某类型的文化。以一种特殊的文化化解另一种特殊的文化，是说不通也行不通的。

冯友兰认为，如果我们抓住共相上的区别，那么“所谓西洋文化者，实是指近代或现代文化”，“一般人心目所有之中西之分，大部分都是古今之异”。“若从类的观点，以看西洋文化，则我们可知所谓西洋文化之所以是优越的，并不是因为它是西洋的，而是因为它是某种文化的。于此我们所要注意者，并不是一特殊的西洋文化，而是一种文化的类型。从此类型的观点，以看西洋文化，则在其五光十色的诸性质中，我们可以说，可以指出，其中何者对于此类是主要的，何者对于此类是偶然的。其主要的是我们所必取者，其偶然的是我们所不必取者。若从类的观点，以看中国文化，则我们亦可知我们近百年来所以到处吃亏者，并不是因为我们的文化是中国的，而是因为它是某种文化的。于此我们所要注意者，亦并不是一特殊的中国文化，而是一某种文化之类型。以此类型的观点以看中国文化，我们亦可以说，可以指出，于此五光十色的诸性质中，何者对于此类是主要的，何者对于此类是偶然的。

其主要的是我们所当去者，其偶然的是我们所当存者，至少是所不必去者。”①

按冯友兰的理解，中国文化的改造，是从一个类型转入另一个类型，而不是将一种特殊的文化改变为另一种特殊的文化。也就是说，共相是必须学的，也是可以学到手的；殊相是不必学的，也是不可能学到手的。他认为，当时西方的社会是“以社会为本位的社会”，而当时中国的社会是“以家为本位的社会”，实现文化的转型必须靠产业革命，靠工业化，靠生产力的发展。他当时考虑的中国文化的转型，是从生产家庭化到生产社会化，从乡下到城里，从中古迈入近代或现代。

冯友兰的文化类型转进说亦有不少的毛病。首先，世界化、近现代化不能与西方化等量齐观，即使是在共相的层面上看也是如此。近世以降，世界上所有非欧类型的文化，都有一个文化发展道路和模式的选择问题。这种选择的参照是多重的：一重是西方现代文化，即吸收现代文明的最高成就，把寓于西欧各民族特殊的、五光十色的文化中的普遍性要素，如现代工业文明（包括科学民主精神等）拿过来，加以民族化；另一重是民族文化，也就是要充分考虑民族的文化心理和性格的问题，考虑多样的传统文化与多样的外来文化融合、涵化的复杂性，及传统对现代化进程的正负面的作用问题，其中涵盖了文化转型的非直线性；还有更重要的参照系是社会主义文化，它在不同的民族和国度有不同的表现形态，同时又有其共性的特征，它既不脱离人类文明发展大道，又不脱离民族文化的传统。20世纪世界文化发展的划时代的突进是出现了社会主义文化类型，同时，社会主义文化亦没有一个固定的、一成不变的模式。

其次，“中西之分”不仅仅是“古今之异”的问题，即使是从共相的层面看也是如此。把中国文化与古代文化、西方文化与现代文化画上等号是不正确的。近两百年来，非欧文化要保持自己原来的类型已属不可能之事，但文化的类型反映着特定的社会文化现象的具体的规定性，它不仅仅是一个时代属性的问题，同时又是一个民族属性的问题，地域属性的同题，在一定历史阶段中的文化还有一个阶级属性的问题。在一

① 冯友兰：《新事论》，13～16页，北京，商务印书馆，1940。

定意义上越是民族的、地方的文化，越具有世界性的价值和意义。因此，“全球意识”与“寻根意识”并行不悖和相互渗透；因此，当今世界出现了多极文化的并存、竞争与交融：西方资本主义类型、社会主义类型、非西方非社会主义类型的，如此等等。每一类型又包含极其复杂的模式。

全盘西化论者缺乏多样统一的世界文化观和多元的文化价值观，以一种简单的二分的思维模式，从类型学上把欧美（或西方）文化与非欧（或亚非拉）文化对立起来，或者把西方文化与东方文化判然分为两橛，在文化转型的问题上持一种简单的直线进化论，这不符合文化史的发展规律，尤其不符合 20 世纪以来文化发展的客观进程。

在文化与文明的比较类型学上，不少持论者说：西方是物的文化，东方是人的文化；西方是法律文化，东方是伦理文化；西方是过失文化，东方是羞耻文化；西方是二分型文化，东方是整一型文化；西方是外倾型文化，东方是内倾型文化等。类似的东西文化类型特征比较的例子还有许多，不能说没有抓住几许特点，但大都失之笼统。

3. 马克思主义的文化类型学及其方法论

马克思主义的唯物主义文化观主张从“两种生产”出发考察历史文化的类型和不同种族、不同民族、不同社会群体在不同时空条件下的生存方式。也就是说，如果要对文化类型进行溯源式考察，首先必须正视物质文化和精神文化再生产的出发点——人类不同社会群体总是在各自所处的并被他们不断地人文化了的自然生态环境和由他们逐渐创造、承传、改进的不同的社会文化环境中进行物质生活资料的生产和人自身的生产（种的繁衍）的，由此形成风格迥异的衣、食、住、行方式和生育方式，创造了灿烂的器物文化、工艺技术、独特的语言符号、维系群体与个体相互关系的各种制度、规范、风俗习惯、思维方式、审美风格及终极价值存在方式（道德、宗教等）。也就是说，不同民族文化精神的殊异性，应当从各个民族物质生产方式、劳动实践活动方式的历史中去寻找或解释。社会历史文化形态差异的唯物主义诠释是马克思主义文化的任务之一。

马克思主义的文化理论和方法并不排拒文化类型学的考察，它所反对的是唯心主义或庸俗唯物主义的比较类型学。

马克思曾经从世界文化史发展的纵向上（阶段上）进行文化形态学或文化类型学的比较研究。马克思的文化类型学的比较参照是生存方式的发展水平。他说："人的依赖关系（起初完全是自然发生的），是最初的社会形态，在这种形态下，人的生产能力只是在狭窄的范围内和孤立的地点上发展着。以物的依赖为基础的人的独立性，是第二大形态。在这种形态下，才形成普遍的社会物质变换、全面的关系、多方面的需求以及全面的能力的体系。建立在个人全面发展和他们共同的社会生产能力成为他们的社会财富这一基础上的自由个性，是第三个阶段。第二个阶段为第三个阶段创造条件。"①

在这里，马克思没有平列地铺陈各民族文化的"类型"或"形态"，而是从总体上、发展阶段上，从人的内在本质的充分发挥和人的全面性的发展上，勾勒了人类社会文化的三大形态：

前资本主义形态—资本主义形态—共产主义形态；

人的依赖关系—以物的依赖性为基础的人的独立性—扬弃了人的依赖性和物的依赖性的自由个性。

在人类文化史上，从人的依赖性发展到物的依赖性，即从前资本主义发展到资本主义，是历史的伟大的进步。马克思多次明确地指出，以物的依赖性为基础的人的独立性的生存方式，是共产主义的前提。而共产主义社会的人的生存状态则是建立在个人全面发展和他们共同的社会生产能力成为他们的社会财富这一基础上的自由个性。

马克思并不认为任何民族都必须严格地依次经过他大体上描述的某种阶段的发展序列。在这里，他非常谨慎。马克思主义重视世界历史文化发展过程的统一性，同时又重视其具体表现形态的多样性。马克思和恩格斯认为，世界历史文化的发展，在不同的国家和民族，具有不同的色彩和特点。马克思在《资本论》中论述资本的原始积累时，认为这种对农民的土地的"剥夺的历史在不同的国家带有不同的色彩，按不同的顺序、在不同的历史时代通过不同的阶段"②。以这种多维的而不是单

① 《马克思恩格斯全集》第46卷上，104页。

② 《马克思恩格斯全集》第23卷，784页，北京，人民出版社，1972。

向度的历史视野省察人类社会和人类文化的发展，是历史唯物主义最起码的要求。马克思说，《资本论》关于原始积累“这一运动的‘历史必然性’明确地限于西欧各国”；某些人“一定要把我关于西欧资本主义起源的历史概述彻底变成普遍发展道路的历史哲学理论，一切民族，不管他们所处的历史环境如何，都注定要走这条道路……这样做既给我过多的荣誉，也给我过多的侮辱”①。可见马克思反对以西欧历史文化发展进程掩蔽各民族发展道路的多样性、丰富性。

19世纪50年代，根据东方社会（主要是印度）土地公有制的有关资料，马克思提出“亚细亚生产方式”的概念，并且提出：“大体说来，亚细亚的、古代的、封建的和现代资产阶级的生产方式可以看做是社会经济形态演进的几个时代。”② 马克思对前资本主义的公社所有制的不同形态作过分类比较，研究了亚细亚的、古代的（古希腊罗马）和日耳曼三类公社所有制的异同。也就是说，马克思晚年通过对大量的人类学、民族学资料的研读，对原始社会的文化现象有了进一步了解，知道与印度古代公社土地所有制并行的还有土地私有制等多种形式，认识到“并不是所有的原始公社都是按着同一形式建立起来的。相反，它们有好多种社会结构，这些结构的类型、存在时间的长短彼此都不相同，标志着依次进化的各个阶段”③，从而修正了以亚细亚生产方式概括原始生产方式的说法。

俄国学者柯瓦列夫斯基曾经把亚、非、美洲各古老民族的社会文化发展与欧洲作机械的比较，认为这些地区的公社土地所制在不同程度上都经历了与西欧一样的封建化过程。马克思晚年在人类学笔记中反对了上述看法，提出了东西方文化发展的不同道路的问题，甚至“不同的部落和族系的发展道路”的问题。他还严厉批评了菲尔把印度农村村社的结构叫做“封建的结构”。马克思否定印度这样一些国家在被西欧资本主义列强统治之前的土地制度的变化是“封建化”。他具体、历史地研

① 《马克思恩格斯全集》第19卷，130～131、268页，北京，人民出版社，1963。译文据研究者略有订正。

② 《马克思恩格斯选集》第2卷，83页，北京，人民出版社，1972。

③ 《马克思恩格斯全集》第19卷，448页。

究了非欧国家的前资本主义社会形态的问题，认为古代日耳曼人的农村公社在罗马帝国的废墟上蜕变出西欧的封建制度的发展道路是特殊的现象，而不是世界历史发展的普遍道路或固定模式。他在给查苏利奇的信（及其几个草稿）中非常审慎地指出，亚非国家农村公社的命运取决于它所处的具体的历史环境，例如俄国的农村公社，既可能被资本主义瓦解，也可能在一定历史条件下获得新生。马克思晚年重视东方社会和东方文化发展的特殊形态和道路的问题，并从世界文化的全景上，思考了文化发展的多样统一的辩证法。

虽然马克思没有刻意对人类文化或文明的类型或形态作专门的研究，但马克思主义为这一研究提供了方法论的指导。

第一，历史文化类型划分的首要依据是一定社会集团的劳动条件（如气候、土壤等自然环境、迁徙运动及与四邻部落或集团的关系及文化环境）、劳动方式以及每个人的能力的发挥状况。马克思主义的文化比较是建立在现实的人的实践活动的基础之上的。劳动实践活动方式，首先是物质生活资料的生产方式和人的再生产方式的差异，是不同民族文化精神、文化心理、文化性格的殊异性的基础。当然，文化的民族精神、民族心理、民族性格一旦形成，又会对生产方式和生活方式产生巨大的作用。

第二，唯物主义文化观反对以“意欲”、“基本象征符号”概括各民族文化内涵的多样性，文化类型研究要摆脱主观随意性的干扰。文化历史发展的辩证法又反对简单化地、抽象地划分历史文化类型或笼统地、以偏概全地勾勒各自的特点。

第三，从理论上说，文化类型研究涉及人类社会和人类文化的特殊与普遍、多样与统一的关系；从实践上来说，这一研究涉及西方文化类型与非西方文化类型的碰撞、渗透、涵化、转型和融合的问题。马克思主义不仅承认文化的民族性、地域性、历史性、阶级性，重视各民族、各地域文化长期形成的传统，同时又重视文化的时代性、世界性、趋同性、普遍性；不仅承认文化的多样性，又承认文化的统一性；不仅承认文化的间断性，又承认文化的连续性及以上对立双方的统一。

寓于文化的特殊性中的人类文化的通性，包括文化发展的普遍规律，各文明之间的渗透与融会等，都是不可抗拒的。尤其是近代以来，随着工业革命、科学技术的巨大发展和人的觉醒，文化的世界性使得任何一个特殊类型的文化（区域的、种族的、民族的乃至部落的）都不可能孤立地、独立地存在，民族文化的世界化和世界文化的民族化是一种双向互流的运动。

第四，必须充分考虑传统文化结构和文化发展进程的深刻的多样性和文化的继承性，发掘社会发展的内在潜力，珍视亚非拉美等非欧文化的多重价值，珍视社会主义思想和实践发展的多重意义，避免全盘照搬西方现代化的经验模式，求得世界文化的多元发展。文化的现代化、世界化并不是文化的单元一体化，各文化类型的特殊性也在发展着。对于发展中国家来说，发展生产，吸取现代文化成就，对民众进行文化启蒙，改造其由落后的生产力带来的落后的思维、行为方式和文化心理，都是当务之急，但这并不意味着抹杀各自的文化特点。

一个国家、一个民族的文化尚且有不同的类型，如我国文化史上的荆楚、邹鲁、三晋、吴越、燕齐、秦陇、巴蜀、岭南文化，藏、蒙、彝、壮、满等各兄弟民族文化等，千姿百态，百花争艳，世界的文化就更是如此了。无论是如梁漱溟、冯友兰把世界文化分为中、西、印或东西文化类型，抑或是如斯宾格勒、汤因比把世界文化分成几种、几十种文化类型，都是不重要的。重要的是，我们通过文化类型学的探索，认识文化发生学和文化动力学上的真理，认识文化发展观和文化生态学上的普遍与特殊、统一与多样的辩证法，以推动我们的社会主义文化现代化建设。

文化传统新解

什么是传统呢？传统其实就是理解者内在地置身于其中的历史。有什么样的时代，有什么样的理解者，就有什么样的传统，真可谓“鸳鸯绣得凭君看”。传统是不同时代或同一时代的不同的人所理解的历史。传统与理解者所处的时代氛围、知识结构、认知方式、情趣爱好、心理状态、生存体验有关。

人们往往把自己的人格、自己的情感、自己的命运投射到他所理解的传统中去。这就是所谓“一切历史都是当代史”（克罗齐）、“人们是在历史的行动中理解历史的”（萨特）。对于每一个谈论传统的人来说，他既是旁观者，又是参与者；既是观众，又是演员；既是侦探，又是罪犯；既是食客，又是厨师；既是主体，又是客体。正如伽达默尔所认为的，所谓传统，是在一切历史变化中主动的、有选择的保存。人们总是处在历史传统的影响之下，置身于某种传统之中，这就是解释者所处的“解释处境”。理解是理解者不断与文本交融的过程。

1. 扬弃关于“传统”的传统观念

莎士比亚曾说：“每个时代对传统历史都能发现新的意义和作出新的解释。”在对传统的认识上，我主张扬弃对“传统”的认识的传统观念。

首先，“传统”是一个动态的历史的涵盖面很广的范畴。中华文化是在华夏族与夷狄族的文化长期撞击、融合而形成的汉文化的基础上，继续与蒙、藏、苗、满、彝、壮等各兄弟民族文化拒斥、碰撞、涵化、融合的结果。不唯如此，今天的中华民族文化，又是华夏文化、汉文化与世界其他民族的文化，如巴比伦、埃及、波斯、印度、阿拉伯、西方和俄罗斯、日本文化直接间接交融的结果。

其次，从来没有什么单一的传统文化。传统是多元素的综合体，又是多个时代不断淘汰、选择、附会、积淀而成的。传统文化中除了要区分时代的差异，还要区分民族、地域、学派的差异。例如，春秋战国时期出现了风貌迥异的邹鲁、三晋、燕齐、荆楚、吴越文化，在此基础上形成了后来作为汉文化基因的阴阳、儒、道、墨、法、名、兵、农等诸子百家文化。尔后，又有了道教、佛教的传统，这些文化在两汉、魏晋、隋唐、宋元、明清各代均发生了重大的变化。此外，中国传统文化中，除了汉文化，还有少数民族文化，除了上层精英文化，还有下层民间文化。总之，无论从纵向还是从横向考察，传统文化总是具体的、历史的、丰富的、多元的，是多层次的立体网络。这对我们发展新文化提供了多样的选择性，也为吸取、融合外来文化提供了广阔的背景。把中国文化等同于“儒家文化”是过于褊狭了，而“儒家文化”本身也是多元的、发展变化的。

再次，传统文化是流动的、多样的，在流动之中有没有常住的一面呢？在多样之中有没有统一的一面呢？尽管每个时代的不同民族和地域的文化都在不断吸取新鲜血液，新陈代谢，改变自身的内容和形式，然就整个中华文化而言，仍有一个亦革新亦恒常的东西在其中，这就是中国文化的民族精神，是中华民族的凝聚力或本质特征。这一民族精神又不是与时代精神脱节的东西，但民族精神总是相对恒常的，时代精神总是相对变动的。[①] 中华民族有一种自强不息、刚健奋进、礼让互助、和平相处、克己奉公的精神，这一精神在不同的时代（不同历史阶段）又有不同的内容和形式。固守了前一历史时期的民族文化的内容和形式，便形成了民族的局限性和时代的局限性。这就是传统所具有的惰性力的一面。但传统除了有惰性力的一面之外，同时又有与之密切相联系的充满着活力的一面。现代化就萌生于活的传统之中。传统中的确有一些要素由于历史的发展而失去了存在的理由，变成了历史的包袱；另一些要素则可能成为潜在的现代化，即现代的胚胎；还有一些要素与文化的历史变迁根本不相干；更有另一些要素可能会成为“新大陆”不断被人们发现、开掘、汇集。总之，不能简单化地把传统与惰性力、包袱画上等号。

最后，传统中的精华与糟粕必须进行具体分析，但有的时候，传统是集精华与糟粕于一身的。它的优点可能正是它的缺点，它的精华可能正是它的糟粕。一体两面，相互涵摄。从另一个角度看，传统中大量的因素既非精华又非糟粕。因为说精华或糟粕，就带有价值评价的意味。从时代性考察，可以评价各文化的优劣，而从民族性考察，文化的优劣精糟是不可比的。任何文明都具有多方面的价值，有一些过去看来是很辉煌的而现在看来恰恰是有弊病的东西，例如在历史上起过很好作用，后来衰亡、变质，走向反面的所谓“九品中正制”、“科举制”等。还有很多要素在今天看来是不合时宜的，在将来很可能又会受到重视；或者在此一民族失去了效力，然传至彼一民族却又产生了奇迹。在儒家已经走下坡路的时候，它的一些思想传到欧洲，经过启蒙思想家的诠释，竟对18世纪的西欧思想界产生了一定的影响。这些“化腐朽为神奇”的例子是不胜枚举的。

特别是有些属于民族文化特点的东西，粗率地加以褒贬都可能失当。例如，对我国传统的、整体流行的，天道与人道、超越与内在、自然与人事不二（“天人合一”）的宇宙图式；自强不息、积极入世的人生态度；重义轻利、以理节欲的道德规范；中庸平衡、宽容和谐的处世原则；注重意境、情景合一的审美情趣；综合体悟、知行合一的道德实践

① 参见庞朴：《文化的民族性与时代性》，北京，中国和平出版社，1988。

取向；血亲伦常、等级有序的社会管理方式等，评价它们都必须特别慎重。

总而言之，对传统文化的分疏，对比较复杂的文化传统，均须用马克思主义的观点，具体情况，具体分析。

2. 传统的“活”与“死”，认同与创新

前面我们说过，传统是五光十色的，传统是与时俱进的，传统是因人而异的，不一定全体国民都接纳同一种传统。传统不是死物，它具有活力。传统有大传统与小传统，即精英文化传统和民俗文化传统。有汉民族的传统，也有各兄弟民族的传统；有几千年沉淀下来的老传统，也有近百年、近几十年来的新传统；新传统不等于外来传统，外来传统不一定反对固有传统。我们考察传统的时候，需要有所分疏，不要胡子眉毛一把抓。

传统绝不是单线递进的。随着社会的日趋复杂，传统也在花样翻新。人们对于传统的借取、发挥，对于某一种传统的回应，因人而异，因时而异。因此，不论中外，常常有“以复古为解放”的例子。一方面吸收新的、创造新的，一方面继承旧的、突破旧的，新旧之间，继承与创新之间，又很难划出明显的界限，方生方死，方死方生，正如王船山所说的“新故相资而新其故”。新的与旧的，相互凭借、依托，然后推陈出新。王船山对待传统的态度是值得借鉴的。他决不取简单抛弃的态度，而是博通古今，极深研几，通过他的阐释发挥，使旧学变新颜。鲁迅反传统的精神也是大家熟知的，但鲁迅的传统学问，可以说是并世无匹。鲁迅的继承与创新也是统一的。这位反传统（其实是重建传统，对传统有相当深刻的继承）的巨匠的灵柩上覆盖着“民族魂”的光荣旗帜，确实是极有深意而又耐人寻味的。

在文明史上，从传统中解脱出来，也是一种传统，而且也是我们文明史上的一大业绩。我们不必杞人忧天，担心老传统会被彻底抛弃，因为传统以不见形迹的和“百姓日用而不知”的方式扩散、渗透、积淀在每个人的心灵中。实际上，我们每个人都摆脱不了传统文化的心理结构的影响和制约。

有的学者对传统进行分疏，把传统理解成“传统文化”与“文化传

统”两部分。“传统文化”是死的东西，而“文化传统”则是人们不断创造并流传下来的活的东西，至今还在我们的社会中起着这样那样的作用。“在历史上存在过，兴旺过，但在现代社会文化生活中已消逝了的传统，自然失却存在的依据。体现这种传统的文化形态，无疑都属于死文化……相反，先辈曾经认为是合宜的行为规范，以后继续被认为合宜的，被认为古往社会所累积的最佳经验，体现这种传统的文化形态虽属于历史的遗存，但却在现代社会文化生活中依然存在，尽管已经变了位并且变了形，可那就是活文化。后者就是人们习称的文化传统。它属于现状，例证俯拾即是。”①

上述分析尽管还有不尽如人意的地方，但对传统作出一些分疏，比笼而统之地谈传统要科学得多了。当然，传统中的活的与死的并不是绝对对立的，事实上，一些已死的传统，也是可能在经历相当长的时间之后重又复活的。而且，活的文化传统也是可以阐释、评价的，并在阐释、评价中批判地继承。

我们批判地继承传统，创造性地发展传统，主要指的是活文化，活传统。我们在反思传统的时候，应该站在很高的层次上，用一种多维、动态的透视把握传统。“五四”以来，我国知识分子有一种简单的一元的两极对立的思考方式，即把传统当做可以被抛弃的包袱来看待。这样来理解传统，就低估了传统的流动的意义和多面的作用（正面的，负面的，不正不负、亦正亦负的，今日正面明日负面的，等等）。用好坏二元对立的价值观看待传统是很不够的。即便要批判我们今天深恶痛绝的所谓“封建主义意识形态”，除了引进西方观念外，还有一个如何吸取我们传统中的源头活水的问题。

这就涉及“文化认同”的问题。具体而言，这是关于文化的世界性和普遍性的基本价值的要求，即是特殊的民族文化向世界化认同的问题；关于一个特殊文化的基本价值取向的探寻，即是这个特殊而具体的文化个性的认同的问题。“文化认同”一般发生在“文化危机”的时候。认同不是一般的民族自我意识，而是知识分子群体的批判的自我意识。认同是创新的基础，创新是使认同成为活的认同而不是死的认同的一个

① 朱维铮：《传统文化与文化传统》，载《复旦学报》，1987（1）。

原因。

“文化认同”有一个时代取向的问题。各民族文化在走向现代的过程中要适应时代的要求，要对现代化的普遍性认同，从而发生批判传统、转化传统的运动。文化的认同既是一个民族的课题，又是一个时代的课题，是民族精神与时代精神的巧妙结合。既要对现代走向的普遍性要素认同，又要对民族文化的特殊个性认同，使它们协调起来，是克服文化危机的“文化认同”复杂性之所在。

在文化变异过程中，暂时出现抱残守缺或浮泛创新是避免不了的。在我国走向现代化的进程中出现过的“西学中源”、“中体西用”、“全盘西化”等错误思潮，是不符合文化涵化的规律的。我们中国文化的价值系统是一种整合型的价值系统，和19世纪以来西方价值系统的取向有很大程度的不同。有了这样一种全新的认同，我们就不会停留在所谓好的、坏的，精华的、糟粕的简单二分模式上，而是去建树一种群体的、批判的自我意识，达到对于传统的全新理解，并且创造新的传统。这样，我们的文化创新不是浮面地引进西方文化，而是经过了自己的创造性的选择、理解、诠释的，在文化变迁中与民族传统涵化与整合的新的文化。

现代世界是一个多极的世界，现代化的过程是一个复杂的过程。在现代化、世界化的过程中，各国共同的东西越来越多，同时也越来越有个性。因此，对于各民族传统文化价值（它本身是多元的）的认同，既是一种批判地有选择地继承，又是创造性地推陈出新，从而使民族文化的个性在新的时空条件下获得再生。

3. 传统的解构与重构，离异与回归

传统的更新，文化的发展，其实是不断地吸纳外来文化并创造性地推进、转化传统的过程。换一个角度看，也是不断地解构与重构的过程。

文化既然是人们主动地创造的生活方式，主体就不会是无所作为的。文化创造者们的自我批判，积极主动地开放、引进，迎接新的挑战与冲击，是防止民族文化僵化、萎缩的重要条件。

沟通中西文化，为传统注入活力，有一个解构与重构的问题。在这

里，不仅要发现隐藏在双方表层结构下的深层结构，发现真正可靠的沟通线索；而且必须主动地消解双方的原结构，在消化、吸纳外来文化，创造性地转化本土传统的过程中，重构新文化结构，也即是重建新的传统。

由于社会成员所处环境、生活经历、情趣、教养、知识结构、认识问题所依据的参考架构的差异，即他们所接受的文化器物、制度与价值层次的熏陶不同，价值判断有着天壤之别。整个社会价值呈现多元化的趋势。传统的诠释定位，除了与时代有关外，还与同一时代的价值多元有关。因而，人们在实际上发挥、借取各人所理解的某一时期、某一学派的传统或某一地域、某一民族的传统都各不相同，这就使得传统与现代的重构呈现出多元的趋势。这种多元的趋势，又由于异质文化的冲击而越变越复杂。与异质文化的调适是现代化过程中必然遇到的问题。这个调适的过程，就是边解构边重构的过程。单方面地被同化，是不可能的，特别是在价值层面上。

历史上有些最激进的反传统人物，如马丁·路德、费希特、谢林、康有为、梁启超、严复、王国维等，也包括后来在文化大讨论中的一些反传统的人，都逐渐趋向于保守。对他们认识上的离异传统到复归传统，似不能简单地用所谓“阶级本质决定的”或者“文化深层结构的惰性”来加以解释。传统通过这样一些反传统的人物开辟了新路，同时又随着这些人物从不同层面上回归传统而显示了它的复杂性。反传统、批判传统为回归传统和重建传统提供了过滤、筛选机制；对本土文化和外来文化诸元素的重构，实际上就在这种正—反—合的过程中进行的。不仅以上人物，而且从鸦片战争到现在，经常发生着“离异—回归—离异—回归……”的颠荡。当然，有些思想家的“回归”传统，在人生诸层面的低层次上，如政治生活、经济生活上乃至知性探求上并不回归，而在生活趣味、审美理想、人伦道德、终极信念等高层次上“回归”，如林语堂等人就是这样的。林语堂自诩“两脚踏中西文化，一心评宇宙文章”，在两极对立中保持必要的张力。

“文明的演进是一个有积累继承、有革新创造、有借鉴引入、有吐纳消化的综合的连续过程。自 19 世纪以来，文化认同出现了十分复杂的状况。简单地说，一是以‘离异’为标志的东西方文化的对逆流向，即双方都有一部分人背离了自己的传统文化，又都向被对方所扬弃的传统靠近；一是以‘回归’自我的疏隔流向，即各方都各自以重建民族文化为目标，用现代意识重新省视、解释并肯定自己的文化传统。”①

在解构与重构过程中，在离异与回归的过程中，新旧文化要素被蒸散，被凝结，被重新综合，从而创造和推进了中国近代和现代文化的建设。因此，解构或离异，重构或回归，这都是自然而然的事。离异不是简单地抛弃，回归也不是简单地复旧，其中融进了每位思想家个人的人生体验。中国文化的近代化或现代化显然是不可能直线上升的。在看待离异与回归这一文化现象的时候，需要有一个正确的文化心态。

4. 文化遗产继承的不同形式

文化发展，特别是精神文化发展的相对独立性、特殊性的问题，其实就是文化发展的继承性问题。

但在“左”的教条主义的文化氛围里，我们老是纠缠在“继承什么”和“如何继承”上，这显得过于狭隘、过于简单了。文本的解读，并非只能抽绎出封建性和民主性，或者一般性和特殊性；继承并不意味着只是舍弃一方（“糟粕”或者“具体”）保留一方（“精华”或者“抽象”），继承有时候恰恰是兼收并蓄，有时候恰恰是继承其特殊性。何况不同的评价主体所理解的精华和糟粕、抽象意义和具体意义，绝不是相同的。

我们常常爱说“批判地继承”，这里似有三种误解。在“左”的文化氛围的熏陶下，人们把对传统和文化遗产的批判继承理解为：第一，批判一部分，继承一部分；第二，先批判，后继承；第三，只批判，不继承。但在笔者看来，似乎应该是这样的：第一，批判和继承的是一个东西，一个对象，不能割裂成两块，肢解成两片，似乎这一部分是批判的对象，那一部分是继承的对象；第二，说批判和继承的是一个东西、一个对象，并不是说它是身外之物，因为我们正是在某一种传统中批判这一传统的，在某一文化遗产的影响下解释、评价这一文化遗产的，因此，与其说是先继承而后批判的，不如说是边继承边批判的；第三，继

① 参见章开沅：《离异与回归》，长沙，湖南人民出版社，1988。

承中就寓有选汰，就寓有批判，就寓有扬弃（既保留又克服），因此，继承就是批判，批判继承也就是创造发展。在一定意义上，文化遗产的继承往往是“先立后破，立中有破”，而不是“先破后立，不破不立”的。

如果借用解释学的理论，传统不仅指向“过去”，而且指向“未来”。传统中的“新的”与“旧的”、“死的”与“活的”的划分并不是一成不变的，这些因素相互作用的过程即是批判继承的过程。过去我们常说，要创造出“根本不同于旧文化的新文化”来，而在实际上，这是不可能的。因为，新与旧是相对的，任何新文化都离不开旧文化的资源和土壤。继承旧的，突破旧的，同时也就在吸收新的，创造新的，反之亦然。

传统决不是单线递进的。传统文化在传递和累积中，外来文化在与本土文化的涵化和整合中，不可能不经常地变形、变质或易位，“死去”的传统，可以死灰复燃。社会文化日趋复杂多样，人们对于文化遗产的评价、欣赏、借取、发挥，日趋多元。“横看成岭侧成峰，远近高低各不同”，现代人的价值观，使得文化遗产的评价标准逐渐多样化了。因此，对于继承什么、如何继承的问题，都不可能一概而论了。

文化继承性的另一个十分重要的问题，是不同门类的文化的继承特殊性问题。技术的继承性、科学的继承性、哲学的继承性、文学艺术的继承性，各不相同，越来越复杂。苏联文化哲学家认为：对遗产的需要根源于现在的生活，艺术传统的创新发展虽说依赖于艺术的内部资源，却更依赖于社会生活的影响。因此，艺术史的最重要的“合力”是非艺术的作用。这种“合力”是由一般社会关系和特殊创造关系的冲突构成的。在艺术史上积累的大量的范本和样式在文化发展的不同层次上，都可能被赋予现实的意义。因此，旧的东西与新的东西、艺术本身继承的东西与创新的东西是相互作用的。文化艺术继承性的特点在于，作为现实的价值和现代创作的参照物而被继承下来的，不是个别的语言成分或内容丰富的情节结构，而是完整的艺术作品。过去的艺术遗产之所以能“参与”现在的艺术生活，是由于它们既具有时代的特征，又具有全人类的价值。作为艺术体的个别成分是可以扬弃的，但作为完整的作品又是不能扬弃的。过去时代的作品既具有永恒性，同时又以完整的形式在后来的文化史中发挥作用。这是具有普遍意义的东西与具体历史的东西的辩证法的基础。同一个旧的艺术体系的成分，既以扬弃和单纯的形式介入今天的艺术生活，同时又继续出现在被保留下来的完整的艺术作品中。过去的艺术作品是以完整的形式参与现在的艺术生活，作品的原文甚至没有丝毫变化，而作品的内涵却发生了变化，并且作为组成部分进入了对世界和艺术的现代接受体系，被赋予了同今天的艺术探索相一致的性质。艺术史的一般特征是它的发展的“非直线性”，即后一时代并不是对前一时代成果的直接继承。艺术史也不能图解成“螺旋线”，图解成对以前时代的不断否定。

文化继承性中，不仅有我们熟知的扬弃的形式，即此前的文化成果以既克服又保留的形式保存在新的文化成果和发展阶段上，而且还有我们不熟知的非扬弃的形式。例如，哥白尼和牛顿在科学史上是不可磨灭的，但今天人们却很少去问津他们的原著，因为在物理学教科书中已经包含了他们学说的精粹；文学艺术则不然，莎士比亚不能代替但丁，但丁也没有掩盖过去的作品，《西游记》就是《西游记》，《红楼梦》就是《红楼梦》，毕加索就是毕加索，齐白石就是齐白石。著名的文学艺术家及其作品作为特殊的个体或珍品，是永恒的，而科学家的创造只是作为科学发展史长链中的一环保存下来。前者共时性强，后者历时性强。哲学家的创造则兼而有之。

继承的多样性，促使我们具体历史地研究个别的文化遗产或不同门类文化的历史，避免不分对象千篇一律地把文化史、艺术史、文学史、哲学史、思想史、科学史、教育史等，图解成“直线上升型”或“螺旋曲线型”。

一个人对于包括现代资产阶级社会的文化价值在内的所有人类文化遗产的掌握，是使个性得到全面发展的必要前提。

中国文化的评价尺度与诠释维度

李登贵同志的《评一种文化比较观》（载《光明日报》1995年3月15日第5版）是一篇很有思想性和辨析力的学术论文。李文提出的问题，实际上是文化研究的方法论问题，是文化比较的参照系问题，也是中国文化的评价尺度与诠释维度的问题。但李文的主旨，我不能苟同，特写此文与他商榷。

1. 考察东方文化现代化的焦点

在考察东方文化的现代化问题时，一个焦点是，古代东方文化的精神资源，在现代化的过程中还有没有意义，还能不能转化。海内外学术界在讨论东亚经济起飞之文化背景时，重探韦伯学说，作出了许多与“西方中心论”相背反的论证。这种讨论的意义已超出了问题本身。我认为，登贵同志的文章可以启发我们用多维的参照系统容摄不同的观照方式和价值尺度。当然，他对传统文化本身及其继承发展有诸多隔膜。我们每一个人或每一个文化共同体，总是在一定的时代氛围的刺激或限定下，在自身的知识、学养、生命体验、情趣情感的支配下，从一定的预设出发，来观照或比较中西文化的，各种观照方式、各种预设及其所得出的结论，都从一定侧面反映了部分真理，都有一定的地位、真实的意义和价值，都应当加以尊重。

从19世纪末至20世纪初，到“五四”新文化运动，在“救亡图存”的忧患情结的驱动下，凭借进化论或科学主义的理论支撑，当时的精英们以线性的思考模式把握中西文化的差异。如认为中西之异是：“委天数”与“恃人力”、“好古忽今”与“力今胜古”（早期严复）；“静的文化”与“动的文化”（持不同立场的杜亚泉与李大钊）；“古代文明”与“现代文明”（常乃德）；“生产家庭化”与“生产社会化”（冯友兰）等。李大钊在《东西文明根本之异点》一文中说：东西文明“一为自然的，一为人为的；一为安息的，一为战争的；一为消极的，一为积极的；一为依赖的，一为独立的；一为苟安的，一为突进的；一为因袭的，一为创造的；一为保守的，一为进步的……一为自然支配人间的，一为人间征服自然的”。这都是在单线进化论背景下的比较，目的是推进中国的变革，以改善国家民族在国际社会的地位，其评价或诠释标准是西方近代文化，因而在一定程度上把中西文化之异，等同于古今之异或落后与先进之别。必须承认，这一范式下的比较有其历史的和理论的合理性。尤其是当其评价对象主要是社会文化，稍少涉及深层的艺术、宗教、人生哲理、终极关怀时，更是如此。

与此同时，几乎是基于同样的民族复兴的情结，另一些思想家或学者，凭借同样是从西方传来的生命哲学、意志主义、新人文主义或从日本传来的国粹主义等，构设了有别于单线进化模式的整体观照的方式，来把握中西文化的异同，并力图重新界定“中国性”。例如梁漱溟的中西印文化三路向的思考，尽管未能贯彻到底（后来又解释为人类文化之三期），但毕竟没有以西方近代文化作为唯一的价值评价标准，肯定了世界文化的多样性和中国文化之不同于西方文化的特殊价值。在梁漱溟之前之后，关于中西文化的对比，从整体观照的视域出发的，还有如“道的文化”与“器的文化”（薛福成）、“自成自乐的世界观”与“物质主义的世界观”（辜鸿铭）、“精神文明”与“物质文明”（梁启超和张君劢），而胡适与丁文江反其道而行之，指出中国文化才是“真正的唯物文明”、西方文化才是“真正的精神文明”、“心性文明”与“技术文明”(孙中山)、“孝的文化”与“爱的文化”(钱穆)、“天人合一”、“体用不二”的文化与“天人两橛”、“体用二分”的文化(熊十力)、“仁的文化系统”与“智的文化系统”、“综合的尽理精神”与“分解的尽理精神”(牟宗三)等的概括。这些学者总是企图把握住与西方文化不同的中国文化的特色，因之“整体观照”成了最方便的法门。

其实，前述进化论背景的线性思考诸家，也是以一种整体式的方式把握中西文化的，如前引李大钊的比较，还有一段话是：“[中西文化]一为直觉的，一为理智的；一为空想的，一为体验的；一为艺术的，一为科学的；一为精神的，一为物质的；一为灵的，一为肉的；一为向天的，一为立地的。”这就与后一派学者没有什么差别。不过自由主义者、激进主义者虽然也用整体观照的方式把握文化特质，然在社会文化的层面上，他们主要以进化论或近代西方科学主义和民主主义的维度加以衡估，他们对中国文化负面所作的批判和鞭笞，具有伟大的启蒙意义。

后一派学者也很复杂，他们的整体观照的目的也是为了重建中国的民族精神。文化保守主义者和文化民族主义者的重建，与对进化论、科学万能论的怀疑，与对西方民主制的深层思考相联系，而把所论对象，由社会文化层面、知性层面逐步转移到人生问题、人性问题、艺术、宗教、哲学、民族精神、终极信念等方面。在社会文化层面和知识层面，他们也批判传统政治文化对人的个性自由和思想自由的桎梏，批判传统文化只有道统而无学统(无科学的知识系统)，只有治道而无政道(民主政治)，但这不是他们的主要关怀。他们的整体观照主要基于这样一种认识：“中国自今日以后，即使能忠实输入北美或东欧之思想，其结局当亦等于玄奘唯识之学，在吾国思想史上既不能居最高之地位，且亦终归于歇绝者。其真能于思想上自成系统，有所创获者，必须一方面吸收输入外来之学说，一方面不忘本来民族之地位。”(陈寅恪语)

这一派学者在弘扬民族文化、重建民族意识和民族精神上有一致性，但毕竟视域不能尽同，术业各有专攻。所以，自其同者视之，都是文化保守主义者，或传统主义者；自其异者视之，则各各不一。如陈寅恪，他的关怀主要是学术的而不是思想的，他自认为他的“思想囿于咸丰、同治之世”，而学术上由于吸收了西方史学方法，“较乾嘉诸老更上一层”。而王国维的视域是叔本华、尼采的，吴宓、梅光迪、汤用彤等“学衡派”的视域是白璧德新人文主义的，梁漱溟、张君劢受柏格森的影响，熊十力受柏格森、怀特海的影响，冯友兰受新实在论的影响，贺麟受新黑格尔主义的影响，唐君毅的方法来自黑格尔，牟宗三的方法来自康德，方东美则兼综中西。他们在各自的领域中，以各自的视域观照中西文化，重建了中国文化的主体性。尤其是针对现代工业文明的贫乏和异化，他们重建了人学，凭着对生命存在的体验，及对人的道德自觉、价值自觉、文化自觉的阐扬，打开了一条探寻价值的新路，超越了狭义的民族主义，而具有世界的价值和意义。当然，他们并未停留在整体观照的层面，而有深入、细致、具体、翔实的多种研究成果。

2. 各种视域、方法、评价理应共存互尊

因此，我认为，线性思维的、平面考察的、整体直观的、全息透视的、本质主义的、后现代主义的……各种观照方式理应共存互尊，各种视域、各种参照系，以及在一定范式下所得出的某些结论，都有其合理性。我们只能要求别人在他的视域或方法、他的参照系之内，保持其自身同一性和逻辑的一致性，我们自己只能设身处地地理解对方，却不能强求别人更换他的视域、他的思考方式和评价尺度。我们把以上不同的评价和诠释互补起来，庶几可以达到对于中国文化或中西比较的全面认识。《庄子·秋水》曰：“以道观之，物无贵贱；以物观之，自贵而相贱；以俗观之，贵贱不在己。以差观之，因其所大而大之，则万物莫不大；因其所小而小之，则万物莫不小。”“以功观之，因其所有而有之，则万物莫不有；因其所无而无之，则万物莫不无。”“以趣观之，因其所然而然之，则万物莫不然；因其所非而非之，则万物莫不非？”庄子学派所说的“以道观之”、“以物观之”、“以俗观之”、“以差观之”、“以功观之”，“以趣（趋）观之”等，的确可以借鉴来作为文化比较的不同层次的观照方法，以克服人们维度不够、相互排斥的毛病。

按诠释学的看法，历史文化的诠释不能不打上诠释者（主体）的烙印。人们对同一文化历史现象可以作出完全不同的理解。这不仅与理解者所处的时代有关，而且与理解者的关怀层面、知识结构、认知方式、情趣、爱好、职业、心理状态、生存体验有关。本文在历史上表现出来

的东西要比原作者想要表达的东西多得多。理解是积极的理解，意义发现是无穷的过程。

例如关于登贵同志的文章所特别反感的以“天人合一”来概括中国文化特性的看法，在一定的参照系以内，理解者赋予它以新的意义，并不是不可以的。登贵同志完全可以用中西哲学史上的事实（其实这些“事实”也是经过历代哲学史家和登贵同志本人诠释过了的）说明“天人合一”的思想中西都有，不足以涵括中西之异和不足以凸显中国之性；而登贵同志的批评对象完全可以以自己的视域，也作出很多“考证”，来津津乐道“天人合一”之妙境。由于参考系不同，也由于理解者的人生体验、关怀层面不同，两种不同结论并没有是非、对错、真伪之别，完全可以并行不悖。

拙见以为，“天人合一”之“天”，决不仅仅是自然之天，从《诗经》、《书经》、《国语》和孔孟的文本中，不难发现其宗教的、神性的、超越的意义。儒家的仁学和心性论，尽管把这种超越祈向往内转，然而其超越世间世俗关怀的终极关怀仍具有天命的依据，其生命体验、冥悟体认之道带有宗教的性格。这是儒者的安身立命之道。这是每一个单独实存的儒者（如文天祥、史可法、范仲淹、东林党人等）“救民于水火”、“以天下为己任”的终极托付。因此，他们才能够批判现实，担当道义，鞠躬尽瘁，并终而超越生死。儒者超越俗世、超越死亡的根据是天、天道、天命。“天”、“天道”是宇宙万物、人类生命的本原，是生命意义的价值源头。所以儒道二家“天人合一”之境，“同天”之境，“天地与我并生，万物与我为一”之境，其实不是事实层面的理解可以相通的，它乃是一种价值层面的东西和超道德价值的东西，是理想的人生境界和生命的归宿。终极关怀是不可或缺的。

3. 现实批判有不同的方式

我本人完全能够理解登贵同志对儒道诸家的批评，但我却更欣赏以其他的尺度与维度，以同情的理解的方式评论儒释道诸家。转换一个角度，体认儒者的担当和他们以理想社会与理想人格的高扬来批判现实的精神，则不必得出儒者“是以维护封建制度的神圣性和连续性为目的”的结论。或者以另一视域来看，登贵同志的这一评价没有具体意义，因为既然谁也脱离不了时代的限制，为什么要求儒者脱离时代的限制呢？

又，登贵同志批评道家，认为道家是“宿命的”，只能“作为养生之术、精神逍遥之荫庇和帝王的南面之术”。或者我们可以肯定这一结论，适合于道家末流，但我们宁可以另一视域观照道家。因为道家的人生哲学，通过否定名教等外在形式的束缚，化解人生之忧，启迪人们由现实到理想，由有限到无限，致广大，尽精微，遍历层层生命境界，求精神之超脱解放。《庄子》的真谛，一则讲适己性，一则讲与物化，既强调得其自在，歌颂生命自我的超拔飞越，又强调蕲于平等，肯定物我之间的同体融合。也就是说，逍遥无待之游只有在天籁齐物之论的前提下才有可能。这一自由观的背景是反对唯我独尊，主张宽容，肯定、容忍各种相对的价值系统的意义，决不抹杀其他的人和其他的物的生存、利益、价值、个性自由、人格尊严或其他的学派、思潮的存在空间。这样，每一个生命就可以从紧张、偏执中超脱出来。

儒释道的睿智需要人们不断地体认。历史上许多哲学思想家思考过的问题，很可能依然是我们正面临的问题。人类一直被一些难题困扰着。在一定意义上，我们不妨说，一切哲学史都是现代哲学史。有的古代哲学家，甚至可能比今人更深切地体验到人类生存处境的危机，或者有更高明的人生智慧。重新发现并复活母体文化传统的智慧，是我们责无旁贷的任务。我主张与古代思想家进行平等的心灵交流和思想对话，而不主张粗暴地凌越、鄙视、肢解古代思想家的思想。

人们有不同的关怀层面，有现实关怀和终极关怀，这些关怀也有多种层面，非常复杂。登贵同志强调“国学”研究和文化比较的现实尺度，又把它变为唯一的尺度要求别人，这就无法宽容纯学术的研究和现代视角的开掘，无法体认古今中西文化确乎有着跨越时空的遥契，因而批评别人“从故纸绝学中以谱写后现代的牧歌自慰”，“缺乏批判现实的诚意，担负不起批判现实的使命”。其实，即使是现实关怀或批判现实，也应有多种方式，古今中外的乌托邦牧歌，不就是以理想批评现实的一种方式吗？何况调动古代文化精神的积极因素来批判金钱挂帅、唯利是图，批判对环境、山河大地、草木鸟兽的不尊重，重建人文价值，不也是批判现实吗？

总之，我们需要以宽容、开放的文化心态，丰富、拓宽、转换我们对中国文化的评价尺度与诠释维度，以体认、包容不同的观照视域或参考系，尊重与理解祖国文化瑰宝及不同的评论者和不同的结论。我想，我们理应设立一个立体的、有层次的、有意境和思想空间的、广大悉备的大系统，以涵摄线性的或平面的各子系统，使之彼此相须，互摄交融。当然，我不是相对主义者，我强调终极信仰、文化价值与道德理性之重建对中国现代化的重大意义！

现代化与中国传统文化刍议

随着中国对内对外政策的贯彻，与经济体制改革、政治体制改革和社会主义现代化建设密切相连的一场文化研究的热潮正在中华大地上兴起。对中国传统文化的深刻反思、重新评价和对中西文化的比较研究，已经成为学术界的“热门”。热门中的“热点”是在改革实践中逐渐凸显出来的这样一个问题：中国现代化发展模式与文化传统的相互关系。关于这个问题，时下海内外学术界已经出现了正常的分歧和争鸣。其中主要有这样几种看法：以杜维明等人为代表的、针对马克斯·韦伯（Max Weber）理论的“儒学复兴”说，以甘阳等人为代表的、针对“儒学复兴”说的“根本的改造与彻底的重建传统”的理论，以及以李泽厚等人为代表的、针对“中体西用”和“西体西用”的“西体中用”说。① 本文与以上三说不同，在对“现代化”和“传统文化”及其相互关系作出界定和探讨的基础上，提出“新的综合”说。所谓“新的综合”，概言之，即是说，探寻中国现代化的道路，必须跳出简单化的中西两极对立和体用割裂的思想方式；中国文化的前景，既不是传统的连根拔除、全盘推翻，也不是传统的自我复归、卷土重来，而是中西文化在初步结合的社会主义中国的母体上，从全方位，不分主从地、更加广泛、深入地相互渗透、补充和融合。

1. 评析三说

首先，我们对“儒学复兴”、“彻底重建”、“西体中用”三说加以评析。

“儒学复兴”说以海外华裔学者余英时、杜维明、成中英、金耀基、郑彝元等为代表，而以杜维明在海内宣传最多。他们认为，德国学者马克斯·韦伯在《新教伦理与资本主义精神》、《儒教与道教》这两部影响甚大的著作中，关于中国缺乏近代资本主义的社会学基础，以及与基督教（特别是加尔文教）精神取向迥异的儒家伦理和道家价值系统无法开出现代化的工业格局的论断，需要重新反省。他们认为，“五四”时代第一流的思想家面临的是一元的、单线的现代化模式——西化，而现在，这种欧洲中心主义的思考模式已逐渐被多元的思考模式所取代。20世纪后期日本、韩国、中国台湾、中国香港、新加坡等东亚五地区的经济起飞，对韦伯理论发出挑战。东亚经济奇迹可以从结构和文化两个层面上加以解释：从结构上来看，东亚之不同于或优越于西方，主要在于它的政治安定和处于决策层的优异分子，包括计划专家、经济学家、银行家和行政人员组成的“职业官僚”确定并不断改善的工商政策，也即是政府的明智的行政工程的结果。有力的国家干预与发达的商品经济、

① 与“儒学复兴”、“彻底重建”和“西体中用”说不同的，还有萧萐父提出的“哲学启蒙”说，认为应当继承17世纪兴起的批评宋明理学的早期启蒙思潮，自觉地更深广地有选择地吸取消化外来文化，完成近代哲学启蒙的补课任务。参见萧萐父：《中国哲学启蒙的坎坷道路》，载《中国社会科学》，1983（1）；《关于改革的历史反思》，载《武汉大学学报》，1985（2）。

先进的科学技术密切结合起来。从文化上来看，东亚社会属中国文化圈，而中国文化的主导成分是儒学。东亚经济体结合东西文化，把儒家伦理与西方的民主政治、个性自由相融合，既重视个人才能、胆略和气魄，又重视和谐社会及人的心理调节和人际关系调节，充分发挥社团、群体的聪明才智。他们把东亚资本主义命名为“儒家资本主义”，把儒家伦理作为解释东亚经济奇迹的深层原因和东亚社会现代化的源头活水。他们提出了“中华民族的文化认同”的命题。所谓“认同”，是一种自我定义、自我认识。文化认同，即对传统进行自觉的群体的同时又是批判的继承和创造，也即是对外来文化进行自觉的群体的选择和吸取。因此，他们提出，需要重新估价中国文化，特别是它的“内在超越道路”和“人文精神”在现代化和“后现代化”中的价值，反省“五四”时期“全盘西化”的片面和极端，对于西方文化的挑战作出创见性的回应。尽管他们声言这绝不是回到“中体西用”，然又展望儒学将继汉唐和宋明之后，获得第三期发展。①

与“儒学复兴”说针锋相对的，是一些青年同志提出的从根本上挣脱、改造传统并彻底地重建传统的主张。这一派的代表人物是甘阳、金观涛、黄克剑等。他们认为，不能把传统的儒道文化本身看成是中国文化的整体系统，然后再以此为本位来吸取、同化新的文化因素。相反，必须全力创建中国文化的现代系统，并使儒家文化下降为仅仅只是这个系统中的一个次要的、从属的成分。他们认为，近代以来中国社会本身的发展，使中国传统的文化形态再也不能适应中国社会的现实了。因此，问题的实质根本不在于中西文化的差异有多大，而在于中国文化必须挣脱其传统形态，大踏步地走向现代形态。所谓“批判的继承”并不只是在过去已经存在的东西中挑挑拣拣，而是要对它们的整体进行根本的改造和彻底的重建。继承发扬“传统”的最强劲手段，恰恰就是“反

① 参见［美］杜维明著《中国文化的认同与创新》、［美］成中英著《论世界哲学之中国化与中国哲学的现代化》（均为提交1986年元月复旦大学举办的首届国际中国文化学术讨论会论文）；［美］余英时著《从价值系统看中国文化的现代意义》（台湾时报文化出版公司1984年版）；金耀基著《儒家伦理与经济发展：韦伯学说的重探》（《现代化与中国文化研讨会论文汇编》，香港中文大学出版社1984年版）；［泰］郑彝元著《儒家思想导论》（曼谷时中出版社1984年版）。

传统”！因为要建立现代新文化系统的第一步，必然是首先全力动摇、震荡、瓦解、消除旧的系统，舍此别无他路。他们还认为，中国传统文化是一个超稳定、封闭性的系统，根本不可能产生任何启蒙，也不可能通过自我批判进行更新，只有靠引进外来文化，从而创造出过去的中国人不曾有过的新的现代的民族文化心理结构。①

介于“儒学复兴”说和“彻底重建”说之间的是“西体中用”说。此说由于光远、黎澍率先提出，而李泽厚近来论之甚详。李泽厚借用人类学本体论中的“社会存在的本体”概念，认为“体”有两重含义：一是工艺社会结构，是外在的物质文明结构；一是文化心理结构，是内在的精神文明结构。他说，现代物质文明是全世界所共同走的道路，它首先是从西方来的；我国社会的本体意识——马克思主义和现代科学理论也是从西方来的。他说，“西体”就是现代化；“中用”就是怎样结合实际运用于中国，也就是中国化。同时，李泽厚又认为，儒学作为几千年来社会统治意识，已成为中国文化心理结构中的主要组成部分。儒学传统“天人合一”论，强调人和自然的和谐统一，强调人际的和谐稳定，强调人的身心的和谐愉快，可以在新的现代化条件下加以继承、改造和发展，从而对世界文化作出新的贡献。②

笔者认为，以上三种意见都有合理的层面，不应当把这些意见简单地归结为华夏中心主义的“国粹论”或欧洲中心主义的“西化论”。近代以来，关于文化问题的讨论总是与中国社会如何走向世界密切相连。魏源的“师夷制夷”、早期改良派的“中本西末”、张之洞的“中体西用”、胡适的“全盘西化”、陶希圣的“本位文化”等，是不同历史阶段的中国人对于西方文化的撞击作出的不同的、然而又是正常的反应和选择。20 世纪 80 年代关于中国文化问题的讨论，决不是 19 世纪末维新派与洋务派关于“中体西用”问题论战，“五四”前后李大钊、陈独秀、胡适等与杜亚泉、梁漱溟、梁启超等关于东西文化问题论战，20 年代丁文江等与张君劢等关于科学与人生观问题论战，30 年代胡适等与陶

① 参见甘阳：《传统、时间性与未来》，载《读书》，1986 (2)；《说中西古今文化之争》，载《青年论坛》，1986 (3)。

② 参见李泽厚：《中国思想史杂谈》，载《复旦大学学报》，1985 (5)。

希圣等关于本位文化问题论战的简单的重复。这是因为时代不同了，人们的思维水准提高了。仅就文化背景而论，自抗战以来，中西文化已经扬弃了相互对抗、排斥而达到了融合的阶段。20 世纪三四十年代，一方面马克思主义与中国革命具体实践初步结合；另一方面整个文化界产生了中西文化融合的、中国人独创的、形式多样的哲学体系和文艺作品。80 年代海禁重开，对精神文化的讨论，可以从更高的层次上复归 40 年代。就目前文化讨论中出现的各派意见来看，其实都是围绕着怎样更好地融合中西文化，选择既不脱离世界文明发展大道，又不脱离民族文化传统的最佳模式而展开的。

笔者认为，主张“儒学复兴”说的海外华裔学者关于现代化决不等于西化的论断及对于传统文化特别是儒学的特殊价值的发掘是正确的和有益的。但是，“儒学复兴”说至少有四点谬误：第一，把多元的、多民族的、不同时空条件下的、上层和民间的中国文化简单地归结为儒家文化；第二，在造成东亚五地区经济起飞的经济的、军事的、政治的、文化的复杂原因中过于强调了文化因素并把它等同于儒家伦理；第三，贬低了五四新文化运动的领导者开辟了中国文化新生面的历史功绩（尽管他们有片面性）；第四，低估了儒家文化对于历史和现实所造成的巨大的负面的影响。

笔者肯定在多元的民族传统文化中，由于特殊的历史原因，儒家文化对于我们民族性格的塑造起过较大的作用，惟其如此，才断断不能苟同“复兴”之说。尽管儒家在不同的历史时期有不同的面貌，在同一历史时期也有政治化的儒者和努力以道德理想转化政治的儒者的不同，但是，作为积淀在中国人的文化心理结构之中，在下意识层里起作用的儒家思维模式和价值观念却是一致的。其中确有一些糟粕，例如，儒学的注经传统和内倾心理容易导致教条主义和独断论滋生；儒学的重履践、轻理论、少逻辑、多证悟，又容易导致经验主义泛滥。秦汉以降，儒学的结构和功能从根本上有利于维护封建王权主义和文化专制主义，这一传统与现在仍有生命力的小农意识、宗法观念、官僚作风，文牍主义等相结合，势必构成实现现代化的巨大阻力。这样说并不是要把儒学与封建文化画上等号，也不意味着否定儒学特别是先秦儒学中的尊生、健动、重人、尚德的价值。如果我们现实感强一些，了解到我们的干部和民众由于科学与民主素养的低下所带来的积弊，就会知道“复兴儒学”方案的荒唐。

笔者充分理解甘阳等同志提出“彻底重建”论的心情。但是，不能不指出，此说在如下问题上疏了神：第一，把传统文化等同于封建文化，而这二者是不能画等号的；第二，把传统与现代截然对立起来，而事实上传统并不总是维护保守的现实，现代化产生于传统的合理层面；第三，忽视了文化史中的一个重要现象，即随着社会的发展和人们思维水平的提高，可以不断地发现和发掘传统文化的潜在价值。面对现代化的文化抉择，我们需要冷静的反思和科学的分析。新的文化系统是不能凭空创造出来的，列宁批评“无产阶级文化派”的一些意见仍然值得我们珍视。吸收和改造几千年来中外各民族思想和文化发展中一切有价值的东西，是创建新文化的前提和基础。越是有民族性的文化，越有生命力和世界意义。优秀的文化遗产必须继承和发扬，为人们习见的无害和有用的东西也需要保留和改造，即便是传统文化中的腐朽的东西，也不是想抛弃就能抛弃的。对于愚昧、落后现象和封建遗毒，我们主张进行韧性的战斗。通过几代甚至十几代知识分子的努力，结合国情进行民主主义与社会主义的民主与法制的启蒙教育，输入新的思维方式和价值系统，提高国民的文化素养，是中国现代化进程中的异常艰苦的重大工程，来不得半点急躁。

笔者认为，李泽厚同志的“西体中用”也不是一个科学的口号。任何文化系统的本体和功能都是不能割裂的，关于这一点，严复和熊十力早有论述。我国目前的物质基础、生产方式、上层建筑、意识形态，与其说是“西体”，毋宁说是“中西结合体”。一百多年以来，我国的实业也好、体制也好、观念也好，并不是西方或苏联的简单移植，而是融进了我们民族的实践经验和思想成果。尽管李泽厚的“体”与张之洞的“体”不同，然而思想框架却是一致的。中西文化的互为体用之说，很难避免割裂体用，甚至可能重蹈“全盘西化”或“本位文化”的覆辙。“西体中用”说既不能概括19世纪末以来中西文化交融的历史，也不能预测21世纪中国文化发展的前景。我以为，正确的说法是：在中西文化初步结合的母体上，发挥其功用，进一步把西方自然科学、政经体制、观念方法与我国现代化建设的实际和民族文化传统结合起来，巩固其体，壮大其体。这其实是我们正在做的工作。

2. 新的综合

中国文化的现代化模式既然不会是“儒学复兴”、“彻底重建”和“西体中用”，那会是什么样的呢？我以为，很可能是中西文化不分主从地，更加广泛和深入地相互渗透、补充、综合，是自17世纪以来中国文化西方化和西方文化中国化的进一步发展。姑名之曰：“新的综合”。中国文化的前景既不是传统文化的复归，也不是传统文化的中断；既不是以中国文化为主体吃掉（消化）西方文化，也不是以西方文化为体、为质，而以中国文化为用、为形。回顾“汉明求法”以迄唐宋时期中印文化交融的历史，不难发现本土文化与异质文化的融合从来都是渗透力很强的双向交流运动，没有主从、本末、体用之分。佛教的思辨哲理、雕塑绘画、通俗文学、建筑艺术、乃至音韵、医学、瑜伽等，并没有吃掉中国文化，也没有被吃，而是与固有文化融合一体，难于分辨了。可知，中西文化的融合过程也将是充满着矛盾纠葛、历时颇为久远，不断重新理解和发现对方的新的价值，并最终浑融无别的。探寻中国现代化的道路，必须跳出简单化的中西两极对立和体用割裂的思想方式。

3. 现代化与传统文化

现代化与中国传统文化的关系，并不等于西方文化与中国文化的关系。由于我们的近代化问题没有解决好，人们往往以西方近代文化作为参考系，作为价值尺度，来衡量中国文化。看来有必要对“现代化”和“中国传统文化”作出界定。

“现代化”范畴的涵盖面很广。它决不仅仅指生产能力和科技水平，同时还包容着社会政治法律结构、经济教育管理体制和人们的观念形态、行为模式、道德规范，等等。很清楚，现代化不仅意味着发展物质技术基础，而且意味着同时进行政治、经济、法律、教育制度的改革和更深层次的民族文化心理结构、理论思维方式、审美情趣、道德风貌、价值观念、风俗习惯的更新。现代化不仅是“物”的现代化，同时是“人”的现代化，是人的全面发展。用一种广义的文化观来看，其实就是“文化的现代化”。这样一个多层次的全面现代化的要求，决不是西方近代文化所能包容的，决不是科学和民主所能概括的，甚至也不是西方现代文化所能取代的。我国的现代化，不同于西欧、北美，不同于东欧、苏联，不同于东北亚、日本，也不同于其他发展中国家。所谓“中国特色”，是一种内在的特色，不是外在的形式。“现代化”范畴是共性与个性的统一，是人类文明发展的一般趋势与中华民族的民族个性的有机结合。因此，它与“传统文化”有着一种“剪不断、理还乱”的关系。

“传统文化”与“现代化”一样，也是一个动态的、历史的、涵盖面很广的范畴。从来没有什么一成不变的传统文化。中华民族的文化是在华夏族与夷狄族的文化长期撞击、融合而形成的汉文化的基础上，继续与各兄弟民族文化拒斥、碰撞、融合的结果。不唯如此，今天的中华民族文化，又是华夏文化和汉文化与人类其他文化圈的异质文化，主要是阿拉伯伊斯兰文化、印度文化和西方文化交融的结果。时下有的论者臆断中国文化是什么“封闭型”的、“大陆型”的，这是不符合事实的。恰恰相反，华夏文化、汉文化长期坚持兼收并蓄的开放传统，不断引进、吸收、融合域内外各民族文化。另一方面，从来没有什么单一的传统文化，它是多元素的综合体，除了时代的差异，还有民族、地域的差异。例如，在同一先秦时期出现了风貌迥异的区域文化——邹鲁、三晋、燕齐、荆楚文化，在此基础上形成了后来作为汉文化基因的阴阳、儒、道、墨、法、名、兵、农等诸子百家文化。此外，除了汉民族文化，还有少数民族文化；除了上层文化，还有下层的、民间的文化。总之，无论从纵向还是从横向考察，“传统文化”总是具体的、历史的、丰富的、多元的，是多层次的立体网络。这对我们发展新文化提供了多样的选择性，也为吸取、融合外来文化提供了广阔的背景。

传统文化是流动的、多样的，在流动之中有没有常住的一面呢？在多样之中有没有统一的一面呢？尽管每个时代的、不同民族和地域的文化都在不断吸取新鲜血液，艰难地克服惰性，新陈代谢，改变自身的内容和形式，然就整个中华文化而言，仍有一个恒常的东西在其中。这就是中国传统文化的凝聚力和它的本质特征。

中华民族有一种刚健奋进、礼让互助、克己奉公的精神，这是几千年形成的我们民族的灵魂。相对地说，对于后期封建社会影响最广大、最深远，直到今天仍然不见形迹地起着这样那样作用的是宋明道学（又称理学）。从唐中叶开始到明代完成的道学，是儒家、道家文化与（印度和中国的）佛家文化融合的产物，是元明清三代的统治思潮，浸透了社会的上层和下层，其社会作用远远胜过了任何反理学思潮。这就是为什么一提到传统与现代的关系，必然涉及宋明道学的原因。它有这样一些特点：整体流行的、自然与人事不二的宇宙图式，自强不息、积极入世的人生态度，重义轻利、以理节欲的道德规范，中庸平衡、圆熟和谐的处世原则，注重意境的审美情趣，综合证悟、重实践轻理论的认识趋向，血亲伦常、等级有序的社会管理方式。任何笼统抽象的说明都不可能十分准确完备，以上概括也是一样。其所以仍要这么做，是考虑到这样一个事实：集精粹与糟粕于一身的宋明道学，至今还在我们的现实生活中起着作用，成为我们走向现代化的文化土壤，不能不认真对待。

近代史和社会现实昭示我们，必须调整传统文化结构为现代化建设服务，在调整中发现新传统；必须警惕深层心理中某些意识对现代化建设的干扰，在批判中埋葬旧传统。

如前所述，传统本身是与时俱进的，每个时代对传统文化和它的某些成分都能发现新的意义和作出新的解释。“一切历史都是现代史”，克罗齐的这个论断很有见地。传统与现代不是水火不容、绝对对立的。传统中的一些内容是现代的胚胎；另一些内容由于历史的发展而失去了存在理由，变成了历史的包袱；还有一些内容则成为“新大陆”而不断被人们发现、开掘。传统与现代之间有冲击，但也有回应、交叉、衔接，结合和转化。因此，它们的对立只有相对的意义。

站在现代文化水平上，以新的视角反观中国丰富多样的传统文化，比站在西方近代文化水平上作出的判断更有意义。这样变换一下参照系，可以发现传统中的许多珍宝。这些珍宝将有益于现代化与后现代化。例如，中国传统哲学中的模糊整体的体证直觉思维方式，与经典力学的模式很不相牟，但与现代物理学的场论框架相当一致。海森堡、玻尔等著名科学家发现它们与量子力学的哲学本质之间有着某种确定的联系。又如，我们现在正在进行法制建设，如果站在西方近代法制的思维水平上，很可能把中国古代法律说得一无是处。笔者同意在近期内充分学习西方法制，克服立法、司法、行政不分，党、政、德、法不分的局面，但是，从长远来看，我国以伦理道德规范从法外进行调整的传统，恐怕可以纳入现代化的法律意识之中。还如，现在我们都在照搬西方的经济管理，可不可以建立中国式的管理模式呢？综合美国的讲求功效、注重个人创造力、责任心、荣誉感，日本的家族主义、团队精神与心理调节，加上中华民族的注重道义、经权互通、和谐统一、动态平衡等，把权、责、义、利结合起来，把个人与群体、行政调节和经济调节结合起来。

实际上，中国传统文化的再发掘是有赖于西方现代学术文化和中国现代化建设实践的。我们也不能忽视西方个人主义、功利主义、商业主义的影响，不能忽视由于现代科技的发展和生活节奏的加快造成的种种异化现象。中国文化的人文精神和讲求个人身心修养的传统的确有利于统一环境与个体，维护人性的独立和完整。经过改造和调节，传统文化中的一些因素是可以为现代化服务，与现代化同步前进的。

另外，传统与现代又不是可以混同的，它们之间又有一定的界限。我们又不能把后现代化的问题过早地提到议事日程上来。传统文化中的深层心理意识的作用是相当顽强的。就像康有为、严复这样的传播西学的功臣，最终都难免被旧传统湮没。我们在现代化建设中应当警惕旧传统的故态复萌，或者如“十年浩劫”时期那样以各式各样崭新名目掩盖着的旧的内容。改造国民性的最好方法是加速现代化建设。当务之急是扬弃传统文化中惰性的层面，发展商品生产，实行民主政治，繁荣多元文化。

文化内在结构的三层面——物质文化（科学技术等）、制度文化（政经体制等）和观念文化（哲学与宗教信念等）的变革是同步的。我们必须以健康的心态在改革与开放中作出自己的选择，摸索出既不脱离人类文明大道，又不脱离民族文化传统的新的发展模式，即中国式的现代化道路。

当·代·中·国·哲·学·家·文·库

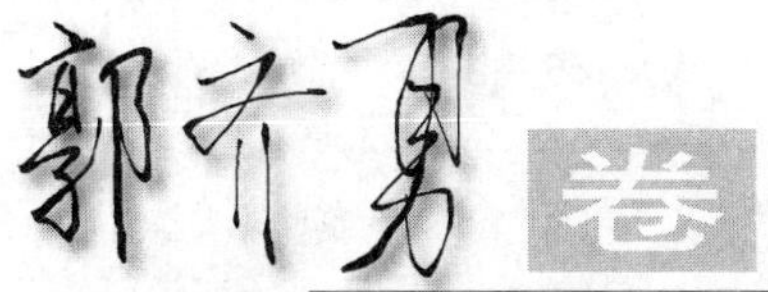

卷

下　篇

中国哲学的特色、要义与方法论的思考

传统形上学的基本特征

形上学或本体论的问题，是人的终极关怀或安心立命之道的问题，是人对自身存在于其中的世界的一种整体的洞悉或觉解。不同的文化民族具有不同的形上智慧（或关于本体的睿识），从而有了不同的民族精神。对于世界最真、最本质的是什么，人生最高意义是什么，“我”是什么的问题，中国哲学家以其特殊的人生智慧，作出了独特的回答。许多外国学者或因袭外人之说的国内学者，不愿意承认中国有形上学，并以所谓“伦理性”取消了传统哲学特别是儒学的形上学。这种偏见或误解，在于他们以希腊、西方或印度哲学作为某种模式，衡量、剪裁中国哲学，不懂得中国形上学的特殊性。那么，中国传统形上学究竟有一些什么样的特征？本文在前贤讨论的基础上，进一步综合、发挥为以下五大特点。

1. “内在—超越”

中国传统的儒释道的形上学，各不相同，但就其共性而言，完全不是西方哲学主流学派那样一种“超绝的”或“超自然的”形上学。方东美说："我以'超越形上学'一辞，来形容典型的中国本体论。其立论特色有二：一方面深植根于现实界；另一方面又腾冲超拔，趋入崇高理想的胜境而点化现实。它摒斥了单纯二分法，更否认'二元论'为真理。从此派形上学之眼光看来，宇宙与生活于其间之个人，雍容洽化，可视为一大完整立体式之统一结构……据一切现实经验界之事实为起点，吾人得以拾级而攀，层层上跻，昂首云天，向往无上理境之极诣。同时，再据观照所得的理趣，居高临下，'提其神于太虚而俯之'，使吾人遂得凭藉逐渐清晰化之理念，以阐释宇宙存在之神奇奥妙，与人类生活之伟大成就，而曲尽其妙。""中国各派的哲学家均能本此精神……建立一套'体用一如'、'变常不二'、'即现象即本体'、'即刹那即永恒'之形上学体系，藉以了悟一切事理均相待而有，交融互摄，终乃为旁通统贯的整体。"①

在这种形上体系中，超越世界与现实世界、本体界与现象界、理世界与气世界、真谛与俗谛、天国与人间、圣者与凡人之间，没有不可逾越的鸿沟。这正是中国主流学派本体论的特点。儒释道的形上学体系，从"宇宙"或"世界"之自然层面和实然状态出发，然不执著于此，不断地加以超化，进入具有价值意蕴的理想境界，诸如"道德宇宙"(儒)、"艺术天地"(道)、"宗教境界"(释)等。

中国哲学保留了对于"天"、"天帝"、"天道"、"天命"的宗教意味的或神性意义的虔敬、敬畏、信仰、信念，肯定了这一超越的祈向，肯定了这一神圣性，但又不像西方哲学那样，对宗教的信仰、上帝的存在作理性思辨上的证明，而是把这种宗教意味、神圣感与道德相结合，强调通过道德的实践上达于"天"。中国范畴的"性"，无论是"天性"、"人性"、"物性"，都具有神性意味。中国范畴的"诚"，亦具有宗教意味。中国形上学的超越意义、宗教信仰是不容否认的。

这种形上学的超越意义又在于，各派哲学家都有各自的理想人格，都希望达到尽善尽美的圆满境界。他们以不同的方式表达了各自的终极信念：或者主张"立人极"，"与天地参"，追求自我实现，成圣成贤(儒)；或者超凡脱俗，飘逸物外，寻求永恒之逍遥与解脱，得道成真(道)；或者超越生死，体认真谛，追求净化与超升，见性成佛(释)。

---

① 方东美：《生生之德》，283～284页，台北，黎明文化事业公司，1987。

一般地说，西方哲学重外在超越，以理性来追求价值之源，从而造成了超越界与现实界的分裂与紧张；中国哲学重内在超越，其内在义在于，各派哲学家的终极信念与关怀，或所谓理想境界的实现，并不脱离现实人生。“天”即终极的根源、根据。“道”即在“人伦日用”之中，即在“担水砍柴”之间，价值即在事实之中。由现实或事实世界到超越或价值世界的路径是内倾而不是外向的。所谓“为仁由己”、“尽心知天”、“明心见性”、“得意忘言”，即是此义。另一条路径则是由价值理想向下贯注，内在于世界的实现，人生的实现。“在中国，要成立任何哲学思想体系，总要把形而上、形而下贯穿起来，衔接起来，将超越形上学再点化为内在形上学。”① “与西方哲学不同，中国哲学采取超越形上学的立场，再与内在形上学贯通；它以宇宙真相、人生现实的总体为出发点，将人生提升到价值理想的境界；再回来施展到现实生活里，从出发到归宿是一完整的体系。”② 因此，在中国哲学家看来，生活于现实世界中，照样可以超脱解放，把精神向上提升。超越的理想要在现实世界中完成、实现。

“内在而超越”的传统形上学体现了华夏民族哲学的这样一个特殊的性格，即自然与人的统一，理想境界与现实人生的统一，宗教情绪与道德伦理的统一，天道与性命的统一。这大概与我们的祖先跨入文明的门槛，走的是一条连续性的道路而不是一条破裂式的道路有关。③ 这种连续性，即人与天之间的连续、地与天之间的连续、文化与自然之间的连续，规定了华夏民族精神的性格，也规定了中国哲学本体论、宇宙论的性格，亦即是内在超越的、有机的、连续的、整体性的。

中国形上学“内在—超越”特性确立的另一个契机，是周代的文化早熟。周人以其早熟的文化智慧，化原始宗教之玄秘为道德之仪轨，以理性的道德价值支配人心的情绪。“天”、“道”等中国哲学的原型观念，实际上涵盖了原始宗教的玄秘性。不是宗教之“神”，而是人类理性所

---

① 方东美：《原始儒家道家哲学》，16～18页，台北，黎明文化事业公司，1987。

② 同上书，33页。

③ 参见［美］张光直：《连续与破裂：一个文明起源新说的草稿》，载香港《九州学刊》，1986年第1卷第1期。

能设想的“天”、“道”，成了宇宙万物、人类生命的本源，亦成了一切价值之源。原始儒道文化保存并修正了原始宗教“尊生”、“重生”、“报始返本”的情绪和“玄之又玄”的秘密，并分别将其哲学化了。三教合一的宋明哲学的所谓“居敬”、“体仁”、“存养”、“立诚”，即兼顾到宗教情绪与道德理性。因此，我们可以说，中国形上学的特殊性是由中国原始文化和哲学的童年的特殊路向所确定的。

宗教重超越义，道德重内在义。“天道”既是超越的，同时又贯注于人身，内化为人之性。《周易》之“性与天道”的发展，《中庸》之“至诚者”尽己、尽人、尽物之性，参赞天地之化育，通过仁、诚去体悟、契合“天命”、“天道”流行之体，进而与天地相参之说，奠定了中国形上学的基础。一方面，从天道天命向下贯注到人生，落实到现世，由此而彰显了人的主体性；另一方面，由内在的本心出发，知性、知天，领会乃至体现天道，从尽己性出发，参赞天地之化育。总之，在天人的统一中扩充人性，实现人性。至是，宇宙与个人不是隔截的，客体与主体不是隔截的，现象与本体不是隔截的，外物与自我不是隔截的，形上与形下不是隔截的，体用不是隔截的，常变不是隔截的，理想价值与伦常日用不是隔截的。这正是儒释道形上学的共同特点，与西方二元论或二分法的本体论大相径庭。

2. “整体—动态”

中国传统哲学的这种“本体—宇宙论”的思想模式，具有鲜明的机体主义的，亦即“整体—动态”的特点，即不把宇宙世界看做是杂乱无章的拼凑物，不把宇宙系统视为封闭系统，不把宇宙秩序视为机械秩序。一方面，认定人与宇宙不是对立的、彼此孤立的系统，强调二者的统合性、整体性；另一方面，又赋予这种统一体以生生不已、创进不息的生命本性。“人—天”统一体的整合性、统摄性、丰富性、充实性，区别于印度佛教和西方逻各斯主义的空疏与抽象；“人—天”统一体的动态——过程性、创造性与能动性，区别于西方宇宙论的静态——结构性、呆板性与机械性。这种形上学，就其能够从总体上、全貌上和发展上把握宇宙万象来说，似更能抓住本质。不仅如此，这种“整体—动态”的思想模式，并不把主体的参与与评价自外于“人—天”系统；反之，其所肯定的是本体的统一、存在的统一、生命的统一和价值的统一。它是一种积极的存在论、本体论与宇宙论。

道家经典《老子》、《庄子》和儒家经典《易经》、《易传》的整体的系统观，把宇宙看做是一个动荡不已的进程，强调运动变化的潜力及发展过程，肯定各种事物是在一种永恒变化的动态历程和相互关联、相互作用的生机脉络中相互决定和界定的。自然界是活泼的有机的生命整体，人与天地万物亦是活泼的有机的生命整体，人类的、民族的社会活动、历史文化都是活泼的有机的生命整体。其活动的历程是内在的阴与阳（即否定的与肯定的力量）彼此消长的过程，这个过程永远不会完结。在这里，主体与客体、物体与精神之间没有鸿沟，它们彼此依赖、相互补充，动态地关联在一起。整个宇宙生命、民族文化生命都是创造性的历史过程，是诸杂多的动态的统一过程。所谓“一阴一阳之谓道”、“天地之大德曰生”、“生生之谓易”、“万物化生”、“道生一、一生二、二生三、三生万物”等，表明了中国形上学的创生性（勃勃生机）和系统性（统之有宗，会之有元）。这与西方本体论所强调的“存在”之静止的自主性，和“存在”高居超越界，与表象世界截然二分的思想模式不同。其侧重面在于彰显“存在”的动态流衍的特性，使之在生化历程中能够流衍贯注于万事万物。机体形上学的立场使中国哲学总是把宇宙视为丰富完整的有机整体，把人生视为丰富完整的有机整体，把宇宙与人生贯通起来，把人生活动的各层面，例如身体活动、心理活动、政治社会、历史文化、知识探求、美感经验、人伦道德、实存主体、生死解脱、终极存在等，及其不同的价值，沟通贯穿起来，使得宇宙不但不贫乏，反而可以成为更丰富的真相系统，更丰富的价值系统。

3. 价值中心

苏格拉底以后的希腊哲学和中世纪哲学把完整的世界、完整的人生划分为两截，一是形而下的物质世界，一是形而上的精神世界和真善美的价值世界。这两层世界的隔绝，使绝对的真善美的价值世界很难在此岸、现界完全实现。近代笛卡儿以降，又以另一种二分法，把内在的心灵世界与外在的客观自然界划分为两截。

中国主流学派的形上学却不是这样的，其宇宙论并非纯粹论宇宙，而是在描绘、说明、认识宇宙的同时，渗进了多层面的人的生命活动及丰富的人文价值。甚至我们可以说，在中国许多哲学家看来，宇宙的真相、宇宙的全体，不在于宇宙自身，而在于人与宇宙之关系，在于在这种关系中人的创造活动，以及在这种活动中所把握的真善美的价值，所体验的崇高的精神境界。

中国古代许多哲学家的"宇宙"，不仅仅是自然的宇宙，同时又是道德的宇宙，艺术的天地，宗教或准宗教的境界。中国哲学家承认各种相对的价值，相对的境界，同时承认有一个统摄、贯通它们的绝对的价值和最高的境界。这里有内外上下的层次，但没有绝对的界限。不同的价值和境界相互联系，彼此贯通。儒家讲"志于道，据于德，依于仁，游于艺"，讲"尽善尽美"，贯通自然现象、社会现象，在人类生命内部，将这些理想予以艺术、道德的精神点化，贯通道德生活与艺术生活，成为富有"美"、"善"的价值世界。道家讲超越的价值，认为只有在智慧的修养、精神的锻炼达到极致的程度，才能进入"天地与我并生，万物与我为一"的境界，于此才能把握宇宙的真相和最高的价值。总之，使人格向上发展，不离开现实世界又要超越现实世界的种种限制，培育真善美统一的理想人格，是儒道思想的真谛。

中国哲学提倡一种清明在躬、志气如神的生活，主张实现人生无上的崇高的价值，无限的丰富的意义。因此，这种"本体—宇宙论"同时又是一种"人生—价值论"，强调人在宇宙创进不已的过程中发挥自身的主体性，在成己成物的实践中产生责任意识和道德价值的崇高感，成就"尽善尽美"的理想人格，进而达到至真、至善、至美、至如的境界。这样，生命的创造过程也就是人生价值实现的过程。这种哲学充满着理想主义。

中国哲学不是从知识论上把世界的客体化成观念的系统，然后从观念的系统所形成的知识、科技、方法去笼罩、控制现实世界。相反，是要把人的生命展开来去契合宇宙，即"天人合德"、"合一"、"不二"、"同体"。然而人不可能把赤裸裸的自然人就投射出去，人要适应那个广大和谐的宇宙客体，首先必须修养自身，成就人格，把人生与世界点化成一个理想的领域，然后在那里从事我们人生的意义与价值的追求。

4. 生命本体

中国哲学注重天地万物一体之仁，以生意盎然、生机洋溢、生命充实言本体，而有意避免支离抽象之理。这种本体论是以生命为中心的本体论。熊十力说："盖吾人的生命，与宇宙的大生命，实非有二也。故此言生命是就绝对的真实而言。"所谓"绝对的真实"亦即"本体"。他说："吾人本来的生命，必藉好的习气（后云净习）为其显发之资具。如儒者所谓操存、涵养，或居敬、思诚种种工夫，皆是净习。生命之显发，必由乎是。"① 熊先生认为："人生唯于精进见生命，一息不精进即成乎死物，故精进终无足也。""精进者，自强不息，体自刚而涵万有，（此言体者，合也。人性本来刚大，而役于形锢于惑者，则失其性。故必发起精进，以体合乎本来刚大之性。夫性唯刚大，故为万化之原。唯率性者为能尽其知能，故云涵万有。）立至诚以宰百为……日新而不用其故，（《易》曰'日新之谓盛德'，唯其刚健诚实，故恒创新而不守故。）进进而无所于止。"②

可见中国哲学家不把统一的宇宙看做是纯粹的自然事物，而把它看做是一个生命现象。中国儒释道三教都是"生命的学问"，其特殊的智慧都落实在"人生的方向"上。其"本体—宇宙论"的立场是生命的立场，向外回应创生不息的大宇宙，向内培养刚健精进的小宇宙，向下不脱离物质基础，向上可以提升到高尚的价值理想。在这里洋溢着生命的活力，没有内外上下的界限，彻上彻下，彻里彻外只是生命，甚至以德性的生命作为宇宙的生命中心。但这生命决非柏格森氏的生命，柏氏"生命"在中国哲人看来是与形骸俱始的习气。

5. "仁之本体论"与"仁之宇宙观"

"仁"为生生之德，仁为生命的创造性，仁又是一种天地人物我之间的相互感通。从孔孟到康有为、谭嗣同、孙中山、熊十力，无不发挥

---

① 熊十力：《新唯识论》语体本卷中，73～74页，湖北印本，1947。

② 熊十力：《新唯识论》文言本，105～106页，浙江印本，1932。

"仁"学。足见"仁学"具有很强的生命力和普遍的联系性。

20世纪40年代，贺麟曾在《儒家思想的新开展》一文中，从哲学人类学的角度总结先秦儒学到梁漱溟、熊十力、马一浮等现代儒学，提出了中华民族的命脉与精华之所系的"仁的本体论"与"仁的宇宙观"。贺麟指出："从哲学看来，仁乃仁体，仁为天地之心，仁为天地生生不已之生机，仁为自然万物的本性，仁为万物一体生意一般之有机关系之神秘境界。简言之，哲学上可以说是有仁的宇宙观，仁的本体论。"① 与此相联系，儒家哲学亦以"诚"这一范畴表明真实无妄之理或道。"仁"与"诚"都是指的实理、实体、存在或本体，包含着存在真实无妄，宇宙流行不已，人生健行不息的意味。离开"仁"与"诚"而言本体或宇宙，只能陷于死气沉沉的机械论。

首先，"仁的本体论"和"仁的宇宙观"是儒家"人文化成"原则的哲学抽象，它关乎"存有"与活动的关系。儒家主流派的文化哲学肯定"天文"（自然的生命秩序）和"人文"（人事的生命秩序）的相互协调，相互投射。建立和发展文化的原则是"生生"和"变通"，是"大用流行"，是"称体起用"、"举体成用"。因此，无体不能成用，不能成就宇宙，更不能成就文化；无用不能见体，没有宇宙万象和文化创造，就扼杀了生命精神之"仁体"。要之，以仁（人）为体，以文为用；以存有为体，以活动为用；这个"体"是真实存在、充满活力的。有体则有文化，无体则无文化。这是文化原创力很强的儒家与佛、道的根本区别。儒家"体用不二"的文化哲学强调了这个区别，充实发挥了"人文化成"论，并作了形上学的论证。

其次，"仁的本体论"和"仁的宇宙观"是儒家伦理学的基础和核心，它关注道德与本体的关系。人所禀持的天性，是宇宙之"生生之德"。只有有德行的人才能弘大其天性，全面展开其人能，进而成为宇宙的中心。熊氏指出："儒家之学，自表面观之，似只是伦理学，而不必谓之玄学。实则，儒家伦理，悉根据其玄学。非真实了解儒家之宇宙观与本体论，则于儒家伦理观念，必隔膜而难通。"② 这就是说，主体通过道德实践才能体证本体。主体与本体统一，本体与工夫

① 贺麟：《文化与人生》，5～6页，北京，商务印书馆，1947。

② 熊十力：《十力语要》卷二，5页，湖北印本，1947。

统一。在一定意义上，本体其实就是理想主义的人生境界，是客观的天道与道德的本性的统一，是形而上的又是道德的实体。这就是中国的道德形上学。

再次，"仁的本体论"与"仁的宇宙观"肯定了人在宇宙中的地位，它关注"存有"与"万有"的关系，可以救治"形上的迷失"。一个充实完备的人格，应当与宇宙大化冥合为一。在天地人三者之中，人是一个关键，一个枢纽。天地宇宙的创造精神把握在人的创造生命之中。真正的儒者的博大气象，乃是以自己的生命通贯宇宙全体，笼罩并成就宇宙的一切生命。这就是人类生命的价值与归宿。正是在这样的意义上，中国哲学家以公正平和的心态，使万有在不同的存在领域中各安其位。其中，人性为天命所接受，人在大宇长宙的万象运化中，承受、禀持了于穆不已的创化力，成为宇宙的中心。人在本质上，在精神本性上与宇宙同其伟大，宇宙创造精神与人之间，无有间隔，人自可日新其德，登跻善境。①

"人是什么?""终极存在究竟为何?"诸如此类古老的存在论（本体论）问题一直困扰着人们。不论人们是否有能力解开关于终极存在的谜底，作为"形上学的动物"的人，却永远没有停止过形上学的探讨。我国传统儒、释、道诸家，对于生死解脱、生命的终极意义和价值，对于"人如何活"、"为什么活"、"活得怎么样（活在哪种境界中）"等问题，都有自己的特殊的回答。中国哲学是以人的生命存在为本体和出发点的学说，即是从人类学本体论出发的学说。它不是靠外在的知识，而是靠内在的生命体验，才能领悟和把握。它强调实践。它充分肯定文化乃是由人类创造而又反过来创造了人类的特点，充分重视在社会生活中，一切活动都是在人这一主体（尤其是作为道德主体）的参与下才得以发生的这个本质。中国哲学家所作的本体论的思考，深究宇宙与人的动态关联和创化过程，安排人类与万有的地位，从人类的自我创造活动中寻找其根源，以人类生命本体取代无根的自然本体和虚构的精神本体。宇宙与人处在生命的秩序之中，挺立、创造、实现"道德自我"即"道德主体"，是人与天地万物道通为一、相融无碍的基础，是人合理地适应天

① 参见方东美：《生生之德》，292、352页；《原始儒家道家哲学》，158～159、176～177页。

地并与天地相参的基础。

黑格尔说过，一个民族失去了它的形而上学，失去了它的国家法学、情思、风习、道德，或者这些东西都变为无用之时，是一种“很可怪”的事。我们似乎是见怪不怪了。一个民族、一个社会、一个个体，如若失却了人文价值、终极信念的支撑、维系与调节，其行为只可能是无序的，起哄、赶潮、浮躁……人生的价值、意义何在？行为的根据何在？何谓“天人之际”、“性命之原”？没有神圣感、敬畏和虔敬感，没有根源意识和终极托付行不行？“天”、“道”、“理”、“命”、“心”、“性”、“仁”、“诚”、“良知”等，一个民族的文化精神达到一定自觉时才升华出来的这些意识与哲学本体论的范畴，决不是可有可无的奢侈品，更不是可以随意抛弃的垃圾。20 世纪中国文化危机与思想危机的严重性，乃在于整个地背离、践踏了这个民族源远流长的传统。

当代世界哲学的主潮是把设定自然、上帝、逻辑、思辨等为实体的本体论消解，以克服本性与现象、人与世界的二重化。但这不是要消解本体论，而是把本体还原为人的生命、活动、历史、世界。这个世界对于人来说不是所谓纯粹客观的世界，而是一种价值世界、意义世界。因此，人与世界的关系又出现了一种新的理解：世界不仅仅是我的对象，我原本就是世界的一部分。中国传统思想的天人合一、知行合一、物我合一、心性合一、体用不二、质能不二诸论，虽有钝化向外求索的精神，造成科学逻辑、知识理性发展的局限，虽然缺乏一种现代意义的人的自觉和忽视了个体性的原则，但在涉及人与世界的关系、人之所以为人之道，人为什么活着、在哪种境界中活着，以及本体的主体性与本体的理想性诸方面，自有独到的、不亚于其他哲学系统的地方。如果把（攻之者与辩之者、全盘否定者与全盘肯定者其实都忽视了的）这一根本轻描淡写地抹掉，我们这个社会，哪怕是进入现代，仍将缺乏一种维系的主心骨、机制和力量，仍会出现 20 世纪不断出现的无序状态。离开我们民族长期形成的安身立命之道，人们只能扭曲、异化为泯灭了良知（甚至人性）的、金钱特别是权力拜物教的工具。从这个意义上说，中华民族的人文价值意识和信念，包括其终极托付和超越意识，是不能消解的。我们民族的本体论、形上学是不能消解的，也不能以西方近代哲学的价值方式和思维方法为尺度加以衡估。

总之，中国绝不是没有形上学，或形上学不发达，而是有着相当圆融、成熟，与希腊、西方和印度不同的形上学。在我们面临新的问题，作出新的哲学思考时，希望学术界不要简单地抛弃中国的形上学。当然，与华夏族诞生、发展相伴随的人文睿识和本体思考，其实已溶化在我们的血液中，具有很强的生命力，想抛弃也是抛弃不了的。

从场有哲学的视域看中国哲学的特性

唐力权教授创立的场有哲学，是中国哲学（例如《周易》哲学）与西方哲学（例如怀特海哲学）的创造性的综合与发展，其根据在中国哲学。唐先生的“场”是一种哲学的观点，不是数学或物理学的观念。在这里，“场”主要指事物的相对相关性和此相对相关性所依据的根源所在。事物的相对相关性乃是事物的“存在本性”。唐先生认为，场有基本上是一个“蕴徼”的真实。“蕴”是蕴涵、聚合、相关，“徼”是边际、分别、相对。宇宙本体乃是一个“蕴徼地”永恒无限的活动作用。事物之间不仅有“结构性”的蕴徼关系，而且有“势用性”的蕴徼关系，二者相互涵摄。唐先生指出，所谓结构势用，只不过是永恒无限的造化权能生生不已的虚机氤氲（蕴）与虚机了断（徼）的表现罢了。整个宇宙人生万象都是造化权能一蕴一徼、一徼一蕴相因相继的历程。生生的易道正是氤氲与断机之相因相乘之过程。“道”者，正是蕴徼合一的场有综合之道。[①]

场有哲学批评西方实体主义，超越西方形上学传统中的“实体”观念。场有哲学的“蕴徼真元”，是非实体的本体。“蕴徼真元”与“活动作用自身”是一回事，它有着相互涵摄、相对相关的两面——力量与信息。“元者，力（力量）息（信息）之源也。场有自身就是活动作用自身，就是场有宇宙一切蕴构所共之‘元’或‘源’。此活动作用自身的力息交汇也就是造化权能体性之所在了。”[②] 这里没有如巴门尼德的“有”、柏拉图的“理念”等，没有活动作用、独立存在、永恒不变的“实体”、“绝对”或逻辑的上帝。场有哲学的“体”是蕴徼之积（凝聚）。“场有宇宙中的一切事物都在一蕴徼大用的造化流行之中，最后分析起来，莫非真元（活动作用自身）自蕴自徼的分殊表现。此真元之自蕴自徼，就力量与信息之凝聚来看就是‘体’，就其蕴构格局之圆融周遍来说就是‘性’。前者《易传》谓之‘太极’，后者《易传》谓之‘太和’。太极是场有的‘本体’，太和是场有的‘本性’。故太极是太和之‘体’，太和是太极之‘性’。真元或太极不仅是一个自蕴自徼的活动作用，也是一个自感自爱的活动作用。自蕴自徼，这是真元之‘本命’；自感自爱，这是真元之‘本质’。”[③]

唐先生力图摆脱西化或泛西方化的束缚，着力发掘中国哲学的内在价值。他认为，中国哲学是以互体性为胜的。互体性相对于自体性而言，意即相互为体。“一个人通过与他人他物的相对相关而与他人他物相互为体，这就是此人的‘场有互体’。‘体’者，相对相关之积也。”[④]

唐先生场有哲学的内容十分丰富。场有哲学对西方传统的共相观念的实体学说的模式提出了批评，同时也提供了新的视域与方法，例如用关系论、历程论、意义论的思路来解读、重释中国传统哲学。《周易》经传、孔孟儒学、老庄道家、华严宗与禅宗的哲学与场有哲学有着密切

① 唐文见罗嘉昌等主编：《蕴徼论：场有经验的本质》，《场与有》（一），21～25页，北京，东方出版社，1994。

② 同上书，37页。

③ 同上书，44～45页。

④ 唐文见罗嘉昌等主编：《自由与自律之间：存在主义与当代新儒学的主体性观念》，《场与有》（二），24页，北京，中国社会科学出版社，1995。

的联系。反过来，从场有哲学的视域重新解读中国传统哲学，不难发现中国哲学的特点和优长。

1. 创化日新，生生不已

中国哲学传统与西方哲学传统有很大的差异。长期以来，西方哲学占主导地位的是实体主义和机械主义，而中国哲学占主导地位的是非实体主义和机体主义。在西方，一元外在超越的上帝、纯粹精神、不变的实体是宇宙的创造者，宇宙或世界不能自己创造自己。如：不动的静止的创造者与被它创造的生动活泼的世界，自然与超自然，人与神，此岸与彼岸，心与物，精神与物质，主体与客体，灵魂与肉体，身与心，价值与事实，理性与情感统统被打做两橛，其间有着巨大的鸿沟。中国哲学的主流是自然生机主义的，肯定世界是自己产生出来的，没有凌驾在世界之上之外的造物主或上帝。

孔子说："天何言哉？四时行焉，百物生焉。天何言哉？"① "子在川上曰：逝者如斯夫，不舍昼夜。"② 荀子曰："阴阳大化，风雨博施。"③ 这都是肯定变易是这个世界最根本的事实，一切事物莫不在变易之中，而宇宙是一个变易不息的大流。

老子说："大曰逝，逝曰远，远曰反。"④ 宇宙是逝逝不已、无穷往复的历程。庄子云："万化而未始有极也。"⑤ 一切都在变动流转之中，变化是普遍的，是没有终极的。"'维天之命，於穆不已'，盖曰天之所以为天也。"⑥ "天地之道，恒久不已也。"⑦ 这都是讲，自然万物，无不在变化迁流之中，无一刻停息。

中国哲学是气的哲学而不是原子论的哲学。气的哲学昭示的是连续性的存在，永恒的变易，不断地更新，自发自主自动，持续不断，生机无限。气的哲学的最大的特点是自己创造自己，变动不居，永恒运动，

① 《论语·阳货》。
② 《论语·子罕》。
③ 《荀子·天论》。
④ 《老子》第二十五章。
⑤ 《庄子·大宗师》。
⑥ 《礼记·中庸》引《诗》。
⑦ 《周易·彖传》。

大化流行。

从易学的观点来看，一切事物都在大化流行之中，整个宇宙是一个变动不居、生生不息的过程。气的世界，在天成象，在地成形，由此可以看出万物的变化。运动变化的根源，就在于阴阳二气的相反相成。所谓“一阴一阳之谓道，继之者善也，成之者性也”①，“道”不是“实体”，而是阴阳二气的动态统一，也就是万事万物运动的过程或轨迹。“继”是接续不息的意思，这里是指人道继承天道而有自然之善。人的本性正是依天道而成就事业。《易传》以阴阳二气的对立、交感作为宇宙万物运动变化的根源和规律，即所谓“天地絪缊，万物化醇；男女构精，万物化生”②。“絪缊”，又作“氤氲”，指天地阴阳二气浑然一体交相感应的状态。从这一混沌状态到万事万物的普遍生成，是万事万物中的阴阳两气（或两种不同性质的力量、信息）交合的结果，犹如人之男女，动植物之雌雄、牝牡，通过交合，生育繁衍后代一样。

《易传》讲“精气为物，游魂为变”，“天地之大德曰生”。中国哲学在一定意义上是生命哲学，具有泛生论、泛心论、泛神论、泛灵论的倾向，但又绝不是其中的一种。所谓“生”就是创造，创造是天地自然的崇高的禀性。史伯、史墨有所谓“和实生物”，“物生有两”之说，都有个“生”字。中国哲学的“生”是自生内生，而不是他生外生。荀子说“天地合而万物生，阳阴接而变化起”③，他又把天上的斗换星移、日月交替、寒来暑往、四时推移，都归结为“阴阳大化”。“化”即是“变”，“化”也是“生”，即“化生”。庄子讲“万物皆化”，“天地之大，其化均也”④。

王充说：“谓自然无为者何？气也，恬淡无欲，无为无事者也”；“天地合气，万物自生”⑤。气在变化流行中自然而然地产生了天地万物，不是有意造物，而是偶然自生。张载在《正蒙·参两篇》中指出：“动必有机”，“动非自外”；“一物两体，气也。一故神，两故化，此天

---

① 《周易·系辞上传》。

② 《周易·系辞下传》。

③ 《荀子·礼论》。

④ 见《庄子》之《天地》、《至乐》。

⑤ 《论衡·自然》。

之所以参也。”事物都是阴阳二气两种力量隐微曲折地消长变化、相反相成、综合平衡的结果，整个宇宙无非是“气”自己的运动，自生自化，谓之“神化”。此“神”非彼“神”，不是造物主，不是外在的上帝神灵，而是“气”自身不见形迹的神妙莫测的变化本身，三千大千世界无不如此生成。所以王夫之解释说：“盖阴阳者，气之二体；动静者，气之二几……阴阳之消长隐现不可测，而天地人物屈伸往来之故尽于此。”①

回到我们前面所说的“生”。变化、神化都是“生”，且是“自生”。“生”即创造、创新，这是中国哲学的主题。中国文化是“尊生”、“重生”、创造日新的文化，所崇拜的是“生”即创造的本身。《周易·系辞上传》：“富有之谓大业，日新之谓盛德，生生之谓易。”天地阴阳之气化生了、创生了、生育长养了万物，又促进万物发展壮大，这是伟大的业绩，天天有新的进步就是崇高的品德，不断地化生就叫做“易”。宇宙间最高最大的原理就是：一切都在迁流创化中发展着，世界是一个生生不息、日化日新的历程，生长衰亡，新陈代谢，永不停息，“为道也屡迁”。中国的易、儒、道、释诸家尊奉的“道”，就是天地自然或人文世界的永恒运动和发展变化，没有什么公式、法则可以限制这种运动与变化发展，正所谓“变动不居，周流六虚，上下无常，刚柔相易，不可为典要，唯变所适”②。

中国哲学家从来不把宇宙看成是孤立、静止、不变不动或机械排列的，而是创进不息、常生常化的。中国哲学家有一个信念，就是人类赖以生存的宇宙是一个无限的宇宙，创进的宇宙，普遍联系的宇宙，它包举万有，统摄万象，无限丰富，无比充实。对宇宙创化流衍的信念，实际上也就是对人的创造能力的信念。在宇宙精神的感召之下，人类可以创起富有日新之盛德大业，能够日新其德，日新其业，开物成务，创造美好的世界。人们效法天地的，就是这种不断进取、刚健自强的精神。所以《礼记·大学》引述《尚书》和《诗经》说：“汤之《盘铭》曰：‘苟日新，日日新，又日新。’《康诰》曰：‘作新民’。《诗》曰：‘周虽旧邦，其命维新。’是故君子无所不用其极。”无论是对我们民族来说，

---

① 《张子正蒙注·太和篇》。

② 《周易·系辞下传》。

还是对我们个人来说，我们不能不尽心竭力地创造新的，改革旧的，这是天地万象变化日新所昭示给我们的真理。

王夫之说："天地之间，流行不息，皆其生焉者也，故曰'天地之大德曰生'。……天地之大德，则既在生矣。阳以生而为气，阴以生而为形。……男女构精而生，所以生者诚有自来。形气离叛而死，所以死者诚有自往。……今日之日月，非用昨日之明也；今岁之寒暑，非用昔岁之气也。……故人物之生化也，谁与判然使一人之识亘古而为一人？谁与判然［使一物之命］亘古而为一物？"①

王夫之又说："天地之德不易，而天地之化日新。今日之风雷，非昨日之风雷，是以知今日之日月，非昨日之日月也。风同气，雷同声，月同魂，日同明；一也。抑以知今日之官骸，非昨日之官骸。……其屈而消，即鬼也；伸而息，则神也。神则生，鬼则死。消之也速而息不给于相继，则夭而死。守其故物而不能日新，虽其未消，亦槁而死。不能待其消之已尽而已死，则未消者槁。故曰'日新之谓盛德'，岂特庄生藏舟之说为然哉！"②

总之，世界自身的永恒运动、创新、变化、发展，自我更新，自我否定，日生日成，日新其德，革故鼎新，除旧布新，是中国哲学的主调。创新的动源，来自世界或事物自身内部的张力或矛盾。变化发展并不都是偶发的，《周易》卦爻系统深刻地说明了变易的机巧与律则。

以上所说是老生常谈，是中国哲学的常识。人们常常讲宇宙观、世界观、人生观，中国人对宇宙、世界、人生的"观"法真的与西方人有点不一样。他不是分判割剖的，而是整体贯通的；不是外在的，而是内在的；不是站在旁边，而是投入其中。中国人不喜欢把宇宙、世界、人生讲成是结构性的、机械的、公式化的、他在安排的、静止的、分裂的、不易不动的、听凭宰制的；相反，中国人把宇宙、世界、人生都"观"成是永恒变动、自生自动、大化流行、贯通性的、相互联系、连续不断、生生不已的生命发展过程。

当然，这绝不是说中国哲学只讲动不讲静，只讲变易不讲不易。恰恰相反，中国哲学强调动与静、变与不变的统一。在宇宙论、存在论的

① 《周易外传》卷六。

② 《思问录·外篇》。

层面上讲动与变易，在形上本体、意境上讲静与不易。所谓动静不二、变易与不易不二，在前一层面上以动统动静，以变易统不易，在后一层面上以静统动静，以不易统变易。另外，我们必须看到，在变与不变的关系上，中国哲学与西方哲学、亚里士多德哲学的讲法不一样。亚氏的宇宙体系虽也是一发展系统，但他一讲变化就等于不变，化成空间上的永恒现在。西方近代哲学也重视空间，轻视时间，把时间化成空间的影子，其所讲的持续性也是一直线的进程。[①] 中国哲人的时间性、持续性、历史性的看法与西方哲学不同。

儒家讲"精进"，"自强不息"，刚健创新不守其故，天地万物一体之仁（"仁"也是生），生意盎然，生机洋溢，生命充实，宇宙大生命与吾人生命的不二，其学问，其智慧亦即"生命的学问"、"生命的智慧"，彻上彻下、彻里彻外、彻头彻尾，无不洋溢着生机活力，生香活意，特别是人的德性生命、价值理想的精进与提升。这当然就是一种生命的哲学，不过不是柏格森讲的动物性的、与形骸俱始的习气生命。

在中国哲学家看来，自然是宇宙普遍生命大化流行的境域。它本身充满着无穷无尽的大生机。人与自然也没有任何间隔，因为人的生命和宇宙生命是融为一体的。自然又是一和谐的体系，它凭借着神奇的创造力（所谓鬼斧神工、神妙不测），点化了呆滞的物性，使之成为人们审美的对象，陶冶人的性情，提升人的美德。天德施生，地德成化，生生不已，浩瀚无涯。大化流行的生命景象，又不是与人了无相涉的。正因为人参与了永恒无限的创化历程，并逐渐地在这一"健动"的历程中取得中枢地位，因而个体的生命与宇宙的生命一样，具有了无限的价值和意义。我们面对着一个创造的宇宙，我们每个人只有同样富有创造精神，才能德配天地。所以儒家动态流衍的宇宙观，也即是价值中心的本体论，其基点是哲学人类学的。

这就是说，人在天地之中，深切体认了宇宙自然生机蓬勃、盎然充满、创进不息的精神，进而尽参赞化育的天职；这种精神上的契会与颖悟，足以使人产生一种个人道德价值的崇高感。如此，对天下万物、有情众生之内在价值，也油然而生一种博大的同情心，洞见天地同根，万

① 详见方东美：《原始儒家道家哲学》，163～164页，台北，黎明文化事业公司，1987。

物一体。儒家立己立人、成己成物、博施济众、民胞物与之仁心，道家万物与我为一、天籁齐物之宽容，佛家普度众生、悲悯天下之情怀，都是这种精神的结晶。由此产生了真善美统一的人格理想，视生命之创造历程即人生价值实现的历程。天道的创化神力与人性之内在价值，德合无疆，含弘光大。①

中国哲学的宇宙论并非纯粹论自然宇宙，而是在描绘、说明、认识自然宇宙的同时，渗进了多层面的人的生命活动及丰富的人文价值。甚至我们可以说，在中国许多哲学家看来，宇宙的真相、宇宙的全体，不在于宇宙自身，而在于人与宇宙之关系，在于在这种关系中人的创造活动，以及在这种活动中所把握的真善美的价值，所体验的崇高的精神境界。

2. 相依相待，整体和谐

如上所说，中国人眼中的世界，不仅是生机盎然、生命流行、变动不居、永恒发展的世界，而且是丰富多样的世界，是开放的、交融互摄、旁通统贯、有机联系、相依相待、动态平衡、整体和谐的世界。天、地、人、物、我之间，心物之间、身心之间、神形之间、能质之间是相对相关的，是互为主体的，同时又是不可分割、彼此联系的一个整体，一个系统。

前面我们说过，中国哲学家的宇宙论是生成论而不是构成论，他们认为，世界不是宰制性的建构，世界是多样的生存、各种主体的参与。气的不可见的活动，气的自发性与活动的永恒性，同时伴随的有其条理、规则，这就是“理”。气是复杂的，气的运动变化、聚散屈伸是繁复的，生成的品物、种类、方式与样态也是复杂的，因而世界出现无限多样的类与个体，同时有了各种各样的条理。

西周史伯说：“和实生物，同则不继。以它平它之谓和，故能丰长而物生之。若以同裨同，尽乃弃矣。故先王以土与金木水火杂，以成百物。”② 先王杂以成百物，当然有了主体性，不纯粹是自然生成，而有了人文化成的自觉。不过，这里主要指有差别的多姿多彩的世界是万事

① 这里借鉴了方东美先生的《生生之德》一书。

② 《国语·郑语》。

万物存在的场阈，天下就是有差别的多样性统一的天下，没有纯而又纯的绝对的同一。

今天西方的哲学家，一贯在过分强调排斥性、二分法，在过分强调人类中心主义、主体中心主义的传统下浸润既久的哲学家们才突然醒悟，要注意主体间性，互为主体性，主体与他者的关系，肯定世界是多元他者的存在，肯定共生关系，走出自我，走向陌生，走向他者。[①] 其实，他们刚刚才醒悟而中国哲学家早就视为当然。中国哲学没有这些困难、障碍，因为没有西方哲学与宗教的“预设”。今天西方的环保主义者讲自然是他者，我们只能参与，不能宰制，要重建人与自然的和谐关系。今天西方的伦理学家们提倡以他人为他者，倾听他人，接受他人，理解他人，宽容他人，欣赏他人，肯定他人的不可化约。这是西方学者向非西方文明靠拢的结果。当然更多的美国或西方的政治家们仍然是单边主义者，唯我主义者，霸权主义者。

中国哲学家处理自我与他者的关系没有西方人的种种困难。实际上，“他者”的说法是西方话语。所谓自然的他者、社会的他者、终极的他者的概念，都是西方式的，中国人没有这样的看法，自然、他人、天道都不是“他者”而是自身或自己的一部分或是与自己有机联系在一起的整体。这里，我们姑且仍用这一概念。

史伯、晏婴、孔子的“和”“同”观，“和而不同”“尚和去同”就是讲的这种道理。《礼记·乐记》：“和，故百物皆化”。看来，多样的统一是万物生存变化的场阈、源泉、动力与归宿。我们熟知的《易传》说：“一阴一阳之谓道”，“一阖一辟谓之变”，“阴阳合德，而刚柔有体”，“保合太和，乃利贞”。“太和”，张载指阴阳未分的气。“太和”中蕴涵着阴阳二气，阳气代表主动、刚健、明快、浮动、升腾的能量、生命力、细小精微的生命状态、信息等，阴气代表被动、顺承、暗慢、沉降、潜静的力量、能力、信息或生命微粒等，两者相互感通，因而发生氤氲相荡、或胜或负、或屈或伸、或凝聚或发散的运动变化，从而形成丰富多样的世界。

王夫之在《张子正蒙注·太和篇》说：“刚柔、寒温、生杀，必相

① 这里借鉴了沈清松教授 2002 年 5 月 9 日在武汉大学的演讲《现代性与后现代的省思》。

反而相为仇；乃其究也，互相以成，无终相敌之理。”这就是张横渠的“仇必和而解”。王夫之在同一篇文章中又说：“既聚而成形象，则才质性情各依其类。同者取之，异者攻之，故庶物繁兴，各成品汇，乃其品汇之成各有条理。故露雷霜雪各以其时，动植飞潜各以其族，必无长夏霜雪、严冬露雷、人禽草木互相淆杂之理……不妄者，气之清通，天之诚也。”“阴阳具于太虚絪缊之中，其一阴一阳，或动或静，相与摩荡，乘其时位以著其功能，五行万物之融结流止，飞潜动植，各自成其条理而不妄。”

这里是说发展的繁复性和世界的条理性。宇宙生命的节律，变化与常住，万物之类与个别的形质性情，生存长养衰亡的不确定性、偶然性与稳定恒常性，时间与空间，同一与差异，统一与多样，均各有自身的根据、条件，大大小小的层次不同的道理与规律，于是就有了“气”与“理”的种种关系。

“气”形成了繁复的个体，大小不同之种类及其流行发展。多样复杂的世界，可以归为几个系统。几大系统又是彼此关联着的。在古代思想家看来，天、地、人不是各自独立、相互对峙的系统，彼此之间有着不可分割的联系，它们同处于一个充满生机的气场或生命洪流之中。老子讲：“故道大，天大，地大，人亦大。域中有四大，而人居其一焉。人法地，地法天，天法道，道法自然。”① 道、天、地、人是宇宙间四种伟大的存在。“道”是天地自然最根本的规律与过程，统摄天、地、人三大系统。《易经》与《易传》把宇宙看做是整体圆融、广大和谐、旁通统贯的系统。“《易》之为书也，广大悉备。有天道焉，有人道焉，有地道焉。兼三材而两之，故六。六者非它也，三材之道也。”② 孟子说：“亲亲而仁民，仁民而爱物。”③ 张载说：“民吾同胞，物吾与也。”④ 程颢说：“仁者以天地万物为一体。”⑤ 他主张天地万物与己一体，元无分别。程颐说：“天地人只一道也，才通其一，则余皆通。”⑥ 王阳明

① 《老子》第二十五章。
② 《周易·系辞下传》。
③ 《孟子·尽心上》。
④ 《正蒙·乾称》。
⑤ 《遗书》卷二上。
⑥ 《遗书》卷十八。

说："大人者，以天地万物为一体者也，其视天下犹一家、中国犹一人焉。"① 官吏与百姓，上层知识分子与人民是密不可分的整体。人与自然万物，与草木、鸟兽、瓦石、山水，是密不可分的整体。天地万物是不同差异的统一。古代的《月令》，特别重视人对动物、植物、山川、陂池的保护，涉及季节与人之养生、渔猎、伐木、农事的关系。古代在"贵生"、"尊生"即尊重人的生命并"养生"的同时，亦重视人生存之自然环境、山林川泽，保护动植物的正常繁衍。

道家庄子"气化"的生命观和人生论，以生死为气之聚散，强调个体小宇宙与自然大宇宙的联系，即"通天下一气"。庄学涉及人的魂魄神气与血气形骸、情感、欲念、志气、心性、生死等。其要旨，一是"天地与我并生，而万物与我为一"的共生共存关系论，即天、地、人、物、我之整体和谐的生态观，二是身心神形的合一与超越，以及由此而建立的道家特有的修养论、境界论。自然与人同是气化的产物并相互感通的观点，并非专属于庄学，这是中国哲学的共识。这一看法在《管子》四篇、《易传》中亦非常突出。这种自然宇宙化的身体观也是宋儒的重要思想来源。

中国哲学家认为，天、地、人之间，身（体）、心（知）、灵（觉）、神（明）之间，都是"相成"、"相济"的关系，彼此处在密切联系的关系网络之中。华严宗"六相圆融"、"一多相摄"的命题表达了这种智慧。法藏认为，现象世界不外总别关系、同异关系、成坏关系，这些相互差别的现象、关系，最后可以融通为一。例如总别即部分与全体的关系："本以别成总，由无别故，总不成也。是故别者，即以总成别也。"② 同异、成坏（诸缘的依存与各自独立）的关系，依此类推。中国哲学的体用、一多关系与西方哲学的本体论很不相同，如法藏《华严金师子章》："一一毛中，皆有无边师子；又复一一毛，带此无边师子，还入一毛中。"这好比因陀罗网，互影交光，重重无尽。

就我们今天讨论主体与他者的关系来说，中国哲学可以提供很多启示。他者如是自然，正如前说。他者如是他人，则儒家"成己"与"成人"、"立己"与"立人"、"己达"与"人达"的关系，孔子"己欲立而

① 《大学问》。

② 《华严一乘教义分齐章》。

立人，己欲达而达人”，“己所不欲，勿施于人”[①] 的忠恕絜矩之道，就很有价值。成就自己是在成就别人的共生关系中实现的。成就自己，同时必须尊重、欣赏别人，不尊重、欣赏别人，也不能成就自己。儒家的“为己”、“成己”、“为仁由己”、“反求诸己”、“我欲仁，斯仁至矣”之学，肯定主体的内在价值，肯定自我的主导作用，在道德实践和政治诉求上，表现了“舍我其谁”的当担意识。孔子主张“修己以安人”，“修己以安百姓”[②]。《大学》主张“壹是皆以修身为本”。自我的完善与实现，脱离不了家国天下的完善与实现。这种思想传统说明了中国人在交往理性上并不会发生困难。中国人善于在多元差异中对话，寻求理解、共识、共处。他者如是终极的天、道，则如前所说，天、道向我们开显，既超载又内在。

《中庸》说：“万物并育而不相害，道并行而不相悖。”“中也者，天下之大本也；和也者，天下之达道也。致中和，天地位焉，万物育焉。”“唯天下之至诚，为能尽其性。能尽其性，则能尽人之性。能尽人之性，则能尽物之性。能尽物之性，则可以赞天地之化育。可以赞天地之化育，则可以与天地参矣。”《易传》说：“天下同归而殊途，一致而百虑。”此外，我们还特别重视庄子的《齐物论》。这些资源可以提供给世界哲学家们共享。在肯定多元“他者”的存在和主体的相互性、互体性的问题上，中国思想的宝库值得再发掘。

3. 事实与价值的联结，语言与超语言的贯通

在西方哲学史上，休谟强调“事实”与“价值”的二分，认为“价值”“只是人类对于某种社会的和有形的确实之偏好而起的反应”，也就是“无法证实的观念”，所以将“事实”与“价值”两者相混淆，将引起“知识上的混乱”[③]。西方认识论的传统中，强调认知优先，美德即是知识，强调客观知识，强调认识的客观性、公允性，提倡价值中立，避免把价值观和信仰渗透到研究中去。对于我们做研究来说，暂时把事

---

① 《论语》之《雍也》、《颜渊》篇。

② 《论语·宪问》。

③ 转引自黄俊杰：《萧公权与中国政治思想史研究》，载台北《台大历史学报》，172页，2001（6）。

实与价值区别，作为研究过程中的一个环节或层面，这种方法是值得重视的。中国传统的价值优先，价值与认知不分，确有弊病。

中国古代的文化人，包括文、史、哲的大家，在中国人的语言文字环境、生存方式、思维习惯中，往往不把“价值”与“事实”分剖得清清楚楚。中国古代史家无不寓褒贬于历史陈述之中，以鉴往知来。孔子修《春秋》就是要“道名分”，“辨是非”，“惩恶劝善”。章学诚说：“夫据事直书，善恶自见，《春秋》之意也。”[①] 中国史家有秉笔直书的传统，甚至不怕杀头，前仆后继。这不仅是客观性的要求使然，同时也是信仰、信念和价值诉求使然。司马迁在《太史公自序》中引用孔子的话“我欲载之空言，不如见之于行事之深切著明也”，以申论自己撰写《史记》的目的与历史文化功用。“究天人之际，通古今之变”决不是为了“成一家之言”，而是为了给后世子孙提供历史的借鉴。“三不朽”中，“立言”总是在“立德”、“立功”之后的。顾炎武曾用“于序事中寓论断”[②] 来概括《史记》“史法”的特点。今天我们还有“史论结合”之说。鲁迅歌颂《史记》是“史家之绝唱，无韵之《离骚》”。这都说明，在修史和研究历史的过程中，完全排斥史家的价值观和情感，不仅是做不到的，也是无益的。历史上具有永久价值的理念，历史人物伟大人格的力量，血泪换来的历史经验教训，歌颂善良，贬斥、鞭笞丑恶，都具有警世与教育的功能。我认为，把“事实”与“价值”分离，作为研究过程中的一个环节是可以的，但自始至终完全分割，根据解释学的理论，是不可能的，也是有问题的。

金岳霖先生说：“熊（十力）先生的哲学中有人。”所谓“哲学中有人”，即是说，哲学不是讲堂、书斋里的纯粹推理的东西，不仅仅是知识、思辨的工具、过程与结果，或文字游戏，而是寓有价值理念且又见之于实践的“生命的学问”。据柏拉图记载，苏格拉底赞美伊索克拉底时曾说过：“此人中有哲学”。方东美先生说，中国哲学家却要把这句话反过来说：“中国哲学中有人”。“中国四大思想传统：儒家、道家、佛学、新儒家（按指宋明儒学），都有一个共同的预设，就是哲学的智慧

① 《文史通义·繁称》。

② 《日知录》卷二六。

是从伟大精神人格中流露出来的。”① 民族的生命精神透过一定哲学家、思想家的性情品格表达出来；真正的哲学家的哲学、思想家的思想，背后总有一个活生生的人格在那里呼之欲出！金岳霖先生说，中国哲学家与他的哲学是一致的，哲学家的生活就是在实践他自己的哲学，甚至可以说，哲学家本人就是实行他的哲学的工具。②

这里不仅仅涉及事实判断与价值判断、价值与认知的关系问题，还涉及哲学与人的关系，哲学与价值、意义、境界追求的关系，理论理性与实践理性的关系，言与行的关系，思与言的关系，知与感的关系，知与体（身）的关系，知与行的关系，如此等等。这当然非常复杂，不是三言两语可以说清楚的。

自希腊哲学，特别是亚里士多德哲学以来，至前现代时期，西方哲学的主流是建立在语言分析、知性推理基础上的，是逻辑的系统。“逻辑”这个词本来就来自希腊语“逻各斯”（logos），意指语言。海德格尔以来的欧陆哲学家，尽管与英美分析哲学大不相同，但骨子里仍是建立在语言哲学的基础上的。今天的哲学家们更进一步强调语言不仅仅是居所，而且就是存在，语言不外于存在、真理，语言是道，道即语言，进而强调“对话”。

我们现在考虑的是，语言、逻辑、辩论的传统尽管在我国先秦名家、后期墨家那里有，但终究不是主流，而且名家的逻辑与西方逻辑有很多不同。问题是：异于西方这一传统，异于语言分析、逻辑认知的非西方哲学，有没有另一种“理性”？有没有异于西方认识论的中国认识论？其特点何在？在中国哲学思想的长河中，语言与非语言、超语言有什么关系，这能不能叫“哲学”，能不能叫“理性”？今天西化派的朋友们是不肯承认的。但不管他们承不承认，被他们视为幼稚、童年、野性乃至动物性思维方式，视为“另类”的思维方式中，确乎有比语言逻辑方式更有效、更有生命力，且与自身的语言、文字相配合的非语言、超语言（我不同意“反语言学”这一提法）的理性思维方式。

《周易》的卦爻符号系统即是如此。与占筮、图形相联系的象征符

---

① 方东美：《原始儒家道家哲学》，39页，台北，黎明文化事业公司，1987。

② 参见金岳霖：《中国哲学》，载《哲学研究》，1985（9）。

号系统，源远流长的言、象、意之辩，给我们的民族打下了深深的烙印。

《周易》哲学崇尚一种意象性的思维。《周易·系辞上传》："圣人有以见天下之赜，而拟诸其形容，象其物宜，是故谓之象。"卦象是《周易》的骨骼，舍象则无《易》。借助卦象，并通过象的规范化的流动、联结、转换，具象地、直观地反映所思考的客观对象的运动、联系，并借助六十四卦系统模型，推断天地人物我之间的变化，这种思维方式渗透到中医和中国古代科技之中。道家庄子主张"得鱼而忘筌"，"得意而忘言"[①]，魏晋玄学家王弼提出"得意在忘象，得象在忘言"[②] 的命题，表明了中国思维穿透语言，领略语言背后之象，进而穿透形象而领略其背后之意蕴的特点。而汉语语言文字符号自身即具有"六书"——象形、象事、象意、象声、转注、假借合一的性质，带有很多人文的信息、密码。例如郭店楚简上的文字，上身下心的是"仁"字，上直下心的是"德"字，很有意趣。以象为中介，经验直观地把握、领会对象之底蕴的思维方式，当然有赖于以身"体"之，即身心交感的"体悟"认识方式。

中国儒释道三家都主张直觉地把握宇宙人生之根据和全体。儒家的道德直觉、道家的艺术直觉、佛家的宗教直觉，都把主客体当下冥合的高峰体验推到极致。中国哲学认为，对于本体的"仁"、"诚"、"道"、"无"、"太极"，不能依靠语言、概念、逻辑推理、认知方法，而只能靠感官、直觉、顿悟加以把握。中国人的"知"与"感"、"感通"、"悟"、"会悟"是相联系的。中国人的"知"是体验之知，感同身受，与形身融在一起。

道家认为，心灵的虚寂状态最容易引发原创性的思维。因此，人们要尽可能地摆脱欲望、烦恼的困扰，保持心境的平和、宁静。而要使直觉思维真实呈现，则离不开默思冥想的"玄览"。老子主张"涤除玄览"。"涤除"即否定、排开杂念，排开知识、教条的系缚；"玄览"即深入静观，进入放松、空灵的境界。这是在高度精神修养的前提下才具备的一种思维状态。庄子主张"心斋""坐忘"。"心斋"即保持心境的

---

① 《庄子·外物》。

② 《周易明象》。

虚静纯一，以便直接与道契合。“坐忘”即心灵空寂到极点，忘却了自然、社会，甚至忘却了自己的肉身和智慧，物我两忘，浑然冥同大化之境。

儒家孔子的“默而识之”，孟子的“不学而能”、“不虑而知”的良知良能，荀子的“虚一而静”、“大清明”，王弼的“圣人体无”，张载的“德性之知”，“大其心则能体天下之物”，“其视天下无一物非我”，朱熹的“豁然贯通焉”，“众物之表里精粗无不到，吾心之全体大用无不明”，陆九渊的“吾心”与“宇宙”的冥契，王阳明的“致良知”，都是扬弃知觉思虑，直接用身心体验宇宙终极，达到对道德本体之契合的一种境界或方法。

佛家更是强调一种精神性的自得和内心的体验，彻见心性之本源。禅宗参究方法是不立文字，教外别传，直心而行，无念为宗，触类是道，即事而真。不执著外物，种种言行纯任心性之自然。禅宗的顿悟成佛，排除语言文字、逻辑思维工具，主体直接切入客体（人生的本性或宇宙的实相），与客体融合为一。这种思维活动的过程与结果是只可意会而不能言传的，“如人饮水，冷暖自知”，有赖于每个人自己体悟，别人只能暗示、启发，而不能替代。

道家、佛教的智慧，遮拨、破除我们对宇宙表层世界或似是而非的知识系统的执著，获得精神上的自由、解脱，爆发出自己的创造性。道家、玄学、禅宗等巧妙地运用语言，或指其非所指以指其所指，或否定其所指而明即其所指，甚至不用语言，以身体语言，以机锋、棒喝，开悟心灵，启发人当下大彻大悟。这些与语言相配合的“超语言学”的方式值得我们重视。

超越逻辑，祛除言诠，止息思维，扫除概念，排斥分析、推理诸思维活动，精神内敛、默然返照，当下消解了主客、能所、内外、物我的界限，浑然与天道合一。这是一种思维状态，即“众里寻她千百度，蓦然回首，那人却在灯火阑珊处”，当下得到对于生活和生命，对于自然世界和精神世界之最深邃的本质的一种整体的、综合的洞悉。但这种状态实际上是在多次反复的思考、推理的基础上产生的。没有这一铺垫，这种灵感或悟性不可能具有深刻的程度。

这也是一种理性思维方式，其特点是主体直接渗入客体。主体对于最高本体的把握，不是站在我们的生活之外作语言逻辑分析，而是投身于日常生活世界之中的一种感性体验，以动态的直接透视，体察生动活泼的宇宙生命和人的生命，以及二者的融会。只有切实的经验，与自家的身心交融成一体的经验，设身处地，体物入微，才能直接达到和把握真善美的统一。这种体悟、体验或证会，暂时地破除了对于任何语言、思辨、概念和推理的执著，但决不是说那些思维工具是微不足道的。恰恰相反，没有知性分析的素养，也难于把握最高本体。

这种思维状态、理性思维方法，又是一种境界，一种智慧。它可以是道德的、艺术的或宗教的境界或智慧。儒释道共通的、最高的智慧和境界，是彻悟最高的存在。从本体方法学上来说，人的安身立命之道、人的终极关怀发生了问题，不是因为他没有科学知识、专业技术，而是因为他失去了悟性正直的作用，掩蔽了人的真性，生命理性不能显发，生命和宇宙的真相无法洞悟、契合。东方智慧高于西方智慧之处，在于修正了西方学者那种分析型的、支离琐碎的思想方式。因为，本体与现象的二分、上界与下界的悬隔、边见的执著、知解的纷扰，常常会妨碍我们从总体上把握宇宙人生的全体意义、全体价值和全体真相。我们要超越西方一般认识论的框架、结构、范畴的束缚，发掘反对归约主义，扬弃线性推理的"中国理性"、"中国认识论"的特点。

另一方面，从哲学思想方法而言，我们应当看到，直觉与理智乃代表同一思想历程之不同的阶段或不同的方面，并无根本的冲突。当代世界哲学的趋势，乃在于直觉方法与逻辑语言分析方法的综贯。按贺麟先生的说法，直觉方法一方面是先理智的，一方面又是后理智的。先用直觉方法洞见其全，深入其微，然后以理智分析此全体，以阐明此隐微，这是先理智的直觉。先从事于局部的研究、琐屑的剖析，积久而渐能凭直觉的助力，以窥见其全，洞见其内蕴之意义，这是后理智的直觉。直觉与理智各有其用而不相悖。今天，没有一个用直觉方法的哲学家而不兼采形式逻辑与矛盾思辨的；同时也没有一个理智的哲学家而不兼用直觉方法及矛盾思辨的。① 所以，东西方思维方式并不是绝对的直觉与理智的对立。西方也有体验型、直觉型的哲学家。我们要善于把东西方各

① 参见贺麟：《哲学与哲学史论文集》，177～184页，北京，商务印书馆，1990。

自的理性方法综合起来，只用直觉体会，不要科学分析，是有弊病的。

知行关系问题是中国哲学家特别重视的问题之一。它所涵盖的是理论理性与实践理性的统一。中国哲学家偏重于践形尽性，力行实践。古代哲学家的兴趣不在于建构理论体系，不是只把思想与观念系统表达出来就达到了目的，而在于言行一致、知行统一，自己所讲的与自家身心的修炼必相符合。他们强调知行的互动，即按照自己的哲学信念生活，身体力行，付诸行动，集知识与美德于一身，不断把自己修养到超越的境界。

在朱熹、王阳明和王夫之的知行统合观中，我们可以知道，中国哲学家的行为方式是理想与理性的统一，价值与事实的统一，理论理性与实践理性的统一。他们各自强调的侧面内容或有所不同，但把价值理想现实化，实践出来，而且从自我修养做起，落实在自己的行为上，完全出自于一种自觉、自愿、自由、自律，这是颇值得称道的。

关于传统知行观的现代改造，首先应由单纯的德行和涵养性情方面的知行，推广应用在自然的知识和理论的知识方面，作为科学思想以及道德以外的其他一切行为（包括经济活动、工商行为及各种现代职业等）的理想根据。其次，这个“知”是理论的系统，不是零碎的知识，也不是死概念或抽象的观念，更不是被动地接受外界印象的一张白纸，而是主动的、发出行为或支配行为的理论。再次，这个“行”不是实用的行为，而是严格意义上的实践。这个实践是实现理想、实现所知的过程，又是检验所知的标准。

总之，在传统哲学中，“道”、“易”、“诚”、“仁”、“太极”等本体是超越的又是内在的本体。就人与世界的基本“共在”关系而言，人与天、地、人、我四重结构或四维空间，在传统哲学中是通过天人、体用、心物、知行之契合来加以沟通和联结的。天人之间、形上形下之间、价值理想与现实人生之间没有不可逾越的鸿沟。中国哲学由“内在超越”的理路，使天道与心性同时作为价值之源；开掘心性，即靠拢了天道；落实了行为，即实现了理想。这不仅没有遮蔽意义之源，反而使“神圣”落实化了。中国哲学的宇宙观念、人生智慧、思维方法、行为方式在现代仍然是全人类极其宝贵的思想传统和思想资源，是中国健康的现代化事业的源头活水。

“中国哲学”及其自主性

1. 保持世界性与本土化之间的必要的张力

哲学比较何以可能？中西哲学、儒学与康德有可比性吗？可以通约吗？一种看法是没有可比性，根本不可通约，认为中西哲学发展的轨道不同，两者的框架不一样，不可以相互诠释。以西方观念诠释中国哲学，自有不少限制，这是无须讳言的。近来有的青年学者提出，近百年中国哲学史学科的形成过程，只是不断地“汉话胡说”的过程，因此希冀根本颠覆这种状况。有的人甚至说只能用古代的话语方式来讨论中国哲学。

有的同行、朋友又提出了所谓“中国哲学”学科的“合法性危机”的问题。[①]“中国哲学”学科从创立到发展，已近百年，不断出现存在的“正当性”的问题，近年又被渲染为出现了“合

① 我所见到的文章有彭永捷：《中国哲学学科存在的合法性危机》，载《中国人民大学学报》，2003（2）；另参见《江汉论坛》2003年第7期上关于“中国哲学的‘合法性’反思与‘主体性’重构笔谈”的一组文章。

法性危机”，这的确令人深思。

那么，谁是“立法者”呢？要合什么“法”呢？提出所谓“合法性”问题的，至少有来自两方面的专家，至少持守两种立场或视域。第一种是一些西方学者和认同这些西方学者的中国学人，他们以古希腊（特别是亚里士多德）以来至近代西欧大陆哲学的范型为主要参照系，以近四百年的科学理性作为唯一尺度，否认中国有“哲学”，认为中国顶多只有“思想”。这些学者都不同程度地受到西方中心主义、黑格尔主义的影响与熏陶。这涉及如何界定“哲学”的问题，诚如如何界定“宗教”和中国有没有“宗教”的问题一样。第二种是一些研究中国哲学的青年专家，他们认为我们所受的全部是西方哲学的训练，近百年来，“中国哲学”学科的诸位专家只不过是用西方哲学的不同话语系统来宰割中国本土哲学，那至多只能算是某种比较哲学研究，并没有发掘出中国哲学的真髓，需要反思这种“汉话胡说”的处境，而建构一种真正纯粹的即用本民族的话语叙说的“中国哲学”学科。

笔者不太同意这两方面的看法。首先，西方的哲学形态也是五花八门的，并没有一个普遍的西方的或世界的哲学，所有的形态、体系都是特殊的、各别自我的。然而，但凡思考宇宙人生诸大问题，追求大智慧的，都属于哲学的范畴。无论东方西方，不管其内容、形式，所有关于自然、社会、人本身之本源及其过程、律则的思考、追索与体验，都是哲学性的。张世英先生说，“爱智慧”在赫拉克利特那里，就是指人对万物（一切存在者）合而为一的一种和谐一致的意识。张先生认为，这约略类似于中国传统哲学所讲的“天人合一”。至于黑格尔只把普遍性概念、理念，抽象概念王国的学问视为哲学，至于海德格尔把前苏格拉底哲学家如赫拉克利特、巴门尼德等人称为思想家，不叫哲学家，那只是一种看法。他们这种看法并不能概括从前苏格拉底到后黑格尔的所有的西方哲学，包括与概念知识系统并存的其他西方哲学。黑格尔、海德格尔对“哲学”的界定与看法，只是一家之言。我们尊重但不一定要盲从它。不是只有符合这种尺度的才叫做“哲学”，才具有所谓的“合法性”。果如此，一部分西方哲学，特别是非西方的阿拉伯、非洲、印度、中国与东亚的许多哲学智慧都会被抹杀掉。

其次，“中国哲学”学科建构的历史，就是用不同的西方哲学范式来“格义”的历史，其间经历了不少坎坷，但所有经验都值得重视。先辈们以不同的他山之石来攻错，运用实验主义、新实在论、康德、黑格尔，等等，尽管不可能是原汁原味的西方思想或方法，但都有发现并取得不同成果。近百年来，数代学人，特别是胡适、冯友兰、牟宗三、唐君毅等先生，在吸收西方哲学、实现中国哲学的创造性转化方面，做了非常可贵的探索，留下了丰厚的哲学遗产。一方面，使中国哲学学科从无到有；另一方面，使西方学界逐渐关注中国哲学，逐步改变西方所谓中国无哲学的偏见。各位哲学家们有大小不同的贡献，各种尝试都有价值与意义。“中国哲学”学科形成的过程，正是中国哲学、西方哲学相互比较、交融互渗的过程。从理论上解决哲学比较的可能性问题是不容易的。但我们要看到，不同文化背景下产生的哲学是有互通性的，正是这种互通性，使比较哲学研究不仅有可能，而且有意义。它有助于互通，即吸收不同哲学传统中的精华，促进哲学创新。从这一层面来说，牟先生对儒学与康德哲学的互通性的阐发特别有意义。

再次，从印度佛学传入中国并经过中国学者消化的历史经验来看，首先是“格义”。“格义”的前提，即是佛教与我国原始哲学的观念有某种一致性，以及意义间的可通约性。从非中国化到中国化，经历了由“格义”、误读到正解，到消化吸收、融会贯通的过程。明末以来，西方哲学在中国经过了一定的传播过程。今天，但凡用汉语撰写的西方哲学介绍及西方哲学原典的汉译，已经不完全是原来意义的西方哲学了。西方哲学的汉译，西方哲学与中国哲学用语的比较研究，西方哲学翻译与研究的得失，西方哲学的中国化与中国的哲学创新，西方思维方式的吸收与批判等，都是百年来广义的中国哲学的题中应有之事。西方哲学的汉语化或中国化，以中国哲学为主的中国文化在西方的传播，表明比较哲学不仅是可能的，而且是现实的。狭义的中国哲学学科的完善与发展仍然离不开中西哲学的多方面的更加广泛深入的交流、对话与沟通。现象学、解释学给我们提供了新的视域与方法，有关概念、范畴的解读、整理的方法则需进一步结合中国哲学文本的特性，避免牵强附会和削足适履。我们应力图发掘中国哲学之不同于西方哲学的特性与价值，力图改变依傍、移植、临摹西方哲学的状况，但中西哲学的交流互渗已是不争的事实，且也有助于逐步发现“中国哲学”的奥秘。“中国哲学”学科的生存与发展，必须保持世界性与本土化之间的必要的张力。包括中国哲学史的研究方法，也需要借鉴欧美日本，当然不是照搬，而是避免自说自话。

最后，我们对于中国传统哲学自身的特性及治中国哲学史的方法学，仍在摸索之中。我们应有自觉自识，发掘中华民族原创性的智慧与古已有之的治学方法，予以创造性转化。中国传统哲学有着天、地、人、物、我之间的相互感通、整体和谐、动态圆融的观念与智慧。华夏族群长期的生存体验形成了我们对于宇宙世界的独特的觉识与"观法"和特殊的信仰与信念，那就是坚信人与天地万物是一个整体，天人、物我、主客、身心之间不是彼此隔碍的，即打破了天道与性命之间的隔阂，打破了人与超自然、人与自然、人与他人、人与内在自我的隔膜，肯定彼此的对话、包含、相依相待、相成相济。与这种宇宙观念相联系的是宽容、平和的心态，有弹性的、动态统一式的中庸平衡的方法论。中国传统哲学中亦有一种自然生机主义与生命创造的意识，把宇宙创进不息的精神赋予人类。中国哲学的境界追求，把自然宇宙、道德世界与艺术天地整合起来，把充实的生命与空灵的意境结合起来。汉民族哲学中有着异于西方的语言、逻辑、认识理论，有自己的符号系统与言、象、意之辩，这是与汉语自身的特性有联系的。以象为中介，经验直观地把握、领会对象之全体或底蕴的思维方式，有赖于以身"体"之，即身心交感地"体悟"。这种"知"、"感"、"悟"是体验之知，感同身受，与形身融在一起。我们要超越西方一般认识论的框架、结构、范畴的束缚，发掘反归约主义、扬弃线性推理的"中国理性"、"中国认识论"的特色。中国传统的经学、子学、玄学、佛学、理学、考据学等都有自己的方法，这些方法也需要深入地梳理、继承。总之，"中国哲学"的主体性与学科范式，需要在与西方哲学相比照、相对话的过程中建构。我们当然需要自觉、自识与自信，中国哲学的智慧决不亚于西方。民族精神的自我认同与创造性转化的工作不能太急躁。

时下我们确实犯有"失语症"。只会转述、重复人家的话，匍匐在西方强势的话语霸权之下，而对于自家的、人家的论说，却缺乏深度的全面的理解。"五四"以来最大的毛病就是简单粗暴地对待自家的文化精神遗产，习惯于以偏概全，一言以蔽之地把需要分析、转化的价值系统，包括“人道”、“仁”、“义”、“礼”、“智”、“信”、“忠”、“孝”、“诚”、“恕”、“中庸”等范畴及其背后的与之密切相连的“天”、“天命”、“天道”等理念都当做负面的或历史博物馆里的东西，而不肯虚怀体认。在当代重视本土哲学资源的护持、活用与加强本土伦理的教化方面，我们真是要向西方学习。对于本族群文化传统的自我批判与自我尊重并不是矛盾的，关键是要有深入的理解与切实的分析，不要只停留在表层。

2. 学科的自觉、自主与自立

有没有什么一般“哲学”、普遍“哲学”？黑格尔自认为其哲学是普遍的、圆满自足的，是“绝对精神”的展现。今天我们有的专家不承认“中国哲学”或“中国有哲学”，其中有的人的理据是“哲学只有一个”，他们把近代以来的欧洲哲学（或者将其追溯到古希腊亚里士多德）作为普遍的哲学，以此作为“哲学”的唯一范式，因而不承认非西方的族群有哲学。

其实，哲学是关于宇宙、社会、人生的本原、生存、发展及其意义等根本问题的探求。在雅斯贝尔斯所谓轴心时代（公元前8世纪至公元前2世纪），各个大的族群的这种思考或追问的方式不同，基本观念不同，这就决定了世界上有不同类型的哲学。古代中国、印度、希腊的哲学是其中的典型。轴心文明时代几个大的典范文明各有不同的方式，其哲学有不同的形态。不仅今天所谓中国、印度、西方的哲学类型各不相同，而且中国、印度、西方的不同时空中又有不同的千姿百态的哲学。如果说有所谓“一般哲学”、“普遍哲学”，那即是不同族群、不同时空的哲学形态的共同问题或方法的抽象。人同此心，心同此理，东圣西圣，心同理同。这是其共性的或者可以通约的方面。但是，我们不能仅仅把古希腊到欧洲近代的哲学作为普遍哲学的唯一范式、标准、尺度，以为舍此并没有其他的哲学。

我们不仅一般地肯定“中国哲学”或“中国有哲学”，而且肯定“中国哲学”有其优长。尽管因为近两百年强势欧美文化的影响和学科专业训练的关系，人们一谈起“哲学”，潜台词或背景即是西方哲学，话语方式基本上是西方的方式，但中国哲学的存在却是不可否认的，其光辉是掩不住的。百多年来，在“中国哲学”学科形成的过程中，我们的先驱们以“格义”的方式或相互诠释的方式，把他们各自所熟悉的某一种西方哲学，例如胡适以实用主义，冯友兰以新实在论，贺麟用新黑格尔主义，方东美用生命哲学，侯外庐、任继愈用马克思主义，牟宗三用康德，唐君毅用黑格尔哲学等作为参考系来治理中国哲学，亦取得一定的功效，而且也是“中国哲学”学科范式形成过程中之不可免的途辙。我们尊重并珍视前辈们的努力，他们为“中国哲学”学科奠定了基础。前辈们所写的《中国哲学史》，借用金岳霖1930年在冯友兰著两卷本《中国哲学史》的《审查报告》中所说，大多是根据某一种西方哲学的主张或成见写出来的。

当然，金先生仍主张有一种所谓的“普遍哲学”（或“普通哲学”）。他指出：“哲学有实质也有形式，有问题也有方法。如果一种思想的实质与形式均与普遍哲学的实质与形式相同，那种思想当然是哲学。如果一种思想的实质与形式都异于普遍哲学，那种思想是否是一种哲学颇是一问题。有哲学的实质而无哲学的形式，或有哲学的形式而无哲学的实质的思想，都给哲学史家一种困难。‘中国哲学’这名称就有这个困难问题。所谓中国哲学史是中国哲学的史呢？还是在中国的哲学史呢？如果一个人写一本英国物理学史，他所写的实在是在英国的物理学史，而不是英国物理学的史；因为严格地说起来，没有英国物理学。哲学没有进步到物理学的地步，所以这个问题比较复杂。写中国哲学史就有根本态度的问题。这根本态度至少有两个：一个态度是把中国哲学当做中国国学中之一种特别学问，与普遍哲学不必发生异同的程度问题；另一种态度是把中国哲学当做发现于中国的哲学。”①

金先生的上述看法，可取的地方在于，我们甄别哲学的与非哲学的史料，哲学与国学的区别，哲学史与文化史、思想史的差异，是要讨论哲学问题，要有哲学的形式、内容、方法。但金先生上述看法是有极大的问题的，他预设的“普遍哲学”仍然只是以欧洲哲学为蓝本的，是西方哲学的抽象。他主张的“把中国的哲学当做发现于中国的哲学，中国哲学史就是在中国的哲学史”，仍然是把西方哲学史上的基本问题抽象

① 金岳霖：《审查报告二》，参见冯友兰：《中国哲学史》下册，北京，中华书局，1961。

为一般、普遍的哲学问题，然后再去对照、处理、发现或建构中国的哲学史料。金先生批评胡适之先生的《中国哲学史大纲》（卷上）只是根据于一种哲学的主张写出来的，这很有道理，但金先生本人要以他所谓的“普遍哲学”作为唯一尺度衡量、评估非西方的哲学，其实与胡适一样，只是根据于一类哲学的主张去要求不同类型的哲学。所谓“在中国的哲学史”，只是以西方哲学为范型的“哲学一般”去整理、范围中国的哲学。其病与胡适一样，不过胡适是以西方哲学中的一种哲学（实用主义），金岳霖则是以希望以整个西方哲学的基本话语来框架中国哲学。金氏之病乃是胡适之病的放大而已。金先生以“物理学史”来类比“哲学史”，说“哲学没有进步到物理学的地步”，尤其不当。我们学数学、学物理学不必去学数学史、物理学史，而学习哲学则必须学习哲学史。黑格尔所谓哲学史就是哲学有一定的道理。当然他指的仍然只是西方哲学与哲学史的关系。物理学、化学等自然科学没有国别史或族群史，文学、历史学、哲学等人文学科则不然。文学、历史学、哲学史上的族群差异，文学、史学、哲学史上的大家们的创造之不可重复性，均与自然科学不一样。金先生当时所持的“进步”观，及其背景上的“唯科学主义”等，是时代的局限。傅斯年1928年发表《历史语言研究所工作之旨趣》中宣言，要把历史学、语言学建设得和生物学、地质学等一样。事实上，再怎么“进步”，哲学、历史学、语言学亦无法“进步”到物理学、生物学、地质学的地步，这两大类学科在有些方面是不可通约的。

哲学学科中，中国哲学与西方哲学当然有可以通约、可以比较之处。不同文化背景下产生的哲学具有某种一致性、互通性，因此相互翻译、诠释、比较的哲学研究工作不仅有可能，而且有意义与价值。诚如本杰明·史华慈在《古代中国的思想世界》中所说：“超越了语言、历史和文化以及福柯所说‘话语’障碍的比较思想研究是可能的。这种信念相信：人类经验共有同一个世界。”① 印度佛学中的哲学体悟与哲学思想在中国经过了佛学家们“格义”、创造性误读到消化吸收、融会贯通的过程。中国哲人与佛学家不仅创造了佛学的新义理、宗派、方法，

① ［美］本杰明·史华慈：《古代中国的思想世界》，12页，南京，江苏人民出版社，2004。

促进了佛学的中国化，而且创造了以儒家思想为主干的宋明理学。中国化的佛学、宋明儒学又传到东亚其他国家与地区，影响了东亚与全世界。西方哲学的汉译已不等同于它的原貌，西方哲学的汉语化、中国化过程正在进行之中。与过去印度佛教的各宗派一样，古今西方哲学的各流派、各大家的思想慧识都为我们提供了新的视域与方法，并正在与中国哲学的诸流派相互摩荡。因此，我们强调“中国哲学”学科成立的正当性，强调“中国哲学”学科自身的特色，并不把“中国哲学”作静态的处理，其本身即是一个动态的过程，包含着内外不同族群的和同一族群不同的哲学思维的渗透与融会。而且，我认为，“中国哲学”的“自己写”与“写自己”，绝不是排他的，不需借鉴的，不考虑实事上已存在与发展着的创造性融会的。果如此，那就成了“自说自话”，不可能与其他类型的哲学对话与沟通。实际上，我们今天离开了西方哲学的观念与范畴，已不会说话，不能说、写、讲哲学。

当然，目前我们特别要强调“中国哲学”学科的自立性或自主性。时至今日，中国哲学靠依傍、移植、临摹西方哲学或以西方哲学的某家某派的理论与方法对中国哲学的史料任意地“梳妆打扮”、“削足适履”的状况已不能再继续下去了。

与柏拉图至黑格尔等西方主流哲学相比照，中国哲学（儒、释、道诸家等）有自己的特性。一般来说，中国哲学的实践性很强，不停留于“概念王国”，没有西方哲学中的上帝与尘世、超越与内在、本体与现象、主观与客观、身体与心灵、事实与价值等绝对二分的框架。以天、天命、天道为背景，中国哲人有神圣、高远且强烈的终极关切、理想境界、形上追求、精神信念，同时力图在社会大群生活和现世人生中实现出来，其内圣与外王是打通的。这不是说中国哲学没有“概念”、“逻辑”、“理性”，恰恰相反，中国哲学有自身的系统，中国哲学的“道”、“仁”等一系列的概念、范畴，需要在自身的系统中加以理解。中国哲学有关“天道”、“地道”、“人道”的秩序中，含有自身内在的逻辑、理性，乃至道德的、美学的、生态学的含义。其宇宙论及人道、人性、人格的论说无比丰富。中国哲学范畴、术语不缺乏抽象性，中国哲学中也不缺乏今天所谓科学、逻辑和认识论的探索，但这些都需要在自身的语言、文化、思想系统和具体的语境中加以解读，其中还有很多未知的王国，被“五四”

以降，以迄当今的一些学者们想象中的所谓“西方哲学”的“观念”所遮蔽。例如，有的学者否认中国哲学的理性，甚至否认儒家的“公共性”和“正义”、“公德”的诉求，这都需要认真地加以辨析。儒家前史与早期儒家相对于原始宗教而起的人文性的礼乐制度与观念中，就蕴涵有人类最早的理性。在有关宇宙秩序与社会政治秩序中，秩序的价值有神圣性，同时又有抽象性、合理性、公共性、公义的内涵。

在中西文化与哲学的比较研究方面，冯友兰先生曾提出过“辨同异”、“别共殊”的问题，业师萧萐父先生特别强调这一问题，指出要注意同中之异，异中之同，殊中之共，共中之殊，注意普遍、特殊、个别之间的复杂关系。我们当然不能如冯先生那样把中西之别的问题都化约为古今之异的问题，不能把古、今、中、西、同、异、共、殊的任何一方任意加以化约或夸大。有一些哲学问题在某些层面是普世性的，在某些层面又具有特殊性。总之，中华文明中的哲学智慧决不亚于西方，需要我们在与西方哲学的比照、对话中，超越西方哲学的体系、框架、范畴的束缚，确立起我们这个族群的哲学智慧与哲学思维的自主性或主体性。

3. 内在式的批判，继承性的创新

今天，中国哲学研究已经进入了全面复兴的时代。一旦涉及中国哲学史的方法论问题，当然离不开“理解”与“批判”、“继承”与“原创”、“传统”与“现实”等关系问题。[①] 本文所要强调的是：所谓“批判”，是在全面深入理解基础上所作的内在性的批评，而不是不相干的外在批评；所谓“原创”、“创新”，不是无源之水、无本之木，不是玄想，不是标新立异，不是剑走偏锋，而是真正在全面继承基础上所作的开拓，是扬弃（既保留又克服）；弘扬传统并不意味着脱离现实，而是调动并创造性转化传统文化资源，以其中的某些因素介入、参与、批判、提升现实，促使传统与现代的互动。

---

① 详见郭齐勇：《导言》，郭齐勇编著：《中国哲学史》，北京，高等教育出版社，2006；郭齐勇：《建构中国哲学的方法论反思》，载《学术月刊》，2007（3）；秦平、郭齐勇：《中国哲学研究30年的反思》，载《哲学研究》，2008（9）。

首先，全面深入理解基础上的内在性批判。有的所谓“新批判主义者”自命颇高，所论却每每隔靴搔痒，偏失过当。因为批判应是内在的，不是随意性的、外在的、不相干的，更不是无知或偏见。偏见比无知离真理更远。

刘述先强调内在的探讨与内在的体验，认为必须有深刻的同情的了解才能做好哲学思想史研究，而同情的了解要靠相应的才具。他说：“不只鉴往以知来是人类学习的一个最大的泉源，而且客观地了解别人的历史以及自己的历史，才能训练我们自己培养成一种现实主义的态度，不把自己的行为建筑在主观的空想、情感的反映与错误的估计之上，这样当然会产生比较好的效果……要了解一家哲学，我们必须要了解这一家哲学产生的时代和文化背景是什么，所感受到的问题是什么，所提出的解决问题的方向是什么，独特的哲学心灵尤其需要独特的处理，庸俗的眼光未必能够了解崇高的哲学的境界。狄尔泰说，只有一个诗人的心灵才能够了解诗。同样，只有一个哲学的心灵才能够了解哲学观念的意义。而我们在评价以前，首先必须有深刻的同情的了解，而后再加以批评，这才可能是比较深刻的批评。”“缺乏同情的了解是研究传统中国哲学的一大限制，而时代气氛不同，尤其使我们难于领略过去时代的问题……故此研究思想史贵在作深入的内在的探讨，外在的论议是其余事。从这一个观点看，胡适与冯友兰的哲学史都不能够算是深刻，因为他们不能作足够的内在的深刻的讨论的缘故。大抵在中国哲学史上，以佛学与理学最不容易处理，以其牵涉到内在的体验的缘故。如果缺乏体验，根本就看不出这些东西的意义。入乎其内，而后才能出乎其外，这是研究一家哲学的不二法门。要了解一个哲学所要解决的问题是什么，着手的方法是什么，所根据的经验基础是什么，这样才能看出这一哲学的优点与缺点所在。”① 刘先生认为，由此我们才能理解古人的陈述与陈述背后的洞识，显发古人思想中所潜在的逻辑性，使其具备与内容相适应的理论结构。

我们需要什么样的批评精神、思维训练？如何解决批判精神的缺乏

① 刘述先：《研究中国史学与哲学的方法与态度》，参见韦政通编：《中国思想史方法论文选集》，221～223、224～225页，台北，水牛出版社，1987。

的问题？韦政通认为："必须培养合理的怀疑态度和同情的了解及客观研究的能力，还要具备中国哲学以外的广泛知识。有了合理的怀疑态度，才能发现问题；有了同情的了解的能力及客观研究的成果，才能提供批判的基础；具备广泛的知识，不仅可以发现中国哲学内涵的限制，同时也有助于发现原有哲学的新的意义。"① 可见要真正做到内在性的批判，是非常不容易的，没有同情的了解的能力及客观研究的成果，就失去了批判的基础或资格。以西方的框架或自以为是西方的、实际是自己的某些想当然，以简单粗暴的方式来宰制、肢解或强加给中国哲学一些东西，没有耐心细致地以缜密功夫从中国哲学家或思想系统自身的内在理路出发做出梳理，不由分说的、寻章摘句的、先在既定地把中国哲学思想（特别是儒学）执定为粗糙的、落后的、保守的云云，那样的所谓批判于中国思想文化是不相干的、无意义的。在上引韦政通文章的最后，他提出了一个难题，即如何既有概念明晰的严谨理论又能保存生命体验，不丧失传统哲学的精神？他说，实际情况是，愈有思辨能力的人，离体验愈远，在这个连人格都被市场化的时代，如何能唤起中国学者的道德实践的愿望？缺乏这种愿望又如何去体验传统的内圣之道？他认为，批判精神及能力、思想训练等，应当是徐复观所说的思辨与体验的兼资互进。当然，关于思辨与体验的互济，在徐复观之前，熊十力论说最详。其实，我们需要的批评精神、思维训练，我认为最根本的出发点还是孔子所说的"四毋"："子绝四：毋意、毋必，毋固、毋我。"② 我一再强调"先读懂，再批评"或"先理解，再批评"，应当是最起码的要求。

其次，没有全面真正的继承，就不可能有创新或原创。创新或原创不是无中生有。我们讲创造性诠释，不应理解为强势的诠释。我把诠释分为两种，一种叫强势的（硬性的）诠释，另一种叫弱势的（软性的）诠释。我主张弱势的（软性的）诠释。这是因为，哲学家、哲学史家或诠释者个体，都是有限性的动物。面对无限的自然、社会、人，面对纷繁复杂的历史人物、事件与思想世界，作为现代解读者的个人在一定阶段凭其经验与理性所理解的内容，因时空环境的变化，极有可能完全或

---

① 韦政通：《中国思想史方法论的检讨》（代序），参见韦政通编：《中国思想史方法论文选集》，28页，台北，水牛出版社，1987。

② 《论语·子罕》。

部分地不相应。我们不一定比古人更有智慧。我们有些事比前人看得清楚，有些事不一定比前人看得更清楚。我们今天所理解的自以为清楚的东西，过一段时间，当我们的知识、经验、才干、体验更丰富一些时再去理解，又会得出不一样的结论。因此，我们不能把话说绝。我们特别要从百多年来过分抬高了的达尔文主义、黑格尔主义的思想里超脱出来。单维的进化论、进步观助长了我们现代人的盲目自大，以为历史上的哲学家与哲学思想（特别是中国的）都不如我或我们，可以由我或我们去任意评说、宰割。黑格尔不容忍哲学体系之间的悲剧式的斗争、不可调和的对立和相互易位，因为他是一个绝对的逻辑主义者，他所恪守的原则是哲学体系的历史连贯性必须服从于辩证逻辑范畴的连续性。按照这一原则，后来的哲学必定高于先前的哲学，这当然是违背中西哲学史的史实的。要之，在黑格尔那里，绝对精神，与之相应的他自己的哲学是最高的、无人企及的。几十年来，哲学史工作者习惯了给古人找时代与思想之局限性的做法，这当然不错，问题是为什么要找，如何去找，在什么基础上找，够不够资格找，却一定要想清楚。在找的时候，是不是也要自省自己的局限性，例如所论对象的材料与相关的材料读了没有？读懂了没有？读完了没有？设身处地了没有？

我所主张的方法论是一种“谦虚”的方法论。所谓“谦虚”，或前面提到的“同情的”、“客观的”理解，或本节所说的“以继承为前提的创新”、“弱势或软性的诠释”等，不仅是态度，而且是方法。

徐复观说：“我所说的‘谦虚’，主要是对材料而言。先让材料自己讲话，在材料之前，牺牲自己的任何成见。我越到晚年，越感到治思想史的人的第一责任便是服从材料。‘自信’是在深入到材料去以后，对任何与材料不符，但被人视为权威的说法，都敢站起来替材料讲话。对任何权威的说法，都敢清查他的底细，穷根究尾，弄一个水落石出。这是面对知识的堂堂正正的人生态度。”①

哲学思想的创新或原创不是空中楼阁、信口开河、胡说八道，不是不要理论与历史的基础。故没有深刻理解哲学经典的人，对哲学经典没有下过工夫的人，不可能有真正的哲学创造。哲学思想的创新或原创当

① 徐复观：《治古代思想史方法》，参见韦政通编：《中国思想史方法论文选集》，169页。

然不能脱离时代，可能恰好是缘于时代的、现实的问题的启发、提问或挑战应运而生的，但真正能从哲学理论上回应这些问题而有所创获并作出理论建树的，一定是有深厚理论与历史修养的人，而且是谦虚的人，不说大话的人，不自以为是权威的人，不搞文字游戏的人。在一定意义上，创新则离不开深入地理解传统，离不开真正的继承传统。原创不是踢开传统，原创恰恰源自传统。

再次，强调读经典，主张弘大传统文化精神并不意味着没有现实感、不关注现实或脱离现实，而恰好包含着批判现实，批判现代性的负面与偏弊，批判时俗流弊，批判“五四”以来相沿成习的某些误解。传统儒释道等思想的转化，主要是通过生活化的渠道，靠浸润。我们不要求所有的学者具有强烈的现实关怀、忧患意识，在个人生活上、人格养成上、生命体验上身体力行，与所学、所研究、所提倡、所主张相一致或契合，但要求中国哲学特别是儒学学者，在言行一致、经世致用方面应力求做得更好一些。近些年我个人在组织有关“亲亲相容隐”的讨论中，是有强烈的现实关怀渗透其间的，讨论所针对的就是缺乏起码的思维训练的、胡子眉毛一把抓的、不讲分析的、对中国文化的教条主义的、强词夺理的方式，所针对的是现行刑法制度某些条文的改革，反思“文革”，捍卫人权、亲情权、隐私权。这看起来似乎是“发思古之幽情”，其实不是，恰好有传统与现代的互动，是一个更具有现代性的论域。近些年来我提倡的国学教育、让《四书》的内容更多地进入中小学课堂等，也是针对现行教育的一些弊端的，针对知性教育的片面膨胀、道德教育的空疏不实的。这也不是什么复古恋旧、抱残守缺。

最后，我们再回到“思维训练”、“思想力”的养成的问题上来。姚鼐把中国学问分为义理、考据、辞章三大部分，其实这三者是统一的，当然义理统率考据、辞章，是考据、辞章的灵魂。没有义理的考据是盲的，没有考据的义理是虚的；没有义理的辞章玩物丧志，没有辞章的义理行之不远。徐复观说：“某人的思想固然要通过考证（包括训诂、校勘等）而始能确定；但考证中的判断，也常要凭思想的把握而始能确定……前后相关的文句，是有思想的脉络在里面的。这即说明考证与义理在研究历程中的不可分割性。就研究的人来讲，做考证工作，搜集材料，要靠思想去导引；鉴别材料，解释材料，组织材料，都是工作者的思想在操作。而‘思想力’的培养，必须通过了解古人的、他人的思想，而始能得到锻炼、拓展、提升的机会。所以思想力的培养，是教学与治学上的基本要求。岂有不求了解古人的、他人的思想而能培养自己的思想力？岂有没有思想力的人能做考据工作？”① 他主张通过了解古人的、他人的思想来锻炼、提升、培养“思想力”，尤其要学会把握古人思想的内在脉络，这才是批判的基础。

我们都需要以他者的视域来观照自身，也只有以他者的视域，在文明的比较之中，才能看清自己的缺弱和优长。当然，用庄子的说法，在以物观之、以俗观之、以差观之、以功观之、以趋观之的基础上，还要上升到以道观之的意境。

梁启超的《新民说》发表的时候，中国积贫积弱，欧风美雨，坚船利炮，列强宰割，中国社会解体，中国文化处于危机之中。开发民智的启蒙无疑具有伟大意义。但随之而来的是，全盘西化成为主潮，似乎中国百事不如人。“文化决定论”成为思维定式，中国文化，特别是儒家文化成了替罪羊，中国“国民性”完全成了负面的东西。清末民初以来，对自家文明传统的非理性的践踏、毁辱成为主要思想潮流。一百多年过去了，需重新检讨；改革开放三十年过去了，需重新反思。中国崛起，文化自觉显得更为重要。

现在的思维训练、现代人思想力的培养，尤其应注意以下方面：学会思考或反思当下的问题，学会思考或反思流俗，反思启蒙，反思习以为常，反思思维定式，反思一百多年来时髦人士对中国文化的理解，反思成见，反思科技文明，反思商业化，反思现代性，反思全球化，反思文化工业或大众文化或媚俗的文化与官场文化，反思功利时代，反思金钱与权力的拜物教，反思人类中心主义，反思今天的评价体系，反思富而后不教、富而不好礼，反思对根源性、对神圣性、对敬畏之心、对终极价值与安身立命之道的解构或消解，反思对列祖列宗创造并传承下来的文明遗产和中华文化精神不抱敬意的态度，重建崇高，重建信念与信仰。我们尤其要反思“左”的幼稚病的即教条主义的肢解传统的方式，反思全盘西化，当然要誓死捍卫各色人等说话的权利。

---

① 徐复观：《治古代思想史方法》，参见韦政通编：《中国思想史方法论文选集》，170页。

建构中国哲学的方法论反思

2006年，高等教育出版社出版了我编著的《中国哲学史》一书，是我重构中国哲学史的新尝试。思考并实践中国哲学史的重新建构，是十分有意义而又非常困难的事情。我以为，重构中国哲学史，首要的问题是有关中国哲学史的研究方法论问题，而在方法论的问题上，有以下几个方面最为重要。

1. 理解的历史性与诠释的相应性

我所谓“相应的”诠释，是针对“不相应”的诠释而言的。所谓“不相应”的诠释，是指对于古代文献、古代哲学思想资料的抽象的、超历史的、粗暴的、非客观平情的、望文生义的解读。“五四”以来，特别是20世纪50年代初以来，这种糟蹋圣贤的大批判几乎泛滥成灾，其流毒延续到今天，对我们的民族精神有极大的伤害。

例如前些年有关《论语·子路》篇“父子互隐”章、《孟子·尽心上》篇“桃应”章（今又称“窃负而逃”章）、《孟子·万章上》篇“象日以杀舜为事”章（今又称“封之有庳”章）的讨论，有人得出的是完全不相应的结论，竟认为舜、孔、孟、儒家是搞腐败的典型，或“违法的伦理学”，要对今天的腐败现象负责任。此论竟在北京大学某辑刊和国内若干极重要的刊物上发表，被很多人视为当然，并引申到对整个儒家伦理的全盘否定。我实在是看不过去，不得已而对此论提出批评。[①]

我的看法是：父子或亲人间的情感的培护，容隐制度，是东西方之通理通则，目的在护持天赋的具有神性意义的人类最基本的感情，也是人类存在的根本。当几个价值发生冲突时，人类的智慧是维护最高价值。“桃应”章是很有深意的伦理两难的设计，其高超的智慧绝非直线式的批评者所能理解。实际上，孟子师徒假设的舜的应对方略，既维护了司法公正，又避免了公权力的滥用，而以自我放逐来保全忠孝、情法之两边。“封之有庳”的设想离不开周代分封制，分封象是一种政治智慧，即对象予以管束。古代的社会、政治、法律之思想或制度与核心家庭的伦理、社群的整合、家国天下秩序的建构，是基本协调的。当然不免有矛盾与紧张。分析、评论这些资料，只能放到彼时的社会结构、历史文化、价值系统的背景上，而且要善于发掘其中有深意的、超越时空的价值。例如我国法律文化的容隐制其实与现代人权的维护有内在的关联。有人又重提此事，重申腐败论，然并无任何新证，相反更加武断，露骨地宣扬大批判方法（标榜所谓“新批判”，其实与20世纪50年代至“文革”的大批判在方法论上是一样的“左派”幼稚病），令人深思。

“五四”以来，片面的、平面的西化思潮和教育、学术结构与体制，使得我们这一代甚至前后几代人逐渐丧失了解读前现代文明（或文献）的能力。可悲的是，有的极其自负以为绝对真理在握的人，读不懂起码的中西文化经典，竟然强不知以为知。这当然主要是由其文化立场或信仰所致，以为西方的从古到今都有理性，完美得很，中国的从古到今都无理性，糟糕得很。他们不是全面理解思想系统及其背景与特性，而是由这种信仰、立场或情感出发，反过来在中西方资料去找、去挑只言片语，拉来或捧或打，或褒或贬，凡不符合这一立场或信仰的，不符合西方观念（其实是他们自认为的西方与西方观念）的，都要曲为之说。如

---

① 详见郭齐勇编：《儒家伦理争鸣集——以“亲亲互隐”为中心》，武汉，湖北教育出版社，2004。

此，既未读懂孔子，又未读懂苏格拉底；既扭曲孔子，又扭曲苏格拉底，强为比较，两相伤害。

对于自己民族的文化及其经典，应有起码的尊重，起码的虚心的态度。为什么其他国家的知识分子不必提出“同情的理解”或“了解之同情”，或没有类似的问题，而唯独我们国家、民族的知识分子必须面对这一问题？那是因为人家没有妖魔化、丑化自己的文明及其经典，没有把今人的责任推到祖宗头上去，也没有单一的直线的进化论、进步观，而我们自鸦片战争以来，把国际国内政治、经济、军事的问题，国势的问题简约化为文化的问题，一股脑儿都要文化来负责，要孔孟来负责，又把文化问题简约化为进步与落后的二分法，完全依傍西方中心论，把传统与现代打成两橛。实际上孔仁孟义、礼乐文明不仅不构成中国人走上现代的阻碍，相反是一种宝贵的资源与助力。今天一些自以为是的名流们，对自己的传统、经典非常隔膜，根本没有读，更谈不上读懂，就以居高临下的不屑的挑剔的态度，轻慢的语气，以先入之见或自己的所谓“逻辑”或文字游戏的方式，横加肢解、抽绎、批判，把浅薄当做深刻，没有一点他们标榜的“理性”态度，以此哗众取宠，争强好胜，争名夺利，取悦俗情。这种不健康的心态与学风，乃严肃的学术研究之大敌，且谬种流传，误人子弟，贻祸青年。

对于传统文化的价值理念、哲学智慧，我们体认得越深，发掘得越深，我们拥有的价值资源越丰厚，就越能吸纳外来文化的精华，越能学得西方文化之真，这才能真正使中西文化的精华在现时代的要求下相融合，构建新的文明。一味贬损、伤害中国文化之根，无益于西方精神价值的引进与融铸，无益于新的现代文明的建设，也就谈不上研究哲学与中国哲学。

2. “中国哲学”学科的主体性与中西哲学的对话性

哲学是人们关于宇宙、社会、人生的本原、存在、发展之过程、律则及其意义、价值等根本问题的体验与探求。在远古时期，各个大的种族、族群的生存样态与生存体验既相类似又不尽相同，人们思考或追问上述问题的方式亦同中有异，这就决定了世界上有共通的，又有特殊的观念、问题、方法、进路，有不同的哲学类型。人类进入文明时代的几个大的典范文明，各有不同的方式，其哲学有不同的形态。古代中国、印度、希腊的哲学是其中的典型。不仅今天所谓中国、印度、西方、中东、非洲的哲学类型各不相同，而且在上述地域之不同时空中又有不同的、千姿百态的哲学形态与哲学传统，并没有一个普遍的西方的或世界的哲学，所有哲学家的形态、体系、思想都是特殊的、各别自我的。

当年金岳霖先生预设的“普遍哲学”仍然只是以欧洲哲学为蓝本的，是西方一部分哲学的抽象。他仍然是把西方哲学史上某一时段的基本问题抽象为一般、普遍的哲学问题，然后再去对照、处理、发现或建构中国的哲学史料，以他所谓的“普遍哲学”作为唯一尺度衡量、评估非西方的丰富多彩的哲学。

然而，但凡思考宇宙、人生诸大问题，追求大智慧的，都属于哲学的范畴。关于人在宇宙中的地位、人的尊严与价值、人的安身立命之道等，都是哲学的题中应有之义。康德区分两种哲学的概念，一种是宇宙性的，一种是学院式的。所谓宇宙性的哲学概念，把哲学视为人类为理性立法的学问，或视为人类探求终极价值的学问。这恰好符合儒学的“至善”及“为天地立心，为生民立命，为往圣继绝学，为万事开太平”。

哲学史是发展的、具体的。文化与哲学传统本来就是流动、变化的。当然变中有不变，不变中有变。从印度佛学在东汉传入中国并经过中国学者消化的八百多年的历史经验来看，首先是“格义”。“格义”的前提，即是佛教与我国原始哲学的观念有某种一致性，以及意义间的可通约性。印度佛学中的哲学体悟与哲学义理在中国经过了佛学家们“格义”、创造性误读到消化吸收、融会贯通、自创新说的过程。中国哲人与佛学家不仅创造了佛学的新义理、宗派、方法，促进了佛学的中国化，而且进一步创造了以儒家思想为主干，吸纳佛道二教的宋明理学。中国化的佛学各宗派与宋明理学，特别是朱子学与阳明学，又陆续传到东亚，深刻影响了东亚与全世界，成为东亚走向现代的内在精神资源。

明代以来，西学东渐与东学西传的双向互动，已有了四百年。西方哲学在中国经历了一定的传播过程，西方哲学的汉语化、中国化过程仍在进行之中。今日在中国，中西哲学已经是你中有我，我中有你了。与过去印度佛教的各宗派一样，古今西方哲学的各流派、各大家的思想慧识都为我们提供了新的视域与方法，并正在与中国哲学的诸流派相互摩荡。今天，但凡用汉语撰写的西方哲学介绍及西方哲学原典的汉译，也已经不完全是原来意义上的西方哲学了。西方哲学的翻译与研究，西方哲学与中国哲学用语的比较，西方思维方式的吸收与批判，西方哲学及马克思主义哲学的中国化与中国的哲学创新等，都是广义的“中国哲学”的题中应有之义。西方哲学的汉语化或中国化，中国哲学的建构及其在西方的传播，表明比较哲学不仅是可能的，而且是现实的。

运用西方哲学范畴、术语，在借取中有发展。我们不能不借取，又不能不增加、渗入本土义与新义。牟宗三先生借用佛语说“依义不依语”，“依法不依人”，即自主地创造性地运用西方范畴、术语，有很大的诠释空间。以牟先生的智慧，当然懂得康德及其哲学范畴、命题、体系的原意，他的工作并不停留于此，他主要是利用康德哲学作为工具讲出中国的东西、自己的东西，意在创造性地融合中西哲学。因此，我们强调中国哲学学科成立的正当性，强调中国哲学学科自身的特色，并不把中国哲学作静态的处理，其本身即是一个动态的过程，包含着内外不同地域、民族的和同一民族不同的哲学传统的渗透与融合。而且，我认为，中国哲学的“自己写”与“写自己”，绝不是排他的，不需借鉴的，不考虑事实上已存在与发展着的创造性融会的。果如此，那就成了“自说自话”，不可能与其他类型的哲学对话与沟通。

3. “中国哲学”的特殊性与丰富性

一般来说，中国哲学传统与西方哲学传统有很大的差异。长期以来，在西方，一元外在超越的上帝、纯粹精神、不变的实体是宇宙的创造者，宇宙或世界不能自己创造自己。如不动的静止自立的创造者与被它创造的生动活泼的世界，自然与超自然，人与神，此岸与彼岸，心与物，精神与物质，主体与客体，灵魂与肉体，身体与心灵，价值与事实，理性与情感等，统统被打做两橛，其间有着巨大的鸿沟。中国哲学家的宇宙论是生成论而不是构成论，他们认为，世界不是宰制性的建构，世界是多样的生存，各种主体的参与。中国哲学的主流是自然生机主义的，肯定世界是自己产生出来的，没有凌驾在世界之上之外的造物主或上帝。中国哲学是气的哲学而不是原子论的哲学。气的哲学昭示的是连续性的存在，自己创造自己，变动不居，永恒运动，大化流行，持续不断，生机无限。中国哲学家从来不把宇宙看成是孤立、静止、不变不动或机械排列的，而是创进不息、常生常化的。正如方东美先生所说，中国哲学家有一个信念，就是人类赖以生存的宇宙是一个无限的宇宙，创进的宇宙，普遍联系的宇宙，它包举万有，统摄万象，无限丰富，无比充实。对宇宙创化流衍的信念，实际上也就是对人的创造能力的信念。

中国传统哲学有着天、地、人、物、我之间的相互感通、整体和谐、动态圆融的观念与智慧。华夏族群长期的生存体验形成了我们对于宇宙世界的独特的觉识与“观法”和特殊的信仰与信念，那就是坚信人与天地万物是一个整体，天人、物我、主客、身心之间不是彼此隔碍的，即打破了天道与性命之间的隔阂，打破了人与超自然、人与自然、人与他人、人与内在自我的隔膜，肯定彼此的对话、包含、相依相待、相成相济。与这种宇宙观念相联系的是宽容、平和的心态，有弹性的、动态统一式的中庸平衡的方法论。

西方哲人通过理性思辨的方式来考察、探究形上学的对象，如理念、实体、本体、自由、不灭的灵魂等，因此知识论发达，格外看重作为对象的外在世界与主体认识能力的研究，形式概念的分析，客观的知识系统与理论的建构。中国哲人重视的则是对存在的体验，是生命的意义与人生的价值，着力于理想境界的追求与实践工夫的达成。中国哲学的实践性很强，不停留于“概念王国”。这不是说中国哲学没有“概念”、“逻辑”、“理性”，恰恰相反，中国哲学有自身的系统，中国哲学的“道”、“仁”等一系列的概念、范畴，需要在自身的系统中加以理解。中国哲学有关“天道”、“地道”、“人道”的秩序中，含有自身内在的逻辑、理性，乃至道德的、美学的、生态学的含义。其本体论、宇宙论及人道、人性、人格的论说无比丰富。中国哲学范畴、术语不缺乏抽象性，中国哲学中也不缺乏今天所谓科学、逻辑和认识论的探索，但这些都需要在自身的语言、文化、思想系统和具体的语境中加以解读，其中还有很多未知的王国，被“五四”以降以迄当今的一些学者们想象中的所谓“西方哲学”的“观念”所遮蔽。例如，有的学者否认中国哲学的理性，甚至否认儒家的“公共性”和“正义”、“公德”的诉求，这都需要认真地加以辨析。儒家前史与早期儒家相对于原始宗教而起的人文性的礼乐制度与观念中，就蕴涵有人类最早的理性。在有关宇宙秩序与社会政治秩序中，秩序的价值有神圣性，同时又有抽象性、合理性、公共性、公义的内涵。

我们对于中国传统哲学自身的特性及治中国哲学史的方法学，仍在摸索之中。我们应有自觉自识，发掘中华民族原创性的智慧与古已有之的治学方法，予以创造性转化。汉民族哲学中有着异于西方的语言、逻辑、认识理论，如强调主观修养与客观认知有密切的关系，如有与汉语自身的特性有联系的符号系统与言、象、意之辩。有的专家说中国有所谓"反语言学"的传统。我的看法恰恰相反，中国有自己的语言学与语言哲学的传统。中国先民仰观天象，俯察地理，近取诸身，远取诸物，又以"六书"为方法创造汉字与经子之学，诠释文献，凝结智慧。中国人强调经验直观与理性直现地把握、领会对象之全体或底蕴的思维方式，有赖于以身"体"之，即身心交感地"体悟"。这种"知"、"感"、"悟"是体验之知，感同身受，与形身融在一起。我们要超越西方一般知识论或认识论的框架、结构、范畴的束缚，发掘反归约主义、扬弃线性推理的"中国理性"、"中国认识论"的特色。中国传统的经学、子学、玄学、佛学、理学、考据学等都有自己的方法，这些方法也需要深入地梳理、继承。道家、佛教的智慧，遮拨、破除我们对宇宙表层世界或似是而非的知识系统的执著，获得精神上的自由、解脱，爆发出自己的创造性。中国有诗性的、寓言的哲学。道家、玄学、禅宗等巧妙地运用语言，或指其非所指以指其所指，或否定其所指而明即其所指，甚至以机锋、棒喝，开悟心灵，启发人当下大彻大悟。值得我们重视的是，这些"超语言学"的方式是与其语言学相补充、相配合的。中国哲人把理智与直觉巧妙地配合了起来。

中国哲学的史料非常丰富，尤其是经学之中有很多未被开垦的资源。中国哲学的史料与社会、政治、历史、文化的史料交织在一起，需要下更大工夫去研读。中国经学的诠释学，或者广义的中国经典的诠释学，非常值得我们重视，其中经—传、经—说、经—解的方式是活泼多样的，是创造性很强的。如果拿西方《旧约》、《新约》的解释学与中国经学的解释学作深入比较，我们可以发现中国经学的许多优长。

中国哲学是生命的学问，体验的智慧，实践的本领，中国哲学不是文字游戏，中国哲学与哲学家的生活密切相连，从哲学家的伟大人格中流淌出来。因此，必须知人论世，理解彼时彼地的环境、背景及哲人的社会、政治、文化活动，以及他所在的文化共同体，才能理解中国哲学丰富的底蕴。

相对于西方哲学，中国哲学有自己的独特性，但这绝不是说中国哲学没有普适性与普世价值。相反，任何地域、民族、具体、特殊的精神资源中都有其普遍意义。在中西文化与哲学的比较研究与中国哲学学科的构建方面，要注意同中之异，异中之同，殊中之共，共中之殊，注意普遍、特殊、个别之间的复杂关系。我们当然不能把中西之别的问题化约为古今之异的问题，不能把古、今、中、西、同、异、共、殊的任何一方及其关系任意加以忽略、割裂或夸大。历史上的中西哲学家所面对、关注、解决的问题有相似性和差异性。总之，中华各民族文明中的哲学智慧决不亚于西方，需要我们在与西方哲学的比照、对话中，超越西方哲学的体系、框架、范畴的束缚，确立起我们中华民族的哲学传统、哲学智慧与哲学思维的自主性或主体性。

哲学史方法论学习札记

以历史唯物主义为基础的马克思主义的哲学史观和方法论原则，是异常丰富的、发展着的体系。本文不拟全面地论述这一层次复杂的系统，而仅就其中的若干原则和方法，对于研究哲学史上的延续性与非延续性、必然性与偶然性之相互关系的指导意义谈点浅见。

1. 延续性与非延续性

作为本体论史与认识史的哲学史，无论是西方、印度还是中国的，我们都能从极其混乱的史实中找到其前后相继的线索。任何时代的哲学家毫无例外地都要从先行的思想资料出发，继承前人的研究成果、研究课题或研究方法。与这种延续性同时并存的是哲学史上出现的另一现象——非延续性。每到一定阶段，总有人出来怀疑甚至推翻前人的成果，变更其课题，否定其方法，开创哲学的新生面。以中国古代哲学史而论，典型的就有魏晋玄学代替两汉经学、明清之际的思想家批判宋明道学等。著名学者汤用彤认为，王弼、何晏、向秀、郭象等以玄学取代经学，中国哲学之主题和运思方式均发生了深刻的变化，宇宙构成论发展为本体论，中国人的抽象能力和思辨水平提高了一大步。这一场巨大的思想解放运动实肇始于严遵、扬雄、桓谭、王充，他们发动反传统之净化运动，“极力排除主流思潮之荒诞烦琐与不合理，而成为促进主流学术思想变动之势力”①。

与上面两种历史现象相应的，有下述两种历史理论：

黑格尔的哲学史观为说明哲学发展史上的延续性、累积性或肯定式的继承性提供了方便。它善于从纷然杂陈的思潮、流派和哲学体系的外表底下找出其内在联系，从而把整个哲学史看成是首尾连贯的因果系列。黑格尔并非不讲哲学史上的变革、否定和渐进性之中断，然而针对着他以前的形而上学哲学史家把哲学史看成彼此反对、相互推翻的“分歧意见之堆积”和“不断地全部更新和变化的戏剧”的错误，他不能不过分强调哲学史上的范畴、命题、体系、方法的同一性和继承性。诚如一位苏联学者所指出的，黑格尔“提到第一位的是范畴的继承性和范畴的和解式的‘扬弃’，而不是一些学说‘扬弃地’推翻另一些学说”②。他不容忍哲学体系之间的悲剧式的斗争、不可调和的对立和相互易位，因为他所恪守的原则是哲学体系的历史连贯性必须服从于辩证逻辑范畴的连续性。按照这一原则，后来的哲学必定高于先前的哲学，这当然是违背史实的。汉代哲学决不高于先秦，即便在黑格尔自己的《哲学史》中，中世纪哲学并不高于希腊罗马，伊壁鸠鲁远逊于亚里士多德。

如果我们撇开哲学史与科学史的区别，只是从元方法论的角度比较黑格尔的哲学史观与库恩的科学史观，不难看出二者的殊趣。针对逻辑实证论和波普各自的偏颇，历史主义学派的著名代表库恩，既承认科学发展中的一般的累积的过程（常规科学），又承认科学史上打破传统的非累积的发展阶段（科学革命），二者互相渗透和补充。然而他却过分强调了新旧理论、范式之间的不可比、不相容的一面，否定了它们之间的联系。库恩指出，“每一次革命都迫使科学界推翻一种盛极一时的科

① 汤用彤：《汉魏学术变迁与魏晋玄学的产生》，载《中国哲学史研究》，1983（3）。

② ［苏］奥伊则尔曼主编：《辩证法史》，334页，北京，人民出版社，1982。

学理论”，改变科学所要探讨的问题，变更原来所遵循的原则和思维方式，甚至彻底改变科学的形象，“科学革命在这里被当做是那些非积累的发展事件，在其中，一套较陈旧的规范全部或局部被一套新的不相容的规范所代替”①。库恩的弊病是：抬高了质的间断而贬低了量的积累，明确了阶段而忽视了连续，有见于否定式的继承无见于肯定式的继承。还有一些历史哲学家比库恩走得更远，他们把连续性与非连续性、异质性与同质性割裂开来，提出所谓“现实的连续性和异质性的原理”，明确否定历史连续性的原则，如新康德主义者李凯尔特、结构主义者密歇尔·福柯就是这样的。

马克思主义的历史观和辩证法所开辟的认识道路，提供了正确解决哲学史上的累积与革命、延续与非延续之辩证统一关系的理论前提。

首先，经典作家高度赞誉黑格尔的《哲学史讲演录》力图把哲学史看成有机的发展过程，揭示了千差万别的哲学体系的内在联系；同时批评它没有着重强调哲学体系之间的否定和斗争。马克思指出：“黑格尔的主要错误在于他把现象的矛盾理解为本质中的理念中的统一”，“把真正对立面的尖锐性以及这些对立面的转化为极端看做有害的、必须尽可能加以阻止的事情”②。“马克思批评黑格尔法哲学的这些话，完全适用于黑格尔的哲学史。”③ 黑格尔在哲学史中对唯物主义哲学家的抹杀和贬低，除了哲学党性使然，亦与这种强调延续性忽视本质的矛盾的原则不无关系。当然，我们还必须看到，黑格尔辩证法纠正了其哲学史观的这个偏颇。在《逻辑学》中，他把非连续性和连续性一样，也看做是量的环节，并且批评康德没有把这两个规定统一起来。列宁赞誉这个思想是“真正的辩证法”④。

其次，经典作家在研究西方哲学史时，非常重视不同时期哲学家集团之间在哲学倾向、思维模式上的区别与联系，既从它们的相互否定中

① ［美］库恩：《科学革命的结构》，5、76页，上海，上海科技出版社，1980。

② 《马克思恩格斯全集》第1卷，358、356页；《马克思恩格斯全集》第2卷，165～170页。

③ ［苏］奥伊则尔曼：《辩证唯物主义与黑格尔的历史——哲学理论》，载《哲学译丛》，1981（02，03）。

④ 《列宁全集》第38卷，119页。

把握其肯定的方面，又从它们的延续和统一中把握其本质的、足以划分哲学发展阶段的差别。他们把历史上的唯物主义划分为相互联结的朴素的、机械的、辩证的三大阶段；他们高度评价了可以与科学史上哥白尼革命相媲美的从康德到黑格尔的德国哲学革命在人类认识史上的重大作用，都为大家所熟知。事实上，德国的这群思辨哲学家尽管在哲学倾向、研究对象、思维方式乃至写作风格和社会作用等方面，与法国百科全书派迥然离异，然而，如果没有继承洛克唯物主义传统的法国哲学彻底摧毁神学殿堂，奠定了科学认识论的前提，德国古典哲学就不可能公开探讨思维与存在的关系，并在认识论诸问题上作出划时代的贡献。它们之间既是延续的，又是非延续的。

哲学史上这种现象是屡见不鲜的。在《神圣家族》中，马克思和恩格斯“一方面说明了法国唯物主义的两重起源，即起源于笛卡儿的物理学和英国的唯物主义；另一方面又说明了法国唯物主义同 17 世纪的形而上学，即笛卡儿、斯宾诺莎、马勒伯朗士和莱布尼茨的形而上学的对立”；还说明了 18 世纪法国唯物主义之与 17 世纪英国唯物主义在民族形式上的差异，及其与 19 世纪英法空想社会主义的联系。① 普列汉诺夫继续了这个研究。他补充说，空想社会主义者直接继承着百科全书派，可是在社会组织和对宗教的态度上却与后者“对着干”起来。他认为，每个特定时代的思想体系之间有着密切的肯定的或者否定的联系，“或者追随着自己的先辈们的足迹，发展他们的思想，采用他们的手法，而只允许自己和它‘竞争’，或者它们起来反对旧的思想和手法，和他们发生矛盾”②。总之，在哲学史研究中，抹杀质的飞跃和阶段性的变革，显然是错误的；看不到量的积累和理论上的渊源，也是不正确的。

马克思主义的延续性与非延续性统一的原理，是从哲学史辩证发展的实际中抽绎出来的，它同时又是一条治史的重要方法，有待我们结合实际加以运用和发挥，并通过总结历史上理论思维的教训，防止各种直线性和片面性。它对于研究中国哲学史至少具有下述意义：

---

① 《马克思恩格斯全集》第 1 卷，358、356 页；《马克思恩格斯全集》第 2 卷，165～170 页。

② 《普列汉诺夫哲学著作选集》第 1 卷第 734 页、第 2 卷第 272～273 页、第 1 卷第 475 页。

第一，促进对于哲学变革的研究。我们对哲学史上的若干转折、革命或部分质变的发生、发展及其特殊意义的研究是极为不够的。恩格斯说："每一时代的理论思维……都是一种历史的产物，在不同的时代具有非常不同的形式，并因而具有非常不同的内容。"既然哲学史在一定意义上是认识史，就应当以理论思维的内容和形式的变革作为划分限断的标准。我以为，封建社会以前的哲学阶段，可以汲取原始思维、发生认识论的研究成果，予以重新厘定；封建社会期间的哲学，则应注意主流与非主流、反主流的分化、斗争和融合；例如，具有发散式思维特征的玄学是如何勃兴的，它与具有收敛式思维特征的经学是如何对立着的，本末、有无，体用、才性等范畴取代天人、名实、古今、礼法的认识论意义等，非常值得探讨。有的哲学史家已经重视了殷周之际、秦汉之际、唐末、明末、清末等冲破樊篱的批判思潮和哲学革命，如在中国哲学通史中将明末清初在全国范围内发生的反道学思潮别为一编，集中阐扬。① 从万历到乾隆，伴随着资本主义萌芽的生长，与市民文学相呼应，出现了浩大的早期哲学启蒙运动，中国社会发展到了封建制度及其统治思想进行"自我批判"的特殊历史阶段，中国哲学的内容、形式也发生了阶段性的部分质变。至于对近代中国资产阶级的哲学变革，特别是对"五四"以后的资产阶级哲学反对封建意识的社会作用，我们的研究太粗、估价太低。

第二，便于清理思潮、流派之间的关系。延续性与非延续性统一的原理，不仅可以使我们自觉把握理论思维发展的节奏，而且有助于从质量变化的关节点出发，理清错综复杂的诸种关系。汤用彤先生将思维规范相近的汉代唯物主义者王充等作为相互对立的唯心主义的烦琐经学与唯心主义的思辨玄学、哲学宇宙论与本体论之间的过渡环节，正确地说明了三大思潮之间的继承与变革的关系。对立之中有联系，联系之中有对立。例如关于王阳明与朱熹的关系，一位日本学者就没有简单地把他们仅仅看成是主客观唯心主义的对立。他认为，王阳明并不是从陆象山而是从朱熹出发的，只是当王阳明认定朱子格物致知行不通时，才彻底实现了由外向内的转折，以至使得包括朱学在内的整个宋学，这个以主

① 参见侯外庐：《中国思想通史》第5卷；萧萐父、李锦全主编：《中国哲学史》下卷。

体的思想意识为研究对象的理论体系最终完善化、纯粹化了。① 足见朱王两个学术流派之间，既是延续的又是非延续的。此外，明清之际的早期启蒙思潮，与宋明道学、与中世纪异端（如“王学左派”）、与近代资产阶级哲学究竟是什么关系，也是复杂的尚待清理的问题。但基本的线条是清楚的：顾、黄、王、方等人宋明道学又出宋明道学，如果没有“左派王学”把宋明道学的弊端彻底暴露出来，他们就不可能从哲学路线、理论内容和思维逻辑上进行较深入的批判；而近代资产阶级哲学从一定意义上则可以看成是他们的自然延伸。

第三，深入探讨“哲学共同体”。研究哲学史上既间断又延续的发展逻辑，不能不重视哲学家集团的问题。现行中国哲学通史著作的缺憾之一，就是没有把一个个哲学家放到思潮、流派、文化区域、师承关系上加以考察。近来已有哲学史家注意到这个问题，如任继愈把春秋战国时期的文化传统区别为邹鲁、荆楚、三晋、燕齐四个类型。由于地区内外各种复杂因素的影响，同一时代的哲学探讨的内容和方法各各不一。② 笔者以为，三十多年来，我国哲学史界忽视了整理，提炼、消化和吸收我们民族自己的思想史论的方法论。黄宗羲师弟父子合作的鸿篇巨制《宋元学案》，十分“注意师友渊源及地方的流别：每案皆先列一表，详举其师友及弟子，以明思想渊源所自。又对于地方之关系多作说明，以明学术与环境的相互影响”③。该著与《明儒学案》和孙奇逢《理学宗传》等一样，将散殊之百家“分源别派”，从“相反之论”、“一偏之见”中把握“数百年之学脉”。这就有了延续与非延续一致的思想萌芽。我们决不是要回到封建史家那里去，而是主张通过对一个个哲学共同体形成和发展的具体历史特点的把握，深入理解同一或不同历史地层各具特色的逻辑范畴和理论思维模式的多样性、丰富性。

2. 必然性与偶然性

黑格尔认为：“全部哲学史是一有必然性的、有次序的进程。这进

---

① ［日］岛田虔次：《朱子学与阳明学》，笔者所见为蒋国保同志的译稿。

② 任继愈：《中国古代哲学发展的地区性》，载《中华学术论文集》。

③ 梁启超：《中国近三百年学术史》。

程本身是合理性的，为理念所规定的。偶然性必须于进入哲学领域时立即排除掉。概念的发展在哲学里面是必然的，同样，概念发展的历史也是必然的。”① 他有时显然把这种必然性强调得过了头，认为理念展开出来的形式或范畴的多样性统统都是必然的、有规定的。但是，黑格尔毕竟是具有伟大历史感的哲学家和哲学史家，他并没有把充满偶然性的、斑斓多彩的哲学发展史变成干枯乏味的陈年老账。他在《小逻辑》里又说，不能完全排斥偶然，作为理念扬弃了的一个环节，“偶然性在精神世界也有其相当地位……任何科学的研究，如果太片面地采取排斥偶然性、单求必然性的趋向，将不免受到空疏的‘把戏’和‘固执的学究气’的正当的讥评”②。黑格尔第一次把世界史和哲学史看成“发展中的系统”，以颠倒的形式从偶然的史实中揭示了历史和哲学发展的必然性，为马克思主义的历史辩证法准备了思想前提。

必然与偶然，是历史科学的极其重要的范畴。马克思主义经典作家曾经精辟地论证了二者的关系：一方面，偶然性始终是受内在的一般规律支配的。“历史事件似乎总的说来同样是由偶然性支配着的。但是，在表面上是偶然性在起作用的地方，这种偶然性始终是受内部的隐蔽着的规律支配的，而问题只是在于发现这些规律。”③ 偶然性是必然性的“补充和表现形式”，必然性“透过各种偶然性来为自己开辟道路”。哲学发展从归根到底的意义上根源于现实生活的生产和再生产，但在生产方式与哲学之间存在着许多复杂因素的交互作用，其间主要的中间环节就有：经济关系、政治制度（阶级斗争）、社会心理、低级意识形态（政治、法律等）、高级意识形态（宗教、艺术等）。④ 另一方面，在历史的发展中，偶然性起着自己的作用。“如果‘偶然性’不起任何作用的话，那么世界历史就会带有非常神秘的性质。这些偶然性本身自然纳

---

① ［德］黑格尔：《哲学史讲演录》第1卷，40、38页，北京，商务印书馆，1959。

② ［德］黑格尔：《小逻辑》，303页，北京，商务印书馆，1980。

③ 《马克思恩格斯选集》第3卷，465页；第4卷，243、506、393页；第2卷，122页。

④ 王荫庭：《普列汉诺夫论哲学史方法论问题》，载《江汉论坛》，1980（2）。

入总的发展过程中，并且为其他偶然性所补偿。但是，发展的加速和延缓在很大程度上是取决于这些'偶然性'的，其中也包括一开始就站在运动最前面的那些人物的性格这样一种'偶然情况'。"① 在这里，马克思说明了偶然性对于加速或延缓历史进程的重大作用，同时指出领袖人物的性格特征远不是无足轻重的。

忽视创造历史的主体活动和各种复杂因素，势必把必然性神秘化而堕入宿命论的泥潭。反之，把偶然与必然对立起来，夸大偶然事件的作用，或者把个别、特殊与普遍对立起来，将历史科学局限于个别与特殊的研究，否定历史发展的客观规律，势必导致反科学的非决定论的谬误，如狄尔泰、文德尔班、李凯尔特、克罗齐、迈纳克、卡尔·雅斯贝斯、梅洛-庞蒂、阿伦·尼文斯等西方资产阶级历史学家那样。他们认为历史学是个性记述的科学，人类历史不过是一团乌七八糟的偶然事件之堆积，因而没有什么规律可言。我们认为，社会意识被决定于、又反作用于社会存在的根本论纲，围绕哲学基本问题展开的哲学派别斗争具有党性的基本原则，哲学认识在对立斗争中的发展是螺旋式前进的重要理论，是马克思主义经典作家对人类史特别是哲学发展史所作的科学抽象，已经并且继续为实践所证明。只有遵循这样一些普遍规律前进，哲学史研究才能走上科学化的坦途。但是，由于"左"倾教条主义的长期影响，我国哲学史界的主要问题是不善于消化和发展这些理论原则。

马克思主义辩证法关于偶然与必然（也即是多样性与统一性，个别、特殊与普遍）相统一的原理在当前我国哲学史研究中具有什么特殊的意义呢？应当处理好一些什么关系呢？

第一，具体的历史的统一。过去哲学史研究中出现的简单化、公式化的弊病，忽视偶然，忽视同中之异，忽视多样性、个体性、特殊性，就是不懂得必然与偶然的统一是具体的、历史的统一。我们的任务不仅仅是通过对无限多样的个别、偶然的哲学史现象的具体研究掌握哲学发展的普遍规律，更为重要的是由普遍通过特殊回到个别。马克思主义辩证法强调的是共性与个性的辩证联结。无个性就无共性，丢掉了个别，把普遍绝对化，就会使得纷繁复杂的哲学体系和千差万别的历史人物的

① 《马克思恩格斯选集》第 3 卷，465 页；第 4 卷，243、506、393 页；第 2 卷，122 页。

统一性变得无法认识；同样的，丢掉了普遍，把多样性绝对化，就会导致对于哲学史的性质及其辩证发展毫无所知。① 我们应当以一般为指导，狠抓“特殊”这个中间环节，通过对于尚未研究或尚未深入研究的哲学史现象的研究，找出其特殊本质及其与共同本质的关系，从而补充、丰富和发展马克思主义哲学史观和方法论原则。有的论者早已指出：既不能把历史科学的具体性理解为拒绝科学抽象、排斥研究和揭示普遍规律，理解为经验主义地现象罗列；又不能把历史科学的统一性从多样性中孤立起来。强调必然“丝毫不排斥对庞杂纷繁的历史现象进行‘去粗取精、去伪存真、由此及彼、由表及里’的分析和综合，揭示出这些具体历史过程的特殊矛盾、特殊本质和特殊规律”。我们应当“力求以具体的形式把历史的具体再现出来，也就是按具体历史过程所固有的丰富性、特殊性、偶然性、曲折性而又服从于内在的必然规律这一特点把它再现出来。”②

第二，社会心理与个性特征。哲学史研究的对象是经过职业哲学家加工制作了的系统化的社会意识即思想体系。在思想体系与社会存在之间横亘着极富有弹性的中间环节——社会心理。有的研究者把普列汉诺夫提出的这一重要范畴概括为：特定时期特定民族广大群众，或特定阶级、阶层或社会集团中间普遍流行的没有经过系统加工的精神状况，包括他们的理想、要求、愿望、情感、习惯、道德风尚和审美情趣等。③ 普氏认为：“要了解某一国家的科学思想史或艺术史，只知道它的经济是不够的。必须知道如何从经济进而研究社会心理；对于社会心理若没有精细的研究与了解，思想体系的历史的唯物主义解释根本就不可能……因此社会心理学异常重要……在文学、艺术、哲学等学科的历史中，如果没有它，就一步也动不得。”④ 撇开社会心理去谈代表人物的

① 参见丁伟志：《历史是多样性的统一》，载《历史研究》，1983（2）。

② 萧萐父：《历史科学的对象问题》，载《哲学研究》，1964（3）。

③ 参见王荫庭：《普列汉诺夫论哲学史方法论问题》，载《江汉论坛》，1980（2）。

④ 《普列汉诺夫哲学著作选集》第1卷，734页；第2卷，272～273页；第1卷，475页。

典型思想（一般又沿用四大块的分割），就会使得不同历史地层的理论思维乃至语言格调总是似曾相识。哲学家个人的特征也是不能忽视的。在哲学史研究中排斥个人的天赋、气质、性格、教养、经历、知识结构等偶然因素，就无法说明为什么同一时代、同一阶级的哲学有着不同的表达形式和思辨结构，例如冯友兰、梁漱溟、金岳霖、张东荪、贺麟与熊十力等相互间的差异等。

偶然是必然的表现和补充，忽略了偶然性的作用，当然会造成重大的方法论的错误。就拿玄学来说，如果没有佛教的传入，没有肮脏残酷的政治斗争旋涡，没有放达的建安文学的影响，没有王、何、嵇、阮、支道林等玄学家的个人气质，绝不可能振起玄风，也不可能把我们民族的理论思维提到时代所允许的高度。玄学取代经学，既疑经又卫道之宋学取代汉学，以及宋学的瓦解等，都有其必然的内在逻辑，而这种必然正是无数偶然的力的平行四边形相互作用的结果。至于外来文化的影响与中国哲学逻辑发展的关系，更是一个需要花费气力研究的课题。3 世纪开始的佛教传入、17 世纪开始的西学东渐，其传播过程、传播者本身、各种学说的影响和作用、中国的思想土壤和外来文化之能否及怎样中国化，都有着非常复杂的情形。马克思主义的传入及其中国化不待说了，佛学与玄学、宋明道学、清末志士的关系，耶稣会士对于明清思想界、科技界的影响，叔本华、尼采哲学对于王国维、蔡元培、陈独秀、鲁迅、郭沫若的并非完全消极的作用，如此等等，均需清理。

第三，逻辑方法与历史方法。在逻辑中思想史和思维规律相吻合。研究中国哲学的传统范畴及其辩证联结，对于掌握我们民族的思维规律的重大意义，越来越被更多的研究者所重视。这种研究唯一适用的方式即是逻辑的研究方式，以摆脱“历史的形式以及起扰乱作用的偶然性”。正如恩格斯所指出的，“实际上这种方式无非是历史的研究方式……历史从哪里开始，思想进程也应当从哪里开始”①。这就指出了逻辑方法与历史方法的一致。范畴是人类认识之网的网上扭结，而什么时候出现这种或那种范畴，中、西、印逻辑范畴为什么差异极大，中国哲学范畴为什么认同性弱、适应性强等，是不能单用逻辑的方法，单单考虑理性

① 《马克思恩格斯选集》第 3 卷，465 页；第 4 卷，243、506、393 页；第 2 卷，122 页。

因素而能作出合理解释的。普列汉诺夫说，单单用逻辑的方式来说明哲学史的发展，顶多只有部分的真理，因为它无法揭示哲学知识进化受社会生活各方面制约的根本原因，也完全不能说明诸如哲学体系的过渡为什么有时很快有时却要整整一个世纪等复杂的问题。① 逻辑方法必须与历史方法相结合，否则，什么东西都说明不了，如章太炎一生学术思想凡数变，单用逻辑范畴无法说明其原因。逻辑与历史一致性原则是对二者不一致的扬弃。只有像马克思那样，对于历史的丰富性、复杂性了如指掌，对于什么是历史的偶然的外在的因素，什么是历史的内在必然的趋势及二者的关系进行了艰苦的研究，才能正确地运用逻辑与历史一致的方法，也才能够把哲学史研究中的延续性与非延续性、必然性与偶然性辩证地统一起来。

① 《普列汉诺夫哲学著作选集》第 1 卷，734 页；第 2 卷，272～273 页；第 1 卷，475 页。

中国哲学研究 30 年的反思[①]

自 1978 年以来，改革开放的 30 年是中国社会大发展的时期，也是中国大陆哲学界取得令人瞩目成就的重要阶段。古人以三十年为一世，中哲学界的同仁在这一世中取得的成就已经到了可以总结和需要总结的时候了。为此，张立文、陈来等教授已着了先鞭，从中国哲学的研究方法、心态、资源和制度等方面作了总结。[②] 本文拟就 30 年来中国哲学界的成就与缺失、特别是研究范式的转移作一些探讨，以就教于方家。

如果把百多年作为一个整体，作为我国人文学或社会科学的学科范式建构的历史来看，似更能说明当代学术史的全貌。当然，我们讨论问题总有重点。本文研究的重点是改革开放以后的 30 年。作为背景，第一是 1949 年以降的近 60 年，第二是国门打开的近百年。

---

① 本文系与秦平副教授合作，征得秦博士同意收入本书，谨此致谢。

② 详见陈来：《中国哲学研究三十年回顾（1978—2007）》，载《天津社会科学》，2008（1）；张立文、段海宝：《中国哲学 30 年来的回顾与展望》，载《社会科学战线》，2008（3）。

讨论60年来我国大陆学术的发展，重点当然是后30年。但是，前30年绝不是没有意义的。后30年之所以能深入讨论，真正有了学术性，原因很多，有一部分问题意识是缘自对前30年诸多问题的反思，前30年的成果并不都是一无是处的。

具体到中国哲学学科（从今天所谓的二级学科来说，现在的学科分类大有问题，此处姑从俗），这一学科建立于20世纪初，始于王国维、梁启超，有受日本影响的谢无量等，本土主义的钟泰等，但以受英美影响的胡适、冯友兰为著名代表，以30年代冯友兰两卷本的《中国哲学史》为里程碑。冯友兰在抗战末期的《新原道》等是这一传统的延续，且更有发展，中国化了。从20年代末到新中国成立前夕，虽有汤用彤、张岱年等人的创制不容忽视，但具有标志性的成果却是以郭沫若、侯外庐为著名代表的马克思主义思想史家以唯物史观为指导的有关中国哲学思想史的系列著作，颇有创造性，这成为新中国成立后前30年本学科的主要依据或基础。简言之，1949年前有胡—冯、郭—侯两种范式。

改革开放之前分两个阶段，1949年至1966年是所谓十七年，为第一阶段。典型的事件有1957年1月北京大学中国哲学史讨论会等，明显反映出教条主义对中外哲学史研究的干扰、打压。20世纪60年代初期前后，有关孔子、庄子、王夫之哲学的讨论，是学术回暖的表现。20世纪60年代初期出版、1979年再版的，由任继愈主编的《中国哲学史》四卷本，虽然带有时代烙印，但是其作为一套以马克思主义为指导、用简单清晰的线索和逻辑系统而完整建构的中国哲学通史，无疑有其重大意义和价值。

1966年至1977年为第二阶段，“文革”期间评法批儒，更加是非淆乱，极“左”的氛围之下不可能有真正的学术研究。改革开放以后，1978年至1979年中外哲学史界著名的芜湖会议、太原会议，1981年杭州宋明理学讨论会等，都是历史记忆中值得珍视的。以上是简要回顾。

这里，我们要对“中国哲学”做出界说。按学科分类，过去称作“中国哲学史”的学科，现称为“中国哲学”。但使用“中国哲学”一词，又容易误会为指我国整个的哲学学科门类或一级学科。本文所指“中国哲学”一般指相当于今天所谓二级学科的“中国哲学”，但又不尽然。我们特别要说明的是，仅仅以知性的态度解析“中国哲学”是不够的，“中国哲学”至少有两个层面：第一个层面是作为意义世界的“中国哲学”，即意在发掘其中蕴涵的终极意义、人生价值理念与境界，特别是其中蕴涵的“天人之际”、“性命之源”等中华文化的根源性，总体的或分别的“道”与“理”等，此即中华民族的精神信念、核心价值的层面，是活着的、流转的，在今天的世界与中国国民的社群人生中仍然起着安身立命积极作用的层面；第二个层面才是作为学科建制的或知识与学术层面的“中国哲学”，即可以断代或分门别类或个案地作学术性的研究并与外国哲学作比较研究的知识层面的内容，亦相当于海外中国学家或汉学家作为学术研究对象的“中国哲学”。

1. 三个阶段与主要成就

我们不妨把这三十年划分为三个小的阶段。

第一阶段约为 1978 年至 1990 年。1978 年外国哲学史界著名的芜湖会议召开，有中国哲学史界的学者参加，影响甚大。1979 年中国哲学史界太原会议开始，本专业研究正式进入复苏期。第一，以思想解放为背景，本时段中哲史界的主要倾向是摆脱受苏联日丹诺夫影响的唯物主义与唯心主义、辩证法与形而上学“两军对战”的教条主义模式，批判“评法批儒”等引起的思想混乱，避开“阶级斗争”、“路线斗争”等政治话语，以黑格尔—马克思的“逻辑与历史相统一”的哲学史观与列宁《哲学笔记》的有关论断为方法论主调，受哲学界“认识论”转向的影响，用“螺旋结构”、“历史圆圈”、“范畴研究”、“哲学史是认识史”等路数来重新架构或解读中国哲学，力图从泛政治化走向学术，虽不免新旧杂陈，却仍有不少振聋发聩之作。第二，这一阶段的另一重大背景为“文化热”，借助对外开放的机缘，在海内外学者共同推动的“传统文化与现代化关系”的讨论高潮中，学界开始重新省视中国哲学的智慧，主潮虽是启蒙理性，形式多为宏观泛论或宏大述事，但仍有不少揭示中国哲学底蕴与特质的创新论著问世，令人耳目一新。以上两个脉络是并行且交叉的。前一脉络以冯契先生的《中国古代哲学的逻辑发展》及“智慧说”三部曲与萧萐父、李锦全主编的《中国哲学史》及萧先生的论著为代表。后一脉络以李泽厚先生的中国古代、近代、现代思想史论之三部曲及汤一介、庞朴先生的论著为代表。

在这一阶段，第一代学者冯友兰、吕澂、张岱年、王明、冯契、任继愈、石峻等先生老当益壮，在整个中国哲学的理解阐扬、儒释道的创造转化及培养人才方面堪称楷模。第二代学者朱伯崑、萧萐父、汤一介、庞朴、李泽厚、李锦全、张立文、潘富恩、卿希泰、余敦康、牟钟鉴、楼宇烈、杜继文、杨曾文、方立天、方克立、刘文英、蒙培元、陈俊民、崔大华等先生在各自领域中各有开拓与建树。

第二阶段约为1991年至2000年，相对而言是潜沉读书与走上学术性研究的时期，方法论与诠释方式多样化的时期，学问分途与个案研究为主的时期，进一步受到现代西方哲学各思潮的影响，与海内外中国学真正对话的时期。在这一阶段，前文所述的第二代学者非常活跃，笔耕不辍，同时涌现出了一大批中青年学者。第三代学者的代表人物陈来、杨国荣先生等崭露头角，创获尤多。陈来、杨国荣二先生著作等身，不仅在宋明理学方面有扛鼎之作，而且对从先秦到现代的整个中国哲学都有精到的研究，特别是他们有较好的西方哲学的背景与训练。

第三阶段为2001年至今，是以社会层面的“国学热”与学术层面的“中国经典的现代诠释”为背景，重建“中国文化”的根源性与“中国哲学”学科的自主性或主体性的时期，逐步摆脱西方社会科学与哲学方法之束缚的时期，有思想的学术与有学术的思想相结合的时期，对“五四”以来相沿成习的、似是而非的诸多看法与思维定式予以拨乱反正、摧陷廓清的时期。这一阶段仍在继续着。中国哲学的方法论更加多元，中外哲学的交流更加立体化，研究更加精细，队伍不断扩大，新生力量逐渐增加，涌现出虎虎而有生气的“可畏”的第四代学者。

不少学术机构在继承中创新，例如中国社会科学院、北京大学、武汉大学、中国人民大学、复旦大学、中山大学、南京大学、华东师范大学、南开大学、山东大学、四川大学、北京师范大学、中央民族大学、厦门大学、苏州大学、陕西师范大学等的相关机构已成为中国哲学研究的重镇。目前已有二十多个中国哲学学科的博士点，集聚和培养了大批后继人才。

30年来，各层次、各专题的中国哲学学术会议频频召开，儒佛道藏等经典的资料性的整理工作深入展开，各断代各流派相当多的重要哲学家的全集或资料长编或年谱、学案等陆续被整理出版，学者们发表、出版了大量学术论文、专著，研究成果的数量和质量都较过去有了突破性的进展，学术争鸣、研讨、交流日益频繁，中外哲学与宗教间的对话逐渐加强。牟宗三、唐君毅、徐复观、陈荣捷、劳思光、余英时、傅伟勋、杜维明、成中英、刘述先、陈鼓应、安乐哲的学术成果，在本学科都有较大影响。

不少学者的研究成果具有很强的问题意识与方法论自觉，做到了中外互动、古今会通。不少学者第一手资料的功夫扎实，重视海内外已有的研究成果即研究前史，在此基础上提出创新性见解并给予翔实地分析、论证，十分可喜。研究的领域进一步扩大，不再在孔孟老庄、程朱陆王上“扎堆”，而是从多个维度，从东亚及世界的历史背景上展开，重视断代、思潮、流派、地域、师承、人物的多样性，例如研讨历史上属东亚或中国的二三流的哲学流派或人物（这些流派或人物有的也很了不起，而且在历史上很有影响，但近百年来少有人专门深入研究过）。

各个时段的人物与哲学问题的研究都有许多成就，相比较而言，传统哲学与当代、经与经学、佛教、道家与道教、宋明理学、现当代新儒学、出土简帛中的哲学思想研究、从政治哲学的视域研究中国哲学等，已成为热门或显学。

第一，传统哲学与当代。

中华民族及其文化在数千年里形成了自己的精神系统、信念信仰、终极关怀、思考与行为方式、伦理生活秩序、价值理念、审美情趣。这些东西固然随时更化，不断变迁，但是，仍然有其一以贯之的精神，这是中华民族及其文化融合起来且可大可久的根据。中国传统哲学从来就是多元多样的。儒家、道家、墨家及诸子百家，道教、佛教及中华各民族历史的上层、下层的各种文化及诸流派，作为文化资源都是瑰宝，在今天都有其价值与意义。

30年来，大多数研究者们逐渐扬弃了清末直至“文革”期间，我国大陆流行的“文化决定论”与妄自菲薄、视自家文化如粪土、把传统与现代绝然对立起来的看法，重视对传统哲学资源的客观理解与评价，以同情地理解的态度，发掘中华人文精神的内在价值，阐发、调动这些内在价值，使之在我国现代化建设中发挥健康、积极的作用。学者们十分注意挖掘传统哲学的当代价值，以多元开放的心态，对传统哲学作创造性的转化。

第二，经与经学的研究。

五经或十三经研究的复兴是近30年中国学术界最为重要的事件。经是中国文化的根，是中华民族智慧的结晶，经与经学当然是中国哲学乃至中国经典之最重要的内容。

《书经》、《诗经》、三《礼》（《仪礼》、《周礼》、《礼记》）、《周易》、《春秋》经及其三传（《左传》、《公羊传》、《穀梁传》）、《四书》等经典中包含了中国哲学本体论与形上学，中国古代宗教、哲学、道德、社会、伦理、政治、历史的最根本的理念与架构，是中华文明的精华所在与源头活水。对有的单经的细节的研究，现在还处在准备（尤其是人才准备）阶段，但经与经学研究的全面复兴是指日可待的事情。30年来，《易》学、《礼》学、《四书》学已得到长足的发展，出现了不少专家、专著（尤其是博士论文）、研究机构或刊物（辑刊）。

第三，佛教研究。

随着与海内外哲学、宗教学界交往的日益频繁，30年来的佛教研究不断深入发展。在佛教典籍的整理编纂方面，由任继愈先生担任负责人的卷帙浩繁的《中华大藏经》（正编）已经出版，续编正在加紧编纂中。佛教史研究成就斐然，有关中国佛教及其重要流派（如唯识、天台、华严、禅、三论、净土等）的通史或断代史研究与有关佛教重要思想人物的研究之专著、专论层出不穷，学者们注意了包括敦煌卷子与日本等地新材料的运用，与西方、印度、东亚佛教学者的联系日益增多。有关地方佛教史的研究越来越受到重视，藏传佛教、西藏密宗是新的热点。佛教经典及诠释史、佛教哲学理论与组织制度、中印佛学比较、佛教中国化过程、佛教人生哲学与伦理学、佛学与中国文化及现代生活世界的关系研究，是这一领域的新的重心。

第四，道家与道教研究。

有关道家老子、庄子、列子、文子、稷下道家、战国与汉代黄老道家及《淮南子》之文本诠释、哲学解析、个案研究和比较研究，竹简本、帛书本与传世本《老子》、《文子》研究，马王堆帛书《黄帝内经》研究等，尤其是关于道家形上学、自然哲学、修养论与政治哲学的研究不断深化，成果非常丰富。自20世纪90年代出现道家道教文化研究热以来，有关道教各教派、道教全史及断代史或著名人物的系统研究逐步展开，全真道研究成为道教流派研究的热点。学者们重点探讨道教教义并予以现代阐释。从学科交叉和实际应用的层面上展开研究，是道教研究的新趋势，例如学者们分别从宇宙论与人生哲学、音乐、医学、科技、养生、气功，或管理学、政治学、伦理学、社会学、教育学、心理学、文学等学科来发掘道家与道教的文化资源。中国道协组织专家进行的令人瞩目的《道藏》点校本重大项目即将完成，这将成为道家道教文化研究和传播的重要里程碑。

第五，宋明理学研究。

宋明理学在中国哲学中的重要地位，乃是因为它是儒释道三教长期碰撞、融合而重建的哲学，呈现出了比汉唐时期更高更精致的精神形态与哲学义理，特别是它的形上学、境界论与工夫论。而且它在很长的历史时段对东亚史与世界史带来深刻的影响。30 年来，学者们对宋学、宋元明学术与理学的关系，宋学与汉学（清学）的关系，宋明理学的范畴、哲学体系、理论特色，学术人物与学术群体，地域、派别、师承谱系和学术流变等都有十分深入的讨论。关于宋明理学与社会政事、教育师道的关系，理学的民间化及其与书院史、乡约的关系，宋明儒家知识人的政治社会作为，明清之际新哲学的兴起等，也日益受到学界重视。由于宋明儒学的复杂面相和思想成就，它与佛家、道家、经史文学、科学、商业、社会、政治、法律等的相互关系或联系，宋明理学在朝鲜、日本、越南等东亚国家或地区的民间传播及当地朱子学、阳明学及其后学的复杂性，宋明思想的东亚影响、不同走向以及与当时西学的结合，都已成为重要的考察对象或研究内容。在一定意义上，宋明儒学本身所具有的现代性还需要重新探讨，对元代学术的研究还应加强。

第六，现当代新儒学研究。

这是 30 年前没有的领域。学界对现当代新儒学思潮和人物及其理论与实践的研究，活跃了关于文化、思想、学术的思考并提出了诸多问题。其一，跳出传统文化与现代化二元对峙的模式，并由此反省现代性，重新思考东亚精神文明与东亚现代化的关系，现代性中的传统、现代性的多元倾向和从民族自身资源中开发出自己的现代性的问题。其二，促进了跨文化比较、对话和融合，有助于“文明对话”，发挥“文化中国”的作用。文明对话与沟通如何可能呢？首先是民族文化精神的自觉自识。如果某种非西方文明或所有的非西方文明失掉了本己性，成为强势文明的附庸，恰恰使文明对话成为不可能之事。其三，努力参与“全球伦理”的建构。“己所不欲，勿施于人”的原则有助于国家间、宗教间、民族间、社群间、个体间的相互尊重，彼此理解与沟通。儒家的“为己之学”及“仁义礼智信”等核心价值观具有现代意义，在环境伦理、生命伦理的建构上亦有发展的空间。其四，就道德勇气、担当精神、友爱、宽容、人格独立与尊严等自由主义的基本价值而言，就民主政治所需要的公共空间、道德社群而言，儒学可以与现代民主，与自由主义相沟通。其五，从精神信念、存在体验的层面肯定儒学具有宗教性和超越性。中华人文精神完全可以与西学、与现代文明相配合，因而求得人文与宗教、与科技、与自然调适上遂的健康发展。

第七，出土简帛中的哲学思想研究。

王国维先生有“二重证据法”之说，即地下材料与传世文献的相互印证。20世纪90年代出土的湖北荆门郭店楚简，上海博物馆藏的楚竹书，其哲学思想非常丰富，尤其关于孔门七十子、战国儒道等诸子百家的资料弥足珍贵。20世纪70年代出土的山东临沂银雀山汉简、湖南长沙马王堆汉简与帛书、河北定州八角廊汉简，学术价值颇丰。以上简帛文献是研究先秦两汉诸家学说之流变、先秦两汉中国人之宇宙观念与伦理思想的宝贵资源。在与海内外文字学、考古学、历史学与简帛学等学者的切磋中，哲学界极为重视这些新材料与检视这些新材料的新方法，出现了不少学术成果，丰富了经、子之学的研究。

另外，云梦睡虎地秦简、江陵天星观楚简、江陵九店楚墓、江陵张家山汉简、荆门包山楚简等，有很多关于当时民间信仰及官方法律文书的文字。2006年，湖北的考古专家又在云梦发掘出一批汉简，基本上是法律文书，与睡虎地、张家山的材料相呼应与补充，而且还有类似《说苑》一类的书。我国有深厚的法律文化传统，值得我们重视，历史上观念、制度与民间习俗的相互联系及其具体内容，也应是哲学史工作的题中应有之义，这意味着我们日益重视价值观念的生成及其与日常生活的联系。

第八，从政治哲学的视域研究中国哲学。

中国古代的社会政治论总是与中国古代的天道论及人道论紧密地结合在一起的。目前哲学界非常重视中国政治哲学的研究，尤其是以西方政治哲学、正义理论来分析研讨之。马克思主义、自由主义与传统主义的对话，社会结构的变迁与社会秩序的重建，政治与法律问题的凸显，现代政治学、伦理学的挑战，都激发了本学科同仁去加强对中国古典政治哲学的梳理与阐释。当然，西方政治哲学不只是公共政策问题，更重要的是认同问题与制度问题。民族文化身份认同问题是最重要的问题。

中国古典政治哲学不仅仅重视价值或古人所谓的“义理”，而且重视公正有效的社会政治、法律之制度架构或制度建设。可以说，典章制度、各类文书即使不属于严格意义上的“哲学”，但典章制度之学也一直是中国学术的重心之一，这些在儒家经典以及后来的大量史料或文献中可以得到印证。中国古代哲人的政治观念与制度追求，历代政治哲学思潮尤其是明清与民国时期的政治哲学思潮的产生、发展及其变迁与影响，现代政治哲学的基本理念与中国古代政治观念的差异、会通、超越等，这些都已成为学界的难点问题，富有挑战性。

2. 研究范式的转移

与本时期所取得的具体成就相比，30 年来中国哲学研究范式的转移则具有更为重大的意义。

“范式”的概念和理论，是由美国著名科学哲学家托马斯·库恩在 1962 年出版的《科学革命的结构》一书中系统阐述的。范式指常规科学所赖以运作的理论基础和实践规范，是从事某一科学的研究者群体所共同遵从的世界观和行为方式。

改革开放以前的 30 年里，中国哲学学科受苏联哲学的影响，遵循的主要是唯物主义与唯心主义、辩证法与形而上学两军对战的研究范式。这种两军对战的研究范式源于日丹诺夫在 1947 年苏联哲学界召开的关于亚历山大洛夫所著《西欧哲学史》一书讨论会上的发言。日丹诺夫在发言中提出：“哲学史就是唯物主义与唯心主义斗争的历史。”这显然是对马克思、恩格斯思想的教条化理解，是对马克思主义精神的歪曲。

在这一范式的影响下，中国哲学上的所有思想家，都必须要贴上

“唯物主义”、“唯心主义”、“辩证法”、“形而上学”的标签；并武断地认为唯物主义哲学代表的是农民阶级和中小地主阶级等社会进步力量，唯心主义则代表奴隶主阶级或大地主阶级等腐朽落后的反动力量；主张对任何哲学家的思想都要划定阶级属性，追溯其阶级背景，把阶级斗争的分析贯彻于整个哲学史的研究过程中。

这一范式在解释中国哲学问题时遇到了极大的困境，它不能客观真实地反映中国哲学的原貌，造成了对哲学史上大量哲学家思想的误解、歪曲，不利于中国哲学的健康发展。

改革开放就是要打开国门，自信地与海外交往。随着改革开放的深入，大陆中国哲学界与港台和海外学术界的交流也日渐频繁，人们思想不断解放，眼界不断打开，这种“削足适履”式的生搬硬套越来越让学界无法忍受。

“实事求是”是改革开放的理论基石。只要我们实事求是地看，就会发现中国传统哲学有着天、地、人、物、我之间的相互感通、整体和谐、动态圆融的观念与智慧。华夏族群长期的生存体验形成了我们对于宇宙世界的独特的觉识、“观法”和特殊的信仰与信念，那就是坚信人与天地万物是一个整体，天人、物我、主客、身心之间不是彼此隔碍的，即打破了天道与性命之间的隔阂，打破了人与超自然、人与自然、人与他人、人与内在自我的隔膜，肯定彼此的对话、包含、相依相待、相成相济。与这种宇宙观念相联系的是宽容、平和的心态，有弹性的、动态统一式的中庸平衡的方法论。中国传统哲学中亦有一种自然生机主义与生命创造的意识，把宇宙创进不息的精神赋予人类。中国哲学的境界追求，把自然宇宙、道德世界与艺术天地整合起来，把充实的生命与空灵的意境结合起来。中国哲学特别是汉民族哲学中有着异于西方的语言、逻辑、认识理论，有自己的符号系统与言、象、意之辩，这是与汉语自身的特性有联系的。以象为中介，经验直观地把握、领会对象之全体或底蕴的思维方式，有赖于以身“体”之，即身心交感地“体悟”。这种“知”、“感”、“悟”是体验之知，感同身受，与形身融在一起。我们要超越西方一般认识论的框架、结构、范畴的束缚，发掘反归约主义、扬弃线性推理的“中国理性”、“中国认识论”的特色。中国传统的经学、子学、玄学、佛学、理学、考据学等都有自己的方法，这些方法也需要深入地梳理、继承。总之，“中国哲学”的主体性与学科范式，需要在与西方哲学相比照、相对话的过程中建构。我们当然需要自觉自识与自信，中国哲学的智慧决不亚于西方，但民族精神的自我认同与创造性转化的工作又不能太急躁。

我们对于中国传统哲学自身的特性及治中国哲学的方法学，仍在摸索之中。我们应有自觉自识，发掘中华民族原创性的智慧与古已有之的治学方法，予以创造性转化。目前我们特别要强调“中国哲学”学科的自立性或自主性。时至今日，中国哲学靠依傍、移植、临摹西方哲学或以西方哲学的某家某派的理论与方法对中国哲学的史料任意地“梳妆打扮”、“削足适履”的状况已不能再继续下去了。

另外，现象学、解释学给我们提供了新的视域与方法。30 年来，有关中国经典诠释学方面的讨论更加深入，傅伟勋的“创造的诠释学”、黄俊杰以孟子为中心的“经典诠释学”、汤一介创建“中国解释学”的构想、成中英的“本体诠释学”等，都有启迪新思的作用。有关文本、概念、范畴的解读、整理的方法则需进一步结合中国哲学文本的特性，避免牵强附会和削足适履。我们应力图发掘中国哲学之不同于西方哲学的特性与价值，力图改变依傍、移植、临摹西方哲学的状况，但中西哲学的交流互渗已是不刊的事实，且也有助于逐步发现“中国哲学”的奥秘。“中国哲学”学科的生存与发展，必须保持世界性与本土化之间的必要的张力。包括中国哲学的研究方法，也需要借鉴欧美日本，当然不是照搬，而是避免自说自话。

在新近关于中国哲学的方法论检讨中，我们提出中国哲学绝不是排他的，不需借鉴的，不考虑中外哲学事实上已存在与发展着的创造性融会的。果如此，那就成了“自说自话”，不可能与其他类型的哲学对话与沟通。“中国哲学”学科的完善与发展，仍然离不开中外哲学的多方面的更加广泛深入的交流、对话与沟通。今天，我们的解释学处境是在中外古今之间，故针对“以西释中”回到所谓“以中释中”的理路、提法，都是不妥当的，其“中”、“西”都是流动的、变化着的。

人类凡是有传统的文明与宗教，无不以“爱”立教，儒家以“仁爱”立教及其普世价值与当代意义更加为人们重视。梁启超的“新民说”发表的时候，中国积贫积弱，欧风美雨，坚船利炮，列强宰割，中国社会解体，中国文化处于危机之中。开发民智的启蒙无疑具有伟大意义。但随之而来，全盘西化成为主潮，中国百事不如人成为主调，“文化决定论”成为思维定式，中国文化，特别是儒家文化成了替罪羊。清末民初以来，对自家文明传统的非理性的践踏、毁辱成为主潮。一百多年过去了，我们需要重新检讨。例如，关于“公”与“私”、“公德”与“私德”、“人治”与“法治”的习见，我们还要下工夫去澄清。

改革开放30年来最重要的范式转换，是对中国传统哲学与文化之心态与立场的变化。多数中国人不再持仇恨、斗争或贬低中国文化的立场，心态逐渐健康起来。当然也不排斥有的人仍然持“全盘西化”的观念与“文革”大批判心态。今天，中国崛起，文化自觉显得更为重要。我们拿什么走上世界，拿什么建构自家的文明与精神家园？现在，我们到了扬弃启蒙，发掘自家文明精华的时代了！

以“仁爱”为中心的“仁、义、礼、智、信”核心价值系统的重建，以“温良恭俭让”为教养主调的新的礼乐文明的提倡，对健康法治社会的形成，对科学发展观的贯彻与和谐社会的建构，对中国的长治久安，尤为重要。文明教养，养育心、性、情、才，对现代性与文明对话，极有意义。无论是过去的宣扬仇恨，从亲情仇恨始，达至全社会人人自危；还是今天的放任利欲，彻上彻下的声色犬马及自我中心，不顾他人，都是有缺失的，对国民，特别是青少年、子孙辈之性情、心理的健康发展和中国文化的传承，危害太大。如要真正接纳西方的优良传统与正价值等，要真正走上健康的现代化，不可能没有文化认同、伦理共识与终极关怀，而这主要在中国哲学文化的资源中，需要我们做调适工作！由于百年来中国哲学资源遭到太多的误解与践踏，故在一定的意义上，我们不妨说：中国哲学资源可能提供给现代社会的积极因素，无论怎么估价都不会过高。

3. 问题与前景

当前的中国哲学研究也存在不少的问题或缺失：

第一，学科间交叉、对话不够。由于学科体制分科太细的毛病与从业者学养的限制，文史哲之间、中西马之间、儒释道之间显得壁垒森严，各说各话，甚至相互贬损。因此，学者们宜打开门户、加强彼此的沟通理解。学科间的交叉、互动与整合显得格外重要。例如，以西方哲学为主要研究对象的学者王树人、张祥龙先生对中国哲学的研究成果，常常给人以新的启示。

第二，学术品质与水平，对古典的研读能力的下降。由于当前学科评价体系的问题等所带来的泡沫及学风的问题，导致论著的数量猛增但学术规范失序，出现了不少的平庸、人云亦云、水平低下之作，有的论著充满新的名词概念但与所论问题不沾边。相比较而言，博士学位论文的品质相对好一些，但近年来博硕士生的培养质量呈现下滑的态势，值得我们警惕。学术品质是学术研究的生命线。更为根本的还是要下工夫对中国哲学第一手资料的整理、研读，要提高研究者的古文字水平与古文献训诂的能力，首先要识字、断句，把原文与注笺一字一句读懂，要提倡经典会读，下力培养一代一代学者对原著原典的解读能力。从国家民族之长远发展来看，需要一代一代地培养国学的通专人才，对这些人才的培养需要从娃娃抓起，夯实基础，适当背诵。需要从小学与经史子集的素养的角度，而不是急功近利地从所谓某一个二级学科的角度来培养后学。

第三，现实向度不够。虽然我们不能苛求理论、历史的研究专家们及其研究都必须与现代生活密切结合，但我们仍希望大部分学者增强时代感、现实关怀与参与意识。例如，从理论与实际的结合上阐明马克思主义中国化过程中、中国现代化过程中、可持续发展与和谐社会建构过程中，中国哲学的参与及其地位与作用的问题，在文化自觉与文化重建过程中如何指导与提升民众对中国经典的学习需求问题等，都迫切需要专家们的参与。

第四，面向世界的能力尚待加强。中国哲学的世界化、中国哲学研究的国际化尽管有了长足的进步，但对话与交流能力仍需加强，除专家之间的对话，纠正海外学者长期以来的一些误解与错谬外，包括让外国（不仅指西方）民间了解中国哲学经典与智慧等工作，都有很大的空间。除了与西方、东亚的交流之外，还应加强与南亚、中东、非洲、南美洲的交流。应该推动政府设立基金或奖学金，鼓励外国青少年来中国学习传统中国文化、语言与哲学。

第五，问题意识和理论深度还有待提升。我们生活在现代社会，因此对中国哲学史料或经典的诠释，要有强烈的问题意识，而且不能只停留在思潮、个案等材料的研究中，要提升其中的哲学理论与问题系统，重视中国哲学自身的内在理路、精神、气韵、情采，中国哲学理论与问题的建构，揭示中国哲学的精义、特性。

第六，关于少数民族的哲学与古代科学中的哲学的研究还比较薄弱。我们研究的主要是汉语或汉族的哲学史，当然这本身即是历史上中华各民族间与文化间融合的产物。少数民族哲学表现了中华民族这个民族主体的多样性。我们应当充分尊重与重视不同时期蒙、藏、维、回、彝、苗、土家等民族哲学与宗教的特色，下力气搜集、整理、研究各民族哲学的资料，培养少数民族哲学史研究专家，充分发挥他们的积极性、主动性。还应注意发掘中国古代科技典籍和天、地、数、农、医与乐律学的重大成就与特性，历代科学思想中的哲学问题，古代科学与思维方式的关系等。

中国哲学或中国哲学史当然不同于中国学术史、中国思想史，其研究范围、对象与方法有区别。中国哲学更重视哲学形上学与哲学问题的讨论。但是，中国哲学研究者并不排斥对社会、制度的理解与民间社会的关怀，这种关怀与对哲学理念的关怀相辅相成。因此我们非常注意历史上哲学思潮的民间性与社会影响。中国传统民间社会空间较大，我们对传统社会的了解还相当教条化。例如，费孝通先生的“差序格局”论有一个适用的范围，但现在无条件地普遍使用，不利于我们对中国传统社会的深入理解。中国古代知识人的理念与古代制度的关系，除了他们对专制制度的疏离、排拒、反抗之外，似乎还应当看到知识人在传统社会的有人性的制度建构中的积极作用，这涉及有益于民众权益与百姓私人空间的保护等问题。对中华制度文明，我们还太陌生，认识极为肤浅，缺乏多学科交叉的深入研究，包括土地、赋税与经田界，养老恤孤、救荒赈灾等对社会贫弱者的关爱，教育考试与文官制度中给予农家与平民子弟受教育权与参与政治权的机会保证，中华伦理法系有关容隐制度对隐私权的保护，监察制度，契约文书中涉及的民商法律等，都有很多宝贵的历史经验与合理层面，可以成为现代制度的资源，予以创造性转化。这也是中国哲学的题中应有之义。

我们的任务是彰明中国哲学之为中国哲学的自身的哲学问题、精神、方法、范畴、特点、风格与传统，深度建构、阐发中华民族几千年来的哲学思维发展史，体现中国人的哲学智慧、超越境界、身心修炼、言说论辩的特色及其与欧洲、印度等哲学智慧的不同及世界上几大哲学传统在中华文化区的碰撞与交融。

瞻望未来，我们预计中国哲学界将会在中国哲学学科主体性的确立，中国经典诠释的多样性，中国哲学范畴、命题与精神、智慧的准确把握，西方哲学的中国化与中国哲学的世界化，中国哲学的创造性转化，中国哲学智慧对现代化的参与及对人类社会的贡献等方面继续取得重要进展。

诸子学的历史命运

“诸子学”或“子学”，一是指先秦汉魏诸子百家学术；二是指历代学者研究诸子著作、思想的学问，包括对诸子著作的校勘、训诂、辨伪、辑佚和考古新发现之子书的整理与研究。近人章炳麟说：“所谓诸子学者，非专限于周、秦，后代诸家亦得列入，而必以周、秦为主。”①

《汉书·艺文志·诸子略》著录春秋末至西汉诸子计十类一百八十九家，四千三百二十四篇。其中儒家类五十三家、道家类三十七家、阴阳家类二十一家、法家类十家、名家类七家、墨家类六家、纵横家类十二家、杂家类二十家、农家类九家、小说家类十五家。

其中有的书在班固的时代已经亡佚，有的书班氏认为是假托的，有的书在班氏之后亡佚，到《隋书·经籍志》时已不著录。因此，从汉至清，就不断地有关于诸子的辨伪、辑佚工作。《汉志·诸子略》所载，尚未包括未见著作流传的

① 章炳麟：《论诸子学》，《章太炎选集》，354页，上海，上海人民出版社，1981。

"子"们，例如在先秦颇有影响力的彭蒙、皇子、范雎、陈仲、史鳝、田文、杨朱等；也没有包括"兵书略"著录的兵权谋、兵形势、兵阴阳、兵技巧四类共五十三家，七百九十篇，图四十三卷；更没有包括"六艺略"、"数术略"、"方技略"涉及的"子"们。

1. 诸子之发展脉络与综合统一

从历史发展顺序来看，诸子的前史是夏、商、西周时期的文化及其载体，是与祝、卜、巫、史有关的王官文化，是上古社会的学术、政治和礼俗（包括天文历象、阴阳方术、六艺之学和人事治理等）。自春秋末期的孔子开始，才有了私家学术和私人著述，从此开启了诸子时代的历史。孔子、老子、墨子基本上是同时代的人，由于孔、墨聚徒讲学，故诸子各派之有家名，以儒、墨为最早。

自先秦至汉世，诸子发展的第一阶段是春秋末期至春秋与战国之际的孔、老、墨的时代；第二阶段是战国时期诸家鼎盛的时代，即孟子和庄子的时代；第三阶段是战国末期荀子、韩非、吕不韦的时代；第四阶段是两汉诸子的时代。

第一阶段的代表人物除孔、老、墨外，还有：比他们稍早的管仲、子产、晏婴；与他们同时代的隐士楚狂接舆、荷蓧丈人、长沮、桀溺；孙武、关尹、邓析、范蠡、司马穰苴；孔门弟子颜渊、有若、樊迟、子张、子游、子夏、曾参、仲弓、宰予、子贡、冉有、季路、公冶长、宓不齐（宓音伏）、漆雕开、世硕、公西赤、原宪、闵子骞、曾点等七十贤人及再传弟子公孟子、公孙尼子、乐正子春、孔子之孙孔伋（子思）、子莫等；墨子弟子禽滑釐（滑音骨）、田俅子、孟胜、田襄子等；杨朱。

第二阶段的代表人物有：董无心、相里勤、相夫氏、邓陵子、詹何、子华子、李悝、吴起、彭蒙、田骈、慎到、尸佼、商鞅、孙膑、申不害、孟子、告子、仲良、列御寇、惠施、黄缭、庄子、接子、季真、陈仲、兒说（兒音倪）、田巴、魏牟、鲁仲连、屈原、公孙龙、毛公、孔穿、尉缭、桓团、万章、公孙丑、公都子、宋钘、尹文、鬼谷子、腹䵍（䵍音吞）、鹖冠子、许行、环渊、苏秦、张仪、王廖、兒良等，遍及各家各派。

第三阶段的代表人物有：荀子、邹衍、吕不韦、韩非、李斯等。

第四阶段的代表人物有：陆贾、河上公、乐巨公、盖公、浮丘伯、田何、杨何、黄生、刘德、贾谊、晁错、公孙弘、刘安、司马谈、董仲舒、桑弘羊、汲黯、司马迁、杨王孙、桓宽、刘向、严君平、扬雄、桓谭、王充、王符、荀悦、仲长统等（限于篇幅，本书对汉代诸思想家，除刘安及其宾客外，都没有论列）。

第一阶段是诸子的初兴期，形成了孔、老、墨这样具有原创性的典范人物和兵家、名家的初期代表，产生了在中国学术史上影响深远的儒家、道家、墨家三大基元思想系统。当时所讨论的中心问题是一个"礼"字，即在礼崩乐坏的秩序面前，贵族阶级的生活如何走正路，如何成为正当的问题，正在发生转变的社会的价值系统如何与传统礼乐文明相联系和区别的问题。

孔子和早期儒家的回答是：古代的典籍和贵族社会流行的礼文仪节的中心价值是可以继承下来的，如"仁者爱人"、"孝悌忠恕"、"博施济众"的原则和"礼乐教化"的秩序是必须持守并可以作出创造性的转化的，因为它关涉到人之所以为人和人与人相处之道的根本和人的安身立命的问题。他们代表平民批评贵族内部和外部的暴发户对社会秩序的僭越给平民带来的苦难，因而主张克己—正名—复礼。他们实际上是以理想社会来批评现实社会。孔子和早期儒家是贵族与平民的结合部，是承先启后的一代人物。孔子既保留了上古社会的宗教信仰，即对"天"和"天命"的敬畏，同时进一步开拓发展了周代的人文精神，以积极入世、自强不息的人生态度和丰富多样、创发有为的人文建构塑造了中华文化和我们民族的性格，陶养了两千多年一代又一代的知识精英。他所高扬的道德价值，"学而不厌，诲人不倦"的精神，"发愤忘食，乐以忘忧"的生活态度，特别是崇高的人格境界和"知其不可为而为之"的救世情怀，使他成为中国文化史上无人企及的典型。他所提出的"己所不欲，勿施于人"，"己欲立而立人，己欲达而达人"的思想，到今天仍然是国与国、族与族、文与文、人与人共存互尊的金科玉律。

墨子和早期墨家是从孔子的营垒中突破出来的。他们不满意孔学的繁文缛节和保守传统文化的情绪，彻底代表平民阶级立功立言。他们中多数人是手工业者。墨家集团具有摩顶放踵的救世精神，奔走于列国，制止非义的战争。他们批评贵族生活的内容和方式与儒家不同。他们既继承了民间宗教，尊天事鬼，倡导“天志”、“明鬼”的信仰，又反对厚葬久丧、靡费财物的习俗而主张“节用”、“节葬”、“非命”、“非乐”。他们的道德价值和政治诉求是“非攻”、“兼爱”、“尚贤”、“尚同”。这反映了他们欲建立新秩序的要求。这些主张从劳动者的功利出发，注重民生，讲求实效，决不放言高论，但同时又在现实社会中追求平民阶级的价值理想。他们有丰富的战争防御、制造机械的经验，发展了我国古代的工业技能、科学知识和经验主义的认识论、逻辑学思想。他们开发了与儒家孔子不同的另一路向的思想传统，是我国哲学史上光芒四射的又一思想典型和人格典型。

老子和早期道家以空灵的智慧、生命的感悟、精巧的哲思和冷静的观照，透悟社会变革带来的一系列变化，尤其是反思了包括礼乐文化在内的人类文明给人类生存的环境和人本身所带来的异化，从而批评了知识、文化、法令、制度、仁义道德、生产技巧对于人之为人和个人之为个人的宰制，而提出“回到自然”的口号。老氏从“无为”的视域察照“有为”的负面，从“柔弱”的地位看破“刚强”的危机，以流动、辩证的思考，批评了周文的繁荣、奢华，也批评并警告了新旧贵族追求的“盈”、“满”、奢侈、雄强，而主张无为而治、贵柔守雌、见素抱朴、无欲不争。他提出了“道”这一形上范畴，以此涵盖天地万物、社会人事的阴阳、有无、强弱、高下的运动变化过程和“反者道之动”的规律。这个“道”是不能用我们的知性和语言来加以限定的。对于这个“道”的会悟，必须消解有限心智的迷执和有限知识的遮蔽，破除物我的对待、主客的分裂。道家创造出世界哲学史上令人叹为观止的高峰！表面上看，它与孔子儒家的主张背道而驰。然而，从深层次上看，老子“涤除玄览”的空灵智慧意在启发我们超越现实，透悟无穷，然后再去接纳现实世界相依相待、迁流不息、瞬息万变、复杂多样的生活，以开放的心灵破除执著，创造生命。因此，它与孔子儒家相反相成，相得益彰。

孔、墨、老，确乎代表了三种样态的人生体验和相互补充的三种人格；无论是“到庙堂去”（孔），还是“到民间去”（墨），抑或“到山林去”（老）；无论是“圣贤人格”，还是“平民作风”，抑或“隐逸情采”，都有真善美合一的意境，而且常常是一个社会不同的人或同一个人在不同时期、不同境遇的生存理想。它们都是“生命的学问”！

第二阶段是诸子的鼎盛期，学者们大大地丰富、完善、发展了儒、道、墨思想，并产生了新的儒、道、墨学派，同时形成了大范围的争鸣对话的氛围，形成了不同的兵家、法家、名家、农家、纵横家的思想系统和实践活动。他们讨论的中心既有“治”的问题，又有“仕”的问题，即社会秩序如何重建和知识分子应当何以自处。

儒家有了孟子和道家有了庄子，才真正使儒道两家成为中国思想史上的双璧！他们分别使儒道两家在本体论、宇宙论和人生论上有了新的理论深度。

孟子发挥了德治仁政的思想，希望以此来建设理想的社会秩序。他推进了孔子的“仁学”，创立了以性善论为基础的道德理想主义的形上学系统。他把道德理性（包括道德情感和道德是非判断）界定为人的本质，以人固有的“仁”、“义”、“礼”、“智”四端之心和“良知良能”的扩充，即道德主体性、创造性、实践性的发展，通过“尽心—知性—知天”，“存心—养性—事天”的路数，沟通天人，由内在而超越，由现实而理想。他建立了精致的心性学说的体系，成为中国道德哲学的主流。他的“保民而王”、“民贵君轻”的政治学说，成为中国历史上最有活力的批判现实的武器。他极大地弘扬了积极进取、奋发有为的主体精神，强调自尊自律，“反身而诚”，舍生取义，杀身成仁。他的“天爵良贵”思想，“富贵不能淫、贫贱不能移、威武不能屈”的大丈夫精神，“说大人则藐之”的传统，以德抗位，重节操，重道义，培养“浩然之气”的人格理想，哺育了两千多年来不绝如缕的仁人志士！他也十分重视民生问题，主张制民“恒产”，并把教育问题放到一定的高度。

庄子强调整体的和谐与物我的相通，提出“天地与我并生，而万物与我为一”的中心观念，更注意把自然与人看成有机的统一体。他承认现实世界种种的“不齐”（不平等，不公正，不自由，不和谐），也承认万事万物的“有待”（相依相待，互为条件），但他的智慧，乃在于启悟人们在真实的生活中，接受、面对“不齐”、“有待”的现世，调整身心，解脱烦恼，超越俗世，将“不齐”视为“齐一”，求得精神的超脱解放，作“逍遥”、“无待”之游。他反对唯我独尊，不承认有绝对的宇宙中心，主张容忍各相对的价值系统的意义，决不抹杀他人他物的生存空间，以使自己的生命从紧张、偏执中得到解脱。庄子要求人们不必执定于地籁、人籁，而要倾听那自然和谐、无声之声的“天籁”，以会悟天地万物的同体融合，消除彼此的隔膜和有限的生命与有限的时空、价值、知性、名言概念、识见及烦、畏，乃至生死的系缚。庄子的美学也成为整个中国艺术精神的最重要的源泉之一。

战国时期涌现了一大批进取的、急功利而明法度的法家代表人物，如李悝（李克，子夏的弟子）、吴起（曾子的弟子）、商鞅、慎到、申不害等，继承管仲、子产思想，在治理现实社会方面，作出了很大的贡献。如前所述，春秋末年以降，贵族阶级崩坏，整个社会政治生活处于失序的状态，亟待重建。孔子强调人道化的政治，在“仁”、“礼”的学说中进一步把古代的宗教、政治伦理化，淡化周礼的宗教性，增强“礼”的教育性、人道性，希冀实现新的礼治秩序。孟子进一步把这种秩序的重建与人心内在的道德律联系起来。法家的思路与此相反。在财产和权力再分配的过程中，新兴阶级（有的是从平民中产生的）逐渐掌握了统治权。列国在改革的实践中，与经济上重本抑末、奖励耕战、富国强兵的政策相一致，必须实现政治上的“明法审令”，以法令去规范人们的行为。慎到以“势”（权力、权威），申不害以“术”（办事、用人的技巧与手段），商鞅以“法”（法律、政令、赏罚）作为政治和治术的根本。他们反对礼治、德治，主张“事断于法”，“官不私亲，法不遗爱”①；“苟可以强国不法其故，苟可以利民不循其礼”②。在治世的问题上，儒家是理想主义者而法家是现实主义者。但前者的“正名复礼”与后者的“守法奉公”其实还是有一定的联系的。

在“仕”的问题上，法家主张“食有劳，而禄有功，使有能，而赏必行，罚必当”③，并以严刑峻法监察官吏职守。墨家集团、农家许行和陈仲都是主张“食有劳”的，希望君民并耕而食。孟子则是“义仕派”。一方面反对陈仲、许行，肯定社会分工，强调政治生活；另一方面又反对田骈、淳于髡等在贵族那里寄生，而盛唱“不仕”的高论；同时又反对纵横家苏秦、张仪、公孙衍等“禄仕派”，投机取巧，谋取禄位，而主张以礼进退。就孟子主张政治生活，主张以官职换俸禄来说，

---

① 《慎子·君臣》。

② 《商君书·更法》。

③ 《说苑·政理》。

亦与法家一致。庄子是“退隐派”，既不从政，又不愿寄生禄仕。但我们也不能说道家与法家没有关系，相反，法家是从道家中分化出来的，并发展了道家的“无为而无不为”的政治哲学。然而这种政治哲学也是儒家的主张。①

与当时政治礼法上的“正名”问题之争和法律诉讼活动相伴随，出现了一些机智的辩者，著名的有惠施和公孙龙。他们通过形名、实名等关系的讨论，探讨了古代逻辑学、知识论的问题，表现了很高的抽象思维能力。

第三阶段是诸子进一步发展期和初步总结期②，继续围绕“礼”、“仕”、“治”等问题展开讨论。此时出现了儒家的重要代表荀子，阴阳家的重要代表邹衍，法家的重要代表韩非、李斯和杂家的重要代表吕不韦。

荀子是与孟子比肩的儒学大师，传孔门弟子子夏、仲弓之学，对六经与上古文化的承传发挥了很大的作用，《左传》、《穀梁传》、《毛诗》、《鲁诗》、《韩诗》及大小戴《礼记》，均与荀子传授有关。在“礼”论的发挥上，容摄孔子仁学及诸家思想而推陈出新，主张以新的人伦观来重新规定社会秩序，深刻地影响了后世的社会、政治与学术。他批评孟子的“性善说”，揭示人性的负面，提出“性恶论”，指出善是后天人为的，因而强调“起礼义，制法度”，兴教育，重建秩序，与孟子殊途而同归。荀子不仅在人性论，而且在天道观、认识论、逻辑学等多方面创发新说，对先秦诸子作了批判总结。

韩非子是荀子的学生，是法家思想的集大成者，提出了法、术、势相结合的君主专制的中央集权的理论。他主张人君主道无为，百官各尽其职。“事在四方，要在中央；圣人执要，四方来效；虚而待之，彼自

---

① 本文所说“礼”、“治”、“仕”为诸子百家讨论的三大问题和本段所说“仕”的问题上有“义仕派”、“禄仕派”等，均采自钱穆的诸子观。参见钱氏著《国学概论》、《中国思想史》等。又请见郭齐勇、汪学群合著《钱穆评传》（百花洲文艺出版社，1995）的第4章。

② 最初步的总结，还可以追溯到齐国的稷下学宫。稷下学者及《管子》一书已经把道、儒、阴阳、法诸家的宇宙自然观、社会人事观、人生论等各方面作了初步的综合、总结。

以之。"① 他主张"以法为教，以吏为师"②。他以力量和财货的争夺作为推动历史的杠杆，把人与人的关系看做是赤裸裸的利害关系。他深受老子和荀子哲学的影响，在"道"论和知识论上都有创获。

秦相吕不韦及其宾客对诸子作调和统一工作，兼收并蓄，融合诸家，在宇宙观、历史观、认识论、人性论、养生论及军事、音乐各方面，对先秦思想都有综合与发挥，但没有超越诸子之上更伟大高明的理论。

第四阶段是对先秦诸子作再总结的时期和两汉诸子的时期。此时期出现了三大思潮：一是秦汉新道家思潮；二是官方儒学思潮；三是在野派的批判思潮。

淮南王刘安及其宾客和司马谈、司马迁父子，大体上是站在道家的立场上对先秦诸子作综合、总结的，但持论颇为公允，而且《淮南子》又成为融合诸家思潮的结晶。从董仲舒到谶纬之学到《白虎通》，是把作为子学的孔子儒学神化为"经"的时期。而扬雄、桓谭、王充及东汉末年的批判思潮则批判了被神化为"经"了的官方儒学。

值得一提的是，战国中期的《易传》和源于先秦而整理修订于战国末至汉初的《礼记》，特别是其中的《大学》、《中庸》、《礼运》、《王制》、《乐记》、《儒行》诸篇，是最有开放度的儒生以儒学为中心对先秦诸子所作的总结。其中吸收了墨、道等各家的思想而融化在儒家思想里，成为一个新的系统。例如《易传》、《中庸》的形上学，就是道家与儒家之有机整合，把天道与人道、自然与人文统摄了起来。这些作者有超越诸家之上的思想识度，因而能吸收融合，化成新论，而不是左右采获，彼此折衷。在这个意义上，这种总结，比起《荀子》、《吕氏春秋》和《淮南子》，则有更深远的意义和影响。

2. 诸子学的历史命运

诸子百家争鸣的结束，是当时社会经济发展的客观必然要求。人们常常把它与秦始皇"焚书坑儒"、汉武帝"罢黜百家、独尊儒术"联系起来。其实，结束百家争鸣，促进思想文化趋于一统，正是不少"子"

---

① 《韩非子·扬权》。

② 《韩非子·五蠹》。

们，例如荀子、韩非、吕不韦、刘安等的主张。秦汉大帝国在政治上的统一，特别是君主专制制度的完善，当然不能容忍思想言论的自由或所谓异端邪说的流布。不过，我们也不能把秦皇、汉武上述举措过分夸张。焚书，禁绝私学，使法令得以定于一尊，是李斯的建议。始皇尚没有烧医、卜、农等实用的书，也没有烧官府中的《诗》、《书》、百家语。“灭息”诸说，“勿使并进”，推崇孔子，抑黜百家，是董仲舒的建议，武帝并未下诏禁绝百家。说汉代“独尊儒术”，尚缺乏历史的确证。也就是说，即使在秦皇、汉武的时代，诸子之学并未完全禁绝。甚至我们可以肯定地说，关于先秦诸子的融合、总结工作，很多都是在秦汉之际完成的。当然，在君主专制主义的政治、文化背景之下，诸子学本身也随着发生了诸多变化。为适应一统天下的专制秩序，为专制王权的需要服务，并满足愚昧的秦皇、汉武等君主个人长生不老的奢望，阴阳家、方士或与儒家或与道家相互糅合，流为神仙、谶纬诸说。特别是在汉帝国以对策取士，立经学博士，用利禄做诱饵，加上种种专政手段相钳制，软硬兼施，恩威并重之下，多数士人渐渐精神萎缩，随波逐流，不复有生机勃勃、独立思考、怀疑问难、自由论说、多元开放、百无禁忌的子学精神，而不断地边缘化了。

近人冯友兰在20世纪30年代初出版的两卷本《中国哲学史》中，曾把孔子至淮南王视为思想大解放的“子学时代”，而把董仲舒至康有为视为思想僵化封闭的“经学时代”。按冯氏的理解，子学时代缘于春秋战国之时，贵族政治崩坏，政治经济社会各方面皆发生了根本的变化；而经学时代则缘于秦汉大一统，政治上定有规模，经济社会各方面的新秩序亦渐安定。自此而后，朝代虽屡有改易，然在政治经济社会各方面，皆未有根本的变化。“在经学时代中，诸哲学家无论有无新见，皆须依傍古代即子学时代哲学家之名，大部分依傍经学之名，以发布其所见。其所见亦多以古代即子学时代之哲学中之术语表出之。此时诸哲学家所酿之酒，无论新旧，皆装于古代哲学，大部分为经学之旧瓶内。”①

冯友兰关于“子学时代”和“经学时代”的说法只具有象征的意义

① 冯友兰：《中国哲学史》下，492页，北京，中华书局，1961。

而不具有准确的学术史限断的意义。冯氏不过是把“经学”作为思想僵化、停滞的代名词，而以“子学”作为标新立异、生动活泼的代名词。在子学时代“各家各派尽量发表各自的见解，以平等的资格，同别家互相辩论。不承认有所谓‘一尊’，也没有‘一尊’。这在中国历史上是思想自由，言论自由，学术最高涨的时代。在经学时代，儒家已定为一尊。儒家的典籍，已变为‘经’。这就为全国老百姓的思想，立了限制，树了标准，建了框框。在这个时代中，人们的思想都只能活动于‘经’的范围之内。人们即使有一点新的见解，也只可以用注疏的形式发表出来，实际上他们也习惯于依傍古人才能思想。”①

冯氏20世纪30年代以后的几种哲学史著作均没有再沿用“子学时代”和“经学时代”的说法，因为这种界定本身有不严格之处，容易引起误解。自汉迄清，学术思想发生了多重变化，不仅因佛学的传入，而且中土学术自身也呈多样发展态势，未可以“经学”一言以蔽之。而从广义的“子学”立场来看，这两千年间，诸子学的内容和形式不断发生变化，儒、道、墨、法、名、杂、阴阳、兵、农、医、天文算法、术数，乃至道教、佛教等都有了长足的发展和新的流变，著述汗牛充栋。不仅包括对四百年间先秦汉初诸子的疏导诠释，而且也包括在中外文化碰撞融合的背景之下产生了新的、越出经学藩篱或“六经注我”的思想家（即“子”们）。学术的四大门类——子学与经学、史学、文学等，历来不断互动、交相渗透，有着不解之缘。中国思想史上的四大主要传统——儒家、道家、佛家和宋明理学（道学），作为中华的精神文明，源远流长，播及域外，至今仍起着这样那样的作用。它们就是源于子学而发扬光大的。从这一视域出发，我们亦不能说自汉迄清是“经学”的一统天下，以免忽略了“子学”在中国文化史上的地位和作用。另外，清末以降，有所谓先秦子学、两汉经学、魏晋玄学、隋唐佛学、宋明理学、清代朴学的说法，就强调一代一代学术风气和特色来说，虽不失为一种简明概括，但毕竟太抽象、太笼统，容易抹杀每一时代学术的多样性，抹杀子学与经学、玄学、佛学、理学、朴学间的内在联系与互动关系。

---

① 冯友兰：《三松堂自序》，218～219页，北京，三联书店，1984。

作为中华学术的一种重要资源，子学及其研究（包括整理、辨伪）不绝如缕，未尝断绝。历代思想家也都脱离不了子学的陶养。汉代思想家不必说了，汉以后的思想家，如何晏、王弼、郭象、向秀、张湛、阮籍、嵇康、傅玄、裴頠、僧肇、葛洪、戴逵、王通、傅奕、成玄英、司马承祯、韩愈、李翱、柳宗元、刘禹锡、王安石、张载、程颢、程颐、朱熹、陆九渊、陈亮、叶适、王守仁、吕坤、李贽、刘宗周、方以智、顾炎武、黄宗羲、陈确、王夫之、颜元、傅山、戴震、焦循、章学诚、汪中等，无不与先秦汉代之诸子百家有着密切的思想联系。

南朝的刘勰等，唐代的魏徵、马总、柳宗元等，宋代的王安石、司马光等，元代的陶宗仪等，明代的杨慎、宋濂、焦竑、沈津、徐渭、归有光、陈深等，都做过评论、辨析和汇聚诸子思想与著作的工作。宋代已刊行了一些诸子读物，明代则出现了大量的诸子刻本和各种各色的诸子丛书与汇集。明代书贾为清人整理诸子提供了前提。当然，明本诸子书未经严格整理，错讹较多。

清初王夫之、傅山都研究、注析诸子，以傅山尤为大胆，冲破经学和理学禁锢，首开以子学方法研究子学的先河。清代乾嘉时学者汪中在《述学》中遍述诸子，否认道统，并称孔、墨、荀，反对独尊孔子，为墨学、荀学翻案，在当时的学术界发出了异端的呼声。晚清俞樾、孙诒让都受到他的影响。

清代，尤其是晚清与民国间，诸子学有了勃兴之势。其背景为：清代盛世时对于古代文化大规模的发掘整理以及后来衰世时面对西学的冲击，知识分子重新在子学资源中寻找济世救民的良方，及至清末与民国间，又处于社会急剧动荡变革之会，大一统的专制帝国崩坏，旧的价值失序，几乎又是一个“战国时代”。其标志为：墨、道、名、法诸家典籍的整理及其思想的当代诠释，或引诸子以经世致用，或援西学于诸子。其成就表现在三方面：一是子学的辨伪、辑佚、校勘、注释、考证、训诂等，有了空前的繁荣；二是扬弃了儒学为正统的意识，以民主平等的思想识度，重新疏导诸子的精神，尤其是自由活泼、怀疑批判、独抒己见的精神；三是在新的思想解放的背景下，产生了足以与先秦诸子比肩的思想巨人，涌现了 19 世纪末直至“五四”时代的新诸子！这再一次说明了诸子是中华文明的文化基因、源头活水。

就子书的辑佚而言，至清代的孙星衍、孙冯翼、严可均、马国翰、王谟、黄奭等人，差不多已叹为观止矣！就子书的辨伪而言，不止姚际恒、崔述，卢文弨、毕沅、孙星衍、阮元、顾广圻等都是辨伪、校勘专家。清代考证诸子的成果甚多，专治某子的代表作有：毕沅的《墨子注》，魏源的《老子本义》，王先谦的《庄子集解》、《荀子集解》，郭庆藩的《庄子集释》，王先慎的《韩非子集解》，曹耀湘的《墨子笺》，孙诒让的《墨子间诂》，洪颐煊的《管子义证》，戴望的《管子校正》等（其实还应当包括刘宝楠的《论语正义》和焦循的《孟子正义》)。校订诸子群书的代表作有：姚范的《援鹑堂笔记》、卢文弨的《群书拾补》、王念孙的《读书杂志》、蒋光煦的《斠补隅录》、俞樾的《诸子平议》、孙诒让的《札迻》等。①

从晚清至民国，子学的重新诠释和整理，风靡一时，蔚为大观。各种思想流派无不从子学中汲取营养，发挥己意，真正重现了新的诸子蜂起、百家争鸣的格局。姚莹、路德、曾国藩等均已从老庄、管商、墨子等那里汲取营养以经世致用，而龚自珍、魏源、康有为、梁启超、谭嗣同、严复、章太炎、刘师培等，则从改革社会的需要出发，借助佛学、西学阐发诸子学（特别是墨子、老庄），发掘其自由、民主、平等、博爱和科学的因素，或者实践墨子摩顶放踵的救世情怀，复活了诸子学的真精神，成为思想启蒙的先导。尤其是章太炎、梁启超，无论在思想层面还是在学术层面，都是开风气的一代大师。章氏在校勘、训诂诸子方面贡献颇大，对墨子、庄子、荀子、韩非有独特见解，并借以抒发新说，形成了有系统的诸子学。梁启超对墨经的整理，对先秦政治思想的研究和子学精神的抉发，亦成就斐然，影响深广。

梁启超论诸子在胡适之前，而成其系统著作在胡适之后。胡适以西方哲学的方法学整理诸子。《中国哲学史大纲》（卷上）对先秦学术，特别是名家的知识论与逻辑学作出新的阐释，颇有石破天惊之功效。冯友兰更胜胡适一筹，能以同情的理解，相对深刻、完整而又平实地整理诸子，成就了《中国哲学史》（两卷本，上册 1931 年出版，全书 1934 年出版）那样的奠基式著作，受到自唐代特别是宋代以迄清世疑古辨伪思

① 详见张舜徽：《中国文献学》，299～301 页，郑州，中州书画社，1982。

潮的影响和近世胡适等人的影响，以顾颉刚为代表的“古史辨派”在20世纪二三十年代异军突起。在1926年～1941年出版的七册《古史辨》中，第二册中编讨论孔子和儒家问题（顾颉刚编）；第四册是“诸子丛考”，讨论儒、墨、道、法诸家（罗根泽编）；第六册是“诸子丛考续编”，上编通考先秦诸子，下编专考老子（罗根泽编）。参加讨论的都是学术界显赫名流。此为当时研究诸子之一大潮流。1911年～1949年关于诸子之通论、专论、考证、校释、注译、汇编、引得等著作有二百余种，论文数百篇，涌现了一大批研究诸子的专家。以唯物史观研究诸子的学者亦不在少数，其中最突出的有嵇文甫、郭沫若、杜国庠（守素）、范文澜、侯外庐、赵纪彬、杨荣国、蔡尚思等，他们之间也有尊孔反孔、崇墨非墨的区别，但大体上都是以马克思主义的思想史观和方法论原则疏释诸子。平心而论，这派学者的研究成就是不容抹杀的，当然也存在若干缺失。

1949年～1978年诸子学研究继续发展，出版了不少高质量的关于诸子之考索、集校、集释、注译、札记、新证等类的著作和中国哲学史、诸子学的通论专论等，但不免受到教条主义、“左”倾思潮的干扰。尤其是“文革”十年中，“四人帮”“评法批儒”、“批林批孔”的政治闹剧，更是使先辈诸子和诸子学蒙垢受辱，此为诸子和诸子学之大不幸也。1978年以后，诸子学的研究兴旺发达，加上门户再开，西方学术与东方学术交流，学术界研究的理论、思路、视域、方法和成果更加多样。诸子学再逢春天，更加辉煌。

回顾19世纪末到20世纪末子学研究的趋向和历史，不能不看到，一个多世纪以来，各派学者研究的方法论和指导思想有一个共同点，那就是疑古主义。学者们不相信历代经、子、史传，包括《史记》、《汉书》关于诸子的记述，对一些子书的真实性及其年代表示怀疑。这只要看看顾颉刚《古史辨》就十分清楚了。胡适的书，东周以上存而不论，顾颉刚“层累地造成的中国古史”说，正如钱穆所说，都是所谓“剥皮主义”，破坏有余，建立不足。就连与他们文化观不同的梁启超也难免疑古思潮之影响，其《中国历史研究法》及其补编等著作中所指陈的伪书，涉及子书的有：《鬼谷子》、《关尹子》为全部伪；《管子》、《庄子》为部分伪；《亢仓子》、《子华子》为本无其书而伪；《列子》为曾有其书，因佚而伪；《商君书》为内容不尽伪，而书名人名皆伪；郭象《庄子注》为盗袭割裂旧书而伪；《慎子》为伪后出伪。30年代末张心澂的《伪书通考》更是集辨伪之大成。然而在20世纪末，人们通过考古发现，逐渐证实，或者至少可以推论很多伪书其实并不伪，很多古代著作的成书年代一再往前推移。像《文子》、《尸子》、《鹖冠子》、《尉缭子》、《六韬》、《鬼谷子》都被证明是战国时期的著作；《孔子家语》、《孔丛子》也可以在简帛中找到源头；子思的著作和是否有思孟学派一直被人怀疑，而今也在多处找到了根据；孙武、孙膑两《兵法》亦得到确证；《说苑》、《新序》的内容并不虚妄；《易传》、《礼记》诸篇的产生时间还要往前推。如果说20世纪的主潮是疑古的话，那么21世纪或许真是走出疑古的世纪①。20世纪，特别是近几十年考古新发现大大打开了人们的眼界，简牍和帛书的大量出土与整理，使子学研究面临巨大的挑战，也面临新的机遇。

① 参见李学勤：《简帛佚籍与学术史》，台北，时报文化出版有限公司，1994。

《尸子·广泽》、《庄子·天下》、《荀子·非十二子》与《吕氏春秋·不二》中的真理史观之异同

周秦之际，诸子蜂起，学派林立，著作繁富，云蒸霞蔚，气象万千，是我国学术文化史上光辉灿烂的黄金时代。本文论及的四篇文章是战国末期出现的甄明学派、检视个性、评价学术得失的最早文献，其中透露了不同的作者对待真理发展的相同的或不同的看法，颇有研究的价值。

1. “无相非也”的求同取向

《尸子》早佚，唐代魏徵、清代惠栋、汪继培等辑成。《广泽》是从《尔雅·释诂·疏》中采录的。尸子名佼，班固说他是鲁人，为商鞅之师；刘向说“楚有尸子”，又说他为“晋人”，是商鞅之客。“卫鞅商君谋事划计，立法理民，未尝不与佼规也。商君被刑，佼恐并诛，乃亡逃入蜀。”①

《广泽》乃尸佼的学术史论，全篇不到三百字。有趣的是，作者拈出一两个字概括各家学派的不同主张和个性特征：“墨子贵兼，孔子贵公，

① 刘向：《别录》，据《史记·孟荀列传·集解》所引。

皇子贵衷，田子贵均，列子贵虚，料子贵别囿。其学之相非也，数世矣而已，皆弇（同掩）于私也……若使兼、公、虚、均、衷、平易、别囿一实也，则无相非也。”①

以上六家，皇子不可考。料子，梁启超《〈尸子·广泽篇〉〈吕氏春秋·不二篇〉合释》认为“即尹文或其弟子”。钱基博《读〈庄子·天下篇〉疏记》亦认为“料子行事无闻，傥宋钘尹文之徒耶”；马叙伦《庄子义证》谓“料子无考，疑即宋子”；谭戒甫《〈庄子·天下篇〉校释》谓“按料字左半，即宋字之挩误者（其右半斗字别有所误），盖谓宋子贵别囿耳”；顾实《〈庄子·天下篇〉讲疏》认为料子即宋钘，“料古音读如小，料与宋为幽冬阴阳对转。古人姓名，往往随方言而转，无一定之用字也”。以上专家断定料子即宋钘（宋牼、宋荣子），主要根据是《庄子·天下篇》评论宋钘、尹文学说“接万物以别宥为始”。宥与囿通，“知者，接也”②。看来宋尹学派主张要正确地认识万物，必须首先破除先入之见，抛弃片面性和局限性。

“别宥”或“别囿”即尸子之“去私”，庄子之反对“囿于物”，荀子之“解蔽”和《吕氏春秋》之“去宥”。宋尹学派的主张，在百家争鸣后期，成为思想家们在认识论和真理观上的共同趋向。《庄子·徐无鬼》：“知士无思虑之变则不乐，辩士无谈说之序则不乐，察士无凌谇之事则不乐，皆囿于物者也。”庄子不仅反对认识方法上的“锢蔽”，亦反对无谓的抬杠、争辩、斗争，这和尸子反对“其学之相非”甚同。

尸子认为，诸子百家彼此相非是不必要的。在他看来，墨子主张“兼”，孔子主张“公”，皇子主张“衷”，田子主张“均”，列子主张“虚”，宋子主张“别囿”，其实是异名同实，相互一致的。《尔雅疏》将“天、帝、皇、后、辟、公、弘、廓、宏、溥、介、纯、夏、幠、冢、晊、昄”诸字都解释为“大”，“兼、公、衷、均、虚、别囿”都是一个意思——“公”，或曰“去私”。可以认为，以上数字既概括了各家宗旨，更反映了尸子自己的学术主张。

现代西方哲学中的诠释学家伽达默尔（Gadamer）认为，文本（这里我们可以把它理解为哲学史的原始资料）的真正意义与作者的原意或

① 本文所引《尸子·广泽》，均据汪继培辑本。

② 《庄子·庚桑楚》。

心理特征无关，因为它部分地也是由解释者的历史处境所决定的。文本在历史上表现出来的东西，要比原作者想要表达的东西多得多。也就是说，理解者与被他所理解的对象是相互交融的。传统本质上是在一切历史变化中主动地有选择地保存，它实际上是理解者内在地置身于其中的历史。不同时代或同一时代不同的哲学史家的视界（指人的前判断，即对意义和真理的预期）是不断形成的，受到社会文化等主客观条件的制约，并与他所要理解的对象的视界不断渗透，彼此交融。

根据这一理解，我们可知，尽管墨子的学说中“兼爱”只是其中之一，同样，孔子之“公”、皇子之“衷”（即“中”）、田骈之“均”（均平齐一）、列子之“虚”（虚静无拘执）、宋子之“别囿”，均只是他们学术思想的一部分，但由于尸子有无原则的杂糅的趋向，于是把他们学说中相近的要素抽绎出来，凸显为各家的本质特征，然后再说：你们争来鸣去，其实主张相同，完全可以融合成一个主张。这里，对各派学术特点的评价，打上了评价者的主观烙印。即令原作者没有这些思想要素，理解者也要往这一方面去理解。

《广泽篇》曰：“因井中视星，所视不过数星；自邱上以视，则见其始出，又见其入。非明益也，势使然也。夫私心，井中也；公心，邱上也。故智载于私，则所知少；载于公，则所知多矣……是故，夫论贵贱、辨是非者，必且自公心言之，自公心听之，而后可知也。”这里似乎又涉及另一面：理解者的主观性虽不能免，但应力求客观，做到“去私”、“平易”，勿以“爱”“怒”掩蔽了“智”。

总之，对于复杂多样的学说之诠释，由于尸佼本人的兼综取向，刻意发掘各家可以融通、彼此可以认同的层面，然而也因此抹杀了各派学者彼此的分歧、对立和排斥。追求无差别的同一，当然是幻想。真理正是在各种意见的相非相争中发展的。在争鸣之中可能出现“掩于私”，即为主观偏颇之见蒙蔽的现象，但不能因此对分歧、对立采取不承认主义。统一必须存异！有趣的是，尸佼在社会政治实践上辅佐商鞅变法，在学术上主张“综合各家”，一则强调斗争，一则强调同一，似乎出现政治上与学术上的背反。一位思想家、哲学家的政治主张和学术主张完全可以不同，不过尸佼不在此例。尸佼、商鞅是处在激烈的斗争之中，并终因失败而逃遁或遭车裂，但从本质上来说，社会改革反映在意识形态上并非只是斗争，在一定意义上，更为重要的是统一，是引进、容忍、贯通多元文化、百家异说，然后加以选择和综合。在这里，《广泽篇》透露出来的主要是结束争鸣战乱，实现统一的消息，尽管还相当微弱。

2. "天下多得一际焉以自好"的存异取向

兼综博览诸子百家异说，首先要有宽容的心态，即跳出门户和家法，具备不拘一格的大将风度和恢弘气象。所谓宽容，就是容许别人有行动和判断的自由，对不同于自己或传统观点的见解的耐心公正的容忍。一言以蔽之：存异。在人类认识或人类真理的发展长河中，甚至扩而大之，在人类社会或人类自身发展的长河中，"宽容"、"存异"、"和谐"范畴有时甚至比"对立"、"斗争"范畴更为重要。

《庄子·天下篇》的论学旨趣可谓求同存异："天下大乱，贤圣不明，道德不一，天下多得一察焉以自好。譬如耳目鼻口，皆有所明，不能相通。犹百家众技也，皆有所长，时有所用。虽然，不该不遍，一曲之士也。判天地之美，析万物之理，察古人之全，寡能备于天地之美，称神明之容。是故内圣外王之道，暗而不明，郁而不发，天下之人各为其所欲焉以自为方。悲夫，百家往而不反，必不合矣！后世之学者，不幸不见天地之纯，古人之大体，道术将为天下裂。"

这里，"天下多得一察焉以自好"一句，郭象于"一"字断句，王念孙《读书杂志》作一句读，谓"与下文'天下之人各为其所欲焉以自为方'句法正同"。俞樾《诸子平议》曰："当从王读……察当读为際（今简体字为际），一际犹一边也……'得其一际'即得其一边，正不知全体之谓。"下句"察古人之全"，梁任公《庄子·天下篇释义》曰："察古人之全，亦当读为际。察字与判字、析字并举，皆言割裂天地之美，万物之理，古人之全，而仅得其一体，此所以不该不遍，而适成其为一曲之士也。""不该不遍"的"该"借为晐，兼备的意思。

《天下篇》的作者深深惋惜百家各自为方，局于一隅，不能理解甚至割裂了内圣外王的道术之全，然而毕竟承认"道术不一"、"各自为方"，肯定明一际之偏而亦不可废，"皆有所长，时有所用"。各家对于真理的认识可能是片面的，但片面的认识有时候却有它深刻的地方，可能触摸到真理之全的某些要素或方面。庄周学派肯定相互歧义乃至相互反对的百家之学各有所长，扬弃了尸佼抹杀歧义的同一，也就接近了“真理是一个过程”的认识。

《天下篇》尽管以内圣外王之道权度百家，但不私“道”为一家之所有，如实承认各家都是“古之道术”。庄周学派的“内圣外王”之道，按钱基博先生《读〈庄子·天下篇〉疏记》的诠解：“‘圣’之为言‘通’也，所以适己性也，故曰‘内’。‘王’之为言‘往’也，所以与物化也，故曰‘外’。‘内圣外王’，盖庄生造设此语以阐‘道’之量，而持以为扬推诸家之衡准者。”“老子言‘道’、‘德’，庄子言‘内圣’、‘外王’。‘道’也者，人之所共由也，庄子谥之曰‘外王之道’。‘德’也者，我之所自得也，庄生谥之曰‘内圣之道’。”‘内圣外王之道’，庄生所以自名其学，而奥旨所寄，尽于《逍遥游》、《齐物论》两篇：盖《逍遥游》所以喻众生之大自在；而《齐物论》则以阐众论之无不齐。则是《逍遥游》者所以适己性，内圣之道也：《齐物论》者所以与物化，外王之道也。”钱氏此说源于章太炎。章氏在《齐物论释》中认为《逍遥游》、《齐物论》为庄学纲宗，“内圣”得其自在，“外王”蕲于乎等。章、钱二先生的诠释显然打上了时代和个性的印痕，但说《天下篇》以内圣外王为价值尺度论衡诸家，则是不错的。

《天下篇》以此作为参照系扬推诸家得失：于儒家，虽未许为能明“内圣外王”之道，然客观肯定其地位：“其在于《诗》、《书》、《礼》、《乐》者：邹鲁之士，缙绅先生多能明之——《诗》以道志；《书》以道事；《礼》以道行；《乐》以道和；《易》以道阴阳；《春秋》以道名分。”于墨家，虽批评其“不与先王同，毁古之礼乐”，“生不歌，死不服”等，谓其“去王也远矣”，“恐其不可以为圣人之道”，即内圣不明，然肯定“墨子泛爱、兼利而非斗，其道不怒，又好学而博，不异”（按谭戒甫先生的解释，此处所说不异，即与先王不异）。结论是：“虽然，墨子真天下之好也！将求之不得也，虽枯槁不舍也。才士也夫！”也就是说，墨子虽未达天人、神人、圣人、至人的境界，但也算得上才士。于宋钘、尹文，析其“见侮不辱”之说：“以禁攻寝兵为外，以情欲寡浅为内，其大小精粗，其行适至是而止。”即是说：宋尹学派在内圣、外王两方面都作了努力，只是还停留在低级境界而已。于彭蒙、田骈、慎到，则认为他们在外王上有作为，虽“不知道”，然“概乎皆尝有闻者也”。于关尹、老聃，赞颂备致，“可谓至极！关尹、老聃乎，古之博大真人哉”！认为他们于治己之学之本（道）和治人之学之物（术）兼备，乘物以游心，达到了最高境界。于庄周，歌颂其“独与天地精神往来”，但自认为尚未到达关尹、老聃之“以本为精，以物为粗，以有积为不足，澹然独与神明居”的境界。“其应于化而解于物也，其理不竭，其来不蜕，芒乎昧乎，未之尽者”，即庄周还没有穷尽内圣外王之道。于惠施，“由天地之道，观惠施之能，其犹一蚉一虻之劳者也。其于物也何庸？夫充一尚可曰愈；贵道几矣。”也就是说，惠子充其量精通物之其一，不过是一曲之技能，于物无功，为物所累，不知贵道，终只能获得善辩之名。

庄周学派对于诸家的评价，以道家为上，儒次之，墨、名、法等又次之，而以农家者流为下。《天道篇》云：“古之明大道者，先明天而道德次之，道德已明而仁义次之，仁义已明而分守次之，分守已明而形名次之，形名已明而因任次之，因任已明而原省次之，原省已明而是非次之，是非已明而赏罚次之……骤而语形名赏罚，此有知治之具，非知治之道；可用于天下，不足以用天下，此之谓辩士一曲之人！”《庚桑楚篇》斥农家“简发而栉，数米而炊，窃窃乎又何足以济世哉！”但总的说来，庄周学派，特别是《天下篇》的作者，评价各家，基本上作到了是非互见，得失两存，有偏重而无偏废。尽管认为除道家中的关尹、老聃之外，包括道家支流，都不过是“一曲之士”，但仍肯定他们掌握了部分的、片面的真理，承认各种思想存在的历史合理性，多少有一些学术民主的气度，也多少触及哲学思想的多样性和统一性的关系。《天下篇》表彰关老“常宽容于物，不削于人”的思想及庄周学派“天下多得一察焉以自好”的价值取向，曾经深刻地影响了汉代的学术史家。

蒋伯潜《诸子通考》谓“《天下篇》之评诸子，唯举人以为据，而无所谓家数”。钱基博《读〈庄子·天下篇〉疏记》说：“盖诸子之别某家也，始著于司马谈之《论六家要旨》，论定于刘向父子之校《诸子略》，徒以便称举明概念耳，非本真如此。”足见真正划分学派、考镜源流，是司马谈以后的事。《论六家要旨》首先引用《易大传》“天下一致而百虑，同归而殊途”的名言，力主求同存异，相辅相成，对诸家之评价，与《天下篇》一样，做到深浅各得，醇疵两存。司马谈作为汉初盛行的黄老思想的代表，却并不以道德家为正统，别家为异端，反而强调阴阳、名、儒、墨、法诸家“不可失”、“不可不察”、“勿能易”、“勿能废”、“勿能改”，又承认道德家自身在发展史上曾“因阴阳之大顺，采儒墨之善，撮名法之要，与时迁移，应物变化”，更进一步认识到学派的争鸣和相互渗透，是发展真理的必要途径。刘歆继承父志，总群书，奏《七略》，在与今文经学家论战时，激烈地反对“保残守阙”，“党同门、妒道真”；“雷同相从，随声是非”；又指出：“今此数家之言，所以兼包大小之义，岂可偏绝哉！”[①] 班固父子亦反对“安其所习，毁所不见”，“终以自蔽”的学风，《汉书·艺文志序》说：“九家之术蜂出并作，各引一端，崇其所善……其言虽殊，譬犹水火，相灭亦相生也……相反而皆相成也。”笔者以为，司马父子、刘氏父子、班氏父子都继承了《天下篇》作者的学风和传统，重申并发展了思想领域内舍短取长、相反相成的原则，认识到哲学思想史、真理发展史，正是在各种不同学者、学派、思潮的相互碰撞、斗争、涵化和整合的过程中得到发展的。

3. “务息十二子之说”的排他取向

如果说《天下篇》以容忍“一偏之见”和“相反之论”为特点，那么，《荀子·非十二子篇》则以指陈各家的片面性，以尖锐的斗争、批判锋芒为特点。《荀子·非十二子篇》的方法论是“解蔽”。《广泽篇》反对“弇于私”，“弇”即是“蔽”。《解蔽篇》说：“夫道者，体常而尽变，一隅不足以举之。曲知之人，观于道之一隅而未之能识也，故以为足而饰之，内以自乱，外以惑人，上以蔽下，下以蔽上；此蔽塞之祸也。”这与《天下篇》反对“一曲之士”既相一致又有差别。容忍“一偏之见”是一回事，反对“一偏之见”，要求由片面地看问题上升到全面地看问题，由对部分真理的把握上升到对全部真理的把握，则又是一回事。两者不仅不应该矛盾，而且应该统一起来。庄周学派对于“道术将为天下裂”和“天下之人各为其所欲焉以自为方”抱着无可奈何的消极情绪，他们的容忍“一曲之士”是比较被动的。荀卿学派则不然，他

① 《汉书·楚元王传附刘歆传》。

们虎虎而有生气，以犀利的目光比较准确地指陈各家的片面性（在这一方面大大超过了《天下篇》的作者），要求对方也要求自己扬弃这些片面性，虽然过于严苛，但提出这些要求，完全符合辩证法。

《解蔽篇》历数各家之蔽："墨子蔽于用而不知文，宋子蔽于欲而不知得，慎子蔽于法而不知贤，申子蔽于势而不知智，惠子蔽于辞而不知实，庄子蔽于天而不知人，故由用谓之道尽利矣，由欲谓之道尽嗛矣，由法谓之道尽数矣，由势谓之道尽便矣，由辞谓之道尽论矣，由天谓之道尽因矣。此数具者，皆道之一隅也。"荀子批评诸子之学都不够全面，偏执一端，以偏概全，则不足以尽道。真理总是全面的、具体的，荀卿似乎看到了这一点。

对于诸家的评价，荀子也做到了醇疵互见："万物为道一偏，一物为万物一偏，愚者为一物一偏，而自以为知道，无知也；慎子有见于后无见于先，老子有见于诎无见于信（即伸），墨子有见于齐无见于畸，宋子有见于少无见于多。有后而无先，则群众无门；有诎而无信，则贵贱不分；有齐而无畸，则政令不施；有少而无多，则群众不化。"[①] 可见荀子的综合融铸百家，决不是尸子的杂糅兼综。尸子评议各家，重在指出其共同性，并得出结论："无相非也"。尸子认为诸家主张其实是多名而"一实"。庄子学派评议各家，以"内圣外王"之道为准绳，重在指出哪一家达到了这境界，哪一家没达到，哪一家还差得远。与尸子之无原则的杂糅和庄周学派之无可奈何地存异不同，荀卿学派明确地提出否定、排斥、批判、扬弃的原则，表现出世界思想史上积极的总结者的气概和姿态。

《非十二子》就像一篇檄文："假今之世，饰邪说，文奸言，以枭乱天下，矞宇嵬琐，使天下浑然不知是非治乱之所存者，有人矣。"本篇皆在非十二子，故仅言其短而不著所长。于它嚣、魏牟，则云："纵情性，安恣睢，禽兽行，不足以合文通治"；于陈仲、史鳝，则云："忍情性，綦谿利跂，苟以分异人为高，不足以合大众，明大分"；于墨翟、宋钘，则云："不知壹天下建国家之权称，上功用，太俭约，而僈差等，曾不足以容辨异，县君臣"；于慎到、田骈，则云："尚法而无法，下修

① 《荀子·天论》。

而好作，上则取听于上，下则取从于俗，终日言成文典，反纠察之，则倜然无所归宿，不可以经国定分”；于惠施、邓析，则云：“不法先王，不是礼义，而好治怪说，玩琦辞，甚察而不惠，辩而无用，多事而寡功，不可以为治纲纪”；于子思、孟轲、则云：“略法先王而不知其统，犹然而材剧志大，闻见杂博。案往旧造说，谓之五行，甚僻违而无类，幽隐而无说，闭约而无解。”

荀子“解蔽”，即指陈、纠正、批判各家乃至自己一家之内其他派别的片面性，克服庄子只承认差别而不主张斗争的倾向，具有正确的一面。然而由于荀卿学派急切要求结束百家争鸣局面的自觉意识太强，夸大了否定批判在发展真理中的作用，以致陷入了另一种片面性。他们是为地主阶级提供统一的政治思想而对诸子百家进行鉴别取舍的，在新兴地主阶级的政治、伦理原则（即礼治原则）面前，他们感到十二子的主张过时了，十二子学说的影响阻碍了学术和政治的统一，因而激烈抨击，大张挞伐，甚至不惜对包括子思、孟子、子张、子夏、子游在内的儒家各派思想家毫不留情地诟詈毁辱。

独断论出现了。要超越诸子必须进行思想斗争和批判，这种否定和批判是真理发展的动力之一。哲学思想史上每到一定阶段，总有人出来怀疑甚至推翻前人的成果，变更其课题，否定其方法，开创哲学的新生面。荀子在这一方面有很大贡献。但由于门户之见太深，由于夸大了各学派的分歧，荀子对各家的态度不能说是客观公允的。《非十二子》把各家说得一无是处，为了“一天下，财万物，长养人民，兼利天下”的政治需要，甚至提出“六说者立息，十二子者迁化”的主张。又说：“今夫仁人也，将何务哉？上则法舜、禹之制，下则法仲尼、子弓之义，以务息十二子之说。如是，则天下之害除，仁人之事毕，圣王之迹著矣。”这也就是“统一思想”、“舆论一律”。中国知识分子历来缺乏为学术而学术、为知识而知识、为科学而科学、为艺术而艺术的传统，为了浅显直截的政治目的，往往牺牲长久的纯学术（或知识、科学、技术、艺术）的价值。这里似乎也能看出一二。在政治或学术思想上，有的人总是企图保持一种所谓“纯而又纯”的局面，缺乏一致百虑、亦扫亦包的心态，甚至不惜为渊驱鱼，为丛驱雀。

钱钟书先生比较《非十二子》和《天下》，在《管锥编》第一册中指出："荀门户见深，伐异而不存同，舍仲尼、子弓外，无不斥为'欺惑愚众'，虽子思、孟轲亦勿免于'非''罪'之诃焉。庄固推关尹、老聃者，而豁达大度，能见异量之美，故未尝非'邹鲁之士'，称墨子曰'才士'，许彭蒙、田骈、慎到曰'概乎皆尝有闻'；推一本以贯万殊，明异流之出同源，高瞩偏包，司马谈殆闻其风而说者欤。"这一评价是实事求是的。

荀子学派实际上吸取、综合了儒墨道法各家各派的学术思想成果，继承、借鉴了前人和同时代人的运思趋向、哲学主题和表达形式。其批判精神和综合融铸百家的成果，是先秦辩证法的光辉一页。但是，过去我们往往忽视了另一面。在荀子大反别人的偏颇的同时，他自己也陷入了一种偏颇，一面利用别家别派的学术成就，一面公开地诋毁、攻击别人，大搞打倒一切。辩证法的全面性的要求，辩证法的批判的否定，很快走向了反面。其"务息十二子之说"的排他取向的流风余韵——韩非思想、董仲舒思想进一步适应了地主阶级"大一统"的需要。韩非心量隘狭，继续非诸子、拒贤士、息辞说，反对"不治而议"的政治民主和学术自由。他只看到儒墨之对立，看不到儒墨之统一，偏执地以法家推倒百家。其"冰炭不同器而久，寒暑不兼时而至，杂反之学不两立而治"的反辩证法的"势不两立"的二元对立思考模式，为地主阶级结束百家立异、争鸣提供了理论武器。一旦汉初统治阶级在政治上站稳了脚跟，思想上文化上的专制主义就不仅是需要，而且有了可能。卫绾、董仲舒重弹荀子"务息"百家和韩非"杂反之学不两立"的老调："诸不在六艺之科、孔子之术者，皆绝其道，勿使并进。邪僻之说灭息，然后统纪可一而法度可明，民知所从矣。"① 汉武帝"罢黜百家、独尊儒术"(其实儒学在这里既变了质，又变了形）有多方面的，例如政治、经济、文化、思想上的原因，结束百家争鸣是势所必然（而非理所当然）。但是，子学变成经学，儒学精神转化为躯壳和形式末节，哲学繁荣变成哲学贫困，万马齐喑取代百家争鸣乃至后世的思想禁锢、文字狱、以及注经传统、教条主义，只此一家、别无分店，倚门傍户、自我封闭，壁垒森严、互相攻讦……中国知识分子自身就没有责任吗？

---

① 《汉书·董仲舒传》。

4. “齐万不同”的超越取向

与《尸子·广泽》相似，《吕氏春秋·不二篇》这样评价各家：“老聃贵柔，孔子贵仁，墨翟贵廉（兼），关尹贵清，子列子贵虚，陈骈贵齐，阳生贵己，孙膑贵势，王廖贵先，兒良贵后。此十人者，皆天下之豪士也。”诚如金德建先生在《先秦诸子杂考·尸子广泽篇零笺》所指出的：“两家所举人物，容有详略之殊。可是拈取一二字来概括学说，《吕氏春秋·不二篇》纯然依照了《广泽篇》的遗意未变。有几家评断（如墨、列）竟也遵守《广泽篇》的旧文，不曾改换。”

但区别还是有的。从背景来看，尸佼之杂糅综合，是商鞅时代刚刚萌芽的集权政治在意识形态上的反映；吕不韦及其门客的博采众长，则是战国末期政治、文化融合大势的总结。从思维方法上看，《广泽篇》提出的“无相非”是无差别的同一，《吕氏春秋·不二篇》提出的则是包含了《天下篇》之“存异”和《荀子·非十二子篇》之“相非”的“齐万不同”。

继承宋钘之“别囿”、尸子之“去私”和荀子之“解蔽”，《吕氏春秋》专有《去宥篇》，提出：“人有所宥者，固以昼为昏，以白为黑，以尧为桀，宥之为败亦大矣！”“凡人必别宥然后知，别宥则能全其天矣。”这里重申了反对片面性、追求真理之大全的原则。继承庄子之“天下多得一察焉以自好”的思想，《吕氏春秋·用众篇》甚至提出桀纣这样的人“犹有可畏可取者”，任何人都有长短，“物固莫不有长，莫不有短，人亦然。故善学者，假人之长，以补其短”。这就表明了汇聚诸家之长，跳出门户之见的为学旨趣。

《吕氏春秋·不二篇》说：“听群众人议以治国，国危无日矣。”那么是不是要堵塞言路，以一家之言、之学取代百家呢？不是的。“有金鼓，所以一耳。必同法令，所以一心也。智者不得巧，愚者不得拙，所以一众也。勇者不得先，惧者不得后，所以一力也。故一则治，异则乱；一则安，异则危。夫能齐万不同，愚智工拙皆尽力竭能，如出乎一穴者，其唯圣人矣乎！”《吕氏春秋·不二篇》的意思是：政令和文化必须统一，但统一不是尊一黜百，而是“齐万不同”，即兼容并包、摄取精华，让各家各派充分发挥不同的作用，并相互补充、相互制约、相互渗透。从一定意义上说，“齐万不同”不是庄子消极地存异（“天下之人各为其所欲焉以自为方，悲夫，百家往而不反，必不合矣”），而是积极地存异，是包含了荀子之否定“蔽于一曲，暗于大理”的存异，是包含了排“他”（糟粕）的存“异”（精华），是从高层次上回复到尸子的同一（“去私”和“无相非也”），是既克服又保留，有选择地综合。由于真理与谬误的界限是绝对的又是相对的，由于精华和糟粕往往集于一身，难以分解，因此需要特别慎重，需要有宽容的精神。

“《吕氏春秋》有意识地要破除学派的狭隘性，因而给自己的文化综合整理工作，开辟了一条广阔的道路……《吕氏春秋》对于先秦诸子采取了择善而从的态度，不掩前人之长，批评贬抑者少，积极肯定者多，以继承和发扬为主；同时对各家推崇的宗师如老聃、孔子、墨子等，能作直率、朴实的评述，而无神化的成分。这种态度在当时的历史条件下也很有积极意义。”① 千姿百态、风格迥异的学术流派和学术观点，在认识发展史上都有不同的作用，当然应予以积极的肯定。

《淮南鸿烈》继承了《吕氏春秋》的“齐万不同”思想。其《泛论》认为“百川异源，而皆归于海；百家殊业，而皆务于治”；其《要略》提倡学术思想自由，“多为之辞，博为之说”，反对“循一迹之路，守一隅之指”，认为只有博览巨细，才能取其精华，去其糟粕，获得进步，“精摇靡览，弃其畛挈，斟其淑静”，以“统天下，理万物，应变化，通殊类”。这两部书，人谓杂家著作，其实并非庞然无统的凑合物。诚如江瑔在《读子卮言》中所说：“杂家之学，名虽为杂，实则一贯。”杂多与一贯，就是多样的统一。不过，无论是《吕氏春秋》还是受其影响的《淮南鸿烈》，主体意识都还很不自觉。真正的超越，就不仅仅要超越学派界限，而且要超越国家、民族的狭隘眼界，肯定多元文化的价值，获得创造的发展。这里要有很强的主体意识和现代文化意识。这是不可以苛求于吕氏、刘安及其门人的。

文化多元是先秦辩证法的源头活水。熊十力在《读经示要》卷二中说：齐鲁比邻而文化已不同，齐鲁与三晋又不同，楚之文化又特异北方诸国……自余小国，亦必各有异彩。先秦诸子千姿百态的理论和风格，

① 任继愈主编：《中国哲学发展史》（秦汉），7～8页，北京，人民出版社，1985。

积淀了各自所在地区的民族文化的要素。及至本文所论列的《广泽》、《天下》、《非十二子》、《不二》诸篇产生的时代，经济、政治、文化、思想统一的大趋势，已不可阻挡。以上四篇的作者总结评议先秦诸子，无非是要为思想文化的选择、重构和进一步发展提供理论依据。他们各自对于真理发展的观点便寓于其中。诚如上文所言，这些看法曾经影响了汉代的学术史家。今天，我们重新咀嚼、反思，仍旧可以得到启发。

纷繁复杂的哲学思想、派别的存在，具有历史的必然性和合理性。它们对于繁荣文化思想不仅是必要的，而且是有益的。思想文化的发展正是各种歧见、偏见的相灭相生、相非相续。在真理发展史上，必须肯定有一些片面的真理往往是深刻的。在“殊途百虑”的多元化形态中发展的学术真理，永远不会完结。由纷争到统一是历史发展的必然。然而统一总是多样的统一，统一意味着新的纷争的开始。在真理探求的历史进程中，尸子之“无相非也”的求同取向，庄子之“天下多得一察焉以自好”的存异取向，荀子之“相非”“相灭”的批判取向，吕氏之“齐万不同”的超越取向，作为不同的环节都肯定地保存下来。对差别、歧见采取不承认主义（尸子），或被动地承认、不积极的斗争（庄子），或夸大了对立和斗争（荀子），或选择综合时的主体意识不强（吕氏），都是不足取的。在思想领域内忽视多样、举一废百、唯我独尊、褊枯狭隘，是窒息自己的错误方针。只有以开放、宽容的心态，迎接世界各民族文化的挑战，从对它们的否定中把握肯定，亦从对它们的肯定中把握否定，扬长避短，含英咀华，才能在更高的层次上发展自己。

老庄之道论及其异同

尽管《老子》文本在发展过程中受到庄子学派及后学的影响而有所变化，尽管关于《庄子》的作者及内外杂篇何者更代表庄子的讨论至今仍未止息，但本文从一般的意义上以《老子》文本（含通行、帛书、郭店简本）的内容作为老子或老子学派思想的表达，以《庄子》全书作为庄子及其学派的思想表达，故行文中老子即《老子》，庄子即《庄子》，也即庄周学派。这是为了比较方便地论说老庄哲学思想。

1. 老子之道论

春秋时期的文献中，多次提到“天道”、“地道”、“人道”，或“天之道”、“地之道”、“人之道”等概念。老子的贡献是把“道”抽绎出来，使之成为一个独立的哲学形上学的范畴。①

我认为，老子道论可以分为四个层面，或可以通过四条路径加以把握。第一层面是“体”论，亦即可以从本体论的进路，理解虚无之“道”乃万物所以为万物之形而上的根据；第二层面是“用”论，亦即可以从宇宙生成论或本体—宇宙论的进路，理解天地万物形成及社会政治文化展开的过程；第三层面是体验、把握“道”的方法论；第四层面是人生修养的工夫论与境界论。

第一，本体论。

老子之“道”是原始浑朴、混沌未分、深远精微、连绵不绝的状态。“道常无名”、“道隐无名”、“大象无形”。它无名、无知、无欲、无为。它无形、无象、无声、无体，乃“无状之状”、“无物之象”。有时候，人们用“无”来表示本体的“道”，这虽是后起意（特别是王弼以后的义涵），但的确表明了“道”与现象世界的差别，又表明了“道”以虚无为用，还表明了老子的表述方式是否定式的、负的方式，不是肯定式的、正的方式。

在老子看来，“道”是古往今来，独立地、不停息地、周而复始地按自己的样态运行、流转的。它是整体，又是大化流衍的过程及其律则。它是自然流行的，没有情感、欲望、意志，不是人格神。它是天地

① 詹剑峰认为，老子“道”与“道论”的核心思想是：道即自然，自然即道；道自本自根，自生自成。詹剑峰以自然、自因、无待而然（绝对）、至大（无限）、一（唯一）、自由运行，以及老子之道一体而兼变常等义来概括“道”的特点与内涵。见詹剑峰：《老子其人其书及其道论》，138～139、121页，武汉，华中师范大学出版社，2006。唐君毅指出，老子之道有六义，又说道通贯法地、法天、法道、法自然四层，至于老子之所谓道为一形上实体或一虚理之问题，则不必执定而言；谓之为实体者，乃自此道所连贯之具体之天地万物而说，然自其法道与法自然而言，则人之体道，要在体道之超越于天地万物之上的种种意义，不宜说为实体。见唐君毅：《中国哲学原论·原道篇》（一），340～341页，台湾学生书局，1986。方东美从道体、道用、道相、道徵四层来讲道，认为就道体而言，道乃是无限的真实存在的实体。见方东美：《原始儒家道家哲学》，211、200～202页，台北，黎明文化事业公司，1987。吴汝钧比较柏拉图理型说与老子之道，论述老子“道”为形而上的实体，具有实际的存在性和创生万物的作用。参见吴汝钧：《老庄哲学的现代析论》，227～229页，台北，文津出版社，1998。

万物（即有名、有形、有限的现象世界）的本始、根源、门户、母体，是其根据、本体。现象世界发源于、依据于道又返归于道。老子的道体具有超越性、绝对性、普遍性、无限性、圆满性、空灵性。人们勉强地可以称它为“道”、“大”、“一”、“朴”，或比喻为山谷、玄牝。它是空虚的、不盈满的，因此有无限的神妙莫测的功能、作用，其活动的时间、空间、能力、效用是无穷尽的。但它决不有意造作，决不强加于人（或物），而是听任万类万物各遂其性，各按本己的性状自然而然地生存变化。正因为“道”是空虚的，没有被既定的现实事物或种种制度文明、价值判断、条条框框所塞满、所限定，故而有无限的可能性，无限的作用及其活动的空间。

第二，宇宙生成论或本体—宇宙论（本体—社会论）。

老子说：“天下万物生于有，有生于无。”① “无名”包含着“有名”。道生成并包含着众有、万象、万物，又不是众有、万象、器物的机械相加。老子哲学并不排斥、否定、忽视“有”的层面及种、类、个体自身性的差异，相反，肯定殊相个体自然生存的价值，反对外在性的强力干预及对物之天性的破坏。

“道”的展开，走向并落实到现实。如“道生一，一生二，二生三，三生万物。万物负阴而抱阳，冲气以为和”②。老子不仅讲“道”，而且讲“德”。德者，得也。“道生之，德畜之，物形之，势成之。是以万物莫不尊道而贵德。”③ 就是说，自然天道使万物出生，自然天德使万物发育、繁衍，它们创造、养育了万物，使万物得以一定的形态、禀性而存在、成长，千姿百态，各有特性。所以，万物没有不尊崇“道”而珍贵“德”的。“道”之所以被尊崇，“德”之所以被重视，并没有谁来强迫命令，是自然而然，自己如此的。“道”使万物生长，“德”使万物繁育。它们使万物生成、发展、结果、成熟，对万物爱养、保护。它们生养了万物而不据为己有，推动了万物而不居功自恃，统领、管理万物而不对万物强加宰制、干预，这才是最深远的“德”。一般说来，“道”成

① 《老子》第四十章，“天下万物”，郭店简本和帛书乙本均作“天下之物”。

② 《老子》第四十二章。

③ 《老子》第五十一章。

就了万物之“德”，“德”代表了“道”，内在于千差万别的个别事物之中。

按这种思路，老子亦肯定文明建构、人伦生活，如说：“始制有名”①；“朴散则为器，圣人用之则为官长。故大制不割。”② 社会的伦理生活、文明制度，按自然条理生成并无害处，害怕的是，人为作用的强化，或执定于种种区分，将其固定化、僵化，则会破坏自然之道。老子肯定道德的内在性，反省文明史，批评礼乐和伦理道德的形式化，亦与此一致。

老子之“道”是生成万物的超越根据，它涵括了“无”与“有”之两界、两层。道家以“无”设定真实的本源世界。就道体而言，道是无限的真实存在实体；就道用而言，周溥万物，遍在一切之用。“道之全体大用，在‘无’界中即用显体，在‘有’界中即体显用。”③“有”界是相对的现象世界，“无”界是超越的精神世界，绝对的价值世界。相对的“有”与绝对的“无”相互贯通。这是就两界而言的。若就两层而言，“无”是心灵虚静的神妙之用，是“道”之作用层；“有”是生、为、长养万物之利，是道之现实层。庄子《天下》赞扬关尹、老聃“建之以常无有”。“建之以常无有”是真正的哲学智慧。老子这种既无又有、既相对又绝对、即妙用即存有之双向圆成的玄道，启发了后世魏晋玄学、宋明道学（理学）之即体即用、即无即有的模型。但道家之道的现实方式是负的方法、否定的方式，是“不”“反”“复”，即通过虚无保证存有，通过不有、不恃、不宰、不争、贵柔、守雌、不为，来长养万物，那么这种“有”其实也是虚有。老子形上学的重心是“无”，是“道冲”，“用之或不盈，渊兮似万物之宗”，是不生之生、不有之有、不长之长、不用之用、不宰之宰、不恃之恃、不为而为。

“道”的功用，“道”的创造性，源于道之体的虚无、空灵、不盈，也就是不被既成、既定、常识、合理、现实、规范的东西所塞满、窒息，因而能在“有无相生”④，即“无”与“有”、“道”与“德”在相

① 《老子》第三十二章。

② 《老子》第二十八章。

③ 方东美：《原始儒家道家哲学》，168～169页。

④ 《老子》第二章。

对相关、相反相成的过程中创生新的东西。请注意这里的“有无相生”的“无”，与前面作为“道”的代词的“无”是不同的，有层次上的区别。“道”是“有”与“无”的统一，是超乎相对待的“有”与“无”之上的绝待。作为“道”的代词的“无”，是万物的本体、最高的原理。“有”与“无”是“道”的双重性，是从作用上显示出来的。

第三，体验、把握“道”的智慧与方法。

老子讲境界形态上的“无”，或者讲“有”，大体上是从作用上讲的。[①] 在宇宙、现象世界生成的过程中，“有之以为利，无之以为用”[②]，即“有”提供了客观便利的条件基础，但“有”一定要在“无”的创造性活动作用、力量及活动作用的空间（场阈）或空灵境界中，才能创造出新的有用之物，开辟出新的天地。正是在这一背景下，老子讲“道常无为而无不为”[③]。实有之用是有限之用，虚无之用是无限之用。无用之用乃为大用。

以上说的是老子以虚无为用。另一方面，老子又以反向为用。老子认为，“道”的变化、功用有一定的规律：“反者，道之动；弱者，道之用。”[④] 意思是，向相反的方向变化发展，是“道”的运动；柔弱，是“道”的作用。举凡自然、社会、人生，各种事物现象，无不向相反的方向运行。老子认识到事物发展的极限，主张提前预测设计，避免事物向相反的方向发展，防患于未然，因而提出了“不争”、“贵柔”、“守雌”、“安于卑下”的原则。

老子认为，获得知识靠积累，要用加法或乘法，一步步肯定；而体验或把握“道”则要用减法或除法，一步步否定。在他和他的后学看来，真正的哲学智慧，必须从否定入手，一步步减损掉对外在之物占有的欲望及对功名利禄的追逐与攀缘，一层层除去表面的偏见、执著、错

① 牟宗三认为，道家的形上学是境界形态的形上学，道要通过“无”来了解，以“无”来作本体，这个“无”是从我们主观心境上讲的；又说，道家着重作用层一面，讲无讲有，是从作用上讲的。参见牟宗三：《中国哲学十九讲》，124～128页，上海，上海古籍出版社，1997。

② 《老子》第十一章。

③ 《老子》第三十七章。

④ 《老子》第四十章。

误，穿透到玄奥的深层去。“为学日益，为道日损，损之又损，以至于无为。无为而无不为。”① 减损知、欲、有为，才能照见大道。“损”，是修养的工夫，是一个过程。我们面对一现象，要视之为表相；得到一真理，要视之为相对真理；再进而层层追寻真理的内在意蕴。宇宙、人生的真谛与奥秘，是剥落了层层偏见之后才能一步步见到的，最后豁然贯通在我们人的内在的精神生命中。“无为而无不为”，即不特意去做某些事情，依事物的自然性，顺其自然地去做。②

第四，人生修养的工夫论与境界论。

老子并不绝对地排斥圣、智、仁、义、学问、知识，但显而易见的是，他十分警惕知、欲、巧、利、圣、智、仁、义对于人之与生俱来的真正的智慧、领悟力、德性的损伤与破坏，他害怕小聪明、小知识、小智慧、小利益的计较以及外在的伦理规范影响了人之天性的养育，戕害了婴儿赤子般的、看似懵懂无知实则有大知识、大智慧、大聪明、大孝慈、大道德的东西。道家以否定的方式（不是从实有的层面上否定），消解知识、名教、文明建制、礼乐仁义、圣智巧利、他人共在等所造成的文明异化和个体自我的旁落。老子批评了儒家的仁、义、忠、孝、礼、智、信等德目，但并不是取消一切德目。老子追求的是真正的道德、仁义、忠信、孝慈。所以从根本上来说，他恰恰是主张性善、仁爱、忠孝、信义的。他相信自然之性为善，返璞归真、真情实感，是最大的善。从这个意义上来说，老子也是人性本善论者，他对人性抱有很高的希望。

“涤除玄鉴”即洗去内心的尘垢。“致虚”是洗汰知虑，保持心灵空间。“守静”即保持闲静的、心平气和的状态，排除物欲引起的思虑之纷扰，实实在在地、专心地保持宁静。致虚、守静是随时排斥外在之物的追逐，利欲争斗等引起心思的波动。“观复”，即善于体验万物都要回复到古朴的老根，回复到生命的起点、归乡与故园的规律。“观”就是整体的直观、洞悉，身心合一地去体验、体察、观照。“复”就是返回到根，返回到“道”。体悟到“道”的流行及伴随“道”之流行的“物”的运行的这一常则的，才能叫“明”（大智慧）。体悟了“道”的秉性常

① 《老子》第四十八章。

② 参见方东美：《原始儒家道家哲学》，191页。

则，就有博大宽容的心态，可以包容一切，如此才能做到廓然大公，治理天下，与天合德。与"道"符合才能长久，终身无虞。通过"致虚""守静"到极致的修养工夫，人们达到与"道"合一的境界。故，致虚、守静、观复等，是修养工夫，亦是人生境界。

老子论证滞留物用、执著有为对于心体的遮蔽，论证摄心归寂、内自反观、炯然明觉、澄然虚静的意义，着重强调了人生向道德和超越境界的升华。按照老子的道德理想、道德境界、人生智慧和人格修养论，他推崇的美德：见素抱朴、少私寡欲、贵柔守雌、慈俭谦退、知足不争、致虚守静、清静无为、返璞归真。老子以此为至圣与大仁。这是老子对人生的感悟，特别是对春秋末年贵族阶级奢侈生活的批判。老子通过冷静观照，提示了淡泊宁静的生活旨趣，看到逞强、斗富、居功自恃、私自用智等负面。

总之，《老子》中的"道"既是形上本体，又是自然、社会、人生的法则。它是整体性的，在本质上既不可界定也不可言说，不能以任何对象来限定，也不能将其特性有限地表达出来的。所以，"道"又叫做"无"、"无名"、"朴"、"一"、"大"。它是不受局限的、无终止的、一切事物的源泉与原始浑朴的总体。但"道"绝不是一个抽象的共相，而是一个流转与变迁的过程。它周行而不殆，周流万物，即在循环往复、不停返回本根处的运行中，实现出有形有象的器物世界，即"有名"的现实世界。"道"是"有名"与"无名"、流变与不变、整体与过程的统一。在一定的意义上，老子之"道"是有与无、神虚与形实的整合。"有"指的是有形、有限的东西，指的是现实性、相对性、多样性；而"无"则是指的无形、无限的东西，指的是理想性、绝对性、统一性、超越性。"有"是多，"无"是一；"有"是实有，"无"是空灵；"有"是变，"无"是常。"道"具有否定性与潜在性，因而创造并维持了每一肯定与实在的事物。在这一过程中，潜在与现实、否定与肯定、空无与实有、一与多，沿着不同方向发展变化。①《老子》启发我们促成潜在向现实、否定向肯定、空无向实有、一向多的方向转化，在这里，特别要注意"相反相成""物极必反"的律动。"道"是阴阳、刚柔等两相对待的

① 参见成中英《中国哲学的特性》一文，见李翔海等编：《成中英文集》第1卷，9～10页，武汉，湖北人民出版社，2006。

精神或物质的微粒、能量、动势、事物、原理的相对相关、动态统合。

2. 庄子之道论

我们仍然可以从本体论、宇宙生成论、体悟本体“道”的方法论、精神修养之工夫与境界的路数去理解庄子的“道”。[①]

第一，庄子的“道”是宇宙的本原，又具有超越性。

“夫道有情有信，无为无形；可传而不可受，可得而不可见；自本自根，未有天地，自古以固存；神鬼神帝，生天生地；在太极之先而不为高，在六极之下而不为深，先天地生而不为久，长于上古而不为老。”[②] 这表明了“道”是无作为、无形象而又真实客观的，是独立的、不依赖外物、自己为自己的根据的，是具有逻辑先在性与超越性的，是有神妙莫测的、创生出天地万物之功能与作用的本体。这个“道”不在时空之内，超越于空间，无所谓“高”与“深”，也超越于时间，无所谓“久”与“老”。

“有先天地生者，物邪？物物者非物，物出不得先物也，犹其有物也。犹其有物也，无已。”[③] “道”先于物并生成各物，是使万物成为各自个体的那个“物物者”，即“本根”。它不是“物”，即“非物”，即“道”。由于“道”之生物，万物得以不断生存。

这个“道”是“未始有始”和“未始有无”的：“有始也者，有未始有始也者，有未始有夫未始有始也者。有有也者，有无也者，有未始有无也者，有未始有夫未始有无也者。俄而有无矣，而未知有无之果孰有孰无也。”[④] 宇宙无所谓开始，亦无所谓结束，这是因为“道无终始”。

在《渔父》篇，作者借孔子之口说：“且道者，万物之所由也，庶

---

① 关于《庄子》的“道”，参见张默生原著、张翰勋校补：《庄子新释》，36～40页，济南，齐鲁书社，1993；陈鼓应：《老庄新论》，185～208页，上海，上海古籍出版社，1992；刘笑敢：《庄子哲学及其演变》，102～122页，北京，中国社会科学出版社，1988；崔大华：《庄学研究》，118～128页，北京，人民出版社，1992。

② 《庄子·大宗师》。

③ 《庄子·知北游》。

④ 《庄子·齐物论》。

物失之者死，得之者生，为事逆之则败，顺之则成。故道之所在，圣人尊之。”道是万物的根本，是各物的根据。“夫昭昭生于冥冥，有伦生于无形，精神生于道，形本生于精，而万物以形相生……天不得不高，地不得不广，日月不得不行，万物不得不昌。此其道与！”[①] 明显的东西产生于幽暗的东西，有形迹的产生于无形迹的，精神来自于道，形质来自于精气，万物以不同形体相接相生。天没有道不高，地没有道不广，日月没有道不能运行，万物没有道不能繁荣昌盛，所有的东西都依于道，由道来决定。

第二，庄子的“道”具有普遍性，内在于每一物中。

“夫道，覆载万物者也，洋洋乎大哉！君子不可以不刳心焉。无为为之之谓天，无为言之之谓德，爱人利物之谓仁，不同同之之谓大，行不崖异之谓宽，有万不同之谓富。”[②] 刳心即去掉自私用智之心。崖，即岸，界限之意。这里讲不自立异，物我无间，是谓宽容。整句表示道的广大包容及任其自然。包容万物、以无为的方式行事、没有偏私的君子，具有道的品格，庶几可以近道。

“夫道，于大不终，于小不遗，故万物备。广广乎其无不容也，渊渊乎其不可测也。”[③] “道”大无不包，细无不入，贯穿万物，囊括天地，周遍包含，巨细不遗，既宽博又深远。道无所不在。道甚至存在于低下的、不洁的物品之中：“东郭子问于庄子曰：‘所谓道恶乎在?’庄子曰：‘无所不在。’东郭子曰：‘期而后可。’庄子曰：‘在蝼蚁。’曰：‘何其下邪?’曰：‘在稊稗。’曰：‘何其愈下邪?’曰：‘在瓦甓。’曰：‘何其愈甚邪?’曰：‘在屎溺。’”[④] 道无所不在。这里颇有点泛道论了。陈鼓应指出，“庄子的‘道’并非挂空的概念，而是普遍地内化于一切物”[⑤]。万物都具备“道”，“道”内在于一切物之中。没有道，物不成其为物。

第三，庄子的“道”是一个整体，其特性为“通”。

---

① 《庄子·知北游》。

② 《庄子·天地》。

③ 《庄子·天道》。

④ 《庄子·知北游》。

⑤ 陈鼓应：《老庄新论》，188页，上海，上海古籍出版社，1992。

"夫道未始有封，言未始有常，为是而有畛也。"[①] "道"是浑成一体的，没有任何的割裂，没有封界、畛域。"道"是圆融的、包罗万有的、无所不藏的，可以谓为"天府"。同时，"物固有所然，物固有所可。无物不然，无物不可。故为是举莛与楹，厉与西施，恢恑谲怪，道通为一。其分也，成也；其成也，毁也。凡物无成与毁，复通为一。"[②]这是说，世间的事物，都有其存在的原因、合理性与价值，每一个体的禀性与命运千差万别，但无论有什么差别，或成或毁，这边成那边毁，在道的层面上，却并无亏欠，万物都是可以相互适应、沟通并在价值上齐一的。也就是说，莛虽小而楹虽巨，厉虽丑而西施虽美，只要不人为干预，因任自然，因物付物，任万物自用，可各尽其用，各遂其性，都有意义与价值。凡事在不用中常寓有其用，所日用的即是世俗所行得通的，而世俗所通行的必是相安相得的。"道"是一个整体，通贯万物。庄子所谓"一"、"通"、"大通"，都是"道"。万物在"道"的层面上"返于大通"、"同于大通"。

第四，庄子的"道"是"自本自根"的。

除前引《大宗师》所说"自本自根，未有天地，自古以固存"外，《知北游》亦有大段论说："今彼神明至精，与彼百化。物已死生方圆，莫知其根也，扁然而万物自古以固存。六合为巨，未离其内；秋毫为小，待之成体。天下莫不沉浮，终身不故；阴阳四时运行，各得其序。惛然若亡而存，油然不形而神，万物畜而不知。此之谓本根，可以观于天矣。"此处讲造化神妙莫测，使万物变化无穷。万物或死或生或方或圆，都不知其本根。天下万物没有不变化的。阴阳四时的运行又有其秩序。这些变化也好，变化之中的秩序也好，源于模糊的、似亡而存的"道"。"道"的妙用不见形迹，万物依赖它畜养而不自知。"道"，是天地万物所以生成的总原理，故自本自根。"道"不依赖于任何事物，自己成立，创生万有；天下万物依凭着道而得以变化发展。天地之大，秋毫之小，及其浮沉变化，都离不开"道"的作用。"道"参与天地万物的千变万化，道在其中为根本依据。可见，"道"自己是自己的原因，又是生成宇宙的原因。从万有依赖着"道"而生成变化，可知"道"是

---

① 《庄子·齐物论》。

② 同上。

宇宙的“本根”。

第五，破除成心，跳出藩篱，超越彼此是非，把握“道枢”。

道体自然，道本无为，不可以用语言来表达与限定，但可以用人的生命来体证。人们往往执定、拘守于“一偏之见”，彼此纷争，妨碍了关于完整的“道”与天地之理的领悟。因此，必须破除“成心”，反对师心自用。人们很容易观察与分析现象界的差别相，庄子意在打破由此而产生的执著，认识到事物的迁流变化；主张换一个角度（或参照系，或视域）再去省视事物，会看到不同的面相；直至“以道观之”，有些差别则完全可以忽略不计。庄子提出“明”（或“以明”、“莫若以明”）的认知方法，以此明彼，以彼明此，跳出各自的藩篱，洞察彼此，理解对方，消解己见，以客观平常之心洞察彼此之事实，进而理解现象或概念之彼此的联系，破除对一切相对待的概念的执著。庄子又提出了更为根本的体认绝对真理的方法，即把握“道枢”“天钧”的方法。这是更深一层次的“明”。圣人站在更高的层面，首先保留、“因任”自然的分际或人为的界限，其次是超越是与非、可与不可等的对待，洞悉彼此与是非的复杂联系，进而体悟天地自然的大道正是统合是非彼此的枢纽。最高真相、客观真理是所谓“道枢”或“天钧”（亦称“天倪”），它是承认、包含了各种事物、现象的认知以及层次、系列不同的相对真理的。圣人与道同体，存异又超越于异，使各种知识、各种相对真理及其系统各安其位，并行不悖。物与我、是与非、可与不可、潜在与现实、现实与理想、肯定与否定、形下与形上两不相妨碍，是谓“两行”。

第六，通过“心斋”“坐忘”“齐物”等工夫，达到“无待”“与道同体”“寥天一”的精神自由的境界。

“坐忘”即通过暂时与俗情世界绝缘，忘却知识、智力、礼乐、仁义，甚至我们的形躯，要点是超脱于认知心，即利害计较、主客对立、分别妄执，因为这些东西妨碍了自由心灵。斋是敬之至。斋则心虚，虚则渊深明鉴。“心斋”就是洗汰掉附着在内心里的经验、成见、认知、情感、欲望与价值判断，自虚其心，虚静养和，恢复灵台明觉的工夫。这就是无心、无为、无用的意思。“吾丧我”，是精神之我有时可以超脱于物质、形躯之我，即消解由物质生命带来的负累。“丧我”与“心斋”、“坐忘”意思相近。“齐物”的意思即是“物齐”或“‘物论’齐”，即把形色性质不同之物、不同之论，把不平等、不公正、不自由、不和谐的现实世界种种的差别相视之为无差别的“齐一”。这就要求我们以不齐为齐一，即提升自己的精神境界，在接受、面对真实生活的同时，调整身心，超越俗世，解脱烦恼。人们不必执定于有条件、有限制的地籁、人籁之声，而要倾听那自然和谐、无声之声、众声之源的“天籁”，以消解彼此的隔膜、是非和有限的生命与有限的时空、价值、概念、知识、见地、情感、烦恼、畏惧乃至生死的系缚，从有限进入无限之域。这就是精神的“逍遥游”，游即无待，游即游心，即心灵自由。

庄子之真人、至人、神人、圣人，都是道的化身，与道同体，因而都具有超越、逍遥、放达、解脱的秉性，实际上是一种精神上的自由、无穷、无限的境界。这深刻地表达了人类崇高的理想追求与向往。这种自然无为、逍遥天放之境，看似玄秘莫测，但实际上并不是脱离实际生活的。每一时代的类的人、群体的人，尤其是个体的人，虽生活在俗世、现实之中，然总要追求一种超脱俗世和现实的理想胜境，即空灵净洁的世界。任何现实的人都有理想，都有真、善、美的追求，而庄子的理想境界，就是至真、至善、至美的合一之境。

3. 老庄道论之联系与区别

老庄道论无疑有很多相同或相联系之处，如说庄子道论源于老子而又加以发展，或说老庄之“道”的义涵有不少相同之处，学术界对此并无歧见。张默生说：“《老子》著者是最先发挥‘道’之意义的，且说得亦极周遍；至庄子更将活泼泼的道体揭出，较《老子》著者尤为精进。”① 王叔岷认为，关于“道”“常”“反”“明”“和”等问题，“庄子所言虽较老子更深入精细，亦更广泛，但总渊源于老子。此司马迁所谓‘要其本归于老子之言’。庄子思想之所以超越老子，在其较老子更空灵超脱也”②。关于老子之道，王叔岷归纳了七义：道为天地万物之主宰、道永恒存在、道不可名状、道运行不已、道为实有、道法自然、道为德之本等；又说：“庄子言‘道无不在。’（《知北游篇》，庄子谓道在蝼蚁、

① 张默生原著、张翰勋校补：《庄子新释》，36页。

② 王叔岷：《先秦道法思想讲稿》，77页，台北，“中研院”中国文哲所，1992。

稊稗、瓦甓、屎溺）此老子所未涉及者。据此，老、庄所谓道，盖有八义矣。”①

学术界有关老庄道论之不同、差异或区别的研究，已有不少成果。例如：徐复观指出：“庄子主要的思想，将老子的客观的道，内在化而为人生的境界，于是把客观性的精、神，也内在化而为心灵活动的性格。”“庄子较老子，形上意味较轻。”② 陈鼓应认为：老子、庄子共同论定“道”是实存的，是天地万物的根源，庄子虽继承了老子，但“老子的‘道’和庄子的‘道’，在内涵上有着很大的不同。概略地说，老子的‘道’，本体论与宇宙论的意味较重，而庄子则将它转化而为心灵的境界。其次，老子特别强调‘道’的‘反’的规律，以及‘道’的无为、不争、柔弱、处后、谦下等特性，庄子则全然扬弃这些概念，而求精神境界的超升。”③ 叶海烟说：“庄子哲学和老子哲学之间确实存在着重大的差异，例如二人对‘道’便有不同的看法：老子强调‘道’的超越性与创生万物的玄妙作用，而庄子则肯定了道遍在于万物，并已然具德于天地之中的实存性……庄子对老子超迈之处，应首推其逍遥之游，一个游字似乎可道尽庄周本怀……庄子思想的博与杂显然远远超过老子。”④ 邱棨鐊说：“老子着重道的化生作用及其现象学，而庄子则进而探究‘天道’之理境与绝对实在境。”⑤

我们认为，老庄道论之联系或同质性，有以下五个方面：

第一，老庄“道”范畴的基本含义相同或相近。如前引《庄子·大宗师》“有情有信”章，即源于《老子》第 21 章：“窈兮冥兮，其中有精；其精甚真，其中有信。”情、精，乃通假字。老子、庄子“道”范

① 王叔岷：《先秦道法思想讲稿》，39 页。

② 徐复观：《中国人性论史（先秦篇）》，387、390 页，台北，商务印书馆，1987。

③ 陈鼓应：《老庄新论》，185 页，上海，上海古籍出版社，1992；又见陈鼓应、白奚：《老子评传》，276 页，南京，南京大学出版社，2001。《老子评传》强调了老子在社会政治上的柔性策略及其应用，为庄子所无。

④ 叶海烟：《老庄哲学新论》，13 页，台北，文津出版社，1997。

⑤ 邱棨鐊：《庄子哲学体系论》，10 页，台北，文津出版社，1999。

畴所具有的本体义、实存义、普遍性义、绝对性义、超越时空义、整体性义、根据在自身的自本自根义及无限性义等基本含义是大体一致或相近的。陈鼓应认为，“道”的整体性是庄子最先提出的，“这个观念为老子哲学所无”[①]。但实际上老子的“道”、“常道”、“天之道”“圣人之道”即是圜道，是整体。[②]

第二，老庄“道论”之基本架构是相同或相近的。这就是本文说的本体论、宇宙生成论或本体—宇宙论的理论间架。庄子深受老子的本体论、宇宙生成论的影响。

第三，老庄的体认“道”的方法，或其思维方法论是相同或相近的，都是生命体验的，特别是其中反向的或负的方法。

第四，作为老庄道论之重要部分的人生修养之工夫与境界论是相同或相近的。

与诸子百家中其他各学派，与古希腊哲学相比，老庄的道论无疑是大同而小异。老庄都承认道是宇宙、社会、人与万事万物共同、普遍的总原理。道是万物所由生成、展现的根据，是体，是体用如一、自因自动的；道包含有主宰义与流行义，而现实流行与主导、主体是不二的，道是过程，不是超越于万物之上如如不动的实体，道遍在于一切事物及其运动之中。就道与言的张力来说，道需要不同的言说（包括肢体语言）而表出，但任何有限的名言、概念与言说都无法穷尽无限的道，道的方式方法是否定、遮拨的，虚无为用的。道又是人生境界，体道则需要修炼。道论是生命体证的哲学，每一现实的人都可以通过有限的生命修炼与人生实践去体认、证悟、接近作为宇宙整体的、无限、绝待的“道”。老庄道论都是诗的哲学，透显出东方智慧的魅力。故道家的“道”及道论与柏拉图的共相观，与亚里士多德的逻各斯、上帝及实体学说都不同。

我们认为，老庄道论之区别与差异，有以下五个方面：

第一，老庄道论之本体论、宇宙论、境界论的含义或理论间架在大

---

① 陈鼓应：《老庄新论》，186页，上海，上海古籍出版社，1992。

② 参见詹剑峰：《老子其人其书及其道论》，121～122页，武汉，华中师范大学出版社，2006。

体相同的基础上，亦有不同的偏重。老子在宇宙生成论或本体—宇宙论（本体—社会论）上有偏重，有助于社会政治、人生、形下层面的撑开；庄子道论也含有其宇宙论、社会政治论，但不发达，其偏重在精神修养的工夫论与境界论，尤其是自由精神与绝对自由的心灵境界的追求方面。

第二，相比较而言，老子道论更富有原创性，更为简约，更有包容、暗示性，涵盖面更大。我们虽不可说庄子只是老子的注脚，但也不可过于夸大庄子的发明。

第三，在精神境界上，庄子更为圆熟。“老聃、关尹，仍注意于道的精粗体用，还是有分别的迹象；而庄周则不期于精粗体用的分别，浑然与造物同体。”①

第四，在表达方式上，庄子更加活泼，巧妙运用三言，以各种人物、故事喻道，洋溢无方，无所粘滞，“为了说明一个论点，往往连举好多寓言故事，极意形容，反复比喻，能够‘自说自扫’，使人不觉有拖泥带水之感。”②

第五，在思想范式上，庄子关于道无所不在，“道”内在于一切物之中的思想，对于后世学者吸收佛学，发展出宋明理学，具有重大意义。这实际上是宋明理学“理一分殊”的滥觞。

就道家宗师及内部各学派而言，老庄之道论确有如上之差异。老子之道的开放性，面向自然、社会、人生等一切领域，庄子之道当然也是无穷、开放的，但现实撑开方面反不及老子。庄子学派与现实的关系在“即而又离”的方式中更倾向于“离”，即保持距离。虽然老庄的修养论与境界论大致相同，但庄子道论偏重于理想人格与理想境界的追求，其自由无限心与绝对超越义更为高明。庄子言说的“三言”方式也优越于老子，更成为禅宗言说方式的先导。老庄道论向社会政治层面的展开，基本是正面、积极的，但在末流的运用中，老子政治学的流弊则成为君人南面之术，甚至部分地成为法家的一个源头。这当然不能要老子及其道论来负责。然而，庄子学说却成为专制政体下知识分子的人生智慧，成为清流的心灵寄托，这也是人们往往高度肯定庄子的一个原因。

---

① 张默生原著、张翰勋校补：《庄子新释》，20页。

② 王明：《道家和道教思想研究》，39页，北京，中国社会科学出版社，1984。

郭店儒家简与孟子心性论

郭店楚简大大丰富了先秦心性论的资料，因此格外引起学术界的重视。但目前有一种说法，似乎郭店楚简是主情的，而《孟子》是排情的，孟子至当代新儒家的“天命”的道德形上学的阐释，需要重新考虑等。① 本文不同意这一看法，而将郭店楚简心性论看做是孟子心性论的前史，力图疏导其间的内在联系。

1. 楚简之人性天命说

郭店儒家简诸篇并不属于一家一派，将其全部或大部视做《子思子》②，似难以令人信服。笔者不是把它作为某一学派的资料，而是把它视作孔子、七十子及其后学的部分言论与论文的汇编、集合，亦即某一时段（孔子与孟子之间）的思想史料来处理的。《孟子·告子上》记载的告子“生之谓性”、“仁内义外”的主张，孟子弟子

① 李泽厚：《初读郭店竹简印象纪要》，《世纪新梦》，201～210页，合肥，安徽文艺出版社，1998。

② 姜广辉：《郭店楚简与〈子思子〉》，载《哲学研究》，1998 (7)。

公都子总结的彼时流行的人性论的诸种看法，例如告子之“性无善无不善”论，可能是世硕的“性可以为善，可以为不善”论，无名氏之“有性善，有性不善”论，在楚简中都得到充分反映。前述第二种看法所以说可能是（或接近于）世硕的，根据是王充的《论衡·本性》。王充说世硕主张“性有善有恶”，至于人趋向善或恶，取决于所养，即后天的环境、教育的影响。据王充说，宓子贱、漆雕开、公孙尼子等都主张性有善有恶。世硕“所养”之说，在楚简与《孟子》中都有反映。

楚简中除了强调后天人为教育的内容外，还有很多关于以血气、爱欲、好恶等来描述人性的说法，认为喜、怒、哀、悲、乐、虑、欲、智等皆源于性。以上均得到各位论者的充分注意，故不赘引。但是，楚简中是不是完全找不到“性善论”的根芽、资源呢？楚简中是不是完全没有涉及“性与天道”的问题呢？人们现在很看重《性自命出》以情气释性的内容，这无疑是重要的。但该篇在以“喜怒哀悲之气”和“好恶”来界定“性”的同时，申言此性是天命的，是内在的，实际预涵了此能好人的、能恶人的“好恶”之“情”即是“仁”与“义”的可能，“仁”“义”是内在禀赋的内容。如此诠释，会不会犯“诠释过度”的毛病呢？不会。请看《性自命出》是怎么说的：“喜怒哀悲之气，性也。及其见于外，则物取之也。性自命出，命自天降。道始于情，情生于性。始者近情，终者近义。知情者能出之，知义者能入之。好恶，性也。所好所恶，物也。善、[不善]，□也，所善所不善，势也。凡性为主，物取之也。”①这里所说的三字，裘锡圭先生补了“不善”二字，剩下一字，疑是“性”。

这里的确有“性有善有不善”的意思，至于经验事实上、人的行为表达上究竟是善还是不善，依赖于客观外在力量的诱导、制约等。但这里并没有完全排拒“情气”好恶中的“善端”。这就为后世的性善论埋下了伏笔。以上整句的意思是说，人性的禀赋来自天之所降的命。此与生俱来的好好恶恶的情感偏向，就是人之所以为人的特质。好恶是内在本能，也就是内蕴的喜怒哀乐之气。人的情绪情感的表达，是由对象化的

---

① 本文所引郭店楚简内容，据荆门市博物馆：《郭店楚墓竹简》，北京，文物出版社，1998。引文中，方括号内为补字，圆括号内为前字的正读，据裘锡圭先生按语。以下不再另注。有个别字句和标点略有改动。

事物引起的，是表现在外的。质朴的好恶之心所引发、所牵动、所作用的对象虽然是外在的客观的物事、现象、力量、动势等，但内在的主宰或主导，还是天命所降之人性。人性脱离不了情气，且附着于情气之上，但性与情气仍有区别。请注意，情气不仅指自然情欲，也指道德情感。尔后孟子着力发挥的，正是天赋的道德情感，并由此上升为道德理性。

《性自命出》强调通过观看《大夏》、《韶》、《大武》之舞乐，听闻古乐之声，陶冶情操，修养自己，庶几可以“反善复始”！从反善复始、原始反终的立场回过头去看前引该篇的“始者近情，终者近义，知情者能出之，知义者能入之”，则不难体会此处两“情”字即是“仁”这种情，此处的“始终出入”，其实即是指的仁与义的对举。本始的、最贴近人之禀赋的、能表达、推广出来的性情是什么呢？恰恰是爱亲之仁！达成的、实现出来的、能使之进入的是什么呢？恰恰是“恶不仁”之义。以下紧接着说的“好恶，性也”，在一定的意义和范围之内，是说的能好人，能恶人，“好仁而恶不仁”。天所赋予的初始之善，人之自然的切近之情是亲爱亲人！该篇接着说：“笃，仁之方也。仁，性之方也。性或生之。忠，信之方也。信，情之方也。情出于性。爱类七，唯性爱为近仁。智类五，唯义道为近忠。恶类三，唯恶不仁为近义。所为道者四，唯人道为可道也。”这里很明显地把“好恶”之性点醒了出来。

在众多的爱中，笃诚的爱、真情真性是仁爱。当下的、发自内心的爱近乎仁，此即“好好”；当下的、厌恶不仁的情感或行为近乎义，此即“恶恶”。仁义忠信是人道之最重要的内涵，盖出之于天赋的性情。《语丛三》：“爱亲则其方爱人。”“丧，仁也。义，宜也。爱，仁也。义处之也，礼行之也。”“丧”为仁之端，此也是以情来说性，说仁，犹如孟子以“恻隐”说仁之端。可见，在先秦自然人性论之中，“情”的内涵之一，指的是仁爱之情。这也是人性之一，而不在人性之外。

让我们再来看一看《五行》：“不悦不戚，不戚不亲，不亲不爱，不爱不仁。”“颜色容貌温，变也。以其中心与人交，悦也。中心悦［焉，迁］于兄弟，戚也。戚而信之，亲［也］。亲而笃之，爱也。爱父，其（攸）爱人，仁也。”“攸”在这里是“进”或“继”的意思。这也是性情学说。如果说郭店儒简是所谓“主情”，那么此处人心之“悦、戚、亲、爱、仁”正是其所主之“情”。它是从哪里来的呢？按《五行》终始德圣之说，人道来自天道，人善来自天德：“［君］子之为善也，有与始，有与终也。君子之为德也，［有与始，无与］终也。金声而玉振之，有德者也。金声、善也；玉音，圣也。善，人道也；德，天［道也］。［唯］有德者，然后能金声而玉振之。”按，“德”“善”之论是《五行》的中心和主线，是抽象的、高层次的。相应地，其下一层次是“圣”“智”之论。[1]《孟子·万章下》的“金声玉振”的“智圣”之论，即来源于此。孟子仁义礼智四端之说，与《五行》有直接联系。

就“德”、“善”这一层说：《五行》开篇即分别指出“仁、义、礼、智、圣”，“形于内谓之德之行”，“不行于内谓之行”。“形于内谓之德之行”，属于“德，天道也”，是神性意义的天德流行，形之于、贯注于人心的内容，也即是人的禀赋。“不行于内谓之行”，属于“善，人道也”，是人的道德行为。楚简《五行》又说：“德之行五，和谓之德；四行，和谓之善。善，人道也；德，天道也。”这也是分成两层说的。仁、义、礼、智、圣，是人心得之于天道的，或者说是天赋于人的、内化于人心之中的，可形可感，可以实现的。这五种德行内在地和谐化了，就是天道之德。其表现在外的仁、义、礼、智之行为，相互和合，就是人道之善。这里有天与人之分，分而后合。

就“圣”“智”这一层说：“闻君子道，聪也。闻而知之，圣也。圣人知天道也。知而行之，义也。行之而时，德也。见贤人，明也。见而知之，智也。知而安之，仁也。安而敬之，礼也。圣、智，礼乐之所由生也，五［行之所和］也。”“聪明圣智”之说见于《中庸》。圣智之论源出于子思，当不会有大误。楚简《六德》也以“圣、智、仁、义、忠、信”为核心。就一般情况而言，听德为聪，视德为明。由“聪”出发，闻而知君子之道为“圣”；由“明”出发，见而知贤人之德为“智”。按马王堆帛书《五行》：“道者圣之藏于耳者也。闻而知之，圣也。闻之而［遂］知其天之道也，是圣矣。圣人知天之道。”[2]“圣、智”是相对于前述之“德、善”来说的。通过闻之于圣人来接近天道。帛书《五行》略为修改竹简，曰：“［君子］无中心之忧则无中心之圣，

① 详见邢文：《〈孟子·万章〉与楚简〈五行〉》，《郭店楚简研究》，《中国哲学》第20辑，沈阳，辽宁教育出版社，1999。

② 《马王堆汉墓帛书》（壹），21页，北京，文物出版社，1980。

无中心之圣则无中心之悦，无中心之悦则不安，不安则不乐，不乐则［无］德。”① 可见君子内心之中忧乐好恶、道德情感（它可以化为道德实践的力量），是源于闻而知之之“圣”，源于天道、天德的。《五行》德、善、圣、智之说，完全是道德形上学的内容，自然成为孟子的思想来源。其中：天道——德——圣——五行之和，是先验的道德哲学层面；人道——善——智——四行之和，是经验的伦理学层面。

就世俗伦理层面而言，郭店楚简《六德》、《成之闻之》诸篇，仍不忘天、天德和圣的依托，以寻找其最终的根据。如《六德》把父德称为“圣”，子德称为“仁”，“父圣，子仁，夫智，妇信，君义，臣忠。圣生仁，智率信，义使忠”。血缘伦理有其天命根据。《成之闻之》：“天降大常，以理人伦。制为君臣之义，著为父子之亲，分为夫妇之辨。是故小人乱天常以逆大道，君子治人伦以顺天德。”此处以上天的普遍法则作为君臣、父子、夫妇三伦，即社会秩序的依据与背景。该篇亦认为，君子之道可近求之于己身而远证之于天德：“唯君子道可近求而可远措也。昔者君子有言曰：‘圣人天德’曷？言慎求之于己，而可以至顺天常矣。”圣人天德不远乎吾人，近从修己中理会，远则符合于天常。这就是天上秩序与人间秩序的关系。

《语丛一》在“凡物由无生”之后，不断重复“有天有命，有物有名”。又曰：“有生有智，而后好恶生。”“有天有命，有地有形，有物有容，有家有名。”“有物有容，有□有厚，有美有善。”“有仁有智，有义有礼，有圣有善。”这一系列的散文诗完全可以与《老子》媲美。而我所关注的是道德的天命论的内容。

总之，楚简有较丰富的人性天命说的内容，是孔子“性与天道”的发展。仁义礼智，来自人与生俱来的好恶之情（好仁与恶不仁）。人性的获得性遗传，与神秘的天道有关。天人之间，情为枢纽。此种性情，禀赋自天。天道天德是人道人性的终极根据。“性自命出，命自天降”，“始者近情，终者近义”，“反善复始”，“丧为仁端”，仁义礼智圣“形于内谓之德之形”，“德之行五，和谓之德”，“德，天道也”，“善，人道也”，“天降大常，以理人伦”，“有天有命，有仁有智，有义有礼，有圣有善”，等

① 《马王堆汉墓帛书》（壹），17页，北京，文物出版社，1980。

等命题，毋宁是由《诗》、《书》、孔子走向孟子道德形上学的桥梁。

2. 楚简与《孟子》的思想联系与区别

上节其实已经说了二者的主要联系与区别，本节再说三点。

首先，“情气为善”。如上文所说，楚简主张情气有为善的趋势，如前引《五行》由颜色容貌温，谈到中心悦，进而戚、亲、爱、仁的一段，又如《语丛二》：“爱生于性，亲生于爱”等，即是从情出发，以情气之善言性。《性自命出》视真情为真性、性善：“凡人情为可悦也。苟以其情，虽过不恶；不以其情，虽难不贵。苟有其情，虽未之为，斯人信之矣。未言而信，有美情者也。未教而民恒，性善者也。”不言而信，不教而恒，指民众生来就有的淳朴的美情、善性。孟子从来不排斥情、才、气性。《孟子·告子上》：“乃若其情，则可以为善矣，乃所谓善也。若夫为不善，非才之罪也。”孟子认为照着人的特殊情状去做，自可以为善。他肯定天生资质，情、才、气性的为善，主张“可欲之谓善”。至于人在现实上的不善良，不能归罪于他的禀赋、资质。[①] 孟子主张善在情才之中，生命之中。《孟子·尽心下》：“口之于味也，目之于色也，耳之于声也，鼻之于臭也，四肢之于安佚也，性也，有命焉，君子不谓性也。”这里讲的是实然之性，孟子承认之，但指出实然之性能否实现，自己做不了主，依赖于命运，因此君子不认为这是天性的必然，不去强求。相反，在另一层面上，仁、义、礼、智、圣之于父子、君臣、宾主、贤者、天道来说，在现实性上虽仍属于命运，但在应然层面却是具有普遍性的天性之必然，君子不认为“仁之于父子，义之于君臣”等是属于命运的，而应努力顺从天性，求得实现。孟子强调了人性之当然，区别了人之所以异于禽兽的性征，对包括楚简在内的孟子之前的人性论的论说，是一次巨大的飞跃。

其次，“即心言性”“存心养性”。这是楚简诸篇与《孟子》的又一条可以联系的纽带。楚简文字构造十分奇特，心字旁很多，如“身心”为“仁”、“我心”为“义”、“直心”为“德”、“即心”为“爱”、“各心”为“欲”、“诉心”为“慎”等。不仅如此，楚简有大量言心的资

① 参见刘述先：《孟子心性论的再反思》，《当代中国哲学论：问题篇》，美国八方文化企业公司，1996。

料。《性自命出》开篇就说："凡人虽有性，心亡奠志，待物而后作，待悦而后行，待习而后奠。"奠即定。这是强调以心来衡定情绪，心志定，性则不为外物所诱动。又说，人虽然有性，但如心不去作用，性情也不能表现出来，而心又依赖于"志"。又说，天生的好恶，其发于外则是情，情合于度就是道。又说："其性相近也，是故其心不远。""四海之内其性一也，其用心各异，教使然也。"故该篇又讲"心术"："凡道，心术为主。""君子身以为主心"此为人道根本，而内容则是以《诗》《书》《礼》《乐》之教来调治，来养心、怡情、养性。该篇又提出"求心"这一命题："凡学者求其心为难，从其所为，近得之矣，不如以乐之速也。""虽能其事，不能其心，不贵。求其心有伪也，弗得之矣。"这里讲通过乐教求心，求心要诚不能伪等。关于求心之方，以下还讲了很多，都具有理性主义的趋向。

孟子以心善言性善，以"心"来统摄自然生命的欲望，超越了告子的"生之谓性"之说。楚简之中，既有告子的"生之谓性"之说，又有"即心言性"、"存心养性"的萌芽，为孟子作了思想准备。如简书关于心志静定的看法，与孟子"志一则动气，气一则动志"的"志一气"统一观就有一定的联系。孟子不仅不排斥气，反而提出"善养"其气的观念，以意志为统率，使志与气相辅相成。楚简提出"养性者，习也"，虽然强调的是习行实践有益于养性，但毕竟提出了"养性"的观念，为孟子"存其心、养其性，所以事天也"作了铺垫。楚简"求其心"的思想与孔子"操则存，舍则亡"和孟子"求则得之，舍则失之"，"求其放心"相近，均强调心的自觉，以礼乐养心养性。无论是以习行来养性还是以存心来养性，其实都肯定了内在生命的善，禀赋的善，并以此为前提。禀赋的善，当然与人们经验事实上的善恶行为完全属不同的层次，但楚简的作者与孟子都肯定心的主导，以此"求""存"与生命才情在一起的善，从应然落实到实然中来。孟子更强调了"性由心显"。

再次，"仁义内在"与"仁内义外"的纠缠。"仁义内在"是孟子思想的主脑。孟子的"仁义礼智根于心"，"仁义礼智，非由外铄我也，我固有之也，弗思耳矣"的思想，在楚简《五行》"仁、义、礼、智、圣"五德学说中可以找到根芽。如前所述，"形于内"的"德之行"与"不形于内"的"行"是有区别的。那么，与"仁"一样，"义"作为禀赋，是天生的，是内在的；作为行为，则是外显的。楚简《五行》又把仁视为义、礼的源头，指出："仁，义礼所由生也。"仁为内容，义礼是仁的展示和表现。在楚简中，多处提到"仁内义外"的思想。如《六德》："仁，内也。义，外也。礼乐，共也。内立（位）父、子、夫也，外立（位）君、臣、妇也。"意指宗族之内讲仁德，宗族之外讲义德。《语丛一》："仁生于人，义生于道，或生于内，或生于外。""人之道，或由中出，或由外入。由中出者，仁、忠、信；由外入者，□、□、□。"（后三字疑为义、智、礼）同样讲"仁内义外"，《六德》讲的是伦理的层次分别，《语丛一》中的上述语录讲的是道德哲学的问题，但只是限于"人之道"的层次，并没有涉及"天之道"的层次。

检视孟子与告子关于义内义外的论辩，告子认为，人的自然本能的情欲、爱悦中，不包含"义"的普遍性规定。孟子则相反，认为人的道德普遍性的规定，例如"义"，乃内在于"敬长"等人的自然爱悦的本能；仁义等"达之天下"的普遍性道德原则，源于人的自然情感的本能生活。[①] 孟子心性论的高明处及其与楚简的区别就在这里。

二者的联系还有很多，例如孟子的"大丈夫"精神，孟子论"时"、论"禅让"、论"五伦"等，都可以从楚简中找到源头和根据。孟子关于"大体"与"小体"的思想，与帛书《五行》有密切的关系。例如帛书《五行》之《说》的部分，提出"心贵"，视心为"人体之大者"、"君"，即先验的道德本体，四行之和则为"小体"等。[②] 帛书《五行》较竹书《五行》更接近于《孟子》。

3. 余论："情"与道德形上学

郭店简诸篇所透露出来的继《诗》、《书》、孔子之后的"性与天道"的学说，是孟子心性论的先导和基础。天为人性之本，是道德行为之所以可能的终极根据和价值源头。至于以情释性、指性为情之说，更是孟子前的主要传统，不唯告子、世硕如此。"生之谓性"、"仁内义外"说，

① 参见李景林：《教养的本原》，228～229页，沈阳，辽宁人民出版社，1998。

② 参见魏启鹏：《德行校释》，95～96页，成都，巴蜀书社，1991。

为孟子的道德形上学提供了论辩前提和背景，为孟子学的登台预作了准备。孟子以扬弃的方式继承了告子学说。

理解“情”与儒家道德形上学的内在关系是至关重要的。郭店楚简提到“七情”，也有了“四端”的萌芽，孟子进而以“不忍人之心”释仁，以恻隐、羞恶、恭敬（或辞让）、是非等“四端之心”诠释、界定道德理性仁、义、礼、智。“四端七情”，尔后成为宋明及其后中、朝、日儒家讨论的焦点。儒家道德形上学是建立在道德情感之上的，而不是排情的，相反，它力图使道德情感成为道德实践的内在动力。孟子的性善论既是道德理性普遍主义的提扬，又不排斥情、才、气性，当然，他强调大体与小体的关系，强调道德主体、道德意志的引导，调节并转化情、才、气性。这是儒家道德形上学既超越又内在的反映与表现。康德道德哲学竭力避免情感（包括道德情感）的渗入，强调道德理性的纯粹。孟子心性论，乃至宋明心性论则与此相反，统摄了先验的与经验的两层。东方道德哲学家都注意“四端”“七情”的关系及情感的作用与调节，讲志与气的培养，是极有意义的。同样是目的论的、义务论的伦理学，与西方大不一样。现代西方哲学界有反本质主义思潮，因此，美国汉学家安乐哲等人讨论孟子性善论，反对将西方本质主义的解释强加给孟子，指出孟子之“性”是一个关系的、力动的、创造性活动的“成就”概念，这就重视了孟子人性的重“情”等非本质主义的一面。卜爱莲不太同意安乐哲的说法，强调孟子肯定了“共同人性”。孟子有“人心之所同然”之说，并不否定“共同人性”和道德理性的普遍性。相反，非常成功地建树了道德形上学体系。刘述先教授在评论这场讨论时指出：中国思想不必非此即彼，人在成就上的殊异、情感上的多姿多态与禀赋上的共同，并不构成必然的矛盾。孟子也不否定人在经验、实然层面的善善恶恶现象，只是他的思想高于前人一筹，提升到先验、应然层面讲性善。[①] 在一定意义上，孟子的性善之“善”，不与“恶”对，而是超乎善恶对待之上的。郭店楚简丰富了我们对孟子心性论之前史的理解，实在是重要的思想史料。由此我们也更能感受到孟子的伟大，对孟子心性论亦可以作出更多、更深入的诠释。

---

① 参见刘述先：《孟子心性论的再反思》，《当代中国哲学论：问题篇》，美国八方文化企业公司，1996。

《周礼·地官司徒》、《礼记·王制》中有关社会公正的论述

关于《礼记》，有学者认为系孔门后学论礼的文献杂集；有学者认为其中有先秦之作，亦有西汉初期之作。至于其中的《王制》篇，钱玄认为："《王制》之作，应依郑玄说，在战国时，孟子之后。"[①] 任善铭甚至认为，《礼记·王制》是孟子后学根据孟子思想而制作的。[②] 杨宽《西周史》论天子派遣、选拔、任命诸侯之卿的制度，引用《王制》说明这种制度在西周确实实行过。[③] 足见《王制》虽是先秦儒家理想化的政典，仍保留了一些西周的古制。

关于《周礼》，钱玄认为："《周礼》是儒家之书，其成书在战国后期。"其思想主要属早期儒家，也有一些是发展到战国后期的儒家融合儒、道、法、阴阳等家思想而成。[④] 杨宽说：

① 钱玄等编：《三礼辞典》，244页，南京，江苏古籍出版社，1998。

② 详见任善铭：《礼记目录后案》，济南，齐鲁书社，1982。

③ 参见杨宽：《西周史》，394页，上海，上海人民出版社，1999。

④ 参见钱玄：《前言》，钱玄、钱兴奇等注译：《周礼》，5页，长沙，岳麓书社，2001。

“《周礼》虽是春秋、战国间的著作，其所述的制度已非西周时代的本来面目，夹杂有许多拼凑和理想的部分，但是其中所记的乡遂制度，基本上还保存着西周春秋时代的特点。”又说，《周礼》所载已不是西周原有制度，“是儒家按后世流行制度作了改造的”①。

《礼记·王制》与《周礼》都是讨论制度的，大体上体现了先秦儒家的理念与制度设计，当然其中有的制度在西周春秋时代实行过，有的制度在战国时代实行过。《周礼·地官司徒第二》（以下简称《地官》）、《礼记·王制》（以下简称《王制》）虽一为古文经，一为今文经，然如我们打破今古文的壁垒，从两者的内容来看，相关性较大，本文就两者有关社会公平正义和福利制度的内容合而论之，以就教于方家。

“社会公平正义”“福利制度”显然属现代思想与制度的范畴，中国古代经学资源与政治哲学资源中有没有这些方面的内容或因素，可否这样讲，颇易引起争论，笔者的基本看法已讨论于旧作②，请读者参看，兹不赘。

1. 荒政

《周礼·地官·大司徒》：“以荒政十有二聚万民：一曰散利，二曰薄征，三曰缓刑，四曰弛力，五曰舍禁，六曰去几，七曰眚礼，八曰杀哀，九曰蕃乐，十曰多昏，十有一曰索鬼神，十有二曰除盗贼。”③ 规定大司徒的职责之一是掌握救济灾荒的十二条政策，凡遇到灾荒，诸侯国应贷给百姓谷种与粮食，减轻租税、刑罚，免除征调徭役，开放关市山泽的禁令，免除市场货物的稽查，减省或简化礼仪，鼓励婚嫁，祭祀鬼神，严惩盗贼等，以安定万民，不致使百姓流离失所。又说：“大荒，大札（疫），则令邦国移民、通财、舍禁、弛力、薄征、缓刑。”即遇到大的饥荒或瘟疫，大司徒应命令相关诸侯把灾民迁徙到富裕之地，把粮

① 杨宽：《西周史》，395页，前言，2页，上海，上海人民出版社，1999。

② 郭齐勇：《先秦儒家论公私与正义》，参见陈来主编：《孔子与当代中国》，北京，三联书店，2008。

③ 本文关于《周礼》的原文与今译，依据于《十三经注疏》中的郑玄注、贾公彦疏《周礼注疏》，又参考了前揭钱玄等注译《周礼》，以及吕友仁译注《周礼译注》（郑州，中州古籍出版社，2004）。

食运往灾区，解除山泽禁令，停止征调徭役，减轻赋税，宽大处理罪犯。

组织灾民迁移到安全、富裕地区，把粮食运往灾区的制度，又见于《周礼·地官·廪人》："凡万民之食食者，人四鬴，上也；人三鬴，中也；人二鬴，下也。若食不能人二鬴，则令邦移民就谷，诏王杀邦用。"一鬴相当于今一斗二升八合。即年成不好，百姓平均月口粮达不到二鬴，或有瘟疫，廪人的职责是建议诸侯国组织移民，并请天子减省国家的用度。"移民就谷"至少在战国中期已成为定制，例如据《孟子·梁惠王上》记载，魏国的惠王对孟子说："河内凶，则移其民于河东，移其粟于河内。河东凶亦然。"凶指灾荒，年成不好。魏惠王对孟子抱怨，说：我执行了移民就谷，却仍然得不到百姓的谅解、拥戴。孟子则批评魏惠王只是被动地这么做了，没有从内心关爱百姓，没有从根本上立仁爱之心，真正实行制民之产、使民养生丧死无憾的仁政王道。

《周礼·地官·均人》："凶札则无力政，无财赋，不收地守、地职，不均地政。"均人的职责是掌管平均乡遂公邑的税收，遇到灾荒、病疫，就要免除力役、土地税及山泽、田园之税，也不须再平均土地税。《周礼·地官·司市》："国凶荒、札丧，则市无征而作布"；《周礼·地官·司关》："国凶札，则无关门之征"。这都是说，在灾荒瘟疫下，市场不再对货物征税，关口停止征税，还要铸造钱币救济百姓。

《周礼·地官·司救》："凡岁时有天患民病，则以节巡国中及郊野，而以王命施惠。"遇到天灾人祸，司救的职责是，持节巡视王城及郊野，以天子的名义慰问并救济灾民。

此外，还要积极备荒。《周礼·地官·遗人》："掌邦之委积，以待施惠。乡里之委积，以恤民之艰厄；门关之委积，以养老孤；郊里之委积，以待宾客；野鄙之委积，以待羁旅；县都之委积，以待凶荒。"遗人的职责是掌管王畿内米粟薪刍的储备，以准备向贫弱或需要者施惠。各级政府的储备都是用于救助，扶危济困，招待宾客等；县都的储备，用来备荒。

《礼记·王制》："国无九年之蓄曰'不足'，无六年之蓄曰'急'，无三年之蓄曰'国非其国'也。三年耕，必有一年之食；九年耕，必有三年之食。以三十年之通，虽有凶旱水溢，民无菜色，然后天子食，日举以乐。"[1] 天子之下的最高行政长官冢宰制定国家的财政预算。他必须预防灾荒，使国家有足够的粮食储备。没有九年的储备叫"不足"，没有六年的储备叫"急"，没有三年的储备叫"国不成其为国"。三年的耕种，定要余存一年的粮食；九年的耕种，定要余存三年的粮食。以三十年来看，即使有大旱灾大水灾，老百姓也不会挨饿。这样天子才能安心用膳，日日听音乐。

2. 养老恤孤扶弱

《周礼》、《礼记》中有对社会弱者予以扶助的制度设计。

《周礼·地官·大司徒》："以保息六养万民：一曰慈幼，二曰养老，三曰振穷，四曰恤贫，五曰宽疾，六曰安富。"大司徒的重要职责是保护人民蕃息，保障老百姓，特别是贫弱者的生活。这是安养万民的六条政策：爱护儿童、敬养老人、救济穷困、抚恤贫苦，优待残疾，也不苛刻索取富人。

《周礼·地官·乡师》："辨其老幼、贵贱、废疾、牛马之物，辨其可任者与其施舍者"；"以岁时巡国及野，而赒万民之艰厄，以王命施惠。"乡师的职责是负责本乡的政教禁令，督察乡吏。其中，要分辨并登记老幼、贵贱、废疾，及牛马的多少，弄清哪些人可以胜任种地服役，哪些人应免除徭役；一年之中巡视京城之内及城外六乡四邻的人民，周济百姓的饥饿、穷困，以天子的名义对他们施予恩惠。《周礼·地官·族师》："辨其贵贱、老幼、废疾、可任者。"族师的职责是掌管本族的戒令政事，其中，要查明本族的贵贱、老幼、废疾者，及能胜任各种劳动的人。

关于养老制度，《王制》："凡养老，有虞氏以燕礼，夏后氏以飨礼，殷人以食礼，周人修而兼用之。五十养于乡，六十养于国，七十养于学，达于诸侯。""有虞氏养国老于上庠，养庶老于下庠；夏后氏养国老于东序，养庶老于西序；殷人养国老于右学，养庶老于左学；周人养国老于东胶，养庶老于虞庠，虞庠在国之西郊。"上古虞夏殷周都有养老

① 本文关于《礼记》的原文与今译，依据于《十三经注疏》中的郑玄注、孔颖达疏《礼记正义》，又参考了杨天宇撰《礼记译注》（上海，上海古籍出版社，1997）。

之礼，《王制》作者肯定综合前代的周制，强调实行养老礼的礼仪制度，也有专家说是对大夫及士庶人为官的退休者实行分级养老制。关于五十岁以上老人（包括平民）享受的优待，《王制》曰："五十异粻，六十宿肉，七十贰膳，八十常珍，九十饮食不离寝，膳饮从于游可也……五十始衰，六十非肉不饱，七十非帛不暖，八十非人不暖，九十虽得人不暖矣。五十杖于家，六十杖于乡，七十杖于国，八十杖于朝……五十不从力政，六十不与服戎，七十不与宾客之事，八十齐衰之事弗及也。"这里的"不暖""不饱"句显然来源于《孟子》。《王制》又说，三代君王举行养老礼后，都要按户校核居民的年龄。年八十的人可以有一个儿子不服徭役；年九十的人全家都可以不服徭役；残疾、有病，生活不能自理的人，家中可有一人不服徭役；为父母服丧者，三年不服徭役；从大夫采地迁徙到诸侯采地的人，三个月不服徭役；从别的诸侯国迁徙来的人，一年不服徭役。

关于对待鳏寡孤独与残疾人等社会弱者，孟子曰："老而无妻曰鳏，老而无夫曰寡，老而无子曰独，幼而无父曰孤。此四者，天下之穷民而无告者。文王发政施仁，必先斯四者"；"居者有积仓，行者有裹（囊）粮"；"内无怨女，外无旷夫。"①

《王制》几乎重复孟子之说，指出："少而无父者谓之孤，老而无子者谓之独，老而无妻者谓之矜，老而无夫者谓之寡。此四者，天民之穷而无告者也，皆有常饩。""常饩"，即经常性的粮食救济或生活补贴。又说："瘖、聋、跛、躃、断者、侏儒，百工各以其器食之。"对于聋、哑及肢体有残疾、障碍的人则有供养制度，即由国家养活。国家则以工匠的收入来供养他们。又曰："庶人耆老不徒食"，即老百姓中的老人不能只有饭而无菜肴。又曰："养耆老以致孝，恤孤独以逮不足"，即通过教化，形成风气，引导人民孝敬长上，帮助贫困者。

3. 颁职事及居处、土地、赋税、商业之制度与政策

《地官》又说，大司徒的职责中，有一条是让所有的成年人都有职事，都有生活来源："颁职事十有二于邦国都鄙，使以登万民：一曰稼

① 《孟子·梁惠王下》。

穡，二曰树蓺，三曰作材，四曰阜蕃，五曰饬材，六曰通材，七曰化材，八曰斂材，九曰生材，十曰学艺，十有一曰世事，十有二曰服事。”这十二种职业是：种植九谷，种植瓜果蔬菜，采集山林川泽的物品，养育繁殖鸟兽，加工金石珠玉等工艺品，贩卖货物，缫丝绩麻织造布帛，采集野生植物的果实，闲居无事可受雇于农工商贾虞衡等，学习道德文艺，从事祖传的技艺，在官府为公家服务，充当府、史、胥、徒等。在《荀子》中则还有职业培训，这里不再细说。

关于安居，《王制》曰：“司空执度度地居民。山川沮泽，时四时，量地远近，兴事任力。凡使民，任老者之事，食壮者之食。”司空负责丈量土地使民居住。如果是山川沼泽地，要观察气候的寒暖燥湿，并测量土地的远近，来确定居邑与水井的位置，然后兴建工程。凡使用民力，让他承担老年人能干的活，而供给壮年人的粮食。关于民居，不同地区的人及少数民族都有不同的风俗习惯，可以因其俗而教，但不要改变。“凡居民，量地以制邑，度地以居民。地、邑、民居，必参相得也。无旷土，无游民，食节事时，民咸安其居，乐事劝功，尊君亲上，然后兴学。”这里说的是安置人民的居处，要根据地理条件、居邑建制、居民多少来调节，使之相称。没有旷废的土地，没有无业游民，节制饮食，遵守农时，可以使民众安居乐业。

关于土地、赋税与商业政策：《王制》说：“古者公田藉而不税，市廛而不税，关讥而不征，林麓川泽以时入而不禁，夫圭田无征，用民之力岁不过三日，田里不粥，墓地不请。”古时借助民力耕种公田而不征收民的田税；贸易场所只征收店铺税而不征收货物税；关卡只稽查而不征税；开放山林河湖，百姓可按时令去樵采渔猎；耕种祭田不征税；征用民力一年不超过三天；田地和居邑不得出卖；墓地不得要求墓葬区以外的地方。在《孟子》《荀子》中都有类似材料。

《地官》规定大司徒的职责之一是，根据不同的土地，辨别十二分野及每一分野的适宜的居民、鸟兽、草木，从而选择人民的居处，使人口兴旺，鸟兽繁殖，草木茂盛，土地潜力得以发挥。又辨别各分野适宜种植的植物，教民种五谷与蔬菜果木。又要“以土均之法辨五物九等，制天下之地征，以作民职，以令地贡，以敛财赋，以均齐天下之政”。即依据土地贡赋的律法，辨别五种土地所产之物与九等土质，制定天下的土地税制，以劝勉人民做好本职事务，交纳土地所生的谷物，以征收钱谷和各种赋税，使天下征税公平而尺度统一。

《地官·小司徒》规定小司徒的职责是："掌建邦之教法，以稽国中及四郊、都鄙之夫家九比之数，以辨其贵贱、老幼、废疾，凡征役之施舍与其祭祀、饮食、丧纪之禁令。"即负责国家的官法，稽考王城及四郊男女人数及井比（都鄙公邑九夫为一井，四郊乡遂五家为一比）编制的家数，分别贵贱、老幼及残疾之人，免除他们的赋税与力役，执掌祭祀、饮食、丧纪的禁令，使他们不失礼法。"乃均土地，以稽其人民而周知其数。上地家七人，可任也者家三人；中地家六人，可任也者二家五人；下地家五人，可任也者家二人。"小司徒的职责还有：平均分配土地，稽考人民，确知全部人数。授予上等土地的一家七个人，其中年轻力壮能胜任劳役的每家必须有三个人；授予中等土地的一家六个人，其中年轻力壮能胜任劳役的两家合起来必须有五个人；授予下等土地的一家五个人，其中年轻力壮能胜任劳役的每家必须有两个人。"凡起徒役，毋过家一人，以其余为羡，唯田与追胥竭作。"凡召集徒役，每家不能超过一个人，如果家里还有年轻力壮的男子，可以作为羡卒，只有在田猎、抵御外寇及伺捕盗贼时，正卒羡卒才须全部出动。"乃经土地而井牧其田野：九夫为井，四井为邑，四邑为丘，四丘为甸，四甸为县，四县为都，以任地事而令贡赋，凡税敛之事。乃分地域而辨其守，施其职而平其政。"小司徒以井牧的制度划分土地：九百亩为一井，四井为一邑，四邑为一丘，四丘为一甸，四甸为一县，四县为一都，使人民经营土地，并命令他们交纳贡赋以及税收等事。划分邦国、都鄙、乡遂等行政区域，分清各类衡、虞等官吏的职守，使他们努力做好本职工作而均平地税。

以上涉及对六遂居民平均分配耕地的事以及平均担负兵役、劳役与地税事。《地官·遂人》曰："以土均平政。辨其野之土，上地、中地、下地，以颁田里：上地，夫一廛，田百亩，莱五十亩，余夫亦如之；中地，夫一廛，田百亩，莱百亩，余夫亦如之；下地，夫一廛，田百亩，莱二百亩，余夫亦如之。"把土地按肥沃程度分为上、中、下三类。上地，正夫颁给居处、田百亩、休不耕之田五十亩，余夫按正夫的比例，每人颁田二十五亩，休不耕之田十二亩半。余类推。《地官·大司马》

亦曰："凡令赋，以地与民制之，上地食者参之二，其民可用者家三人；中地食者半，其民可用者二家五人；下地食者参之一，其民可用者家二人。（郑玄注引郑司农云：'上地谓肥美田也。食者参之二，假令一家有三顷，岁种二顷，休其一顷。下地食者参之一，田薄恶者所休多。'）"杨宽在《西周史》中认为，六遂、六乡居民同样有平均分配"份地"的制度。"对'六遂'居民所以要如此平均分配耕地，无非是为了发展农业生产和均分对贵族的负担。'六乡'虽然也有平均分配耕地的制度，却是为了保持公民之间的平等权利，维持他们提供兵役和劳役的能力。"①

《地官》规定载司的职责是对土地的合理利用及制定相应的税率，以观察什么样的土地适合于做什么，让这一土地上的人民从事最相宜的职业，并依国家法令来征税。王城之内的土地，用来作为普通老百姓的住宅和士大夫的府第，城外郭内的空地，用来种植瓜果蔬菜。土地征税办法：王城内公卿大夫士的住宅，免税；老百姓的住宅和种植瓜果蔬菜的园地，征税二十分之一；近郊的田地，税率是十分之一；远郊的田地，税率是二十分之三；甸、稍、县、都的田地，税率不超过十分之二；只有漆林的征税率是二十分之五。凡是在住宅旁不种植桑麻的，要按住宅面积的大小处以罚款；凡是让田地荒芜的，要按田地的大小处以罚粟；对无职业而又游手好闲的人，不仅罚他交纳闲粟，还要交纳丁钱。按时令征收税赋。

《地官》规定均人的职责是："掌均地政，均地守，均地职，均人民、牛马、车辇之力政。凡均力政，以岁上下：丰年则公旬用三日焉，中年则公旬用二日焉，无年则公旬用一日焉。"均人掌管平均乡遂公邑的地税，即平均衡虞之类和农圃之类的人的税收，平均人民、牛马、车辆对力役的负担。凡是人民从事力役的天数，丰年时一年之中可以有三天，普通年份一年中可以有两天，年成不好的年份一年中可以有一天。遇到荒年或疫病流行，则免除力役。

4. 选贤与能

涉及政治参与权、受教育权的有关选拔子弟的制度，亦是中华文化

① 杨宽：《西周史》，399页。

优秀传统的一部分。

《王制》关于人才的选拔与贵族子弟的教育、培养："命乡论秀士，升之司徒，曰选士。司徒论选士之秀者而升之学，曰俊士。升于司徒者，不征于乡；升于学者，不征于司徒，曰造士。乐正崇四术，立四教，顺先王《诗》《书》《礼》《乐》以造士。春秋教以《礼》《乐》，冬夏教以《诗》《书》。王大子、王子、群后之大子、卿大夫、元士之嫡子、国子之俊选，皆造焉。凡入学以齿。将出学，小胥、大胥、小乐正简不帅教者，以告于大乐正，大乐正以告于王。王命三公、九卿、大夫、元士皆入学；不变，王亲视学；不变，王三日不举，屏之远方……大乐正论造士之秀者，以告于王，而升诸司马，曰进士。"各乡考察优秀人才，上报司徒，叫选士。司徒再考察选士中的优秀者，升于太学，叫俊士。选士、俊士均不服徭役，叫造士。乐正以《诗》《书》《礼》《乐》四种学术来培养人才。王太子、王子、诸侯的太子、卿大大和元士的嫡子，及俊士、选士，都要学习这四种课程。入学后按年龄安排课程。将毕业时，小胥、大胥、小乐正检举不遵循教育的子弟，上报大乐正，大乐正上报给王。王命三公、九卿、大夫、元士到学校去帮助教育这些子弟。如果不改变，王亲往学校视察，或三天用膳不奏乐，或把不遵循教育者摒弃到远方。大乐正考察造士中的优秀者报告给王，把他们提拔到司马属下，叫进士。

《王制》又说："司马辨论官材，论进士之贤者，以告于王而定其论。论定然后官之，任官然后爵之，位定然后禄之。大夫废其事，终身不仕，死以士礼葬之。有发，则命大司徒教士以车甲。"司马辨别、考察、任用人才，考察进士中的优秀者，报告给王，由王下定论。然后委任官职，出任官职后授予爵位，爵位定后发给俸禄。大夫放弃职责的，终身不能再做官，死后以士礼埋葬。有战事，则命大司徒对士训练车甲之事。

关于各行各业技艺者的考察与任用，《王制》说："凡执技、论力：适四方，赢股肱，决射御。凡执技以事上者，祝、史、射、御、医、卜及百工。凡执技以事上者，不贰事，不移官，出乡不与士齿；仕于家者，出乡不与士齿。"考察力士、技艺者，并派他们到各地去。对于为王服务的技艺者，祝、史、卜、医生、弓箭手、驾车人及各种工匠，不可从事专业之外的事业，也不任官职，在乡、在大夫家可按年龄与士排列位次，出了乡则不可。

《地官》规定乡大夫之职分中有："三年则大比，考其德行道艺，而兴贤者能者。乡老及乡大夫帅其吏与其众寡，以礼礼宾之。厥明，乡老及乡大夫、群吏献贤能之书于王，王再拜受之，登于天府，内史贰之。退而以乡射之礼五物询众庶：一曰和，二曰容，三曰主皮，四曰和容，五曰兴舞。此谓使民兴贤，出使长之；使民兴能，入使治之。"每隔三年举行一次大比，考察人民的德行与道艺，从中选拔、举荐出德才兼备的人。乡老与乡大夫率领所属官吏及善良的乡民，以乡饮酒礼来接待这些被举荐的人，以示尊敬。次日，乡老与乡大夫及属官，进献举贤良的文书给天子，天子再拜接受，并把文书交天府收藏，由内史保留副本。献书之后，乡老与乡大夫各在本乡与乡民一道举行乡射礼，用五事考察习射的乡民，并征询大家的意见，以预选下届被荐举的贤才。这五事是：射时是否志正体和；行为举止是否合于礼；是否准确中鹄；是否和合乐歌的节奏；作弓矢舞的舞姿是否优美合礼。这是让百姓们自己推举德行好的人和有才干的人，使优秀、卓越的人能到王朝的官府做官，或在本乡任职。

《地官》关于州长、党正的职责中，也有选拔贤能者的规定。如州长每年聚集本州人民学习道德、政令、律法，考察他们的道德操行与技艺才能，加以劝勉，纠正过失等。春秋二时，以乡射聚民。"三年大比，则大考州里，以赞乡大夫废兴。"每三年一次大比，州长对属下的党、族、闾、比的各级官吏以及普通民众，作一次大的全面的考核，以辅助乡大夫对官吏的任免，或升或降或废置，并从民众中选拔贤能者。这些在一定程度上保证了民众的受教育权与被选拔权。

5. 德教及刑罚的慎重、程序化与私人领域的保护

儒家重视道德教化，《地官》规定大司徒从十二个方面对百姓实施教育："一曰以祀礼教敬，则民不苟；二曰以阳礼教让，则民不争；三曰以阴礼教亲，则民不怨；四曰以乐礼教和，则民不乖；五曰以仪辨等，则民不越；六曰以俗教安，则民不偷；七曰以刑教中，则民不暴；八曰以誓教恤，则民不怠；九曰以度教节，则民知足；十曰以世事教

能，则民不失职；十有一曰以贤制爵，而民慎德；十有二曰以庸制禄，则民兴功。”除倡导良风美俗外，大司徒又要“以乡三物教万民而宾兴之：一曰六德，智、仁、圣、义、忠、和；二曰六行，孝、友、睦、姻、任、恤；三曰六艺，礼、乐、射、御、书、数”。即用乡学的三种教法来教化万民。有贤能的人，则以宾客之礼敬待，并举荐给天子。以六德、六行、六艺、来熏陶、培育民众。这其中的核心是仁爱、善良、关爱他人，体恤贫苦的人。

《地官》中有关师氏、保氏职责的规定，亦强调对天子的谏诤，批评其过失，使之改过迁善。对天子、公卿大夫的子弟的教育也是以道德教育为核心，同时施以六艺、五礼、六乐、五射、五驭、六书、九数、六仪之教，训练其文事武备的功夫与算术，提高其应对、处理各种问题的能力；通过各种技艺的训练，观察并提升其德养与能力；通过孝行、友德的培养，不让他们滋生悖逆凶恶之心，教育他们尊敬贤良，爱护人民。

儒家同时重视法治，《地官》《王制》中也有刑罚制度的记录与设计。我这里只指出一点，即在审案、判案、处罚过程中如何审慎、认真，避免冤案，严格程序及对私人领域的保护问题。

关于司寇听讼治狱的法规与审理案件的程序，《王制》曰：“司寇正刑明辟，以听狱讼。必三刺，有旨无简不听，附从轻，赦从重。凡制五刑，必即天论，邮罚丽于事。凡听五刑之讼，必原父子之亲，立君臣之义，以权之；意论轻重之序，慎测浅深之量以别之；悉其聪明，致其忠爱，以尽之。疑狱，泛与众共之；众疑，赦之。必察小大之比以成之。成狱辞，史以狱成告于正；正听之，正以狱成告于大司寇；大司寇听之棘木之下，大司寇以狱之成告于王；王命三公参听之，三公以狱之成告于王；王三宥，然后制刑。凡作刑罚，轻无赦。刑者，型也。型者，成也，一成而不可变，故君子尽心焉。”

这是说，司寇负责审查刑律，明辨罪法，以审理诉讼。审案时一定不能草率，要再三探讯案情。对于有作案动机而无犯罪事实的不予受理，对于从犯从轻量刑，对于曾宽赦而重犯的人则从重处理，定罪施罚一定要符合事实。审判案件中，要从体谅父子的亲情，确立君臣关系的大义的角度来权衡，要考虑犯罪情节的轻重程度，审慎分析，区别对待，要充分发挥聪明才智，奉献忠良爱民之心，来彻查案情。有疑问的案件，要广泛地同大家商量、讨论；众人疑不能决的，则赦免嫌疑人。审判案件要参考同类大小案件的已有案例来定案。经过审理核定嫌犯的供词后，史把审案结果报告给正；正又审理一番，再把结果报告大司寇；大司寇在外朝棘树下再审理一番，然后把结论报告给王；王命三公参与审理；三公再把审案结果报告给王；王又对罪犯多次提出宽宥的理由，然后才判定罪刑。凡制定刑罚，人易犯的轻法不作赦免的规定。刑是成型的意思，人体一旦受刑成型就不可改变了，因此君子审理案件不能不十分尽心。

在《地官·媒氏》中有曰："凡男女之阴讼，听之于胜国之社；其附于刑者，归之于士。"这是说，凡是涉及男女隐私不宜公开审理的案件，要在上下封闭的亡国的社中审理；其中有触犯刑律的，移送司法机构。

综上所述，《周礼·地官司徒》、《礼记·王制》中有关理念与制度安排中，体现了中国先民的原始人道主义，体现了中华民族以"仁爱"为核心的价值系统与人文精神。其中，有不少制度文明的成果值得我们重视。如有关应对灾荒、瘟疫，予以组织化救治的制度，有关对老弱病残、鳏寡孤独、贫困者等社会弱者的尊重与优待的制度，都是极有人性化的制度，且后世在理论与实践上都有发展，这都有类似今天的福利国家与福利社会的因素。有关颁职事及居处、土地、赋税、商业的制度与政策中对老百姓权利与福祉在一定程度上的关注与保证；有关小民的受教育权与参与政治权的基本保障；有关对百姓施以道德与技能教育的制度；有关刑律制定与审判案件的慎重、程序化与私人领域的保护方面等，也都涉及今天所谓社会公平公正的问题。只要我们用历史主义的观点去省视，同样是在等级制度中，以我国先秦与同时代的古希腊、古印度、古埃及的政治文明相比照，则不难看出中国政治哲学理念与制度中的可贵之处，这些资源至今还有进一步作创造性转化的价值与意义，希望国人不要过于轻视了。

墨儒两家之“孝”、“三年之丧”与“爱”的区别与争论

有关儒墨之同源与分歧，学界多有讨论。本文仅从两家有关“孝”、“丧”的联系与区别，看“仁爱”与“兼爱”的异同。

1. 墨儒论“孝”的差异

(1) 墨子肯定“孝”，以兼爱讲“孝”

墨子批评王公大人赏罚不当，“则是为贤者不劝，而为暴者不沮矣。是以入则不慈孝父母，出则不长弟乡里，居处无节，出入无度，男女无别……”① 从这一批评中，我们可知墨子对“慈孝”、“长弟（悌）”价值的赞同与肯定。

墨子又说：“昔者三代圣王禹汤文武，方为政乎天下之时，曰：‘必务举孝子，而劝之事亲；尊贤良之人，而教之为善。是故出政施教，赏善罚暴……’”② 这是从正面对事亲之“孝”与尊贤之“义”（善之一）的肯定。

---

① 《墨子·尚贤中第九》，孙诒让：《墨子间诂》，《诸子集成》第四册，32页，北京，中华书局，1986。下引《墨子》只注篇名与本书页码。

② 《墨子·非命下第三十七》，172页。

在核心篇目《兼爱》三篇的记载中，墨子关于孝道的言论亦比较集中。墨家认为，社会、政治之乱，起于“不相爱”：“臣子之不孝君父，所谓乱也。子自爱，不爱父，故亏父而自利；弟自爱，不爱兄，故亏兄而自利；臣自爱，不爱君，故亏君而自利。此所谓乱也。虽父之不慈子，兄之不慈弟，君之不慈臣，此亦天下之所谓乱也。父自爱也，不爱子，故亏子而自利；兄自爱也，不爱弟，故亏弟而自利；君自爱也，不爱臣，故亏臣而自利。是何也，皆起不相爱。”① 针对春秋末、战国初期的家国天下的混乱局面，墨子提倡“兼爱”，首先对治的是分封制下的政治关系，即君臣、父子、兄弟关系的“自爱”“不相爱”，亏损对方而自爱、自利。墨子把“慈”“爱”与“利”等同起来，自有其合理性，但我们知道，“慈”“爱”是不能与“利”画上等号的。这是儒墨之争的一个伏笔。

墨子说：“大夫各爱其家，不爱异家，故乱异家以利其家；诸侯各爱其国，不爱异国，故乱异国以利其国。天下之乱物，具此而已矣……若使天下兼相爱，爱人若爱其身，犹有不孝者乎？视父兄与君若其身，恶施不孝，犹有不慈者乎？视弟子与臣若其身，恶施不慈，故不孝不慈者亡有。”② 墨子认为，如果人人都做到视人之身、家、国犹己之身、家、国，就不会相攻相乱，天下就不会有盗贼，君臣父子都能孝慈。其结论是“故天下兼相爱则治，交相恶则乱。故子墨子曰：‘不可以不劝爱人者此也。’”③

墨子说：“是故诸侯不相爱，则必野战；家主不相爱，则必相篡；人与人不相爱，则必相贼；君臣不相爱，则不惠忠；父子不相爱，则不慈孝；兄弟不相爱，则不和调……人与人相爱，则不相贼；君臣相爱，则惠忠；父子相爱，则慈孝；兄弟相爱，则和调。天下之人皆相爱，强不执弱，众不劫寡，富不侮贫，贵不敖贱，诈不欺愚……况于兼相爱、交相利，则与此异。夫爱人者，人必从而爱之；利人者，人必从而利之；恶人者，人必从而恶之；害人者，人必从而害之。”④ 这里强调的

---

① 《墨子·兼爱上第十四》，62页。

② 同上书，63页。

③ 同上书，63页。

④ 《墨子·兼爱中第十五》，64～65页。

是爱利人者，人必从而爱利己；恶害人者，人必从而恶害己，从父子、兄弟、君臣到天下人，莫不如此。

墨子说："姑尝本原之，孝子之为亲度者。吾不识孝子之为亲度者，亦欲人爱利其亲欤？意（抑，下同）欲人之恶贼其亲欤？以说观之，即欲人之爱利其亲也。然即吾恶先从事即得此？若我先从事乎爱利人之亲，然后人报我爱利吾亲乎？意我先从事乎恶人之亲，然后人报我以爱利吾亲乎？即必吾先从事乎爱利人之亲，然后人报我以爱利吾亲也。然即之交孝子者，果不得已乎？毋先从事爱利人之亲者欤？意以天下之孝子为遇（愚），而不足以为正乎？"①

我们再看《墨子》首篇《多士》论君臣父子："故虽有贤君，不爱无功之臣；虽有慈父，不爱无益之子。是故不胜其任而处其位，非此位之人也；不胜其爵而处其禄，非此禄之主也。"② 就君对臣、父对子的要求，就臣与子的职责而言，《多士》强调的是臣要有功于君，子要有利于父，否则君不爱臣，父不爱子。

由上可知，墨子是主张孝慈，肯定父子间的相爱的，尤其是鼓励事亲，推广父慈子孝兄友弟恭的，但肯定这种爱亲即是利亲。墨子是在"兼爱"或"兼相爱、交相利"的系统中来讨论"孝亲"的。也就是说，即使在亲人之间，视人或爱人如己，从效果上看，也是互惠互利的。墨子以"爱人者必见爱也，而恶人者必见恶也"③，以"善有善报，恶有恶报"的方式来讲"孝"道，肯定交兼孝子的作用。这是从功利论、效果论上立论的，当然，其主要倾向是以爱利人之亲为先。

(2) 墨家对孝的界定

我们从以上对《兼爱》三篇与《多士》有关"孝"的讨论中已知墨子"孝"的内涵。我们再看后期墨家对"孝"的看法。在《墨经》中进而对"孝"作出界定："孝，利亲也。"④ "孝。以亲为分，而能能利亲，不必得。"⑤ "分"，原文为"芬"，即"分"，是"职分"的意思。谭戒

---

① 《墨子·兼爱下第十六》，78 页。

② 《墨子·亲士第一》，3 页。

③ 《墨子·兼爱下第十六》，78 页。

④ 《墨子·经上第四十》，13 条，192 页。

⑤ 《墨子·经说上第四十二》，13 条，204 页。

甫注意到此条与《经说上》第8条（关于“义”的界定的解释）的句法相同，只是没有“志”字。《经上》第8条为：“义，利也。”① “义。志以天下为分，而能能利之。不必用。”② 按《大取》：“厚亲，分也。”③又曰：“知亲之一利，未为孝也，亦不至于知不为己之利于亲也。”④ 故谭戒甫译注：“孝是利于父母。把奉养父母为自己分内事才能兼利父母……爱亲有孝名，但利亲是实效。爱亲当建立在利亲的基础上才真是孝……知利己亲，只是一利；若我能利人之亲，而人亦利我之亲，这才是能兼利亲，也即是《兼爱下篇》所谓‘交孝子’……墨家以兼利天下为志，亲不过是天下人之一，其志不能限于亲，故无二志……利亲是分内事，故不必得爱亲之名。”⑤ 姜宝昌认为，“能能利亲”，第一个“能”字是才能，第二个“能”字指能做此事。他注意到《大取》“爱人之亲，若爱其亲”与《兼爱下》的相关内容，指出：“墨家之孝，实乃兼爱在人子人亲关系方面之表现。以爱利天下之亲为己任，每不能中己亲之意、得己亲之爱，亦事之必然者也。”⑥

由此可见，墨家是在兼爱互利的基础上界定“孝”的，以有实效的“利亲”为主要内容，尤其主张爱利人之亲，交相利亲。

(3) 儒家论“孝”及儒墨孝道的区别

我们再看儒家论“孝道”。首先看孔子怎么说。“子曰：‘弟子入则孝，出则弟，谨而信，泛爱众而亲仁。行有余力，则以学文。’”⑦ “入则孝，出则弟”，互文见义，实指在家里还是在社会上，我们都把亲爱亲人之心，敬爱父母兄长之情推广开来。少年在家孝顺父母，出外敬爱年长的人，做事谨慎，说话信实，广泛地亲爱人众，亲近有仁德的人。从私人领域进到公共领域，从敬重父母兄长到敬重社会上的贤人、长者，“义”德就发荣滋长了。初到社会上去做事，多听多看少说，讲求

① 《墨子·经上第四十》，8条，191页。

② 《墨子·经说上第四十二》，8条，203页。

③ 《墨子·大取第四十四》，245页。

④ 同上书，246～247页。

⑤ 谭戒甫编著：《墨经分类译注》，193～194页，北京，中华书局，1981。

⑥ 姜宝昌：《墨经训释》，23页，济南，齐鲁书社，1993。

⑦ 《论语·学而》，杨伯峻：《论语译注》，4～5页，北京，中华书局，1980。下引《论语》只注篇名与本书页码。

信用，把爱亲之心，推己及人，推到爱大众，爱他人，并亲近有仁德的人。我们把心思多用于修养、提高自己的道德，有了多余的精力，再研究文献。

我们再看孔子弟子有子怎么说。“有子曰：‘其为人也孝弟，而好犯上者，鲜矣；不好犯上，而好作乱者，未之有也。君子务本，本立而道生。孝弟也者，其为仁之本与?’”① 这是说，孝顺父母，敬爱兄长，是行仁的基础。在家里有孝顺之心，在社会上自然有尽忠之心。君子做事抓住根本，根本既立起来了，人间道路自然畅达，所有其他的事都生生不已地得到发展。注意，为仁，指行仁，即实践仁。这里说的是行仁从孝悌开始。孝悌只是仁的一部分，并不是仁的全部或根本。仁是体，孝悌是用。有人据此章说“孝悌是仁的根本”或“儒家以亲情为至上”，那都是错误的理解。在儒家，亲情之爱不具有唯一性、至上性，这种爱也受到“礼”与“义”的制约。

再看曾子怎么说。“曾子曰：‘慎终，追远，民德归厚矣。’”② 这里指诚挚谨慎地料理父母的后事，追怀纪念祖宗，这种风习可以引导人民淳朴忠厚。

从上可知，亲情是人的所有情感中最真诚最美好最重要的感情。爱敬父母为孝，爱敬兄长为悌。爱我们的亲人，是爱社会上其他人的基础。儒家宗师提倡的孝道是合乎人之常情，平易合理的。孝道很重要，因为在正常、和谐家庭的氛围中，家庭成员之间的关爱，养育、陶冶了我们的爱心。长期在这样的情感滋养、浸润下，人的心灵与心理渐趋健康而有了沟通性、包容性与责任感。人们对家庭成员的接纳、关爱、包容与责任，也会自然推之于他所服务的事业、团体。孝于家者则忠于国。虽然孝的价值与忠的价值不免有矛盾、冲突，但儒家宗师很强调二者之间顺向的联系。家庭成员关系的恰当处理，孝心的培育，甚至是培养人们担负公共事务的重要基础。特别值得我们重视的是，《论语》里并没有如后来的“父为子纲”的主张，即没有提倡子女对父母的单向度的盲目服从，即愚孝。《中庸》里记载了孔子说的“亲亲为大”，说明亲情是维系社群的最重要的纽带，但在儒家学说中，亲情、孝道不是唯一

① 《论语·学而》，2页。

② 同上书，6页。

的、至上的、可以取代一切的，因为还有“尊贤为大”，还有仁、义、忠、信、礼、乐、刑、政等层面的配制。

对比儒墨“孝道”的不同，可知：儒家不直接从功利、效果的向度讲“孝”，墨家直接从“互利互惠”“回报”的向度讲“孝”；“孝”在儒家是“仁爱”系统中的一环，在墨家则是“兼爱”系统中的一环。薛柏成认为：“（墨家）所谓孝，就是要‘利亲’，‘爱亲’就在于能够善利亲。对孝的这种解释确是新鲜的，它和儒家的‘养志’，以敬为孝等观念完全异质，从中可看出儒墨两家对于孝之根本含义的理解的差异。”① 儒家重视爱亲、敬长、孝慈，是把这些作为人性本有的道德情感、知识与意志，希望进一步加强，通过训练、重复、习惯，自然地推己及人，由爱亲人推到爱他人，由私领域中尽己之心，推到公共领域中的负责、敬业。这是美德，是生命体验，是伦理智慧。墨家不特别重视父子兄弟之爱敬、孝慈等，不认为是人的特有之性，以为这种爱是人与人相爱的一种，墨家更重视利他、爱他，爱利天下之人，为了推广这种爱，增加说服力，则说爱利他人也会导致他人爱利自己。儒家的“推己及人”，是由爱亲人推到爱大众；墨家也讲“推”，爱人如爱己，其实也是从爱自己推到爱他人，爱己之亲推到爱天下人之亲；墨家又从爱他人推回到爱自己，这是为说服众人都去爱人之亲，因为爱利他人（和他人的亲人）可能的效果是他人也爱利自己（和自己的亲人）。我们虽不必严分儒家是德性论、动机论的，墨家是功利论、效果论的，但从墨子关于“兼相爱、交相利”与“交孝子”的论证来看，墨家的确有一点功利论与效果论的倾向。

2. 墨家对儒家“三年之丧”的批判及两家之歧见

（1）墨子对“三年之丧”的批评

《淮南子·要略》：“墨子学儒者之业，受孔子之术，以为其礼烦扰而不说（易），厚葬靡财而贫民，服伤生而害事，故背周道而用夏

① 薛柏成：《墨家思想新探》，191页，哈尔滨，黑龙江人民出版社，2007。

政。”[①] 墨家直陈“厚葬久丧”的弊病，关于“久丧”：“（儒者）处丧之法，将奈何哉？曰哭泣不秩声翁，缞绖垂涕，处倚庐，寝苫枕块。又相率强人不食而为饥，薄衣而为寒，使面目陷陬，颜色黧黑，耳目不聪明，手足不劲强，不可用也。又曰，上士之操丧也，必扶而能起，杖而能行，以此共三年。若法若言，行若道，使王公大人行此，则必不能早朝，［治］五官六府，辟草木，实仓廪；使农夫行此，则必不能早出夜入，耕稼树艺；使百工行此，则必不能修舟车，为器皿矣；使妇人行此，则必不能夙兴夜寐，纺绩织纴……君死，丧之三年。父母死，丧之三年。妻与后子（长子）死者，五皆丧之三年，然后伯父叔父兄弟孽子期（一年），族人五月，姑、姊、甥、舅皆有月数，则毁瘠必有制矣……苟其饥约又若此矣，是故百姓冬不忍寒，夏不忍暑，作疾病死者，不可胜计也。此其为败男女之交多矣。以此求众，譬犹使人负剑而求其寿也。众之说无可得焉，是故求以众人民，而既以不可矣。欲以治刑政，意者可乎？其说又不可矣。今唯无以厚葬久丧者为政，国家必贫，人民必寡，刑政必乱。若法若言，行若道，使为上者行此，则不能听治；使为下者行此，则不能从事。上不听治，刑政必乱；下不从事，衣食之财必不足。”[②] 儒家中人提倡三年之丧，墨子以为这将贻误社会、家庭等公私事务，使农人、手工业者、妇女等从事的物质生产劳动及各级官吏的社会治理活动，乃至日常生活、人口繁衍等都受到影响。厚葬久丧靡费社会资源，可能导致国家贫穷，人口减少，身体素质下降，社会管理紊乱，增加了亲人间与社会上的矛盾与斗争。

墨子的批判是有积极意义的，当然墨子是从一定时空的社会的功利与效果出发的。孔子主张三年之丧，认为是“天下之通丧”，孔子重视的是丧礼的文化意义与长时期的效益。孔子去世后，弟子守丧三年，子贡则守丧六年。孟子认为夏、商、周三代都实行了三年丧。林素英认为：“墨子对儒家丧礼提出猛烈而严厉的攻击，虽然说出一些劳动人口长期服丧的困难，然而一律三月除丧，确实忽视人类存在着绵密而悠远的感情，对于国家长期的发展与细致文化的孕育是一大斫伤；而墨子之

---

① 《淮南子·要略》，《诸子集成》第7册，375页，北京，中华书局，1986。

② 《墨子·节葬下第二十五》，107～110页。

所以急急提出反制之道与大力呼吁，正足以反衬出当时的丧服制度，已在士的阶层以上取得普遍的共识……庶人之礼尽管与士礼不同，且是依据实际状况而有所减省，不过儒家推动三年之丧为‘天下通丧’的努力，应该正朝向广大的庶民团体宣导，以致迫使墨子必须适时提出无情的攻击。”① 有学者则认为，春秋战国之世尚无久丧的制度与风俗，一般都是“既葬除服”②。

其实，墨子的这一批评类似于孔门宰我的批评。“宰我问：‘三年之丧，期已久矣。君子三年不为礼，礼必坏；三年不为乐，乐必崩。旧谷既没，新谷既升，钻燧改火，期可已矣。’子曰：‘食夫稻，衣夫锦，于汝安乎？’曰：‘安。’‘汝安，则为之！夫君子之居丧，食旨不甘，闻乐不乐，居处不安，故不为也。今汝安，则为之！’宰我出。子曰：‘予之不仁也！子生三年，然后免于父母之怀。夫三年之丧，天下之通丧也，予也有三年之爱于其父母乎！’”③ 孔子是从“心是否安”来讨论的。儿女在襁褓中三年，尔后直至成年，不断得到父母的呵护与关爱；父母死后，从情感的角度讲，做子女的守孝三年，似在情理之中。孔子对宰我的批评中其实也谈到“心安即可”的尺度。

墨子[illegible]家学说的逻辑矛盾，例如亲疏与尊卑在丧礼上的矛盾等。“儒者曰‘亲亲有术，尊贤有等’，言亲疏尊卑之异也。其《礼》曰：‘丧父母三年，妻后子（长子）三年，伯父叔父弟兄庶子期（一年），戚族人五月。’若以亲疏为岁月之数，则亲者多而疏者少矣。是妻后子与父同也。若以尊

① 林素英：《丧服制度的文化意义：以〈仪礼·丧服〉为讨论中心》，82页，台北，文津出版社，2000。

② 丁凌华先生认为：三年丧是儒家的创造，而先秦的习俗则多为既葬除服。秦汉魏晋南北朝时期居丧制度从礼教向法律过渡，两汉时期的约束对象主要是皇室贵族居父母丧，两晋时期三年丧与期亲丧已成为官吏的强制性行政规范，南北朝时官吏居三年丧入于刑律。唐宋时期居丧制度则全面法律化，但实际惩治对象仍主要为官吏。辽金元时期居丧法律式微，仅适用于汉族官吏的三年丧。明清时期居丧法律复苏，但居丧法条减少、对象缩小、量刑减轻。居丧法是古代道德法律化的主要表现形式之一，其最大负面效应就是扩张了人性的伪善，助长了社会尤其是官场的虚浮风气。详见丁凌华：《中国丧服制度史》，上海，上海人民出版社，2000。

③ 《论语·阳货》，188页。

卑为岁月数，则是尊其妻子与父母同，而亲（视）伯父宗兄而卑（裨）子也，逆孰大焉。”[①] 墨家认为，丧妻与长子服三年，同于父母，而丧伯父宗兄才服一年，兄弟之妻则弗服，而其宗兄守其先宗庙数十年，如此对待，不是太偏于其妻、子了吗？“为欲厚所至私，轻所至重，岂非大奸也哉？”[②] 从尊卑上讲，父母、伯父宗兄为尊，妻与长子为卑，而服妻与长子丧与父母同，且长于（重于）伯父亲兄，这当然不合于尊卑，是以亲疏关系取代尊卑关系。墨家认为，儒家亲亲、尊尊、贵贵原则有矛盾，儒家的制度，包括丧礼制度，又是区别并固定某种贵贱、亲疏关系的，然而丧礼表达上出现了如此不合情理的状况，这反过来说明其前提是有问题的。墨家以这种方式驳斥儒家，这一批评不仅涉及三年丧，而且涉及差等之爱及其制度化。

（2）关于“三年之丧”的儒墨之分歧

《墨子·公孟》记载了墨子与孔门七十子后学公孟子（公明子）的论战。这一辩论，亦未从正面进行，只是二人言辞上的针锋相对。关于三年丧与礼乐，墨子对公孟子说：“丧礼，君与父母妻后子死，三年丧服，伯父叔父兄弟期（一年），族人五月，姑、姊、舅、甥皆有数月之丧。或以不丧之间诵诗三百，弦诗三百，舞诗三百。若用子之言，则君子何日以听治，庶人何日以从事？”公孟子回答：“国乱则治之，国治则为礼乐。国治（贫）则从事，国富则为礼乐。”墨子反驳道：“国之治。治之废，则国之治亦废。国之富也，从事故富也。从事废，则国之富亦废。故虽治国，劝之无餍，然后可也。今子曰国治则为礼乐，乱则治之，是譬犹噎（渴）而穿井也，死而求医也。”[③] 在这一回合中，墨子主要批评的是丧礼乃至礼乐活动影响君子治理政务、庶民从事生产的活动，不利于国计民生。公孟子的说法是，乱时治，治时则兴礼乐。墨子则认为，礼乐活动不利于治国、富国，而到了乱时再治，无异于临渴掘井。第二回合中，公孟子说，您以三年之丧为非，您主张的夏礼三月之丧也应为非。墨子说：“子以三年之丧非，三月之丧，是犹果谓撅者不

① 《墨子·非儒下第三十九》，178 页。

② 同上书，179 页。

③ 《墨子·公孟第四十八》，275～276 页。

恭也。"[①] 第三回合中，墨子批评儒者之知仍停留在慕父母的婴儿之水平，愚之至也。第四回合中，围绕着"乐"的定义，指出"乐以为乐"定义不了"乐"。在墨子与程繁的对话中，总体上批评儒者足以丧天下的四大错误：以天为不明、鬼为不神；主张厚葬久丧；提倡弦歌鼓舞；以命为常，不可损益。

从《孟子》中我们可知，孟子认为历史上经过了从不葬其亲到见到野兽、昆虫吞噬亲人遗体而难受，从而掩埋其亲的过程，认为丧葬礼是人性人情发展的必然，指出："孝子仁人之掩其亲，亦必有道矣。"[②] 孟子很重视养生、丧死，特别是送死。别人批评孟子厚葬其母，超过葬其父（其父死时，孟子尚幼，家境不好），他则指出，家境、生活条件与地位、身份不同了，安葬亲人当然可以不同。他强调的是尽心，尽心也表现在财力允许时厚葬其亲；如受礼制限制或其他原因不能守孝三年，也可以变通，但不能自行缩短丧期。孟子葬母之后，帮助监管制棺椁的弟子充虞觉得棺木太好了，有所疑虑，请教孟子。孟子回答道："古者棺椁无度，中古棺七寸，椁称之。自天子达于庶人，非直为观美也，然后尽于人心。不得，不可以为悦；无财，不可以为悦。得之为有财，古之人皆用之，吾何为独不然？且比化者无使土亲肤，于人心独无恔乎？吾闻之也：君子不以天下俭其亲。"[③] 孟子认为，表达孝亲之心，不应在料理父母后事时省钱。

滕文公还是太子时，其父定公薨，他派然友到邹国向孟子请教丧事。孟子曰："不亦善乎！亲丧，固所自尽也。曾子曰：'生，事之以礼；死，葬之以礼，祭之以礼，可谓孝矣。'诸侯之礼，吾未之学也；虽然，吾尝闻之矣。三年之丧，齐疏之服，飦粥之食，自天子达于庶人，三代共之。"[④] 然友回国复命，太子决定行三年丧，遭到滕国父兄百官的反对，认为其宗国鲁国历代君主及滕国历代祖先也未实行过。而且古代《志》书说，丧祭之礼遵从祖宗的规矩。太子派然友再次向孟子

---

① 《墨子·公孟第四十八》，276页。

② 《孟子·滕文公上》，杨伯峻译注：《孟子译注》，135页，北京，中华书局，1984。下引《孟子》只注篇名与本书页码。

③ 《孟子·公孙丑下》，98页。

④ 《孟子·滕文公上》，113～114页。

请教。孟子说："然；不可以他求者也。孔子曰：'君薨，听于冢宰，歠粥，面深墨，即位而哭，百官有司莫敢不哀，先之也。'上有好者，下必有甚焉者矣。君子之德，风也；小人之德，草也。草尚之风，必偃。是在世子。"① 然友回后复命，太子曰："然；是诚在我。"于是，太子居于丧庐中五月，不曾颁布过任何命令和禁令。官吏们与同族都很赞同，认为知礼。待到举行葬礼时，四方的人都来观礼，太子容色悲伤，哭泣哀恸，吊丧的人很是感动。这里说的是太子守丧五个月，至下葬而止，未知是否守丧三年。

如果从社会效果来看，滕文公即位前守丧五月的效果是很好的。重要的是，孔子、曾子、孟子所强调的是，子女在真心诚意地哀悼、感怀父母的过程中，在守丧的过程中，使自己的心性情才也受到锻炼与陶冶，假如社会上层人士都这样去做，可以感化周围，整齐风俗，使民风淳厚。

荀子也主张"节用裕民"，指出："足国之道——节用裕民，而善藏其余。节用以礼，裕民以政。"② 荀子又特别重视葬礼，故曰："礼者，谨于治生死者也。生，人之始也；死，人之终也；终始俱善，人道毕矣。故君子敬始而慎终；终始如一，是君子之道，礼义之文也。夫厚其生而薄其死，是敬其有知而慢其无知也，是奸人之道而倍叛之心也。君子以倍叛之心接臧谷，犹且羞之，而况以事其所隆亲乎！故死之为道也，一而不可得再复也，臣之所以致重其君，子之所以致重其亲，于是尽矣。故事生不忠厚，不敬文，谓之野；送死不忠厚，不敬文，谓之瘠。君子贱野而羞瘠；故天子棺椁七重，诸侯五重，大夫三重，士再重，然后皆有衣衾多少厚薄之数，皆有翣蒌文章之等，以敬饰之，使生死终始若一；一足以为人愿，是先王之道、忠臣孝子之极也。"③ 荀子也是从慎终追远的角度讨论丧礼的。养生、丧死，孝道中最重要的两个方面，是人性、人道的自然表达过程。父子之亲的孝，推到君臣之义的忠，是实践性的伦理。

---

① 《孟子·滕文公上》，114 页。

② 《荀子·富国》，梁启雄：《荀子简释》，119 页，北京，中华书局，1983。下引《荀子》只注篇名与本书页码。

③ 《荀子·礼论》，262 页。

荀子又说："三年之丧，何也？曰：称情而立文，因以饰群，别亲疏贵贱之节而不可益损也。故曰：无适不易之术也。创巨者，其日久；痛甚者，其愈迟。三年之丧，称情而立文，所以为至痛极也。齐衰、苴杖、居庐、食粥、席薪、枕块，所以为至痛饰也。三年之丧，二十五月而毕，哀痛未尽，思慕未忘，然而礼以是断之者，岂不以送死有已，复生有节也哉？凡生乎天地之间者，有血气之属必有知，有知之属莫不爱其类……故有血气之属莫知于人，故人之于其亲也，至死无穷。将由夫愚陋淫邪之人与？则彼朝死而夕忘之；然而纵之，则是曾鸟兽之不若也，彼安能相与群居而无乱乎？将由夫修饰之君子与？则三年之丧，二十五月而毕，若驷之过隙；然而遂之，则是无穷也。故先王圣人安为之立中制节，一使足以成文理，则舍之矣……故三年之丧，人道之至文者也，夫是之谓至隆；是百王之所同，古今之所一也。"[①] 《礼记·三年问》中也有类似的内容，文字大体相同，只是文末增加了一句："未有知其所由来者也。孔子曰：子生三年，然后免于父母之怀。夫三年之丧，天下之达丧也。"清人孙希旦等认为《礼记·三年问》是荀子所作。[②] 荀子认为，凡血气之属，如禽兽都尚且知爱其类，何况人呢？在礼制上规定一定时间（三年之丧亦不过二十五个月）并非不尽情理的久丧，是合于中道的。

由此可见，儒墨两家在"三年之丧"上有严重的分歧。墨家认为，厚葬久丧对社会、家庭、个人的生产与生活造成损害，浪费资源。从这一视域来看，墨家的看法是合理的。儒家从人的情感的自然流露与表达出发，认为亲人死后，不可能立即忘怀，在制度上规定守丧的仪节规范，有助于人性、人情的养育与社会风气的淳化。这里有长远的人文价值蕴于其中。同时，儒家肯定的守丧是从真情实感出发的，然而后世守丧一经提倡与规定就有了作伪，就有了负面效应。儒家中人也认为心丧更为重要。从这一个角度来看，儒家的看法也有合理性。

综合两家的看法，我们认为，内心真诚地怀念死去的亲友、尊长，并以人性化的方式去安葬、追悼、祭祀死者，不仅是对死者的尊重，也

---

① 《荀子·礼论》，271～273页。

② 孙希旦：《礼记集解》下，1372～1377页，北京，中华书局，1989。

是对生者的尊重，安葬、追悼、祭祀的时间与方式也要适度，不能浪费社会资源，耽误生事。

3. 墨家论“爱无差等”及其与儒家“爱有差等”的辨析

（1）墨子与巫马子的辩论

《墨子·耕柱》记载了墨子与孔门巫马子的辩论。“巫马子谓子墨子曰：‘我与子异。我不能兼爱。我爱邹人于越人，爱鲁人于邹人，爱我乡人于鲁人，爱我家人于乡人，爱我亲于我家人，爱我身于吾亲，以为近我也。击我则疾，击彼则不疾于我。我何故疾者之不拂，而不疾者之拂。故我有杀彼以利我，无杀我以利彼。’子墨子曰：‘子之义将匿邪，意将以告人乎？’巫马子曰：‘我何故匿我义？吾将以告人。’子墨子曰：‘然则一人说子，一人欲杀子以利己；十人说子，十人欲杀子以利己；天下说子，天下欲杀子以利己。一人不说子，一人欲杀子，以子为施不祥言者也；十人不说子，十人欲杀子，以子为施不祥言者也；天下不说子，天下欲杀子，以子为施不祥言者也。说子亦欲杀子，不说子亦欲杀子，是所谓经者口也，杀子之身者也。’”①

巫马子以他的爱从自身、亲属、族人、乡人、鲁人、邹人、越人，由近而远的个人感受来驳兼爱，墨子驳之。巫马子的理由是“近我”，论证则围绕“利”来说。巫马子其实是以墨家的方式来说的。墨子不正面回答，只是抓住巫马子引申的话（为自利而杀人）予以驳斥，说这必然引起别人为自利而杀你，赞成你的人将杀你以利己，不赞成你的人也将杀你以除不祥。谭家健先生在解释了上一段话后说：“爱之有差别是客观存在的，其原因就在于利之有厚薄。可是墨子没有进一步论证这一点。”② 其实，爱的差别缘自人与人之间远近亲疏关系的不同，在实际日常生活中产生了不同的情感，并不只是利之有厚薄的问题。谭先生又说：“墨家主张的‘爱无差等’不受礼的限制，其实质是对孔子‘仁’的纠正，也是对奴隶主贵族等级制度——礼的破坏。”③ 任何时代，任

① 《墨子·耕柱第四十六》，262～263页。有的句子据俞樾改。

② 谭家健：《墨子研究》，29页，贵阳，贵州教育出版社，1995。

③ 同上书，28页。

何时空条件下，人与人之间的爱都会受到一定的社会规范的限制。

（2）孟子与夷子的辩论

孟子与墨者夷子（之）的讨论，很有意思。墨家主张薄葬，夷子也想以薄葬来改易风俗，但却厚葬其亲，孟子批评其理论上有两个本原，自相矛盾，不一致，且言行上也不一致："吾闻夷子墨者，墨之治丧也，以薄为其道也；夷子思以易天下，岂以为非是而不贵也；然而夷子葬其亲厚，则是以所贱事亲也。"① 以薄葬为贵、厚葬为贱的夷子却葬其亲厚，是以己之所贱待其亲，则是以贵为贱，以贱为贵。夷子自我辩白："儒者之道，古之人若保赤子，此言何谓也？之则以为爱无差等，施由亲始。"孟子反驳："夫夷子信以为人之亲其兄之子为若亲其邻之赤子乎？彼有取尔也。赤子匍匐将入井，非赤子之罪也。且天之生物，使之一本，而夷子二本故也。"②

正如 David S. Nivison（倪德卫）所说："在其反驳中，孟子再一次显示了他对墨子辩术非常熟识。"③ 也就是说，孟子熟识墨家"推"的论辩形式："其取之也，有所以取之。其取之也同，其所以取之不必同。"④"如保赤子"与"孺子将入于井"是当时两家共有的语言和知识背景，"夷之的麻烦就在于：他因既接受来自他的'心'的指导又接受来自与此'心'不相关的一系列教义的指导而陷入混乱。"⑤

孟子对墨者夷之的"爱无差等，施由亲始"的批评，指出夷之在大原则上讲兼爱，在表现上又主张"自亲者始"，孟子批评为"是二本也"。程伊川曾就此有所讨论，斥夷之的错误为"二本而无分"，刘述先重申了伊川之论，指出张横渠的"民胞物与"体现了"理一分殊"的精神，当然不能理解为"兼爱"⑥。牟宗三认为，"仁"是个普遍的道理，这个道理必须是可以表现的。"人的表现跟上帝的表现不一样，因为上

① 《孟子·滕文公上》，134 页。

② 同上书，135 页。

③ 《儒家之道：中国哲学之探讨》，127 页，南京，江苏人民出版社，2006。

④ 《墨子·小取第四十五》，251 页。

⑤ 《儒家之道：中国哲学之探讨》，127 页。

⑥ 参见刘述先：《全球伦理与宗教对话》，60～61 页，台北，立绪文化事业有限公司，2001。

帝没有时间性、空间性，而人表现‘仁’这个普遍的道理有时间性。上帝可以爱无差等，人怎么可以爱无差等呢?”①

(3) 关于“差等之爱”

贺麟在讨论“差等之爱”时，特别指出这是普通的心理事实，是很自然的正常的情绪。贺先生指出，儒家让我们爱他人，要爱得近人情。又说，“爱有差等”的意义，“不在正面的提倡，而在反面的消极的反对的排斥那非差等之爱”，如兼爱、专爱、躐等之爱（包括以德报怨）等。这三种爱，不近人情，且有漫无节制、流于狂诞的危险。……儒家差等之爱不单有心理的基础，而且有恕道或絜矩之道作根据。儒家也不是不普爱众人，不过它注重一个“推”字，要推己及人。贺先生又说，普爱“是集义集德所达到的一种精神境界，大概先平实地从差等之爱着手，推广扩充，有了老安少怀，己饥己溺，泯除小已恩怨的胸襟，就是普爱或至少距普爱的理想不远了此处所谓普爱，比墨子所讲的兼爱深刻多了……此处所讲的普爱，与孟子的学说，并不冲突，乃是善推其差等之爱的结果。”② 这就是说，“仁爱”是普遍的，“爱有差等”是一种实践性的美德、智慧，恰好可以证实“仁爱”的普遍。

今天人们在讨论生态伦理时，有的专家认为动物与人享有同样权利，主张人对人的爱与人对生物之爱也应无有差等。孟子说：“夫物之不齐，物之情也。”③ 万物的内在价值有很大的差异，人对它们的关爱的方式也应该有所不同。

孟子曰：“君子之于物也，爱之而弗仁；于民也，仁之而弗亲。亲亲而仁民，仁民而爱物。”④ 如上所说，儒家的仁爱是有差等的，这里的“仁”特指人伦，可以推己及人，如“老吾老以及人之老，幼吾幼以及人之幼”之类；本句之中的“爱”则特指物伦，又是基于人与物的一体同源由人推开去的。从亲人到他人再到万物，仁爱的表现是越来越远的，这种远并不是说越来越不重视，而是区分方式和层次的不同，儒家

① 牟宗三：《宋明儒学的问题与发展》，109 页，上海，华东师范大学出版社，2004。

② 贺麟：《五伦观念的新检讨》，《哲学与哲学史论文集》，364～367 页，北京，商务印书馆，1990。

③ 《孟子·滕文公上》，126 页。

④ 《孟子·尽心上》，322 页。

根据不同的伦常性质对仁爱给予不同的界定，对亲人的爱和对朋友的爱不同，对朋友的爱和对陌生人的爱不同，对人的爱和对物的爱更不同。人伦、物伦根本不同，必须区别对待。“爱之而弗仁”的意思是很明确的，对万物要有爱的态度，但并不是对它们讲人道。人伦、物伦有区分对待的层次差异，人伦、物伦的当下对比下，人伦是重于物伦的，这是儒家的人道精神。但从这里遽然得出儒家不爱护动物的结论是不合适的，果如此，儒家所谓“爱物”便成空谈了。其实，在此情境下说儒家的态度是“不能爱人焉能爱物”更合适，事有轻重缓急，不通权变非仁者所为。同理，连亲人都不爱的人，能爱他人吗？这也是我们可以切身体会的。孟子说：“智者无不知也，当务之为急；仁者无不爱也，急亲贤之为务。尧舜之智而不遍物，急先务也；尧舜之仁不遍爱人，急亲贤也。”① 即便以尧舜之德当其情势所迫也难做到仁爱所至无不周遍。作为人，爱人爱物总是从身边做起，推而广之。但从这里又不能说儒家抛弃了张载所说的“民吾同胞，物吾与也”的终极理想，只是说这种周遍爱的理想的实现是一个无限的过程。儒家君子善于推己及人。假如盲目提倡“爱无差等”，恐怕不尽情理而更难在民间实行。但儒家的道理，理一而分殊，道理有层次性，且更能实行。

可见孝亲、丧礼、爱有差等都是十分复杂的、具体的，儒家坚持其具体性、实践性，又更为重视其中内蕴的人文价值与道德理性的普遍性。仁爱是普遍的，仁爱的实行与推广是具体的普遍。儒墨两家都务实都重功利、效果，相对而言，墨家更为务实，而儒家更重长久的人文价值，没有局限于功利论与效果论。儒家坚持德性论，不因实务功利而偏离絜矩之道。“爱有差等”不废仁爱之普遍性，反而更能证成之。另一方面，墨家的批判并非毫无价值与意义，墨家警惕孝亲、丧礼的变味，儒家的“三年之丧”的主张及其制度化确实造成很多弊病，造成真情的旁落与社会财物的浪费；墨家批判社会不公及爱的不周遍是有道理的，也是有其理想的。墨家对于儒家及其流俗流弊的批判，对于完善儒家学说适成一种补充。

---

① 《孟子·尽心上》，322页。

苏格拉底、柏拉图与孔子的“亲亲互隐”及家庭伦常观[①]

我们曾根据苏格拉底非难游叙弗伦控告老父的资料，认为苏格拉底与我国孔子在“亲亲互隐”的问题上有一致性，指出“亲属容隐”恰好是具有人类性的、符合人性、人道，因而是最具有普遍性的观念，并建议借鉴古今中外的法律智慧修改现行相关法律条文，允许亲人容隐拒证。[②]有人反驳我等观点，说苏格拉底不是“非难”而是“赞同甚至鼓励”游氏告父，从而断定苏格拉底与孔子在“亲亲互隐”上不可能有一致性。笔者此文拟从苏格拉底和柏拉图思想的内在发展理路，具体而言就是从柏拉图的早、中、晚期的相关著述出发，进一步确证苏格拉底和柏拉图不仅在“亲亲互隐”上与孔子有一致性，而且也与儒

① 本文系与陈乔见博士合作，征得陈博士同意收入本书，谨向陈博士致谢。

② 参阅郭齐勇编：《儒家伦理争鸣集——以“亲亲互隐”为中心》，编者序，2页，武汉，湖北教育出版社，2004；郭齐勇：《“亲亲相隐”、“容隐制”及其对当今法治的启迪——在北京大学的演讲》，载《社会科学论坛》（学术评论卷），2007（15）；陈乔见：《逻辑、理性与反讽》，载《学海》，2007（2）；陈乔见：《诬妄的批判》，载《学海》，2007（6）。

家一样非常重视家庭伦常和孝道。

1. “亲亲互隐”源于宗教伦理，意在保护私领域

孔子明确提出“亲亲互隐”的观念，《论语·子路》载：

> 叶公语孔子曰：“吾党有直躬者，其父攘羊，而子证之。”孔子曰：“吾党之直者异于是：父为子隐，子为父隐。——直在其中矣。”

由于近年来关于“亲亲互隐”的争论，对此段的解释已经够多了，笔者在此简要说明几点：其一，所谓“攘”，邢昺疏：“有因而盗曰攘，言因羊来入己家，父即取之。”可见，“攘羊”不是主动偷羊，“其父攘羊”与盗窃的违法行为还是有些距离。其二，孔子所说的“隐”，并不是一些人所理解的包庇和窝藏，而是不称扬亲人的过失，知而不言，是消极的不作为，转化为法律层面就是“亲属作证豁免权”①。因此，孔子提倡“子为父隐”也并非什么违法行为。其三，从伦理的角度讲，孔子不认同直躬告发其父，而提倡“父子互隐”，是为了呵护父子间的自然亲情。儒家认为，父子关系具有绝对性和必然性，父子相亲爱乃天理人情，父子相互告发则是一种变态。要之，孔子并不鼓励攘羊（当然更不是如有的论者所说，孔子公然鼓励偷盗），甚至也不鼓励“互隐”，只是如果发生了此类事情，不主张、不鼓励父子相互告发。

孔子虽明确提出“亲亲互隐”的观念，但并不认为，在任何情况下都应“亲亲互隐”。《左传》昭公十四年记载了这样一件事：作为法官的叔鱼因受贿而鬻狱，其兄叔向认为叔鱼“贪以败官”，根据《夏书》所载皋陶之刑，其罪当杀。孔子对叔向的评价是：“叔向，古之遗直也。治国制刑，不隐于亲。”相对于“父攘子证”，关于此事，我们同样有三点需要说明：其一，叔鱼作为法官，自己贪污受贿，影响司法公正，是明确的司法腐败。其二，叔向作为公职人员，对其弟叔鱼的腐败行为并不“互隐”，而是据实数罪并依法论罪。其三，从政治的角度讲，孔子

---

① 参见林桂榛：《关于“亲亲相隐”问题的若干辨正》，载《哲学动态》，2008 (4)。

十分称赞叔向的行为，并明确提出“治国制刑，不隐于亲”。孔子也肯定周公杀管叔、放蔡叔，这也是属于公共事务。

《礼记·檀弓上》对“齐家”与“治国”中的“隐”“犯”问题如此规定：

> 事亲有隐而无犯……事君有犯而无隐……事师无犯无隐……

郑玄注：“事亲以恩为制，事君以义为制，事师以恩义之间为制。”在政治公共领域与事务中，以“义”为原则；在家庭私人领域与事务中，注重恩情的培育、护持。这表明孔子所说的“亲亲互隐”是有界限的，并不是任何情况下都一味要求“亲亲互隐”。其实，这个界限，儒家有经典表达，即“门内之治恩掩义，门外之治义断恩”①。我们提醒读者注意这个表述的严谨之处：“恩掩义”表示以“恩”为主导原则但并不完全排斥“义”的原则，“义断恩”则表示以“义”为原则而摒弃“恩”的原则。

孔子提倡“子为父隐”，认为儿子不应向外人或官府称扬或告发父亲的过失，那么，这是否意味着孔子认为儿子应该完全不顾父亲之是非对错呢？非也。清儒孙希旦《礼记集解》疏“事亲有隐而无犯”云：“几谏谓之隐，直谏谓之犯。”几谏就是委婉规劝的意思。据此则“隐”亦有微谏之义。其实，孙希旦的解释源于《论语·里仁》：“子曰：‘事父母几谏。见志不从，又敬不违，劳而不怨。’”这是说，父母有过错，做子女的要和颜悦色地规劝，如父母不从，仍严肃、恭敬、婉转地再劝。“不违”，是不违背社会的规范，即坚持原则，对父母也不能迁就，但又不违子女对父母之礼，故不能太强硬，避免反目成仇。等到父母心情好时，再委婉劝谏。假如父母还不接受，做子女的虽心中忧愁，没有怨恨。《礼记·内则》对此有详细描述：

> 父母有过，下气怡色，柔声以谏。谏若不入，起敬起孝，说（悦）则复谏；不说（悦），与其得罪于乡党州闾，宁孰谏。

① 《礼记·丧服四制》。

反复微谏无效，最后不得已时，也可对父母犯颜直谏。可见，孔子所谓的“子为父隐”并不否认儿子有持义劝谏父亲过错的义务，毋宁说持义谏亲是孔子思想中的题中应有之义。这就否证了孔子“亲亲互隐”不顾公义是非的说法。

其实，儒家“孝”的观念中包含了不能陷亲人于不仁不义的内涵。“孟懿子问孝。子曰：‘无违。’樊迟御，子告之曰：‘孟孙问孝于我，我对曰，无违。’樊迟曰：‘何谓也?’子曰：‘生，事之以礼；死，葬之以礼，祭之以礼。’”① 这里以“无违”来解释“孝”。不违背什么呢?不违背礼，而不是不违背父母的一切意愿。据《左传·襄公二十六年》：“古人凡背礼者谓之违。”所以，爱父母，孝顺父母，不是一切都听父母的，不是满足父母的所有要求，而是在听从父母的话、满足父母意愿时，以社会公认的尺度、法则、规矩、规范来办事。如果父母让子女做非法的、不合理的事，子女做了反而是不孝，即陷父母于不仁不义。父母活着的时候，做子女的在礼的规范下，尽心竭力地服侍他们；父母死了，做子女的在礼的规范下，来安葬、祭祀他们。这是“孝”的本意。

至此，我们可以总结出孔子“亲亲互隐”的三个特征：第一，“亲亲互隐”之“隐”是隐默之义，是知而不言的不作为性，而非窝藏、包庇之义。第二，“亲亲互隐”有其界限，即只限于家庭成员的所作所为没有逾越社会公认的规范、原则。第三，“亲亲互隐”是不对外人或官府称扬或告发其亲的过失，但“隐”亦要求家庭成员之间以公义来相互教育、帮助、规劝、批评。②

2. 苏格拉底和柏拉图也强调孝敬父母

孔子明确提出“亲亲互隐”的观念，而苏格拉底和柏拉图则并不那

---

① 《论语·为政》。

② 我们这里总结的是孔子“亲亲互隐”的三个特点，此属于狭义的“亲亲互隐”。至于广义的“亲亲互隐”，例如孟子论舜所涉及之孝道论说，以及后世法制中的容隐条款对主动帮助犯罪的亲属脱逃的行为不予惩罚或减轻惩罚等，不在本文讨论的范围之内，且我们在旧作中都有详论。请参见郭齐勇编：《儒家伦理争鸣集——以“亲亲互隐”为中心》；郭齐勇：《论道德心性的普遍性——兼评儒家伦理是所谓“血亲情理”》，《哲学门》（总第十七辑）第九卷第一册，北京大学出版社，2008；又请参见俞荣根、范忠信、吴丹红、陈壁生的论著。

么明确，因此，笔者想用更多的篇幅来讨论苏格拉底和柏拉图的“亲亲互隐”和家庭伦常观念。苏格拉底虽然没有直接提出“亲亲互隐”的观念，但我们却可以根据苏格拉底关于“子告父”这种行为的态度，来推断他是否认同“亲亲互隐”。

柏拉图的早期对话《游叙弗伦篇》即提供了这样一个例子。该篇对话的开场白告诉我们：苏格拉底被指控“创立新神，不信老神”而被雅典法庭传讯，苏格拉底在前往法庭准备为自己申辩的途上碰到了同样前往法庭控告父亲的游叙弗伦。游叙弗伦家中的一名雇工杀死了一名奴隶，游父把他捆绑起来扔在沟里，并派人向雅典神职人员询问如何处置，不料使者返回之前，那名雇工已不幸逝世。游氏为此控告父亲杀人，并且认为这是对神的虔敬。游氏亲属（包括游父）则认为“儿子控告父亲是不虔敬的”①。由于游氏自命精通宗教，懂得神意，而苏格拉底被指控的罪名之一即与宗教有关，因此，苏格拉底欲拜游氏为师，学习关于宗教和虔敬的知识，以便回应针对他的指控。于是，两人开始了一场关于虔敬的讨论。我们必须铭记的是，像许多“苏格拉底式对话”那样，苏格拉底经常通过他那著名的“反讽”和“诘问”，使得那些自以为是的专家陷入自相矛盾的窘况，迫使或劝谏他们放弃自己先前的错误观念以及据此而行的荒唐行为。游叙弗伦即自命为宗教专家，自以为懂得何为神意，何为虔敬，这也是他控告父亲的理由。苏格拉底则驳斥了其虔敬观念的自相矛盾，并告诫他说：“如果你对什么是虔敬，什么是不虔敬没有真知灼见，那么你为了一名雇工而去告你年迈的父亲杀人是不可思议的。”② 苏格拉底的态度十分明确，如果游氏对虔敬没有真知灼见，那么他就不可以控告老父。

游氏对虔敬究竟有无真知灼见呢？其实，整篇对话从头至尾都充分表明游氏对虔敬的认知极为浅薄，他对虔敬的理解兜来兜去都离不开令神满意。③ 他把虔敬看做是与诸神做买卖，在祈祷和献祭中懂得如何讨

① 《柏拉图全集》第1卷，236页，北京，人民出版社，2002。

② 同上书，254页。

③ 同上书，239、253页。

好诸神；作为回报，诸神则赐福予他。① 他之所以选择告父杀人（而不是先告那名雇工杀人），就是为了讨好神，因为神亦有弑父行为。而且，苏格拉底三番五次驳斥了其虔敬观念的自相矛盾，也足以表明游氏对虔敬并没有真知灼见。因此，根据苏格拉底的思想，游氏控告老父就是“不可思议的”②。这其实与苏格拉底的著名命题“美德即知识”是相通的，游氏没有关于虔敬的确切知识，当然就不可能具有虔敬的美德了，其告父当然也就不可能是虔敬的了。

不止如此，我们甚至可以肯定，苏格拉底对游氏告父的忤逆行为非常反感，认为告父本身就是不虔敬，就是一种罪恶。游氏告父杀人，其根据是希腊神话中所描写的神的“弑父”行径。但苏格拉底对这些神话“表示厌恶”，“听了觉得很难接受”③。这其实暗示了苏格拉底同样厌恶和不能接受游氏的告父行为，也表明他对希腊传统神话关于“弑父”这样的恶劣行径大肆渲染的不满。在柏拉图的中期对话《理想国》中，苏格拉底谴责了荷马、赫西俄德等诗人把诸神描写得丑陋不堪、甚为恶劣的诗歌作品。苏格拉底认为这样不利于儿童和青年的教育，因此他欲对传统神话进行理性的改造，使之有利于道德风气的培养，引领人们向善。从这个意义上讲，苏格拉底确实是在“创立新神”，其实质则是对希腊传统神话做道德净化的工作。关于虔敬和孝道，苏格拉底如此说道：

> 为了使我们的护卫者敬神明，孝父母，重视彼此朋友间的友谊，有些故事应当从小就讲给他们听，有些故事就不应该讲给他们听。④

---

① 《柏拉图全集》第1卷，251～253页。参见王太庆译：《柏拉图对话集》，21～22页，北京，商务印书馆，2004。

② 关于苏格拉底非难游叙弗伦告父的论证，详参见陈乔见：《逻辑、理性与反讽》，载《学海》，2007（2）；林桂榛：《苏格拉底对“子告父”表示赞赏吗?》，载《江苏社会科学》，2007（4）；林桂榛：《“父子相隐”与告亲的正义性问题》，载《武汉大学学报》（人文科学版），2008（2）。

③ 参见王太庆译：《柏拉图对话集》，7页。

④ 《理想国》，82页，北京，商务印书馆，2002。

游氏告父所依据的“弑父”神话就在禁止之列：

> 最荒唐莫过于把最伟大的神描写得丑陋不堪。如赫西俄德描述的乌拉诺斯的行为，以及克罗诺斯（按：乌拉诺斯之子）对他的报复行为，还有描述克罗诺斯的所作所为和他的儿子对他的行为，这些故事都属此类。即使这些事是真的，我认为也不应该随便讲给天真单纯的年轻人听。①

苏格拉底如此反感这些“弑父”神话，为了教育孩子孝敬父母，他甚至要把渲染这些神话的诗人驱赶出“理想国”。而且，苏格拉底认为，即使这些神话是真的，也不能讲。其实，苏格拉底以道德净化传统神话的工作，后世的一些西方宗教学家也在努力这样做，但儒家的经典诠释却不需要。② 当然，西方“为神灵讳”与儒家的“为尊者（贤者）讳”的“隐恶扬善”又有点接近。“隐恶扬善”说到底是为了教化。恐怕这已越出了那些现代“直躬”们的理解力了。

紧接着上文，苏格拉底对类似游氏模仿神灵行大逆不道的观念提出了警戒：

> 一个年轻人不应该听了故事得到这样一种想法：对一个大逆不道，甚至想尽方法来严惩犯了错的父亲的人也不要大惊小怪，因为他不过是仿效了最伟大的头号天神的做法而已。③

苏格拉底言下之意十分明确，即便是对于犯了错的父亲，儿子欲惩罚父亲的行为也是反常的，是殊为可怪的，也应给予高度警戒。有人引用阿

---

① 《理想国》，72 页。参见《游叙弗伦篇》6A。

② 美国学者韩德森（John B. Henderson）指出，《旧约》中的上帝残暴不堪，逼得《圣经》注释者常要以“寓言”之说加以掩饰。相形之下，儒学经典以道德为主要考量，在世界各文化中可说独一无二。因此，除《诗经》外，儒家经师毋须费神处理经典内容失当的问题。详见李淑珍：《当代美国学界关于中国注疏传统的研究》，《中国文哲研究通讯》，第九卷第三期，1999。

③ 《理想国》，72～73 页。

里斯托芬的喜剧，说在苏格拉底的时代，儿子说爸爸精神错乱，儿子监禁父亲，打父亲的屁股，以及父子相讼等，都被视为生活中的正常现象，没有什么大逆不道，只是调侃的笑料而已，所以顺应当时社会发展趋势的苏格拉底对游氏告父不会感到吃惊，而是鼓励和赞赏。① 此人舍近求远，放着苏格拉底本人的话不引，却挖苦心思“建构”所谓“苏格拉底赞赏子告父罪的背景知识”，且引喜剧家言以为论据；殊不知在《申辩篇》中，苏格拉底不点名（所谓“第一批诬陷者”、“其中有一位喜剧作家”）地批评了阿里斯托芬等人喜欢造谣中伤，传播谎言，其所言“没有一个字是真话”②。以苏格拉底所批评的对象来论证苏格拉底的精神，这岂非南辕北辙？事实上，正是阿里斯托芬的喜剧作品误导了雅典人，使得他们误认为苏格拉底的教学法引发了那些家庭反常现象的出现。苏格拉底把阿里斯托芬刻画他的喜剧作品以及受此作品影响的人们视为“最危险的诬陷者”③。苏格拉底的申辩则试图澄清他并没有不信神灵，并没有腐蚀青年，并没有教导青年侮辱或轻视他们的父母。

苏格拉底的申辩如此，色诺芬为苏格拉底的申辩亦复如是。在《回忆苏格拉底》中，色诺芬为苏格拉底辩护道：“指控者接着又说：‘但苏格拉底不仅使他的门人轻视他们的父母，同时他也使他们轻看别的亲属……’但苏格拉底说这些话，并不是要他的门人把自己的父亲活活地埋葬掉……而是要向他们证明，凡是无意识的东西就是无价值的。”④ 这位先生为论证自己的观点，在前引文中武断地认定指控者和色诺芬“双方所说的都是事实”。把苏格拉底的指控者之言判为事实，此人竟然自作主张地替苏格拉底认可了“腐蚀青年”的罪名！如此根本地误读苏格拉底，苏格拉底死不瞑目！其实，在《回忆苏格拉底》的第二卷第二章中，色诺芬用了整章的篇幅来记述苏格拉底是如何循循善诱教导他的儿子应尊重其母亲。苏格拉底认为，不敬父母的人就是忘恩负义的人，也是不义之人，法律对他们会处以重罚，且不让其担任国家公职，因为

---

① 邓晓芒：《关于苏格拉底赞赏“子告父罪”的背景知识》，载《现代哲学》，2007（6）。

② 王太庆译：《柏拉图对话集》，25～27页。

③ 同上书，26页。

④ ［古希腊］色诺芬：《回忆苏格拉底》，18～19页，北京，商务印书馆，2001。

不尊重父母的人不可能很虔敬地为国家献祭，也不会光荣而公正地尽他的其他责任。[①] 这与儒家（也是我们一直在论证）的一个观点不谋而合，即家庭私德是培养社会和国家公德的起点。对父母、兄长、老师都不孝不敬不义的人，他能公正地对待“路人”吗？儒家和苏格拉底对此都明确地给予了否定。

在柏拉图的最后著作《法篇》中，同样谈到了家庭伦常与孝道。为便于分析，笔者这里列举几条柏拉图关于伤害亲属的立法（序号为笔者所加）：

> （1）如果父母在盛怒下用鞭笞或其他方式杀死了儿子或女儿，……流放期则为整整三年。
>
> （2）如果一个人可以死好几次，那么把这些杀父母的忤逆者判处无数次死刑是完全公正的。一个人的生命有时会受到来自父母的威胁，但没有法律会允许在这种独特的情况下杀人，即杀死生育他的父母，哪怕是自卫也不行。法律给他的指令是必须忍受最坏的待遇，而不是去杀死父母。
>
> （3）有一种正义在监视着血亲仇杀，我们刚才讲过的内容无非就是要遵循这种公正的法律，它规定犯有这种罪行的人一定会受到同等的对待。如果有人杀害了他的父亲，那么终有一天他自己也会受到同样对待，在他的子女手中丧命；如果有人杀害了他的母亲，那么他在经历了死后的审判以后会在来世变成一名女子，会被他所生的子女杀死……这样一来，由于恐惧这种来自上苍的复仇，人们就不会动手杀人，但总有一些可悲的恶人会残忍地蓄意杀害父母、兄弟或子女，我们凡间的立法者要针对这种情况制定法规。[②]

---

① ［古希腊］色诺芬：《回忆苏格拉底》，51～55 页。在紧接着的第三章，色诺芬还记载了苏格拉底如何教导人们应珍视兄弟手足之情。

② 以上三条分别见王晓朝译《柏拉图全集》第 3 卷，630、630～631、634 页，北京，人民出版社，2003。

显然，这与《游叙弗伦篇》中委婉批评游氏告父，《理想国》中强烈谴责“弑父”神话，以及色诺芬所载苏格拉底认为法律应对不敬父母之人处以重罚的思想一脉相承。法国学者卡斯代尔·布舒奇曾总结了柏拉图《法篇》中的种种罪名，共计115种，其中涉及家庭伦常的至少有3种：

> [80] 为父的无法尽到父亲的作用。
>
> [81] 儿女不能中悦自己的父母，甚至在父母看来品行不正。
>
> [82] 对犯下 [81] 之罪者不揭发。①

关于布舒奇所概括的三种罪，柏拉图原文如下：

> 我希望所有人都能听从我们当前的劝告，孝敬父母。如果还有人对此置若罔闻，那么下述法规就是针对他们的。在我们的国家里，如果有人怠慢他的父母，没有精心满足父母的愿望，而对自己的子女和对自己的照顾超过对父母的照料，那么知情者都可以到三位年长的执法官和三位负责赡养事务的妇女那里去告发他。……知情不报都会被视为懦夫，也要受到惩罚。②

显然，柏拉图对家庭伦常非常重视，很类似儒家“父慈子孝”和“父父，子子”的观念（参见上文［81］、［82］）。正是对家庭伦常的重视，柏拉图才把它纳入立法的范围内，意在禁止亲属间的互相伤害。如果不幸而有伤害，则子女杀害父母的罪刑远远大于父母杀害子女的罪刑（此与汉至清代的法律条文相类似）；子女受到父母不公正的虐待，也唯有忍受（此与儒家“父母怒，不说（悦）而挞之流血，不敢疾怨，起敬

---

① ［法］卡斯代尔·布舒奇：《〈法义〉导读》，谭立铸译，246页，北京，华夏出版社，2006。

② 《柏拉图全集》第3卷，699页。

起孝"[①] 相比有过之而无不及)。所有这些都表明柏拉图明显地倾向于维护父母的权威。

可见，所谓苏格拉底和柏拉图不重视家庭伦常及孝道纯属臆想，目的无非就是为了批判儒家的孝道而虚构一个参照系统。我们的意思是，儒家孝道（包括苏格拉底和柏拉图的相关思想）不是不可以批判，但为了批判传统文化而不惜歪曲西方文化，从而导致双重误读经典，这是对学术的不敬，是对学者职业的不忠。

3. 孔子、苏格拉底之家庭伦常观

有人认为，苏格拉底在申辩时不以亲情来博得法官的最大同情以及拒绝别人以其儿子的悲惨境遇来劝说他越狱，表明苏格拉底对家庭义务漠然视之。此说只具有部分真理性质，因为：其一，苏格拉底从事哲学活动和公共谈论，一向较少关注自家事务，但这并不等于他的学说不重视家庭伦常，如前所述，他也反复教导人们（包括他的儿子）要孝敬父母；其二，我们不妨换个角度思考，假如被法律不公正判处死刑的不是苏格拉底本人，而是他的家人尤其是他的父亲，他是否能让他"从容就义"？我们当然不能以自己的立场来替苏格拉底回答"是"或"否"，此仅提出问题以供读者深思。而且，从更深层的意义上讲，"苏格拉底之死"是一个哲学事件，苏格拉底表面上服从的是雅典法律，实质则是服从自己的哲学原则，为自己的哲学信念而死。这一原则和信念就是：没有人自愿为恶，人即使受到恶待亦不能为恶，以恶报恶并不正当。显然，在苏格拉底看来，通过"越狱"这种非正当的、恶的手段并不能实现最终的正义。总之，只看到苏格拉底服从法律而漠视家庭义务未免肤浅。诚然，苏格拉底认为"守法和正义是同一回事"，但他紧接着就把"敬畏神"和"孝敬父母"视为最重要的两条法律，它们是神明为人类制定的最普遍的律法。[②]

若拿苏格拉底与儒家对勘，我们会发现他们在处理公事与私事时亦具有某种一致性。比如：苏格拉底服从雅典法律从容就义，这恰好符合儒家"门外之治义断恩"的原则，因为至少从形式上讲，苏格拉底的审

① 《礼记·内则》。

② ［古希腊］色诺芬：《回忆苏格拉底》，166、167页。

判绝不是私人事务而是公共事件——虽然法律对他不公正。儒家同样反对以亲情来妨碍司法公正。类似地，苏格拉底非难游叙弗伦“子告父罪”，也很符合儒家“门内之治恩掩义”的原则，因为在古希腊就游氏父子、游氏家人与雇工和奴隶的关系而言，都属家庭私人领域，亚里士多德把主奴关系视为家庭关系之一即是明证。①

持苏格拉底“赞同甚至鼓励”游叙弗伦“子告父罪”观点的那位先生认为，苏格拉底的罪名本身就意味着鼓励青年摆脱家族血缘纽带的束缚。我们上面的论述足证此说似是而非。诚如有学者所言：“苏格拉底不仅对神是虔敬的，而且对城邦政治也是服从的。他对神话的怀疑，并不会导致像游叙弗伦那样离经叛道的行为。反而是他在维护雅典淳正的社会风气和道德习俗，坚决地捍卫着‘父为子隐，子为父隐’的人情。”② 相信如此深刻的对文本的领会，绝不是那些天天叫嚷“弑父”、“断奶”、“炸毁血缘纽带”的现代“直躬”和“游叙弗伦”所能接受和所能理解的。然而，事实就是事实，真理就是真理，事实和真理绝不会为强不知以为知者的狡辩所扭曲。

最后，我们还应当看到，儒家不是寡头的刑罚主义者。儒家强调的是宗教伦理精神，主张以“德主刑辅”的方法，移易、养育人之性情，使人懂得廉耻，有一定的文化教养，特别是通过感化，通过美俗、善政，来调节家庭、社会关系。“法”与“刑”不是目的。儒家深通“法”背后之“意”，而不是停留在“法”或“刑”之表层。以对天、天道、天德之信仰为背景的礼、乐文化中蕴涵有价值（包括正义）。儒家从来就把礼、乐放在刑罚与政令之上，强调礼、乐、刑、政的配合。对于民间亲戚故旧之讼，尤其不能简单处置，这关系到正风俗的问题。明末清初湖北有一位学者胡承诺先生说过如下一段话，对于我们理解中华法系不专恃号令刑辟之效，而重在培养、扩充民之爱心、天性，很有益处，特不惮烦引述如下。胡承诺认为，有司听讼，判断亲属案子，尤需谨慎，不可轻忽、随意。他说：“民间亲戚故旧之讼，最不可苟且听之，

① 参见［古希腊］亚里士多德：《政治学》，吴寿彭译，10页，北京，商务印书馆，1997。

② ［古希腊］柏拉图：《苏格拉底的申辩》，吴飞译疏，184页，北京，华夏出版社，2007。

此风化所由成也。孔子为司寇，父子之讼，不取速决，久系以动其良心。韩延寿为颍川，召郡中长老，人人接以礼意，为陈和睦亲爱，消除怨疚之道。其为冯翊，痛自刻责，以化兄弟之讼田者。陆九渊人伦之讼，剖决既明，使自焚爰书，以厚其俗。皆以动民之天性，而不专恃号令刑辟之效也。盖民无不畏法者，法之将坏，纰缪居多，如绳之将绝，不能缚物也。有司更加以苟且，是引将绝之绳，缚难系之物，健者放逸莫追，所系缚者，跛躃而已。法所以益坏也，则莫若就其近乎天性者正之。所谓天性者，无过亲戚相爱，故旧相恤。今举相爱相恤之人，而至相讼，是不可苟且听也。"①

可见情法关系的繁复。这不是主张不义，支持腐败，而是维护人之所以为人之根本，培育天赋予人的本性，进至"亲亲而仁民，仁民而爱物"。如果父子、兄弟、夫妇、亲戚故旧间都没有爱心，相互杀伐，法律又鼓励告奸（由告亲人始），风俗日坏，人间社会会变成什么样子呢？如"文革"那样，还有社会公正、正义可言吗？缘自人之天性的爱心及其推广，乃法的基础，也可以补充法的盲点、纰缪与毁坏。法律是根据人情制定的，"理"是经过洗练的"情"，司法的内容是"说情说理"及判决要"合情合理"。"合情合理，即是好法"，"情理法"包含了最大的公正、公平、正义。②

孔子、苏格拉底、柏拉图，希腊与先秦哲学，西方与中国文化，包括中西伦理、法律等问题都很复杂，研究与讨论似不能太过简单、片面啊！

---

① 胡承诺：《绎志》，120～121页，北京，商务印书馆，1936。

② 参见霍存福：《"合情合理，即是好法"——谢觉哉"情理法"观研究》，载《社会科学战线》，2008（11）。

道德心性的普遍性

近几年，刘清平教授发表了一系列批评儒家伦理的文章①，因为事关儒家伦理及其现代意义的评判，故引起了一些学者的关注。2002 年至

① 我所见刘清平先生的一系列论文有：《儒家伦理：道德理性还是血亲情理?》，载《中国哲学史》，1999 (3)；《论孔孟儒学的血亲团体性特征》，北京大学哲学系编《哲学门》第 1 卷，2000 年第 1 册，80～101 页，武汉，湖北教育出版社，2000；《血亲情理与道德理性的鲜明反差——孔子与苏格拉底伦理观之比较》，载《孔子研究》，2001 (1)；《美德还是腐败？——析〈孟子〉中有关舜的两个案例》，载《哲学研究》，2002 (2)；《无根的仁爱——论孔孟儒学的深度悖论》，载武汉大学哲学系宗教学系编《哲学评论》2002 (1)，184～196 页，武汉，湖北人民出版社，2002；《也谈"善意解读"和"人文学关怀"——与杨海文先生商榷》，载《中山大学学报》（社会科学版），2003 (2)；《儒家伦理与社会公德——论儒家伦理的深度悖论》，载《哲学研究》，2004 (1)；《再论孔孟儒学与腐败问题——兼与郭齐勇先生商榷》，载《学术界》，2004 (2)；《从传统儒家走向后儒家》，载《哲学动态》，2004 (2)。

2004年间，我和友人与他展开了争鸣。① 而后，我把相关的论文与这场争鸣结集成了《儒家伦理争鸣集——以“亲亲互隐”为中心》一书。由于刘先生对儒学的误会与歪曲是“五四”至“文革”的流行看法，这本书编完之后，我又作此文，系统回应刘先生的观点，澄清“五四”以来的一些偏见。而今又有人起而批判我在《儒家伦理争鸣集》中的看法，为刘先生辩护，不可一世，自以为真理在握，然其基本思路与方法并不比刘先生高明，反更加糊涂而又武断。职是之故，拙文仍有发表之必要。

1. 道德“心性”还是“血亲情理”

刘先生在他的一系列文章中反复申述的一个基本观点是，儒家把“血亲情理”作为一切道德行为的本根基础，又赋予它以至高无上的地位，故导致儒家伦理陷入难以摆脱的深度悖论之中。刘先生的所谓儒家“血亲情理”精神究竟是什么？刘先生说：“所谓‘血亲情理’精神，是指把建立在血缘关系基础上的血亲情感看成是人们从事各种行为活动的

① 我所见批评刘清平先生的论文有：郭齐勇：《也谈“子为父隐”与孟子论舜——兼与刘清平先生商榷》，载《哲学研究》，2002（10）；杨海文：《文献学功底、解释学技巧和人文学关怀》，载《中山大学学报》（社会科学版），2002（6）；杨泽波：《〈孟子〉的误读——与〈美德还是腐败〉一文商榷》，载《江海学刊》，2003（2）；丁为祥：《传统：具体而又普遍——论典籍诠释的方法兼与刘清平、穆南珂先生商榷》，载《陕西师范大学学报》（哲学社会科学版），2003（6）；龚建平：《“亲亲为大”是“腐败”？抑或“血亲伦理”——评刘清平关于儒家“仁爱”精神“无根”的论点》，参见郭齐勇主编：《儒家伦理争鸣集——以“亲亲互隐”为中心》，117～133页，武汉，湖北教育出版社，2004；杨泽波：《法律西化背景下对儒学的双重苛求——关于〈孟子〉中舜的两个案例能否称为腐败的再思考》，载《河北学刊》，2004（3）；杨泽波：《〈孟子〉，是不该这样糟蹋的——〈孟子〉中与所谓腐败案例相关的几个文本问题》，载《复旦学报》（社会科学版），2004（4）；郭齐勇与龚建平：《“德治”语境中的“亲亲相隐”》，载《哲学研究》，2004（7）；丁为祥：《儒家血缘亲情与人伦之爱的现代反思》，参见郭齐勇主编：《儒家伦理争鸣集——以“亲亲互隐”为中心》，134～187页；丁为祥：《恕德、孝道与礼教——儒家三个所谓“腐败”案例的再诠释》，参见郭齐勇主编：《儒家伦理争鸣集——以“亲亲互隐”为中心》，202～229页；文碧方：《也论儒家伦理道德的本原根据》，参见郭齐勇主编：《儒家伦理争鸣集——以“亲亲互隐”为中心》，267～322页。

本原根据，并且由此出发论证人的行为活动的正当合理。作为先秦儒家的两位主要代表，孔子和孟子深刻地阐发了这种'血亲情理'的原则，并且把它明白确立为儒家思潮的基本精神。"① 既然刘先生将他这种所谓的儒家"血亲情理"精神视为儒家伦理的"拱心石"和基本精神，那么，刘先生的这种所谓儒家"血亲情理"精神是否真实地揭示和反映了儒家伦理的本来面貌和基本精神？他以这种所谓的儒家"血亲情理"精神的观点来评判儒家伦理是否公允？这是本文所必需首先要解决的问题，否则，将无法讨论刘先生所检讨出的儒家伦理中所蕴涵的其他缺陷。

据刘先生称，他之所以得出儒家既把"血亲情理"精神作为一切道德行为的本根基础又赋予其以至上性的看法，是他严格按照儒家经典文本的意思所作的概括。笔者认为，刘先生的理解不符合他所批评的孔子、孟子之意，刘先生未能把握儒家经典文本的内在逻辑，他所得出的结论完全不合乎儒家伦理的本来面貌和基本精神。

为了述说的方便，本文先以《孟子》文本为例来作一说明。众所周知，《孟子》七篇，大旨道性善而已，而此性善论的基础无疑为四端之心，即仁义之心，良心本心。孟子思想的内核是仁义内在、性由心显。对于统摄整个孟子思想的这一核心观念，刘先生显然无法否认，因为此核心观念在《孟子》文本中有着明确的说明：

> 无恻隐之心非人也，无羞恶之心非人也，无辞让之心非人也，无是非之心非人也。恻隐之心，仁之端也；羞恶之心，义之端也；辞让之心，礼之端也；是非之心，智之端也。人之有是四端也，犹其有四体也。②
>
> 虽存乎人者，岂无仁义之心哉？其所以放其良心者，亦犹斧斤之于木也，旦旦而伐之，可以为美乎？③
>
> 仁，人心也；义，人路也。舍其路而弗由，放其心而不知

---

① 刘清平：《论孔孟儒学的血亲团体性特征》，载北京大学哲学系编：《哲学门》，82页，2000（1）。

② 《孟子·公孙丑上》。

③ 《孟子·告子上》。

求，哀哉！人有鸡犬放则知求之，有放心而不知求。学问之道无他，求其放心而已矣。①

恻隐之心，人皆有之；羞恶之心，人皆有之；恭敬之心，人皆有之；是非之心，人皆有之。恻隐之心，仁也；羞恶之心，义也；恭敬之心，礼也；是非之心，智也。仁、义、礼、智，非由外铄我也，我固有之也，弗思耳矣。故曰："求则得之，舍则失之。"②

按照孟子的看法，"人之所以异于禽兽者几希"③，即人与动物的差别很小很小；作为类的人，其类特性、类本质是，人内在地具有良心本心、四端之心、仁义之心；这是人相对于动物，或相对于其他物的根本差别。而人若"放其良心"或"有放心而不知求"亦即不能自觉自身此本具的良心本心、四端之心、仁义之心并依之而行，则人与动物、人与他物就没有了差别。面对"率兽而食人"甚至杀人盈城、杀人盈野的现实，孟子亦深知，对于那些"放其良心"或"有放心而不知求"的人，如果不着力启导他们自觉人之所以为人的那一点点良知、恻隐之心、羞恶之心等，使其慢慢扩充出来，实现出来，那么，他们不仅无别于禽兽，而且其为恶可能更甚于禽兽。故孟子反复强调"求则得之，舍则失之"，"学问之道无他，求其放心而已矣"。后来，宋代朱熹亦如此总结道："'学问之道无它，求其放心而已。'又曰：'有是四端于我者，知皆扩而充之。'孟子说得最好。人之一心，在外者又要收入来，在内者又要推出去。《孟子》一部书皆是此意。"④

对于此人之自身所固有的良心本心、四端之心、仁义之心，孟子除了采取上述那种直下地肯定的方式外，亦常常通过具体的生活实例来对其加以说明。例如，孟子曾举见孺子之入井而恻隐等具体的实例来说明此人之"良心"或"四端之心""仁义之心"坦然明白、不辨自明、无

---

① 《孟子·告子上》。

② 同上。

③ 《孟子·离娄下》。

④ 黎靖德编：《朱子语类》卷十九，杨绳其、周娴君点校，391页，长沙，岳麓书社，1997。

可推诿、不能否定。虽然孟子常常通过具体的生活实例来说明此人之“良心”或“四端之心”“仁义之心”实实在在有，但对孟子的此所谓人之“良心”或“四端之心”“仁义之心”则又不可视之为生理学之心、心理学之心或社会学之心，不仅仅是事实经验层面上的心。孟子对人之“良心”或“仁义之心”的先验性、直觉性、普遍性、终极根源性曾作过明确的肯定。例如，孟子说：“人之所不学而能者，其良能也；所不虑而知者，其良知也。孩提之童无不知爱其亲者，及其长也，无不知敬其兄也。”① 孟子在此所谓的“不学而能”“不虑而知”知敬知爱的良知良能显然即“良心”或“仁义之心”的流行发用。“不学而能”表示此“良心”或“仁义之心”具先验性；“不虑而知”表示此“良心”或“仁义之心”具直觉性。又如，孟子称：“非独贤者有是心也，人皆有之，贤者能勿丧耳。”②“口之于味也，有同耆焉；耳之于声也，有同听焉；目之于色也，有同美焉。至于心，独无所同然乎？心之所同然者何也？谓理也，义也。圣人先得我心之所同然耳。故理义之悦我心，犹刍豢之悦我口。”③ 依孟子之见，不仅圣人、贤者具此理义之心，而且人人皆具此理义之心，只是圣人、贤者先觉悟此理义之心，能不失此理义之心而已。孟子在此所肯定和强调的即理义之心亦即“良心”或“仁义之心”的普遍性。再如，孟子称：“心之官则思，思则得之，不思则不得也。此天之所与我者。”④ “尽其心者，知其性也。知其性，则知天矣。存其心，养其性，所以事天也。”⑤ 牟宗三先生把“此天之所与我者”解释为“此心之官乃是天所赋与于我者（意即义理上天定本有之意，亦即‘人皆有之’之意）”⑥，这应当是一种大体上可以接受的解释。而孟子所谓的“尽其心”“知其性”“存其心”“养其性”即能“知天”“事天”，则表明此“心”此“性”内在而又超越、具一种终极根源性。宋明理学家们就是在孟子的这种对人之“良心”或“仁义之心”亦即性善之“性”的先验性、直觉性、普遍性、终极根源性的肯定的基础上，视

① 《孟子·尽心上》。

② 《孟子·告子上》。

③ 同上。

④ 同上。

⑤ 《孟子·尽心上》。

⑥ 牟宗三：《圆善论》，51页，台北，学生书局，1985。

此“心”此“性”为“天理”，并对此“心”此“性”此“天理”的绝对性、普遍性、恒常性作了更为明确使人晓然无疑的阐发和说明的。例如，自称“吾学虽有所受，天理二字却是自家体贴出来”① 的程颢认为：

> 天理云者，这一个道理更有甚穷已？不为尧存、不为桀亡。人得之者，故大行不加，穷居不损。这上头来，更怎生说得存亡加减？是它元无少欠，百理具备。②
>
> “万物皆备于我”，不独人尔，物皆然。都自这里出去，只是物不能推，人则能推之。虽能推之，几时添得一分？不能推之，几时减得一分？百理俱在，平铺放着。几时道尧尽君道，添得些君道多；舜尽子道，添得些孝道多？元来依旧。③

依程颢之见，天理之所以为天理，在于其大行不加、穷居不损、不为尧存、不为桀亡、无存亡加减，具绝对性、普遍性、恒常性。并且，在他看来，此理在人为人之性或心，在物为物之性，故此理不只为人所独有，万物皆具，只是物不能推，人能推之而已。也就是说，尽管人与万物皆禀此理，但“物则气昏”，无法自觉其性，而人则不仅能自觉此心此性而且能依之而行。这亦表明具绝对性、普遍性、恒常性的此“心”此“性”此“天理”，实际上是通过作为万物之“灵”的人来体现的。

陆九渊宣称：“窃不自揆，区区之学，自谓孟子之后至是而始一明也。”④ 他认为：

> 心只是一个心，某之心，吾友之心，上而千百载圣贤之心，下而千百载复有一圣贤，其心亦只如此。心之体甚大，若

---

① 《外书》卷十二，《二程集》，王孝鱼点校，424 页，北京，中华书局，1981。

② 《遗书》卷二，《二程集》，31 页。

③ 同上书，34 页。

④ 《与路彦彬》，《陆九渊集》卷十，134 页，北京，中华书局，1980。

能尽我之心，便与天同。①

东海有圣人出焉，此心同也，此理同也；西海有圣人出焉，此心同也，此理同也；南海北海有圣人出焉，此心同也，此理同也；千百世之上至千百世之下有圣人出焉，此心此理，亦莫不同也。②

在陆九渊看来，尽管“心”或“理”亦即道德“心”“性”为历史时空中具体的个人所具有，但此“心”或“理”又不为某一特定时空中某一特定的个人所特有而具普遍性和恒常性。“东海”“西海”云云，表示此“心”此“理”在空间上具普遍性；“千百世之上”云云，表示此“心”此“理”在时间上具恒常性。“某之心，吾友之心，上而千百载圣贤之心，下而千百载复有一圣贤，其心亦只如此”亦同样表示此“心”此“理”无间于圣愚，不囿于时空，为每一个人所本有而具普遍性和恒常性。无疑，宋明理学家的阐发和说明不仅合乎孟子思想的内在逻辑，而且亦使得此“心”此“性”此“天理”所具的绝对性、普遍性、恒常性之内蕴尽出。

正是基于人之内涵仁义或理义的道德“心”“性”亦即“天理良心”的绝对性、普遍性、恒常性，孟子和宋明理学家们皆理所当然地视此人之内涵仁义或理义的道德“心”“性”，为其道德思考和实践的基本出发点。对他们来说，在此出发点上再没有任何更基本的出发点了，此乃绝对的最后的。如果人们撇开具体的道德实践来进一步追问此“心”此“性”此“天理良心”究竟为何，那么，他们有可能的回答是：“心”“性”就是“心”“性”，“天理良心”就是“天理良心”，就如同有人问至上的上帝究竟为何。除了答复上帝就是上帝，还能说什么，总不能说上帝是某一“存在者”吧！

对于此人之自身所本具之内涵仁义或理义的道德“心”“性”，孟子认为，其既是人之不可剥夺的尊贵于任何外在者之“天爵”，又是人之自我挺立、自己创造、自己决定自己之根据。他曾反复宣称：“先立乎

① 《语录》下，《陆九渊集》卷三十五，444页。

② 《年谱》，《陆九渊集》卷三十六，483页。

其大者，则其小者弗能夺也，此为大人而已矣。”① “体有贵贱，有小大。无以小害大，无以贱害贵。养其小者为小人，养其大者为大人。”②“求则得之，舍则失之，是求有益于得也，求在我者也。求之有道，得之有命，是求无益于得也，求在外者也。”③ 这些皆表明在孟子看来，人之自身本具之内涵仁义或理义的道德“心”“性”作为人之“真己”、作为人生命中真正的主宰，乃人之无须依赖任何外在的价值亦不必屈从任何外在的权威而自主自律的依据之所在。并且，对孟子而言，此人之内涵仁义或理义的道德“心”“性”亦正是儒家伦理道德的“源”或“本”，人之所以能在乍见孺子将入井的当下即奋不顾身援手以相救，没有“内交于孺子之父母”等的算计和计较，只不过是作为“源”或“本”的怵惕恻隐之仁心的一种不容已之情的发动和流行；舜之所以能“由仁义行，非行仁义”，亦不过是作为“性之”者的舜能顺乎自身所本具之仁义之“性”所发而行而已。可见，人之自身所本具之道德“心”“性”使得儒家伦理成了“源泉混混，不舍昼夜，盈科而后进，放乎四海”④ 的源头活水。

鉴于《孟子》文本中这种鲜明的心性论主旨，刘清平先生也承认：人之自身所本具之道德“心”“性”乃人之为人的本质、乃儒家伦理必要且充分的基础与终极本根。但刘先生却又认为，儒家伦理除了此道德“心”“性”这一终极本根外尚有另一终极本根——“血缘亲情”，亦即他所谓的“血亲情理”⑤。毫无疑问，任何一种伦理学都不可能有两个终极本根，因为若有两个终极本根，则两者之中必有其一不能称之为终极的本根，否则，乃悖论或自相矛盾。孔孟以及其他儒家学者们当然深知这一点。孔子即主张“一以贯之”之道；孟子则在坚持“夫道一而已矣”的同时坚决反对“两本”，故对墨家之徒夷子那种“爱无差等，施由亲始”的“二本”主张严加驳斥和抨击；朱子在《孟子集注·滕文公上》的注中认为：“且人物之生，必各本于父母而无二，乃自然之理，

① 《孟子·告子上》。

② 同上。

③ 《孟子·尽心上》。

④ 《孟子·离娄下》。

⑤ 刘清平：《无根的仁爱——论孔孟儒学的深度悖论》，参见武汉大学哲学系宗教学系编：《哲学评论》，2002 (1)。

若天使之然也。故其爱由此立，而推以及人，自有差等。今如夷子之言，则是视其父母本无异于路人，但其施之之序，姑自此始耳。非二本而何哉？然其于先后之间，犹知所择，则又其本心之明有终不得而息者，此其所以卒能受命而自觉其非也。”① 这表明朱子不仅在反对夷子的那种“二本”的主张上同孟子一致，而且在坚持以“本心”为唯一的终极本根亦即“道一而已”的理念上亦同样与孟子一致。然而，尽管孔孟以及其他儒家学者们的那种以天所赋予的、人之自身所本具的道德“心”“性”为唯一的终极本根的理念和反对“二本”的主张是如此深切著明、确然无疑，但刘先生却不顾一切地断定儒家伦理在天之禀赋的道德“心”“性”这一终极本根之外，还有“血亲情理”这一终极本根，我们不知刘先生为何竟然置上述文献于不顾，杜撰如此悖论，使其陷入自相矛盾。这难道是误解与误会？

我们且看刘先生究竟是如何通过对儒家经典文本的解读而得出他那种儒家伦理是以“血亲情理”为本原根据且赋予其以至高无上的地位的看法的，然后在此基础上再来作进一步的讨论。鉴于刘先生在说明和论证他的观点时所列举和征引的主要是《论语》《孟子》以及宋明理学中的一些材料，为免枝蔓，故我们在作进一步讨论时亦同样依据孔孟经典文本和宋明理学家著作中的材料来展开。

从刘先生文章中所征引与列举出的材料和例证来看，刘先生之所以在解读儒家经典文本时得出儒家伦理以“血亲情理”为本根的结论，《论语》中的“君子务本，本立而道生；孝弟也者，其为仁之本与”一语可以说是其主要依据，因为刘先生认为，孔子弟子有若此语已十分清晰地表明儒家伦理实际上是把“为仁”植根于“孝弟”之中，以血缘亲情作为实现天下归仁的本原根据（“本”）。② 当然，《论语》中的“弟子入则孝，出则悌，谨而信，泛爱众，而亲仁”③ 和《孟子》中的“仁之实，事亲是也；义之实，从兄是也”④ 等诸如此类的话语也是刘先生为

① 朱熹：《孟子集注》卷五，《四书章句集注》，262～263页，北京，中华书局，1983。

② 刘清平：《论孔孟儒学的血亲团体性特征》，参见北京大学哲学系编：《哲学门》，2000年第1卷第1册，82页。

③ 《论语·学而》。

④ 《孟子·离娄上》。

了加强他的这种看法的说服力而在文章所常举的例证。接着，刘先生又依据《孟子》中的“事孰为大？事亲为大”[①] “孝子之至，莫大乎尊亲”[②] 和朱熹的《论语集注·学而》注中的“仁主于爱，爱莫大于爱亲”等话语而得出了他那种所谓的儒家伦理赋予了作为唯一本根的血缘亲情以至高无上的终极地位的观点。[③]

对于刘先生所征引的朱熹《论语集注·学而》注中的“仁主于爱，爱莫大于爱亲”之语，刘先生在征引时应知此语原为程颐所说，也应知朱子引用程颐此语的目的亦是为了注释和说明《论语》中记载的有子所说的“君子务本，本立而道生；孝弟也者，其为仁之本与”一语之义，但如果刘先生在征引时将与程颐此语相关的文字如同朱子一样全部引用下来而非掐头去尾，那么，我们完全可以肯定刘先生决不会如此理直气壮地在其文章中乱下那种如前所述的断语：儒家是以血缘亲情作为实现天下归仁的本原根据；赋予作为唯一本根的血缘亲情以至高无上的终极地位，构成了儒家思潮始终坚持的基本精神的一个内在组成部分。我们之所以能作此肯定，是因为朱子《论语集注·学而》注中所征引的、与程颐那句话相关的文字，在对儒家伦理的本原根据的说明上是如此令人明白易晓，实在无须多辩。这些文字全文如下：

> 程子曰：“孝弟，顺德也，故不好犯上，岂复有逆理乱常之事。德有本，本立则其道充大。孝弟行于家，而后仁爱及于物，所谓亲亲而仁民也。故为仁以孝弟为本。论性，则以仁为孝弟之本。”或问：“‘孝弟为仁之本’，此是由孝弟可以至仁否？”曰：“非也。谓行仁自孝弟始，孝弟是仁之一事。谓之行仁之本则可，谓是仁之本则不可。盖仁是性也，孝弟是用也，性中只有个仁、义、礼、智四者而已，曷尝有孝弟来。然仁主于爱，爱莫大于爱亲，故曰：“孝弟也者，其为仁之本与！”[④]

① 《孟子·离娄上》。

② 《孟子·万章上》。

③ 刘清平：《无根的仁爱——论孔孟儒学的深度悖论》，参见武汉大学哲学系宗教学系编：《哲学评论》，2002 (1)。

④ 朱熹：《四书章句集注》，48 页。

程颐的这些话十分明确："仁"即"性"即"本"，"孝弟"作为"用"乃"仁之一事"并非本，故"仁为孝弟之本"；至于《论语》中有若所谓的"孝弟也者，其为仁之本与"之语，其中所谓的"为仁"即"行仁"，而"行仁自孝弟始"，故称此作为"行仁"之始的"孝弟"为"本"并非指以"孝弟"作为"仁"之本，亦非指"由孝弟可以至仁"。因此，对儒家伦理来说，本原根据是"仁"或"性"而不是"孝弟"亦即刘先生所谓的"血缘亲情"；"孝弟"或"血缘亲情"作为"仁之一事"只是"行仁"之始而已。此亦正如黄勇先生在评论程颐对《论语》中有若这句话的理解和说明时所指出的："孝弟亦即家庭之爱并不是仁爱的本体论意义上的根本，而是发展论意义上的起点。"①

其实，作为北宋以来理学集大成者的朱熹则不仅在其《论语集注·学而》注中征引了程颐那些论说儒家伦理的本原根据的话，而且他自己在孟子、程颐的基础上也曾对儒家伦理的本原根据作过清楚而又详尽的说明，据《朱子语类》载：

> 问："孝弟为仁之本。"曰："论仁，则仁是孝弟之本；行仁，则当自孝弟始。"②
>
> 仁是孝弟之母子，有仁方发得孝弟出来，无仁则何处得孝弟！③
>
> "由孝弟可以至仁"，则是孝弟在仁之外也。孝弟是仁之一事也。如仁之发用三段，孝弟是第一段也。仁是个全体，孝弟却是用。凡爱处皆属仁。爱之发，必先自亲亲始。"亲亲而仁民，仁民而爱物"，是行仁之事也。④
>
> 仁便是本，仁更无本了。若说孝弟是仁之本，则是头上安头，以脚为头，伊川所以将"为"字属"行"字读。盖孝弟是仁里面发出来底。"性中只有个仁义礼智，何尝有个孝弟来？"

---

① 黄勇：《儒家仁爱观与全球伦理：兼论基督教对儒家的批评》，参见郭齐勇主编：《儒家伦理争鸣集——以"亲亲互隐"为中心》，819页，武汉，湖北教育出版社，2004。

② 黎靖德编：《朱子语类》卷二十，416页。

③ 同上书，425页。

④ 同上书，424～425页。

> 它所以恁地说时，缘是这四者是本，发出来却有许多事；千条万绪，皆只是从这四个物事里面发出来。如爱，便是仁之发，才发出这爱来时，便事事有：第一是爱亲，其次爱兄弟，其次爱亲戚，爱故旧，推而至于仁民，皆是从这物事发出来。①

朱熹认为："仁"或"性"是最后的终极的"本"，在此"仁"本之上"更无本了"；"孝弟"作为"行仁"或"仁之一事"，则植根于此"仁"本之中；有"仁"始有"孝弟"，无"仁"则无"孝弟"；"仁"是"爱"的意思，"爱"是"仁"的发用，"行爱自孝弟始"。这种对儒家伦理的本原根据的说明是如此显豁详尽，可以说，无论如何也不会使人将"孝弟"或所谓"血缘亲情"误解为儒家伦理的本原根据。可见，刘先生那种视"血亲情理"为儒家伦理的本原根据的看法与儒家伦理的本来面貌全不相应，甚至可以说，刚好相反。

刘先生依据《孟子》中"事孰为大？事亲为大""孝子之至，莫大乎尊亲"和程颐所谓的"仁主于爱，爱莫大于爱亲"等话语而得出的所谓的儒家伦理赋予血缘亲情以至高无上的地位的观点则也是站不住脚的。因为孟子所说的"事孰为大？事亲为大""孝子之至，莫大乎尊亲"和程颐所谓的"仁主于爱，爱莫大于爱亲"等话语并非刘先生所说的那样是以一般原理的形式，赋予作为唯一本根的血缘亲情以至高无上的终极地位（"为大"）。由上述可知，对儒家伦理来说，只有天之所赋予的、人之自身所本具的道德"心""性"亦即"仁"，才是儒家伦理的本原根据，并且，此道德"心""性"或"仁"即为终极本根，在此道德"心""性"或"仁"之上则"更无本了"，而刘先生所谓的"血缘亲情"不仅不是儒家伦理的终极本根，而且此并非本根的"血缘亲情"亦根本不可能具有至高无上的终极地位。刘先生将"事孰为大？事亲为大""孝子之至，莫大乎尊亲""仁主于爱，爱莫大于爱亲"等话中的"为大"、"莫大乎"、"莫大于"，望文生义地理解为"至高无上"。如果理解儒家经典文本时都按照刘先生这种望文生义的方式，那么，我们也完全可以将儒家经典文本《中庸》中的"尊贤为大"的"为大"，《礼记·丧服小

---

① 黎靖德编：《朱子语类》卷一一九，2589 页。

记》中的"亲亲、尊尊、长长、男女有别，人道之大者也"的"大者"，同样理解为"至高无上"，这岂不将"尊贤""长长""男女有别"皆赋予了至高无上的地位？"尊贤""长长""男女有别"岂不也同"亲亲"亦即刘先生所谓的"血缘亲情"一样都成了儒家伦理的至高无上的终极本根？"至高无上"的必定是"终极"的且"唯一"的，如此多"至高无上"的，又岂能是"终极"且"唯一"的？实际上，儒家的所谓"亲亲为大"原则，正如龚建平先生所指出的那样："亲亲为大"并不等值于"亲亲至高无上"，只是表明"仁"流行范围内相比较而言的原则，只是仁爱精神具体实践上的层次性，如"亲亲之杀（杀，音晒，降等、减杀之意），尊贤之等"。又如孟子所谓"君子之于物也，爱之而弗仁；于民也，仁之而弗亲"[1]中的"亲"、"仁"、"爱"三者，显然也只有层次上的差别而无根本性质上的对立。[2]因下文将对此"亲亲"原则作进一步的讨论，故在此不再赘言。

当刘先生采取这种望文生义的方式得出他那种所谓的儒家伦理赋予血缘亲情以至高无上的地位的观点后，他又常举出《论语》中"父子互隐"和《孟子》中"父子之间不责善"[3]、"父子责善，贼恩之大者"[4]等说法来支持他的这种观点。他认为，在"父子互隐"的说法中，孔子为了强调血亲情理精神不仅具有本根的意义、而且具有至上的地位，明确主张"诚实正直"的普遍准则并不适用于父子之间的血亲关系，从而将"父子相隐"的血亲规范置于"诚实正直"的普遍准则之上；孟子同样为了强调血亲情理精神不仅具有本根的意义、而且具有至上的地位，也明确主张父子之间不应该"责善"，以免戕害血缘亲情之"恩"，这显然是将"父子有亲"的血亲情理置于他自己也明确认可的"责善"准则之上，认为"父子有亲"的血亲情理可以高于"性善"、"为善"。[5]

---

① 《孟子·尽心上》。

② 参见龚建平：《"亲亲为大"是"腐败"？抑或"血亲伦理"？》，参见郭齐勇主编：《儒家伦理争鸣集——以"亲亲互隐"为中心》，119～123页。

③ 《孟子·离娄上》。

④ 《孟子·离娄下》。

⑤ 详见刘清平：《论孔孟儒学的血亲团体性特征》，参见北京大学哲学系编：《哲学门》，2000年第1卷第1册，84～85页。

其实，有关“隐”与“犯”、“责善”与“不责善”的问题，是中国文化思想史上的常识问题。小戴《礼记》的《檀弓》篇云：“事亲有隐而无犯，左右就养无方，服勤至死，致丧三年。事君有犯而无隐，左右就养有方，服勤至死，方丧三年。事师无犯无隐，左右就养无方，服勤至死，心丧三年。”儒家的主张，对父母、君主、老师的事奉、批评与服丧之方式方法是有区别的。儒家的道理，理一而分殊，即在儒家普遍的与天道相接的人道仁义原则（这是整体的、大的根本的道或理）之下，父（母）子（女）间、君臣间、师生间又有着略相区别的伦理规范原则（这是体现上述大的道与理的小的或部分的道与理）。“隐”是什么呢？“犯”又是什么呢？“隐”是不是无原则地包庇、窝藏呢？

请看古代精通儒学的注疏专家们对上引《檀弓》一段文字的解释。郑玄说：“隐，谓不称扬其过失也。无犯，不犯颜而谏……事亲以恩为制，事君以义为制，事师以恩义之间为制。”① 在公共领域与事务中，以“义”为原则；在私人领域与事务中，注重恩情的培护。但“隐”只是“不称扬其过失”。对亲人的“隐”与“无犯”，只限于小事，不会无限到杀人越货的范围。故孔颖达说：“亲有寻常之过，故无犯；若有大恶，亦当犯颜。故《孝经》曰：‘父有争子，则身不陷于不义。’”② 可见亲情回护的分寸，不能陷亲人于不义。

儒家一贯强调私恩与公义的差别，区分了公共领域与私人空间，大小戴《礼记》和郭店楚简都有“门内之治恩掩义，门外之治义断恩”的论说，在实践上更是如此。门内以恩服为重，门外以义服为重，私恩与公义是有明确界限的。前面我们提到郑玄注文中有“事亲以恩为制，事君以义为制”。怎么能说儒家只讲亲情，不讲正义、公正？怎么能把今天有的人贪污腐败的根子找到儒家价值上？

由于孔子、孟子等儒学的开创者们一开始就将儒家的价值系统奠定在源之于“天”的人之自身所本具之“仁”或道德“心”“性”的基础上，而宋明儒家学者们则更是视此人之自身所本具之“仁”或道德“心”“性”乃“天道”“天理”具于人心，故不仅使得儒学成了有“本”

① 孙希旦撰：《礼记集解》上册，165页，北京，中华书局，1989。

② 同上书，165页。

有“源”的终极性的本根之学，而且使得儒学体现出一种宗教性品格。因此，儒家的所谓的“人”是与天道、天理贯通的具宗教性品格的贯通人，并非仅仅是生物性的人、社会性的人；儒家的伦理价值系统是“亦道德亦宗教，即道德即宗教，道德宗教通而一之者”[①] 的伦理价值系统，而不可以一种纯粹社会学的观点简单对待之。而刘先生则恰恰相反，无论是他所谓的“人的个体性存在”即“一个人在与自身的个别性关系中拥有的存在”，还是他所谓的“人的社会性存在”即“一个人在与他人的普遍性关系中拥有的存在”[②]，都显然不是指儒家的“天人贯通”的人而只不过是指社会性的人或原子式的个人；至于刘先生所谓的“儒学的血亲团体性特征”的看法和他那种儒家伦理既把“血亲情理”精神作为一切道德行为的本根基础又赋予它以至高无上的地位的观点，则完全可以说是刘先生将儒家那种“亦道德亦宗教，即道德即宗教，道德宗教通而一之”的伦理价值系统化约为一种纯粹社会学意义上的“血缘宗法伦理”来简单看待和对待的结果。刘先生这种简单而又粗暴地看待和对待儒家的伦理价值系统的态度与做法，既与黑格尔那种主观武断地断定孔子所主张的只不过是俗世伦理、常识道德的常识性错误没有什么两样，也与近代以降那种视传统的道德宗教为一切负面价值的源头而将其简单化、平面化的方式是一脉相承的。因此，我们认为：不了解作为儒家真正的终极本根的“仁”或道德“心”“性”，不理解儒学的宗教性品格，不理解儒家形上学，也就不可能理解儒家伦理学或儒家价值论，在评价上就可能犯孤立、片面、表面的错误。

2. “仁”与“孝弟”

从上述对儒家伦理的真正的本原根据的辨析和讨论来看，无论是先秦儒家还是宋明新儒家都是以人之自身所本具之“仁”或道德“心”“性”作为人之一切道德行为的本根基础，而并非如刘先生所说的那样，儒家伦理是以“血亲情理”作为一切道德行为的本根基础且赋予它以至

① 牟宗三：《心体与性体》第 1 册，4 页，台北，正中书局，1990。

② 刘清平：《论孔孟儒学的血亲团体性特征》，参见北京大学哲学系编：《哲学门》，2000 年第 1 卷第 1 册，81 页。

高无上的地位的。并且，对儒者们来说，此作为儒家真正的本原根据的人之自身所本具之“仁”或道德“心”“性”尽管具先验性、普遍性和恒常性，但又不是孤悬隔绝的。“仁”或道德“心”“性”是能发用流行，能见之于用的。换言之，此人之自身所本具之“仁”或道德“心”“性”作为儒家伦理的“源”或“本”（体）并非孤绝的有源无流的“源”，或有体无用的“本”（体），而是能发用流行的“源”，能见之于用的“本”（体），从而使得儒家伦理如同“源泉混混，不舍昼夜，盈科而后进，放乎四海”[①] 的源头活水一样，不断地通向和落实于他人、社会与天地万物。既然如此，那么，此“仁”或道德“心”“性”作为儒家伦理的“源”或“本”（体）又是如何发用流行如何见之于用的呢？其“源”与“流”、“体”与“用”之间的关系又究竟如何？下面就孔子、孟子和宋明儒者们在这方面的论说作一简要的论述。

陆九渊曾认为：“夫子以仁发明斯道，其言浑无罅缝。孟子十字打开，更无隐遁。”[②] 孔孟之学乃仁学，而孔子的风格与孟子的风格又有所不同，陆九渊这一评说可谓得当之论。先就孔子仁学的风格和特点来说吧，在《论语》中，孔子论“仁”大都是对弟子问“仁”的当机回答。例如，孔子说：“仁者爱人”[③]；“君子笃于亲，则民兴于仁”[④]；“克己复礼为仁”[⑤]；“刚毅木讷近仁”[⑥]；“仁者必有勇”[⑦]；“仁者，其言也讱”[⑧]；“能行五者（恭、宽、信、敏、惠）于天下为仁矣”[⑨]。以上是孔子针对门人或政治家在不同的场景下问“仁”的当机回答或因材施教，表明“仁”即体现于“爱人”、“礼”、“勇”、“讱”、“恭”、“宽”、“信”、“敏”、“惠”、“孝弟”、“刚毅木讷”等德目准则和具体事为之中，仁不离事，事中显仁，互渗互证，即体即用，始终融为一体。可见，孔子言“仁”总是不离人伦日用之事，决不抽象悬空而论，故可以说孔子仁学

---

① 《孟子·离娄下》。

② 《象山语录·语录上》，《陆九渊集》卷三十四，398页。

③ 《论语·颜渊》。

④ 《论语·泰伯》。

⑤ 《论语·颜渊》。

⑥ 《论语·子路》。

⑦ 《论语·宪问》。

⑧ 《论语·颜渊》。

⑨ 《论语·阳货》。

所体现的是一种即体即用、浑无罅缝的风格和特点。

然而，由于孔子言“仁”时总是采取这种即体即用、浑无罅缝的言说风格，而其弟子子贡又声称：“夫子之文章，可得而闻也；夫子之言性与天道，不可得而闻也”[①]，再加之孔子所说的“性相近也，习相远也”[②] 中的“性”亦似乎非“我固有之也”的仁义礼智之“性”，故今天许多人也就认为：孔子论“仁”既不成体系又卑之无甚高论，甚至不能使人确定究竟何为“仁”的真正定义；刘先生则更是断言：孔子在普遍人性的问题上几乎没有提出什么具有实质性内容的观点，故也就很少从这个维度入手去深入探讨仁爱理想的终极本根。[③] 这显然是对孔子仁学的不了解或误解。实际上，孔子指引出“仁”就是对先秦儒家心性之学的决定性开启，因为不仅孔子所说的“为仁由己，而由人乎哉”[④]，“仁远乎哉？我欲仁，斯仁至矣”[⑤] 之语表明孔子坚信人自身具有自主自立的内在资源“仁”，而且孔子所谓的“夫仁者，己欲立而立人，己欲达而达人”[⑥]，“有能一日用其力于仁矣乎？我未见力不足者”[⑦] 之语还表明孔子要求人自觉其自身的内在资源“仁”且将其推出去，而孔子那些针对品学各异的弟子与政治家，在具体语言场景中的有关仁的对话，也是为了启发人们觉悟自身本具的“仁”并尽力去接近那即体即用的“仁”。当然，孔子一般不明言人之自身的内在资源“仁”即具普遍性的道德“心”“性”，是一切德目准则和具体事为的本根，但当他宣称“志士仁人，无求生以害仁，有杀身以成仁”[⑧] 时，“仁”的绝对性、普遍性、无条件性则是非常明确的。故孟子和后来的宋明儒者们皆理所当然地视此孔子之“仁”为道德之“心”“性”，乃儒家伦理的本原根据。例如，据《朱子语类》：

---

① 《论语·公冶长》。

② 《论语·阳货》。

③ 刘清平：《无根的仁爱——论孔孟儒学的深度悖论》，参见武汉大学哲学系宗教学系编：《哲学评论》，2002 (1)。

④ 《论语·颜渊》。

⑤ 《论语·述而》。

⑥ 《论语·雍也》。

⑦ 《论语·里仁》。

⑧ 《论语·卫灵公》。

问："《论语》一书未尝说一'心'字。至孟子，只管拈'人心'字说来说去：曰'推是心'，曰'求放心'，曰'尽心'，曰'赤子之心'，曰'存心'。莫是孔门学者自知理会个心，故不待圣人苦口；到孟子时，世变既远，人才渐渐不如古，故孟子极力与言，要他从个本原处理会否？"曰："孔门虽不曾说心，然答弟子问仁处，非理会心而何。仁即心也，但当时不说个'心'字耳。此处当自思之，亦未是大疑处。"①

依朱子之见，《论语》中孔子答弟子问仁处所言之"仁"即"心"。陆九渊亦持同样的看法，他说："夫子曰：'吾道一以贯之。'孟子曰：'夫道一而已矣。'又曰：'道二，仁与不仁而已矣。'如是则为仁，反是则为不仁。仁即此心也，此理也。"② 正因为对儒者们来说，孔子之学乃仁学心学，"仁"或"心"乃儒家伦理的"源"或"本"（体），故由是"仁"或"心"推出"礼"、"勇"、"恭"、"宽"、"信"、"敏"、"惠"、"孝弟"、"爱人"乃理所当然之事；并且，"有了仁，则其所述而不作者一起皆活，一切皆有意义，皆是真实生命之所流注。然则唐虞三代之制度之道与政规之道惟赖孔子之仁教始能成为活法，而亦惟赖孔子之仁教，始能见其可以下传以及其下传之意义"③。因此，对于《论语》中孔子那种即体即用、浑无罅缝的言仁话语，不仅不能以近现代学术那种系统论说的眼光去解读和理解，而且对"仁"也不可采取形式逻辑中那种属加种差的方法来给它一个清晰、明确的定义。

"乃所愿，则学孔子也"的孟子直承孔子之仁学，明确宣称："仁，人心也。"④ "恻隐之心，仁也。"⑤ 此"人心"此"恻隐之心"显然即孟子所谓的人之"本心"或"良心"或"仁义之心"，亦即"天之所与"的性善之"性"。并且，孟子还对此道德之"心""性"如何发用流行，如何见之于用，作了简明而又扼要的说明。他说："凡有四端于我者，知皆扩

① 黎靖德编：《朱子语类》卷十九，386页。

② 《与曾宅之》，《陆九渊集》，5页。

③ 牟宗三：《心体与性体》第一册，245页。

④ 《孟子·告子上》。

⑤ 同上。

而充之矣，若火之始燃，泉之始达。苟能充之，足以保四海；苟不充之，不足以事父母。”① “人之所不学而能者，其良能也；所不虑而知者，其良知也。孩提之童无不知爱其亲者，及其长也，无不知敬其兄也。亲亲，仁也；敬长，义也；无他，达之天下也。”② “人皆有不忍人之心。先王有不忍人之心，斯有不忍人之政矣。以不忍人之心，行不忍人之政，治天下可运之掌上。所以谓人皆有不忍人之心者，今人乍见孺子将入于井，皆有怵惕恻隐之心。非所以内交于孺子之父母也，非所以要誉于乡党朋友也，非恶其声而然也。”③ 依孟子之见，人之“不忍人之心”或“四端”之心亦即道德“心”“性”的发用流行，就如同人之乍见孺子将入井，其怵惕恻隐之仁心的当下呈现而奋不顾身相救一样，此乃人之“不忍人之心”所本有的一种不学而能、不虑而知的良知良能，人只须将此自身所本有的“不忍人之心”亦即道德“心”“性”扩而充之推出去，人即能“亲亲而仁民，仁民而爱物”④，为政者亦能施不忍人之仁政于天下。故孟子不仅要求人“存心”、“求放心”，而且亦要求人“尽心”、“推是心”、“扩而充之”此“心”。显然，无论是在对儒家伦理的本原根据的论说上，还是在对此“本”（体）或“源”的发用流行的说明上，孟子与孔子那种即体即用浑无罅缝的言说风格相比，确实表现出一种如陆九渊所说的“十字打开，更无隐遁”的风格和特点。

对于人之“仁心”“仁性”亦即道德“心”“性”的发用流行，尽管孟子的论说已“十字打开，更无隐遁”，但毕竟未详其说，故后来的宋明儒者除了以“体用一源，显微无间”⑤、“即体而言用在体，即用而言体在用，是谓体用一源”⑥ 等对儒家伦理的“体”与“用”、“源”与“流”之间的关系作了概括外，还对此作为儒家伦理的“源”或“本”（体）的人之“仁心”“仁性”究竟是如何通向和落实于他人、社会与天地万物，作了比孟子更为详尽的讨论和说明。要而言之，他们的这些讨

① 《孟子·公孙丑上》。

② 《孟子·尽心上》。

③ 《孟子·公孙丑上》。

④ 《孟子·尽心上》。

⑤ 《易传序》，《二程集》，582页。

⑥ 《传习录》上，《王阳明全集》卷一，语录一，吴光、钱明、董平、姚延福编校，31页，上海，上海古籍出版社，1997。

论和说明主要包括两个方面：一方面，依他们之见，人之“仁心”“仁性”具有一种不容已之万物一体之情，故“仁者”能以天地万物为一体亦即把天下生民、万物，看成是与自己息息相关的一部分予以关切和关爱。例如：程颢称：“仁者以天地万物为一体，莫非己也。”① “若夫至仁，则天地为一身，而天地之间，品物万形为四肢百体。夫人岂有视四肢百体而不爱者哉？圣人，仁之至也，独能体是心而已。”② 王阳明称：“大人者，以天地万物为一体者也，其视天下犹一家，中国犹一人焉。若夫间形骸而分尔我者，小人矣。大人之能以天地万物为一体也，非意之也，其心之仁本若是，其与天地万物而为一也。岂惟大人，虽小人之心亦莫不然，彼顾自小之耳。”③ 即属此方面。另一方面，依他们之见，“仁者”之“仁心”“仁性”的发动、展开表现为“亲亲而仁民，仁民而爱物”这样一种自然的次第与条理，并且，随着亲亲、仁民、爱物不断地推出和落实，在社会生活中，则自然体现为亲亲、长长、尊贤之道，父子、兄弟、夫妇、朋友之伦，其具体表现也就是礼。例如：吕大临称：“所谓仁者，合天地之中所谓人者而言之，非梏乎有我之私也。故非有恻怛之诚心，尽至公之全体，不可谓之仁也。亲亲而仁民，仁民而爱物，爱虽无间而有等差，则亲亲大矣。所大者，行仁之本也，故曰‘仁者人也，亲亲为大。’行仁之道，时措之宜，则有义也；天下所宜为者，莫非义也，而尊贤大矣；知尊贤之为大而先之，是亦义也，故曰‘义者宜也，尊贤为大。’亲亲之中，父子，首足也；夫妻，判合也；昆弟，四体也，其情不能无杀也。尊贤之中，有师也，有友也，有事我者也，其待之不能无等也。因是等杀之别，节文所由生，礼之谓也？故曰‘亲亲之杀，尊贤之等，礼所生也’。”④ 朱熹称：“‘仁’字须兼义礼智看，方看得出。仁者，仁之本体；礼者，仁之节文；义者，仁之断制；知者，仁之分别。”⑤ “仁，只是流出来底便是仁；各自成一个物事底便是义。仁只是那流行处，义是合当做处。仁只是发出来底；及至发出来

① 《河南程氏遗书》卷二上，《二程集》，15 页。

② 《河南程氏遗书》卷四，《二程集》，74 页。

③ 《大学问》，《王阳明全集》卷二十六，续编一，968 页。

④ 《礼记解·中庸第三十一》，《蓝田吕氏遗著辑校》，陈俊民辑校，290 页，北京，中华书局，1993。

⑤ 黎靖德编：《朱子语类》卷六，99 页。

有截然不可乱处，便是义。且如爱其亲，爱兄弟，爱亲戚，爱乡里，爱宗族；推而大之，以至于天下国家，只是这一个爱流出来；而爱之中便有许多等差。且如敬，只是这一个敬；便有许多合当敬底，如敬长、敬贤，便有许多分别。"① 即属于这一方面。可见，儒家伦理的"源"与"流"、"体"与"用"之间整体一贯有其内在的结构和有机的联系。

当然，在讨论和说明人之"仁心""仁性"的发用流行或者说其在现实经验层面上的具体体现、落实和实行时，儒者们又极为重视"亲亲"原则和"爱有差等"原则，强调"亲亲"作为"行仁之本"。儒者们对这一原则的重视和强调却最为刘清平先生所责难和诟病。刘先生认为儒家伦理中这一原则不仅是中国文化从古至今一切负面价值的源头，而且还必须为当今中国社会的腐败现象负责。其实，儒者们对这一原则的重视和强调尽管蕴涵有其人生信念，但更与他们那种以人自身所本有的"仁心""仁性"为人之一切道德行为的本根基础的看法关联甚深，而刘先生之所以得出这种错误的看法和结论，也正是在于他不明白儒家伦理道德的真正的本原根据究竟为何，而想当然地认为儒家伦理是以所谓"血亲情理"精神为一切道德行为的本根基础。为了对儒家在此问题上的观点有所澄清，下面主要以宋明儒者对这一原则的探讨为例，来作进一步的讨论和说明。②

首先，宋明儒者认为由"亲亲"始而"仁民""爱物"，是遵循自然的次第与条理的表现。据《朱子语类》载：

> 人之有爱，本由亲立；推而及物，自有等级。③
>
> 孟子所谓"亲亲而仁民，仁民而爱物"，其等差自然如此。④
>
> 仁如水之源，孝弟是水流底第一坎，仁民是第二坎，爱物

---

① 黎靖德编：《朱子语类》卷九十八，2273 页。

② 关于宋明儒者对"亲亲"原则和"爱有差等"原则的重视与强调的理由，由于从事宋明儒学研究的文碧方先生曾对此作过综合和整理，为免重复，故本文也就主要以他的那种综合和整理为依据。

③ 黎靖德编：《朱子语类》卷五十五，1174 页。

④ 黎靖德编：《朱子语类》卷九十八，2267 页。

则三坎也。[①]

问："孝弟为仁之本"，便是"物有本末，事有终始，知所先后"之意？曰：然。[②]

譬如一粒粟，生出为苗。仁是粟，孝弟是苗，便是仁为孝弟之本。又如木有根，有干，有枝叶，亲亲是根，仁民是干，爱物是枝叶，便是行仁以孝弟为本。[③]

仁便是本了，上面更无本。如水之流，必过第一池，然后过第二池，第三池。未有不先过第一池，而能及第二第三者。仁便是水之原，而孝弟便是第一池。[④]

问："孝弟是行仁之本"，则上面"生"字恐著不得否？曰：亦是仁民爱物，都从亲亲上生去。孝弟也是仁，仁民爱物也是仁。只孝弟是初头事，从这里做起。[⑤]

据《传习录》载：

问："程子云：'仁者以天地万物为一体'，何墨氏'兼爱'反不得谓之仁？"先生曰："此亦甚难言，须是诸君自体认出来始得。仁是造化生生不息之理，虽弥漫周遍，无处不是，然其流行发生，亦只有个渐，所以生生不息。如冬至一阳生，必自一阳生，而后渐渐至于六阳，若无一阳之生，岂有六阳？阴亦然。惟其渐，所以便有个发端处；惟其有个发端处，所以生；惟其生，所以不息。譬之木，其始抽芽，便是木之生意发端处；抽芽然后发干，发干然后生枝生叶，然后是生生不息。[⑥]

按照朱子、阳明的看法，人之"仁心""仁性"的发用流行亦即仁爱在现实生活中的具体落实和实行之所以由"亲亲"开始，"亲亲"之所以

① 黎靖德编：《朱子语类》卷二十，415页。
② 同上书，415页。
③ 同上书，424页。
④ 同上书，415页。
⑤ 同上书，430页。
⑥ 《传习录》上，《王阳明全集》卷一，语录一，25～26页。

对于仁民爱物具有优先性，就在于“仁”作为“造化生生不息之理”其流行有“渐”。换言之，人之“仁心”“仁性”的发用流行或者说普遍性的仁爱在具体的历史时空中的落实需要有一个过程，有一个次序，因为现实生活和具体实践不可能不在时间与空间中进行，而这意味着必须有一个过程和一定的次序，就如同树之生长不可能一下子就长成枝干叶俱全的大树，水之流亦不可能一下子就注满所有的低洼处一样，树木的生长是先抽芽后发干再生枝生叶，水流亦必须是一坎坎、一池池流过，此乃自然而然，不得不然，这是道理合该如此，这是次第自然如此。而由“亲亲”始而仁民爱物的道理亦同样如此，故从亲亲始而仁民爱物也不过是依循“仁理”流行发生的自然次第与条理而已。

其次，宋明儒者认为由“亲亲”始而“仁民”“爱物”，亦在于“亲亲”最为切近真实自然，使人易信、易从、易行。朱子说：

> 事亲、从兄是仁义之根实处，最初发得来分晓。①
>
> 墨氏谓“爱无差等”，欲人人皆如至亲，此自难从，故人亦未必信也。②
>
> “孩提之童，无不知爱其亲；及其长也，无不敬其兄”，是皆发于心德之自然。③
>
> 且如爱亲、仁民、爱物，无非仁也，但是爱亲乃是切近而真实者，乃是仁最先发去处；于仁民、爱物，乃远而大了。④
>
> 仁主于爱，而爱莫切于事亲；义主于敬，而敬莫先于从兄。故仁义之道，其用至广，而其实不越于事亲从兄之间。盖良心之发，最为切近而精实者。有子以孝弟为为仁之本，其意亦犹此也。⑤
>
> “‘以仁为孝弟之本’，这个‘仁’字，是指其本体发动处言之否?”曰：“是。道理都自仁里发出，首先是发出为爱。爱

① 黎靖德编：《朱子语类》卷五十六，1191页。
② 黎靖德编：《朱子语类》卷一二六，2713页。
③ 黎靖德编：《朱子语类》卷二十，424页。
④ 黎靖德编：《朱子语类》卷五十六，1190页。
⑤ 朱熹：《四书章句集注》，287页。

莫切于爱亲，其次便到弟其兄，又其次便到事君以及于他，皆从这里出。如水相似，爱是个源头，渐渐流出。”①

王阳明亦称：

是故亲吾之父以及人之父，而天下之父莫不亲矣；亲吾之兄以及人之兄，而天下之兄弟莫不亲矣。君臣也，夫妇也，朋友也，推而至于鸟兽草木也，而皆有以亲之，无非求尽吾心焉以自明其明德也。②

孟氏“尧、舜之道，孝弟而已”者，是就人之良知发见得最真切笃厚、不容蔽昧处提省人，使人于事君处友仁民爱物，与凡动静语默间，皆只是致他那一念事亲从兄真诚恻怛的良知，即自然无不是道。盖天下之事虽千变万化，至于不可穷诘，而但惟致此事亲从兄、一念真诚恻怛之良知以应之，则更无有遗缺渗漏者，正谓其只有此一个良知故也。③

以“孝弟慈”为讲学宗旨的罗近溪更是认为：

由一身之孝弟慈而观之一家，一家之中，未尝有一人而不孝弟慈者；由一家之孝弟慈而观之一国，一国之中未尝有一人而不孝弟慈者；由一国之孝弟慈而观之天下，天下之人未尝有一人而不孝弟慈者。④

于万万不同之人之物之中，而直告之曰：大家只共一个天命之性。呜呼其欲信晓而合同也，势亦甚难也……于是苦心极力说出一个良知，又苦心极力指在赤子孩提处见之。夫赤子孩提，其真体去天不远，世上一切智巧心力都来着不得分毫，然

① 黎靖德编：《朱子语类》卷二十，424页。

② 《亲民堂记》，《王阳明全集》卷七，文录四，251～252页。

③ 《传习录》中，《王阳明全集》卷二，语录二，85页。

④ 《泰州学案三》，《明儒学案》卷三十四，782页，北京，中华书局，1985。

> 其爱亲敬长之意，自然而生，自然而切，浓浓蔼蔼，子母浑是一个。其四海九州，谁无子女？谁无父母？四海九州之子母，谁不浓浓蔼蔼，浑是一个也哉？夫尽四海九州之千人万人，而其心浑然只是一个天命，虽欲离之，而不可离；虽欲分之，而不能分。①

在朱子、阳明、近溪看来，人之爱父母敬兄长是人之真性之自然流露，无半点虚假，无任何矫饰，最为真切笃厚，最为切近而真实，最不容蔽昧，最简易顺适，最用不着勉强，更无须强迫，当下即应，不学而能，不虑而知，易信易从易行，此即仁心仁性之最先发处，此即良知之真诚恻怛之念。并且，依他们之见，如果人人都以这种自然而生、自然而切、真诚恻怛的爱亲敬兄之心，亲爱人之父、天下人之父，人之兄、天下人之兄乃至天下生灵万物，则天下人自然浓浓蔼蔼、无分尔我、浑然一体。当然这并不是说他们主张人人以爱自家父母完全同等程度的爱去爱他人之父母、天下人之父母，若如此，在他们看来则又将难信难从难行，因人人皆有父母、皆有至亲，故也就用不着以爱自家父母完全同等程度的爱去爱他人之父母、天下人之父母，而只需每一个人都能去尽孝于自己的父母并将这种孝敬父母、亲爱亲人的仁爱之心扩充出去，推而广之即可。

再者，宋明儒者之所以如此注重“亲亲”原则，既在于“亲亲”是“仁理”或“人心生意”之“发端处”，也在于在“两者不可得兼”的情形下取“亲亲”可以为“仁理”的“流行发生”立“本”培“根”，以免“仁性”的根子死掉。据《朱子语类》载：

> 人若不“孝弟”，便是这个道理，中间跌断了，下面生不去，承接不来了，所以说“孝弟也者，其为仁之本欤”。②
>
> 问：“孝弟为仁之本”，是事父母兄既尽道，乃立得个根本，则推而仁民爱物，方行得有条理。曰：固是。但孝弟是合当底事，不是要仁民爱物方从孝弟做去。可学云：如草木之有本根，方始枝叶繁茂。曰：固是。但有本根，则枝叶自然繁

① 《近溪子明道录》卷六，台北，广文书局，1987。

② 黎靖德编：《朱子语类》卷二十，414页。

茂。不是要得枝叶繁茂，方始去培植本根。[1]

据《传习录》载：

若无芽，何以有干有枝叶？能抽芽，必是下面有个根在。有根方生，无根便死。无根何从抽芽？父子兄弟之爱，便是人心生意发端处，如木之抽芽。自此而仁民，而爱物，便是发干生枝生叶。墨氏兼爱无差等，将自家父子兄弟与途人一般看，便自没了发端处；不抽芽便知得他无根，便不是生生不息，安得谓之仁？孝弟为仁之本，却是仁理从里面发生出来。[2]

问："大人与物同体，如何《大学》又说个厚薄？"先生曰："惟是道理，自有厚薄。比如身是一体，把手足捍头目，岂是偏要薄手足，其道理合如此。禽兽与草木同是爱的，把草木去养禽兽，又忍得。人与禽兽同是爱的，宰禽兽以养亲，与供祭祀，宴宾客，心有忍得。至亲与路人同是爱的，如箪食豆羹，得则生，不得则死，不能两全，宁救至亲，不救路人，心又忍得。这是道理合该如此。及至吾身与至亲，更不得分别彼此厚薄。盖以仁民爱物，皆从此出，此处可忍，更无所不忍矣。《大学》所谓厚薄，是良知上自然的条理，不可逾越，此便谓之义；顺这个条理，便谓之礼；知此条理，便谓之智；终始是这条理，便谓之信。"[3]

依朱子、阳明之见，"仁理"作为"根"须有一个"发端处"须有一个"抽芽"处，"孝弟"亦即"父子兄弟之爱"，即是此"发端处"，即是此"抽芽"处。人若不"孝弟"，视自家父母兄弟如同路人一般，此"仁理"此"人心生意"就难以生发，似中间跌断了一样，"仁民""爱物"便无法承接下去了，故重视行仁之"本"的"亲亲"也就是为"仁理"的"流行发生"立"本"培"根"。并且，在他们看来，只有此"亲亲"

① 黎靖德编：《朱子语类》卷二十，414 页。

② 《传习录》上，《王阳明全集》卷一，语录一，26 页。

③ 《传习录》下，《王阳明全集》卷三，语录三，108 页。

之根深，才能有“仁民”“爱物”之枝叶之繁茂。即使在“不能两全”的情形下，人之“仁心”不得不“忍”，但“吾身与至亲”之间亦“不得分别彼此厚薄”，否则，“此处可忍，更无所不忍矣”，因为对他们来说，在“吾身”与“至亲”之间“忍”了，“仁性”的根子便死了，也就是说，一个连自家父母兄弟都不爱的人，无法想象会去爱他人的父母兄弟，爱天下人的父母兄弟，以天地万物为一体。实际上其怵惕恻隐之仁心已失，“仁性”的根子已死，“己”已麻木如此，根本就不可能推己及人，根本也不可能“仁民”“爱物”。

从上述宋明儒者对“亲亲”原则和“爱有差等”的说明来看，他们之所以强调“亲亲”作为“行仁之本”并为之辩护，虽然其中蕴涵有其人生之信念，但他们的这些理由以及辩护又显然并不是一种富于感情色彩的信仰辩词，因为他们的这种说明和辩护不仅基于他们深思熟虑的理性思考，而且还是他们长年累月的尽天道践人伦的具体生活实践的“体认”所得，这种“体认”对他们是如此的亲切具体又是如此的真实受用，于是他们既能在学生问难的当机对答中脱口而出，又能在形诸文字时理中寓情、情理交融。

通过以上对儒者们之所以重视和强调“亲亲”原则与“爱有差等”原则的理由的讨论和说明，我们下面再来看刘先生以此向儒家伦理发难的孟子论舜的“案例”。不言而喻，人之“仁心”“仁性”在现实经验层面上的落实和实行所面临的显然是具体而又复杂的伦理场景和境遇，有时甚至可能出现“二者不可得兼”的两难处境和其他义务冲突，如仁与义、仁与礼的张力，道德与法律之间的矛盾等。孟子与学生假设舜与其父其弟的故事，其背后的问题意识，就是这种两难处境或义务冲突。如何使人之“仁心”“仁性”真正在现实生活中具体落实？如何在遭遇两难处境或义务冲突时来解决问题和化解矛盾？这又涉及儒家伦理中的“常”与“变”、“经”与“权”之间的关系问题。孟子作为有经（原则性）有权（灵活性、变通性）的儒学大师，他曾说过：“执中无权，犹执一也。”① 这表明孟子虽强调人之“仁心”“仁性”推扩的普遍性，但为了使道德的实践适应具体而又复杂的伦理场景和境遇，他又要求人们

① 《孟子·尽心上》。

重视此“仁心”“仁性”在落实和实行时的具体性、灵活性、变通性。因此，在强调将人之“仁心”“仁性”扩而充之推出去的同时，为了使人之“仁心”“仁性”在现实生活中真正得以落实和实行，为了使每个人的具体的道德实践有一切接近真实自然易行的入手处，孟子又极为注重人之“仁心”“仁性”发用流行的最初处的“亲亲”与“敬长”，他所谓的“亲亲，仁也；敬长，义也”①；“仁之实，事亲是也；义之实，从兄是也；智之实，知斯二者弗去是也；礼之实，节文斯二者是也”②，所表明的就是这一点。因为对孟子来说，如果作为人之“仁心”“仁性”发用流行的最初处的“亲亲”“敬长”被压制和扼杀，那么，也就谈不上人之“仁心”“仁性”的扩充与推广。套用上述王阳明的话的大意来说，人如果在爱父母兄弟这个关键处“忍”了，将再也就无所不忍了，一个连自家父母兄弟都不宽恕、都不相爱的人，只可能是薄情寡义之人，根本就不可能去爱他人的父母兄弟和天下生灵万物，故人在爱父母兄弟这个关键处最不容蔽昧，即使在“二者不可得兼”的两难处境或其他义务冲突的情形下，“忍”也须有限度，在爱父母兄弟这个关键处绝不可“忍”，否则，人之“仁心”“仁性”将没有了“发端处”将无法推扩和实现出去。因此之故，孟子力图通过对其弟子为舜设计的难题中舜所可能采取的解决与处理方式的说明，告诫世人，即使对那样不堪的弟弟，即使对弟弟有愤怒、怨恨，也不必藏在心中，而要爱他亲他，使他富贵。对弟弟如此，对世人亦然，这即推恩的原则，以至老吾老以及人之老，幼吾幼以及人之幼，亲亲而仁民，仁民而爱物，推恩足以保四海，不推恩不足以养育妻与子。这是儒学，特别是孟子的基本信念，他要把这一理念推广到社会民间，以淳化风俗。然而，人之“仁心”“仁性”在现实经验层面上落实和实行时又毕竟面临着许多特殊而又复杂的情境，更何况其弟子所设计的是那种“二者不可得兼”的两难处境，故在现实的道德实践中孟子又主张从社会、政治、道德等各方面综合考虑。他解释说，对待犯了法的父亲瞽瞍，舜不会去阻止法官皋陶逮捕瞽瞍并绳之以法，因为法官这样做是有（法律）根据的，如果舜不支持皋陶，法令不严格执行，上行下效，他这个最高执政者和他所治理的社会

① 《孟子·尽心上》。

② 《孟子·离娄上》。

就会出现很多乱象，难以收拾，在这种“二者不可得兼”的两难处境中，舜则选择放弃天子之位，偷偷地背着父亲逃到法律管辖范围之外的海滨隐居起来；对待无德无能的弟弟象，舜则在使他做有庳王的同时派了官吏帮助他治理国家，缴纳贡税，同时加以节制，使象不可能为所欲为，残暴、鱼肉百姓。可见，不能脱离孟子思想的内核与整体结构来孤立地讨论孟子论舜，如果要讨论，必须领悟和通晓孟子的机巧、孟子的深刻及孟学的整个预设，尤其是其仁义内在、性由心显的思想内核，天道性命的观念和这种经且权的伦理智慧。

正因为儒家学者们坚持对作为人之“仁心”“仁性”最初“发端处”的“亲亲”原则的倡导与维护，故中国传统社会受儒家这种思想的影响所制定的国家法律制度往往也就赋予“父子互隐”“亲属容隐”以伦理上的正当性。汉初以告父为“不孝”，罪可至弃市。[1] 汉宣帝地节四年诏：“父子之亲，夫妇之道，天性也。虽有患祸，犹蒙死而存之。诚爱结于心，仁厚之至也，岂能违之哉？自今子首匿父母，妻匿夫，孙匿大父母，皆勿坐。”[2]《唐律》规定“告祖父母父母绞”，明清律规定告祖父母父母者杖一百徒三年。即使1935年的《中华民国刑事诉讼法》第32条仍规定对直系尊亲属和配偶不得提起自诉。这些皆表明在儒家“亲亲”原则所影响下的“中华法系”体现出一种伦理法的精神。那么，儒家所主张和倡导的“亲亲”原则以及受其影响的“中华法系”所体现出的伦理法精神是否只具特殊的种族性、地区性而不具普世性和人类性呢？回答当然是否定的，因为历史事实表明：不仅在理念上东圣西圣，心同理同，而且在制度上中国伦理法系的精神及“亲属容隐”制度与西方自古希腊、古罗马直至今天的法律也不相违。先且看理念方面：在柏拉图的《游叙弗伦》、《苏格拉底的申辩》、《克力同》、《理想国》及亚里士多德的《政治学》中，可知从苏格拉底到亚里士多德，古希腊哲人与孔孟在“亲亲互隐”的问题上有一致性。黑格尔在《精神现象学》等著作中把家庭伦理放在神的规律而不是人的规律的层面加以讨论，区分了家庭法与国家法，强调家庭法属神圣法。在西方的基督教文化氛围中，

---

① 班固撰：《汉书·衡山王传》第44卷，2156页，北京，中华书局，1997。

② 班固撰：《汉书·宣帝纪》第8卷，251页。

家庭伦理、血缘亲情也同样是崇高神圣、不可让渡与剥夺的。再且看制度方面：古罗马法中关于亲属容隐的规定甚多甚细，如子不得告发家长对己私犯，同一家长权之下亲属相盗不发生诉权，未经许可而告其父者，任何人可对其提起刑事诉讼，尊卑亲属（主要指父母子女）互相告发者丧失继承权（告发叛国罪除外），不得令亲属互相作证，父子不宜相互指证，家长或父亲有权不向受害人交出犯罪的子女，即可以躲避复仇或藏匿拒捕。古罗马法格外强调家子为家父隐罪，而且子告父在任何情况下都丧失继承权，父只有在告发子犯有应处死刑的重罪时才丧失对子的继承权。19 世纪法、德诸国刑法中肯定容隐的权利，知道近亲属犯罪而不告发、故意隐匿、令他人隐匿自己亲属、为亲属作伪证、帮助亲属脱逃等均不受处罚。现行法、德、意诸国刑事诉讼法中规定近亲属有拒绝作证的权利，即使自愿作证也有权不宣誓担保证词无伪，证人可以拒绝回答可能使自己的近亲属负刑事责任的问题，甚至可以作伪证。司法官有义务保证证人此种权利，防止司法专横和变相株连。法官一般不得就可能有损于证人亲属的名誉的事实发问，且应告知被告人的近亲属有拒绝作证的权利，不得强迫其作证或宣誓。① 以上皆表明“亲亲互隐”在自古及今绝大多数族群的意识与国家的法典上都予以肯定，因此，我们完全可以说“亲亲互隐”是人之天性，是人类社会之常态，具有普世性和人类性。今天，徇情枉法、任人唯亲、贪污腐败所以公行，有今天的经济、政治、社会、法律、思想、制度、道德状况、文化氛围、个人修养、价值观念等方面的多重原因，不能由历史上的孔孟儒学来承担责任，更不能把账算到亲情伦常上，那是推卸今人的责任。

① 详见范忠信：《中西法律传统中的“亲亲相隐”》，载《中国社会科学》，1997 (3)。范忠信文依据于［古希腊］柏拉图：《游叙弗伦 苏格拉底的申辩 克力同》，北京，商务印书馆，1983；［古希腊］柏拉图：《理想国》，北京，商务印书馆，1983；［古罗马］查士丁尼：《法学总论》，北京，商务印书馆，1989；周枏：《罗马法原论》上下册，北京，商务印书馆，1994；《刑法资料汇编》第七辑，北京，中国人民大学出版社，1955；《法国刑事诉讼法典》，北京，法律出版社，1987；《德国刑事诉讼法典》，北京，中国政法大学出版社，1995；《意大利刑事诉讼法典》，北京，中国政法大学出版社，1995。

3. “仁”与“公德”、“私德”

在对儒家伦理道德的真正的本原根据以及儒者们之所以如此重视和强调“亲亲”原则与“爱有差等”原则的理由有所了解和把握的基础上，下面再来对刘清平先生所谓的儒家所提倡的公德受到私德压制甚至否定的观点作一辨析和讨论。刘先生认为：“以孔孟为代表的儒家思潮，在大力肯定父慈、子孝、兄友、弟恭这些主要适用于团体性家庭关系的私德规范的同时，也曾明确提倡仁爱、恻隐、诚信、正直等一系列适用于群体性人际关系的公德规范，因此并不能说完全不重视社会公德。不过，问题在于：由于儒家伦理在处理二者的关系时始终坚持‘血亲情理’的基本精神，特别强调家庭私德对于社会公德不仅具有本根性、而且具有至上性，结果就使它所提倡的社会公德（仁）受到了家庭私德（孝）的严重压抑，而在二者出现冲突的情况下甚至还会被后者所否定。”对于刘先生所谓的儒家伦理因终始坚持以“血亲情理”作为至高无上的唯一本根而存在着深度悖论的观点，一如上述，其不是刘先生对儒家经典文本的误读误解所致，就是刘先生有意要在儒家伦理中设置如此悖论，故他这种作为前提和出发点的基本观点根本就不成立，因此，从这种本身就不成立的假设前提出发所得出的结论之似是而非即可想而知。

然而，持刘先生这种所谓的儒家重私德而轻公德的看法的人，从近代以来就大有人在。梁启超即为这种公德私德理论的始作俑者，刘先生就曾征引过梁启超的某些说法来支持他的看法。刘先生所征引的梁启超的话如下：“试观《论语》、《孟子》诸书，吾国民之木铎，而道德所从出者也。其中所教，私德居十之九，而公德不及其一焉……若中国之五伦，则惟于家族伦理稍为完整，至社会国家伦理，不备滋多。此缺憾之必当补者也。皆由重私德轻公德所生之结果也。”① 梁启超之语与刘先生之语确实如出一口。由此看来，刘先生的看法似乎渊源有自。那么，我们就有必要首先弄清作为这种公德私德理论始作俑者的梁启超究竟是如何来界说公德与私德的，其理论依据何在。

---

① 刘清平：《儒家伦理与社会公德——论儒家伦理的深度悖论》，载《哲学研究》，2004 (1)。

先且看梁启超对公德与私德的界说及其来源和背景。梁启超于20世纪初在《论公德》一文中称："人人独善其身者谓之私德，人人相善其群者谓之公德，二者皆人生所不可缺之具也。无私德则不能立，合无量数卑污、虚伪、残忍、愚懦之人。无以为国也。无公德则不能团，虽有无量数束身自好、廉谨良愿之人，仍无以为国也。"① "有益于群者为善，无益于群者为恶。此理放诸四海而准，俟诸百世而不惑者也。"② 基于上述这种对公德与私德的看法，梁启超认为："我国民所最缺者，公德其一端也。"③ 故他试图"发明一种新道德"以补我国民最缺的公德，他所谓的"吾辈生于此群，生于此群之今日，宜纵观宇内之大势，静察吾族之所宜，而发明一种新道德，以求所以固吾群、善吾群、进吾群之道"④ 即表明这一点。梁启超此论源于福泽谕吉的《文明论概略》与《劝学篇》。梁启超当时以功利主义者边沁（Bentham，Jeremy 1748—1832）作为参照。边沁的功利主义伦理学与孟子的德性伦理学属于不同的伦理系统，很难加以比较。

梁启超《论公德》一文属于他的系列文章《新民说》中的篇章，发表于1902年。1903年梁启超曾赴美访问考察，1904年初梁启超发表了他的《论私德》一文。在此《论私德》一文中，梁启超称："公德者，私德之推也，知私德而不知公德，所缺者只在一推；蔑私德而谬托公德，则并所以推之具而不存也。故养成私德，而德育之事思过半焉矣。"⑤ "一私人而无所私有之德性，则群此百千万亿之私人，而必不能成公有之德性。"⑥ "是故欲铸国民，必以培养个人之私德为第一义；欲从事于铸国民者，必以自培养其个人之私德为第一义。"⑦ 梁启超《论私德》一文中的这种观点可谓是对他《论公德》一文中的观点的反戈一击和根本否定，这也表明梁启超在通过实地考察和真正地体验后对那种

① 《论公德》，《饮冰室合集》第6册《专集之四》，12页，北京，中华书局，1989。

② 同上书，15页。

③ 同上书，12页。

④ 同上书，15页。

⑤ 《论私德》，《饮冰室合集》第6册《专集之四》，119页。

⑥ 同上书，119页。

⑦ 同上书，119页。

以英美民族性为蓝本的“公德”“私德”理论有着深刻的反省。正是基于这种反省，他认为自己在输入、引进“泰西之学”时所宣扬的所谓“公德”标准，“谓其有‘新道德学’也则可，谓其有‘新道德’则不可。何也？道德者行也，而非言也”①。并且，梁启超对儒家伦理有了重新的认识，“其先哲之微言，祖宗之芳躅，随此冥然之躯壳，以遗传于我躬，斯乃一社会之所以为养也，一旦突然欲以他社会之所养者养我，谈何容易耶！”② 可见，梁启超至此不仅完全抛弃了他自己以前那种儒家只重私德而轻公德的看法，而且还深刻地认识到儒家伦理的真正的价值和作用。

尽管梁启超早在其生前就抛弃了他自己所输入和引进的那种公德私德理论，而整整一个世纪后，刘清平先生却又将其重新拾起改头换面地抛出，声称：“对于当前的缺失公德现象，儒家伦理在文化心理结构的深度层面上显然是难辞其咎的，必须承担起它所应当承担的那份责任。”③ 刘先生这种儒家重慈孝友悌等家庭私德而轻社会公德的断言，显然是以他那种所谓的公德私德理论为标准来任意分析、解释和解构儒家伦理的结果，故完全不合乎儒家伦理的本来面貌。实际上，不仅儒家所讲的慈孝友悌与刘先生所谓的“私德”各属不同的伦理系统实难等同，而且儒家所讲的“己”或“家”也与刘先生所谓的“私”绝不相类。我们且以儒家所讲的“己”来说吧，儒家之所以讲“己”，是因为儒家认为只有“己”之本有之“仁”或道德“心”“性”才能作为道德最为本质的根据，才是道德最为基本的出发点，故在此“己”之本有之“仁”或道德“心”“性”的基础上，儒家主张为仁由己，推己及人，这从孔子所谓的“为仁由己，而由人乎哉”④，“夫仁者，己欲立而立人，己欲达而达人”⑤ 和程颢所谓的“为仁在己，无所与让也”⑥，“盖不知

---

① 《论私德》，《饮冰室合集》第6册《专集之四》，131页。

② 同上书，132页。

③ 刘清平：《儒家伦理与社会公德——论儒家伦理的深度悖论》，载《哲学研究》，2004（1）。

④ 《论语·颜渊》。

⑤ 《论语·雍也》。

⑥ 《河南程氏外书》卷六，《二程集》，388页。

仁道之在己也。知仁道之在己而由之，乃仁也”① 等讲“己”论“仁”的言说中即可见出。并且，儒家学者们还常常从“己”之本有之“仁”或道德“心”“性”出发来展开对儒家伦理的、社会的、政治的、宗教的等各个不同向度的论说和阐发。当然，儒家学者特别是宋明儒者的所谓“己”有时也实指一己的“身体”，但他们往往只是借“身体”能近取譬使人真正体会、体认天地万物乃一体、一人、一身、一己。例如，程颢称：“仁者以天地万物为一体，莫非己也。”② 王阳明称：“盖其心学纯明，而有以全其万物一体之仁，故其精神流贯，志气通达，而无有乎人己之分，物我之间。譬之一人之身，目视、耳听、手持、足行，以济一身之用。目不耻其无聪，而耳之所涉，目必营焉；足不耻其无执，而手之所探，足必前焉；盖其元气充周，血脉条畅，是以痒疴呼吸，感触神应，有不言而喻之妙。”③ 可见，宋明儒者“仁说”话语中的所谓“己”实际上指的是以天地万物为一体、一人、一身的“己”。确实，对人而言，还有什么比己身更切近的呢？还有什么比对己身的痛痒、饥渴、麻痹的感知更切己、更直接、更当下和自然的呢？故宋明儒者力图通过这种能近取譬的生命智慧来启发人像对待己身的痛痒、饥渴、麻痹那样对待这个“以天地万物为一体”的“大身体”，视这个大身体的痛痒乃己身的痛痒、这个大身体的饥渴乃己身的饥渴、这个大身体的麻痹乃己身的麻痹，从而予以关心、爱护。其实，就是被视之为金律的基督教的“爱人如己”的箴言又何尝不是把“己”作为最基层的发端处，因为“爱人如己”显然预设了“爱己”，“爱己”是“爱人”的前提和必要条件，一个连己身的痛痒、饥渴、麻痹都不知的人又何以去爱人？当然，仅仅只爱己而不爱人的人则不过是“私己”“恋己”而已。

尽管儒者们要求人通过为仁由己、推己及人及物来关爱、呵护这个“以天地万物为一体”的“大身体”，做到“视天下犹一家，中国犹一人焉”④。但“为仁”和“推己及人”则须有一个起点，有一个入手处，故儒者们主张，由亲亲入手，从慈孝友悌做起。并且，对儒者们来说，

① 《河南程氏外书》卷三，《二程集》，366～367 页。

② 《河南程氏遗书》卷二上，《二程集》，15 页。

③ 《传习录》中，《王阳明全集》卷二，语录二，55 页。

④ 《大学问》，《王阳明全集》卷二十六，续编一，968 页。

由亲亲入手，从慈孝友悌做起又决非囿于亲亲或慈孝友悌，而是由亲亲进而超越亲亲达至于天下生民大众，由亲亲仁民进而又超越亲亲仁民达至于天下生灵万物，因为此亦不过是人顺自身之“仁心”“仁性”所具的不容已之万物一体之情去做而已。通过以上对刘清平先生所谓的儒家重慈孝友悌等家庭私德而轻社会公德的观点辨析和讨论，我们认为，刘先生这种观点不仅不合乎儒家伦理的本来面貌，而且亦没有深入到儒家伦理的内在逻辑，完全只是他对儒家伦理进行“过度诠释”或“暴力诠释”后所导致的一种将儒家伦理简单化、表面化、片面化的观点。相应地，那些在刘文基础上更为糊涂而又武断的暴力诠释，荒唐至极，已无驳斥之必要了。

不只是为了辩护[①]

感谢如此多的学者对我与朋友们关于儒家亲亲互隐问题讨论的关注。坦率地说，从这些精彩的论文里，我本人受益匪浅。谢谢黄勇先生给了我这个机会，就这个论题再次与各位探讨。由于篇幅的关系，我将简略地谈四个问题。

1. 孔子、孟子、荀子以及宋明理学，一个解释传统的问题

有些学者善意地提醒我，应注意孔子、孟子、宋明理学之间的区别，比如万白安（Bryan W. Van Norden）教授。当然，这是没有问题的。我在上一篇文章中已经指出，我集中讨论孔、孟以及宋明理学关于“亲亲”问题的论述，是为了

① 我的前一篇论文《论道德心性的普遍性——兼评儒家伦理是所谓“血亲情理”》英译为 Is Confucian Ethics a “Consanguinism”? 发表在 *Dao*：*A Journal Of Comparative Philosophy*，XI（June 2007），pp. 21-37。兹后引起讨论，本文即是对一些学者批评的回应。本文英译为 More than “For The Sake of Defense”，发表在 *Dao*：*A Journal Of Comparative Philosophy*，XII（Julg 2008），pp. 317-324。两文均是应黄勇先生之邀请而作，两文均请武汉大学外语学院刘军平教授英译，谨此一并致谢。

对话的方便，因为我的论敌刘清平教授运用了先秦与宋明儒学的相关资料。但是这并不意味着，我认为孔、孟与宋明理学没有区别。[①] 在解释一种经典文本时，如果出现了一些并不十分清晰明确的论述，并在新的历史条件下出现争议，我们认为应当首先从这一经典的解释传统中去寻找资源来加以说明。如果这种解释和被解释的经典中的其他材料以及整体思想并不矛盾的话，我们应当乐于接受这种解释。我想，这总比随意地用自己的想法去“解释”经典要合理得多。我首先要说明的是，我之所以引用大量后世儒学的论述，是因为我认为在“亲亲”的问题上，孔子、孟子与大多数宋明理学家们在根本上是没有矛盾的，是在一个解释传统里的。他们都重视“孝”是“仁”的“发端处”。所以，我有理由相信，在这个问题上，宋明儒只是将孔子、孟子的观点明晰化了。纵使他们在别的问题上存在着不少差异，但在这里，却是相当一致的。这是儒学系统的一个基本点。

有的学者也提到荀子的问题。在这里我先简要地解释一下，孟子和荀子之间是有很大的差别，但是在“亲亲”的问题上，两者是相当一致的。荀子说：“亲亲、故故、庸庸、劳劳，仁之杀也。贵贵、尊尊、贤贤、老老、长长，义之伦也。行之得其节，礼之序也。仁、爱也，故亲；义、理也，故行；礼、节也，故成。”[②] 这里，杀（音晒），意思是差等、降等。荀子明确地讲“亲亲”的重要，乃“仁爱”的差等。荀子又说：“凡生乎天地之间者，有血气之属必有知，有知之属莫不爱其类。”[③]“爱其类”“爱其亲”是有“血气之属”者的必然的情感，也可以说是自然倾向。虽然，荀子不认为仁义内在，而是强调“礼”，突出后天培养，然而在对礼的本源的论述中，他认为“礼有三本：天地者，生之本也；先祖者，类之本也；君师者，治之本也。”[④] 也就是说，祖宗崇拜同样是礼的起源之一。在荀子那里，人们通过后天学习到“仁

① 有关先秦儒诸家之间，先秦与宋明儒之间的区别，我在拙著《中国哲学史》中有详细的讨论。请见郭齐勇编著：《中国哲学史》，北京，高等教育出版社，2006。

② 《荀子·大略》，梁启雄：《荀子简释》，367页，北京，中华书局，1983。

③ 《荀子·礼论》，梁启雄：《荀子简释》，271～272页。

④ 同上书，256页。

爱”，遵守社会的规范，同样依赖于一种先天的“亲亲”的情感本源。荀子认为父子关系是天伦，父子、兄弟、夫妇的关系或秩序，“与天地同理，与万世同久，夫是之谓大本”①。

下面我们看白彤东（BAI Tongdong）教授对我的批评。白彤东教授特别指出孔子和孟子的不同，进而对孟子提出批评，认为孟子在解决问题时不充分、不灵活，过于乐观主义与普遍主义，而孔子悬置形上学和灵活的风格才是真正应该的选择。我倾向于认为孟子的道德形上学是基于孔子思想的发展。白彤东教授认为，孔子在处理许多问题时更灵活机智，并为此举出孔子对齐宣王和管仲的不同评价的例子。我想问的是，孔子的这些针对不同的具体情境的评论与评述是相互矛盾的吗？是根本冲突的吗？显然不是。那么在这些评论背后的原则和立场是什么？这恰恰是孟子和后来的儒家学者所阐发出来的。当然白教授并不同意这些后来的儒家解释传统，他认为这些道德选择背后所蕴涵的并不是一种道德形上学，而仅仅是一种价值的计算。他认为当我们做出道德选择时总会面临一些牺牲，而对这些牺牲做出价值或利益上的排列和计算决定了我们如何选择。但我认为这并没有从根本上解决冲突，而只是在面临特殊与普遍、私人与公共这些问题时，采取回避，从而在现实中采取一种不断让步的态度。最终，这种做法还是会导致不可回避的矛盾，就像白彤东教授自己最后做出的结论一样，“这些困难在所有政治学说都是不可克服的”。我可以理解白彤东教授反形而上学的立场，他的文章以及对孟子的批评都是基于这一点。当然，这个世界上的任何现实问题都是没有一劳永逸的解决办法的，我也同意一种绝对抽象的形而上学原则是不能在现实中被运用的。事实上，这也正是刘清平先生所犯的错误（他将一种普遍主义当做绝对的原则），所以白彤东教授认为“刘的‘解决’远比《孟子》一书中的问题更有问题”。

但问题是，我们要理解，孟子所给出的解决办法并不是一种西方意义上的绝对抽象的形而上学的原则。他始终将个人的具体存在与一种道德形上学结合起来。他也不是白彤东教授所谓的过于理想主义与乐观主义，而在将个人与道德形上原则结合起来的基础上，将现实与道德理想

① 《荀子·王制》，梁启雄：《荀子简释》，109页。

结合起来。我们都很清楚《孟子》有很现实的政治设计，比如“恒产”与“恒心”，这里我不需要一一列举。实际上，孟子是一个将清醒的现实主义与道德的理想主义结合起来的人。此外，《孟子》中桃应怎么会假设出那么极端的情况，提出那么尖锐的问题，恰恰说明了孟子不是过于乐观，而是正视了现实上的冲突与矛盾。还有一个例子是“嫂溺”是否应该“援手”的问题，这也说明了，在“经”与“权”的平衡下，孟子坚持普遍性的道德原则，并与特殊的情境相结合。我认为，孟子并没有偏离孔子的道路，时时将一种对现实生活具体情境的思考与一种道德原则结合起来。他只是说了孔子没有说的话，并试图将它们完善化。同样，宋明理学家与孟子一样，当他们开始考虑一些接近道德本体的问题时，并没有将他们的论述变成一种绝对抽象的形而上学，始终不忘现实关怀。

白诗朗（John H. Berthrong）教授同样怀疑孔子、孟子以及宋明理学家之间的人性论是否一致。他认为孔子的伦理学说的体系化是经过了孟子、荀子以及宋明理学家之手完成的。他一方面认为先秦儒家的经典文本中有着不可避免的整体结构上的冲突；同时另一方面却又认同宋明理学家的努力，他特别将陈淳作为可以改造这种结构冲突的资源。在说明这种整体结构上的冲突时，白诗朗教授一直在阐述一个“难解之言(hard saying)”的理论。他认为在各个文化传统中都存在着不和谐的、互相冲突的说法，“暴露了一个学派的文本中整体结构上的矛盾”。显然，他将《论语》与《孟子》中的案例归入这种“难解之言（hard saying)”。对于当前的这种情况，白诗朗教授认为，要么“试图去通过阐释消解掉或者说改写那些‘难解之言’，指出那些‘难解之言’已经明白无误地表达出的困境和不和谐，并非是他们真正要表达的意思”，并且“这种解释者的把戏会看起来令人惊奇，并且有时候十分令人信服，就如同郭教授面对刘教授的质疑时，对于儒家伦理一贯性的积极而理智的辩护”；要么“承认经典思想家确实说出了他打算说的话，但这些话的意义只存在于古代或中世纪的文化序列中，已经不再适合于现代世界”。并且白诗朗教授认为，刘清平教授以及当代许多儒家学者已经认识到这一点，因而“主张一种对儒家之道的改革：这种儒家之道，更公正地将‘仁’看做为核心的伦理观念，而不是容忍一种对‘孝’的狭隘解读——一种在家长制下亲属间相互袒护的巨大结构”。这里我必须指出，让我惊讶的是，我的观点恰恰是不能“容忍一种对‘孝’的狭隘解读——一种在家长制下亲属间相互袒护的巨大结构”。进而白诗朗教授试图通过荀子和陈淳的著作，对儒家的“难解之言”进行改革。简单地说，他认为荀子更重视普遍性的“仁”（尽管这在荀子的著作中出现得并不多），以及“礼义”这样涉及公平、公正的概念，而不仅仅是单纯的无条件地遵守“忠孝”；而陈淳则平衡了“忠”与“恕”。陈淳在《北溪字义》中强调了“仁”包含对他人的同情与关爱，以尊重家庭，以爱亲为起点，推广到爱宇宙万物。这里我必须指出，陈淳对儒家“亲亲”观念的看法也同样是我的看法，即仁道甚为广大，亲亲不过是发端。所以，陈淳说：“父子有亲，便是仁。”①

接着白诗朗教授试图说明，我的文章混淆了或者说没有区分开孔子、孟子、宋明儒学等儒家之间的不同。如果我没有理解错的话，白诗朗教授是想说，至少在《论语》与《孟子》的案例中，儒家思想家没有摆脱掉，或者说更强调一种对“孝”的狭隘的解读，即容忍以“孝”的名义对亲属进行不公正的偏袒（这恰恰是我所反对的）。而我所作的解释（实际上更接近于陈淳），是将宋明理学家的思想与先秦儒家的思想混淆起来。也就是说，白诗朗教授赞同类似于陈淳的宋明理学家的理论，或者类似于荀子的理论，但他认为这并不是孔子或者孟子的理论。但是，他并没有证明，在《孟子》中，陈淳的这种解释为什么是不可能的。这里，我想说的是，关于“推扩”，恰恰是孟子的说法；而关于荀子，我们在上文已经作了说明。既然白诗朗教授认为孔孟对于“亲亲”的表述作为一种“难解之言”在整体结构、或者说本质上有着不可避免（记住是不可避免的）的冲突和矛盾，那么陈淳所做的工作——“仁”与“孝”之间的沟通是如何可能的？因为这种所谓的不可避免的冲突，就是作为私德的“孝”与作为公德的“仁”之间的冲突。除非陈淳作了本质上的转换。那么，白诗朗教授的观点还没有刘清平教授的观点来得彻底。我们看到，实质上白诗朗教授的观点是不承认从家庭之爱可以推扩到普遍的爱的。

① 《北溪字义》卷上。

那么白诗朗教授认为应当怎样处理这个问题？他认为，虽然儒家学说有其整体的一贯性，但是这种一贯性是统一在一种中国哲学化的感受力之下、教诲之中（它在于教诲学生如何依礼而行以成为一个道德主体），而不是统一在某一个概念或原则之下。这种一贯性是一种建筑术，包含有一系列的重要概念和原则，《论语》尤其如此。进而，白诗朗教授又认为，“仁”和“孝”在不同的情况下有着不同的意义，所以在儒家不同的概念和原则之间要用“权”的思想来调节。

首先我要说，我在上一篇文章中也强调了在实际的生活境遇中，“经”与“权”的重要性。有一点要与白诗朗教授商榷的是，所谓的“中国哲学化的感受力（Chinese philosophical sensibility）”以及这种“建筑术（architectonic）”是什么？成为一个依礼而行的道德主体又是怎么样的？孔子曰：“克己复礼为仁，一日克己复礼，天下归仁焉。”[①]又曰：“志士仁人，无求生以害仁，有杀身以成仁。”[②] 成为一个道德主体就是成为“仁人”。白诗朗教授看到儒家思想特殊的建筑术，但是却没有看到我所指的绝对的、普遍的“仁”也不是西方哲学意义上的抽象的原则或概念。我在上一篇文章里已经同时指出：“对于《论语》中孔子那种即体即用、浑无罅缝的言仁话语，不仅不能以现代学术那种系统论说的眼光去解读和理解，而且对‘仁’也不可采取形式逻辑中那种属加种差的方法来给它一个清晰、明确的定义。”我认为“仁”本身的丰富性、流动性，就是白诗朗教授的“感受力”与“建筑术”的体现。正因为“仁”既禀赋于天，又显发在每一个具体特殊的个体之中，才成为一种圆融的、无罅的“建筑术”的可能。我宁愿相信白诗朗教授和我的这个分歧，多少是因为学术用语上的误会。但是，让我不解的是，既然白诗朗教授已经肯定且如此欣赏儒家的这种“建筑术”，并且认为在面临伦理事件时，要把握“权”的方法，那么，又为何会认为在儒家文本中有整体结构上不可避免的矛盾和冲突？最终，我认为如果不在“仁”的统一的心性论的基础上，从“亲亲”到“仁民爱物”的推扩是不可能的，从而一种“整体的一贯”也是不可能的。而白诗朗教授认为这种统一的心性论是宋明理学的产物，而不是先秦儒家的发明。所以白诗朗教

① 《论语·颜渊》。

② 《论语·卫灵公》。

授才会赞成陈淳的看法，而认为在儒家经典文本的整体结构中有不可避免的矛盾和冲突。他的意思是，我混淆了孔子、孟子、宋明理学等不同学说之间的区别，把宋明理学的观点强加在孟子身上。所以根本的分歧点还是在于在先秦儒学，尤其是孟子那里，从“亲亲”到“仁”的推扩是否可能。

2. “发端”：关于推扩的问题

实际上我在上一篇文章中反复讨论的，就是从“亲亲”如何可以推扩到“仁爱”以及两者之间的关系的问题。我的基本观点是：孔孟儒家的核心观念是“仁爱”，这种爱（仁心）受自于天，而“亲亲”是这种普遍性、终极性、本体论意义上的“仁心”发用流行的发端（root）。

但是，许多学者似乎不能接受这种“推扩”，尤其不能接受“发端（root）”的比喻。罗哲海（Heiner Roetz）教授认为：“对大多数儒家学者而言，淡化家庭与道德之间的可能冲突比以一种激烈的方式揭示它更典型。自然封闭的家庭伦理和超乎其外的非自然的开放伦理之间的断裂很容易被‘发端’的隐喻所掩盖，这个隐喻在这场争论中（郭 2007，黄 2007）特征也很显著。孟子尤其不能说明这种断裂，这很可能就是告子异议和荀子批评的背景。”

对我而言，“亲亲”并不是一种“自然封闭的家庭伦理”。我在上一篇文章已经指出，它与“仁”在根源上统一于人的道德心之中。我认为许多学者之所以会认为“亲亲”与“仁”之间存在巨大的断裂，是因为他们总是在根源上将两者确立为两种不相容的原则。他们认为，“亲亲”仅仅是来自于一种历史上的“家族主义”的传统，这种伦理是在家庭中被建立的并可能早于儒家，且影响了儒家。事实上，我要说的是，“亲亲”从本体上讲，是一种普遍的道德心，即“仁”的发用，所以它不是所谓“封闭”的，而是一种从根源上就是对普遍的仁爱开放的。如果说儒家伦理掩盖或者淡化了普遍性与特殊性之间的矛盾和冲突，那么将普遍性作为绝对的第一原则，是否就解决了这一矛盾？我们不否认，普遍和个体之间可能出现冲突，相反，我们认为儒家思想的传统恰恰正视了这种冲突的可能性（不然，在《孟子》中，作者怎会通过桃应假设出那么极端的情况，提出那么尖锐的问题），并尝试去解决它，而不是淡化它。当然，刘清平先生等认为儒家，尤其是孟子，在解决这一问题的时候走向了一条错误的途径。但我们认为儒家思想的重要意义正在于这一特殊的解决途径。它一方面确认了人类道德的普遍性、绝对性，另一方面又正视了个体的特殊性。也就是说，一种普遍意义上的公正和爱从来都不能脱离个体特殊的存在，而个体特殊的爱也总是普遍的公正和爱的根源或起点。这里，我必须再次强调，这种根源或起点是实践意义上的，而不是一种抽象的形而上的原则。

这里，也许有学者，比如 M. Ashraf Adeel 先生会反驳说，如果仁爱从一开始就本具于人心之中，那么这种仁爱就不是从“亲亲”的根源发展而来的，“亲亲”只是仁爱的一种运用。M. Ashraf Adeel 先生以及其他一些学者还提到，如果“亲亲”作为一种自然倾向的发端，是和“恻隐”相矛盾的。因为“恻隐”是指向普遍的人，而没有特殊性的。

但是，我已经指出过，从本体的意义讲，“仁”是本体；但从实践和发展论的角度讲，“亲亲”是发端。这种发展论和实践论，在孟子那里就是“求放心”的过程。的确，道德良知是本来所具有的，但是这不意味着每个人都有自觉。这种“求放心”是一种道德自觉的过程。因为在孟子看来，如果没有这种自觉，就等于丧失了这种道德心，所以才有他的“人禽之别”。一种本体意义上根源与一种现实生活实践与自我道德的发展上的起点是不相矛盾的。

而关于“恻隐”与“亲亲”之间的关系，我是这样理解的：孟子说“恻隐之心，仁也”①。“恻隐之心”即是“本心”、“良心”，是天之所与的，实际也就是道德本心。孟子在解释本体的时候，总是用当下的呈现来解释它，即一种普遍原则与具体当下的存在的结合，而不是将二者割裂开来。如果我们一定要强为之说，在概念上将它们区分开以理清这几个概念之间关系，那么我们可以参考朱熹的解释：“仁是根，恻隐是根上发出底萌芽，亲亲、仁民、爱物，便是枝叶。”②“恻隐”是仁之性在一瞬间下意识的乍现，总是与性体联系在一起的，而亲亲则是从实践上讲，是行仁之端。这里，虽然“恻隐”作为四端与“亲亲”同为发端，

---

① 《孟子·告子上》。

② 黎靖德编：《朱子语类》第7册，卷一一九，2869页，北京，中华书局，1994。

但是实际上两者的角度、层次是不一样的。两者之间并不矛盾。

3. 权力与腐败：关于一些现实性的问题

事实上，我们应当注意到，对大多数反对者而言，孔子关于“攘羊”的论述要比《孟子》中的两个案例容易接受得多。因为，在现代西方司法制度中，亲属也没有作证的义务。那么我们看到，孔子的案例与孟子的案例之间，有一个很大的差别在于，故事的主角是否掌握权力。所谓的腐败，只有在有权力介入的情况下才能够谈起。白诗朗教授为了说明宋明理学家与先秦儒家考虑问题方式的区别时提到，宋明理学家本身就是官员，他们实质上很清楚公私之间的区别，也更重视公私之间的平衡。

“权力”的问题实际上被大多数讨论者忽略了。实际上，抵制由权力产生腐败，最好的方法是给予权力无限运用以限制。这里，我们当然尊重司法对权力的限制，但同时我们也必须指出，儒家的“亲亲”伦理并不是导致权力腐败的诱因，而恰恰在历史上是一种限制权力的途径。这也正是我对这个问题现实考量的一个方面，以及为什么说我不是出于一种卫道的冲动。

我们知道“亲亲”是一种情感，也是一个基本的伦理事实。这个事实是无法改变的。基于这个事实，在中国历史上，实际上有两种截然相反的伦理—政治理论。一种是儒家的，将它看做是道德的发端。另一种是法家的，将它看做一个可能导致犯罪和破坏社会稳定的诱因。后一种观点如果发展到极致，就是族刑的制度，即连坐制度，以及“文革”中的那种相互揭发。我想没有学者会同意后一种理论。事实上，“亲亲”从一开始就对抗着族刑制度。《盐铁论·周秦》中，儒家学者用来反驳连坐的，恰恰是亲属容隐的观念与制度。① “亲亲”实际上承认及给予个人及其家庭一定的私人空间，有效抵制了集权主义、国家至上主义对个体人权、隐私权、容隐权的剥夺。“亲亲”不是私欲，而是私权与私德。公私权利、公私道德的区分，有效地为社会政治划分了界限。

从严格意义上讲，在宋以前，中国都不是一个中央集权制国家，它

---

① 参见桓宽：《盐铁论》，《诸子集成》，58～59页，北京，中华书局，1954。

更接近于一种联邦体制。宋代有感于分封和割据的混乱，实行两点与以往不同的政治策略：一是彻底改造成文官政府，所谓“杯酒释兵权”；二是在军权收归国有的同时，实现真正的中央集权制。我们这里不讨论这种体制的优劣，但是我需要指出，宋代在中央集权制的实现的同时，也是中国历史上民间社会的蓬勃发展和兴起的开始，开始出现一系列的乡约和义学、义田，并在以后的历代得以继续发扬。中国民间社会的基础就是由基于“亲亲”伦理的家庭结构所构成的。这种结构有效地抵制了集权的渗入，防止了权力以一种普遍主义的、国家主义的名义任意行使。这种结构也并不妨碍所谓的公正，正如慈继伟先生所说：“在一个以‘善’为基本情感的社会里，虽然人们的行为符合并超过了正义的标准，但既然他们对彼此充满了以‘善’为基础的友谊情感，他们的关系就不需要用正义的动机来维系，也不需要通过法律的手段来落实。”① 公正并非一些人认为的最高原则，可以高高在上审判道德。一种不讲此在的特殊性的想象中的普遍绝对的公正，正有一种不公正的危险，即公正的名义下的暴力。我想这也正是为什么梁漱溟先生在那个高唱科学与民主时代，重提乡村自治的原因。

人情不同于情面。正如明季大儒刘宗周说：“大抵情面与人情不同，人情本乎天而致人，有时拂天下之公以就一己而不为私，如周公、孔子之过，吾党之直是也。情面去其心而从面，有时忍一己之私以就天下而不为公，如起杀妻、牙食子之类是也。”② 无人情之基础，必会滋长公正名义下的情面和私心，导致另一种形式的不公。

当然，如同许多学者所指出的那样，现代中国的家庭结构正在缩小。但这并不意味着家庭不再重要、不再在社会结构中发挥效用。家庭仍然是社会结构的基本单元。并且，我认为，对家庭伦理的淡漠恰恰是当今中国社会凸显的问题。事实上，当 1949 年之后中国的传统伦理遭到极端破坏之后，中国的民间社会从来没有像今天这样萎缩。这也是我为什么要维护“亲亲”伦理的理由。我们希望能在当今中国社会重新明确公权与私权、公德与私德之间的界限，更好地将一种普遍主义与个人

① 慈继伟：《正义的两面》，240 页，北京，三联书店，2001。

② 刘宗周：《学言上》，《刘宗周全集》第 2 册，447 页，台北，“中研院”文哲所，1996。

的当下存在结合起来。

4. 中国与西方：关于两种解释传统

Sidney Callahan 教授从基督教的视角出发，批评了儒家“亲亲”伦理，我想我的这篇文章以及上一篇文章已经能够回应这种批评。在 Callahan教授的文章中，还一并提到儒家家庭伦理中的其他两个问题：一是妇女的地位；一是年轻人的地位。这里我简要地回答。

首先关于年轻人的问题，我想说，儒家确实提倡尊重老人，但并不意味着反对更新与自立。儒家实质上更强调“趋时更新”，强调“举贤才”，提拔更多年轻的德才兼备的人来管理社会，这样的论述在儒家经典中不胜枚举。并且，历史上儒家思想也常常被用作革命的理论。我想 Callahan 教授将两个问题弄混淆了。

其次关于妇女的地位，历来有很多批评。对于像“唯女子与小人为难养也”与“饿死事小，失节事大”这样句子，已经有许多学者从训诂、概念的解释以及整体语境中给予了许多重新的解释。[①] 这里，我不再一一列举，因为我也不希望仅仅通过几个训诂就可以说服大多数批评者。我想说的是，的确，历史上甚至到今天，对妇女的歧视是存在的，我们看到的明清两代社会留下来的贞节牌坊，的确是有妇女的血泪。但是，这是时代的限制，还是儒家的限制？男权社会是世界各国普遍存在的现象，如果把这看成单单是儒家家庭伦理的过失，是否恰当？对于这样的问题，我们应当思考的是，如何从传统资源发掘出可能的积极因素，而不是一味地指责。我很欣赏 Callahan 教授从基督教传统中，发掘出了女权主义者的理论资源。我想我们是不是可以在儒家传统中也发掘出一些资源？在历史上，儒家是不是相对缓解了男性中心主义社会里面的一个对妇女过度压抑的问题？我想，建立在一种绝对普遍主义立场上的女权（我想 Callahan 教授也不是这样的立场）是否也会导致这样的问题，即在一个男权社会里，将女人变成男人。儒家的内外之分，是否在一定程度上保留了真正女性世界的可能性，从而抵制了男权的无限

---

① 参见郭齐勇：《有关儒学的自觉自识——兼评对儒学的误会与非议》，参见郭齐勇主编：《儒家伦理争鸣集——以“亲亲互隐”为中心》，425～428 页。

侵入呢？当然，在当今世界，我举双手赞成并坚决维护女性在公领域里与男性享有平等的权利，这绝不是要改变女性的性格特征。

最终我想说的是，我们在看待一种文化传统的时候，应当从内部、从它的解释传统中去更好、更详尽地去了解它，而不是站在外部去观察。批评应是相应的批评，而不是不相干的批评。我们当然希望与西方思想家对话，但这种对话理应建立在彼此了解的基础上。

归结起来，Callahan 教授、马琳教授从普世之爱的立场出发，担心“亲亲互隐”会牺牲公正。然而，正如我在前面所说，“亲亲互隐”讲究天理之人情，正是在更深的层次上保证了真正意义上的公正，避免公正的僵化、空洞，以及公正名义下的私心自用。我想，如果了解了这一点，西方基督教文化背景的学者，一定也会赞同我的看法。而中国文化背景的学者，则更有义务和责任，乎情合理地理解与解释传统的经典，进而方可“平等”地与西方对话，创造性转化儒家文化，发掘其现代价值。

事实上，我更看重这些辩论中所涉及的平时可能被我们所忽视的文本的细读，以及建立在更全面了解儒家思想基础上的与西方的对话，并且更重要的是发掘出对当代中国社会的现实意义。所以，我想说，化用马琳教授文章的题目——“超越辩护的冲动”，显然我不仅仅是为了辩护。

先秦儒学关于社会正义的诉求

关于正义问题，西方自古希腊的亚里士多德到当代的罗尔斯都有很多讨论。在我们的国学中，在思想史和文化史上，其实也是有一些思想资源的。儒家的社会理想与制度设计多是针对当世的社会弊病提出，并用来批评、指导当世的；儒家思想与专制体制是有距离、有张力的。大家知道，关于权利观、公私观、群己观、正义观，都是历史的、具体的，儒家当然也不例外，但它毫无疑问都具有某种普遍性，值得我们今人记取。

1. 先秦儒家弃绝私利吗

涉及生存权、财产权的"制民恒产"论及土地、赋税、商业政策之平等观

先秦儒家并不弃绝私利，孟子的"何必曰利"是针对梁惠王、齐宣王等当政的君主的。儒家对老百姓的私利其实是相当关注的。孔子治国

安民的主张是“庶、富、教”，庶而后富，富而后教，肯定民生，强调藏富于民，把维护老百姓的生存权与受教育权看做是为政之本。孔子所重在“民、食、丧、祭”，重视百姓的吃饭与生死问题，主张如子产那样“养民也惠”、“使民也义”。孔子希望统治者不违农时，做到“因民之所利而利之”。孔子注意到分配正义、社会公正问题，反对贫富过于悬殊，指出：“不患寡而患不均，不患贫而患不安。”

孟子继承孔子的人道主义，反对暴政。孟子的社会政治思想是以他的性善论为前提的。正因为人有“不忍人之心”，所以才能行“不忍人之政”。关于私人，尤其是小民的权利、领域或空间的保护问题，孟子强调保障老百姓的财产权，认为良好的政治一定是使老百姓有产业有收入的政治；一定要保证他们的收入所得，上足以赡养父母，下足以抚养妻小；好年成，丰衣足食；坏年成，不至于饿死；然后再诱导他们走上善良的道路。

孟子严厉抨击了战国中期的社会不公现象：“庖有肥肉，厩有肥马；民有饥色，野有饿莩，此率兽而食人也。”《孟子》书中多处谈到“八口之家”、“五亩之宅”、“百亩之田”的农家生活理想。人民有土地宅园，有桑麻、家禽、家畜，无冻馁之虞，有丝衣，有肉食。在战乱频仍之际，孟子反对不顾人民的死活，驱民耕战来满足人君的私欲，而主张轻刑薄税。所谓“王道”就是使得老百姓养生丧死无憾。

先秦儒家对土地、赋税和商业有许多制度方面的设计，孟子、荀子和《礼记・王制》对此都有很多相近的论述。根据他们的看法，王者的法制是：均等赋税，平正民事，裁制万物。土地税，九分取一或十分取一。关口和集市，只稽查坏人，而不征收赋税；给商人空地以储藏货物，不另外征货物税；山林和渔场，按时序关闭或开放（生态的考虑），任何人都可以去，而不征收税用；依据土地的肥瘠程度征收赋税；流通财物，转运粮食，畅行无阻；借民力助耕公田（即劳役地租），不再征收其田税；耕种祭田不征税；征用民力一年不超过三天；农夫的居住地不征地税和额外的钱；田地和居邑不得买卖，不得在公家给予的家墓地之外再求余田；犯罪的人，刑罚只及于他本人，不牵连到他的亲属（“罪不及孥”）。

我们知道，儒家的“礼”是社会的公共生活规范与秩序，随时空条件不同而有不同的变化。礼别贵贱，礼讲等级差别，这当然是有时代限制的。但另一方面，“礼本于天”，“礼”的秩序源于宇宙的秩序。“天无私覆，地无私载”，秩序的价值既有神圣性，同时也有合理性、公共性、公义的内涵。作为人与人的差异性社会原则的“礼”不仅受制于“天”，而且它的内在精神是“仁”，“仁”高于“礼”。仁政学说的目的是为民。因此，仁政首先要解决民生问题。在先儒养民富民、安顿百姓的生命与生活的基础上，孟子首次明确提出为民制产，认为人民只有在丰衣足食的情况下才不会胡作非为，接受教化。仁政以土地制度为基本保障，这还是生存权问题，民生问题。小民的基本口粮，家庭成员的温饱，老人的赡养均是仁政的主要内容。孟子多次提到要保证黎民不饥不寒，粮食如水火那么多，五十岁以上的人有丝棉袄穿，七十岁以上的人有肉吃等。荀子在肯定人的现实存在的社会性差异时，并没有忘记“公平”、“正义”。

2. 最不利者应受到最大关怀

养老、救济弱者、荒政与社会保障的制度设计及其落实

今天我们讨论罗尔斯的正义论，即他的第二个原则：差异原则。他的实质公正，内容为最不利者应得到最大的关怀。其实儒家传统中也有这些最基本的诉求。

孔子的正义主张、扶植贫弱的思想在孟子那里得到充分发挥。孟子指出：“老而无妻曰鳏，老而无夫曰寡，老而无子曰独，幼而无父曰孤。此四者，天下之穷民而无告者。文王发政施仁，必先斯四者。”关于养老恤孤制度，《礼记·王制》保留了上古“五十养于乡，六十养于国，七十养于学”的分级养老制以及行养老礼的礼俗与制度。对于弱者，《礼记·王制》几乎重复孟子之说，对鳏寡孤独的供养，由政府提供经常性的救济，并形成定制；对于聋、哑及肢体有残疾、障碍的人也有供养制度，即由工匠用自己技能的收入供养他们。

荀子主张“兴孝弟，收孤寡，补贫穷”。《礼记·礼运》的作者假托孔子之口，抒发了大同之世的向往：“人不独亲其亲，不独子其子，使

老有所终，壮有所用，幼有所长，矜寡孤独废疾者皆有所养，男有分，女有归。”该篇作者认为，在小康之世，虽然“天下为家，各亲其亲，各子其子，货力为己”，但仍然有仁、义、礼、乐来调治社会。“政必本于天”，这是儒家政治的根源性与正当性。这是小康之世的治世原则。礼是体现义的规范、定制；义是法则有分别的依据，是施行仁道的节度，是分限之宜、恰当、正当。

古代是如何救荒的呢？让我们看一看古代的荒政思想与实践。《周礼·地官·大司徒》规定大司徒的职责之一是掌握救济灾荒的十二条政策，凡遇到灾荒，诸侯国应贷给百姓谷种与粮食，减轻租税、刑罚，免除征调徭役，开放关市山泽的禁令，免除市场货物的稽查，减省或简化礼仪，鼓励婚嫁，祭祀鬼神，严惩盗贼等，以安定万民，不致使百姓流离失所。遇到大的饥荒或瘟疫，大司徒应命令相关诸侯把灾民迁徙到富裕之地，把粮食运往灾区，解除山泽禁令，停止征调徭役，减轻赋税，宽大处理罪犯。“移民就谷”至少在战国中期已成为定制，例如据《孟子·梁惠王上》记载，魏国的惠王对孟子说：“河内凶，则移其民于河东，移其粟于河内。河东凶亦然。”凶指灾荒，年成不好。魏惠王对孟子抱怨，说，我执行了移民就谷，却仍然得不到百姓的谅解、拥戴。孟子则批评魏惠王只是被动地这么做了，还做得不够，没有从内心关爱百姓，没有从根本上立仁爱之心，真正实行制民之产、使民养生丧死无憾的仁政王道。

历史上后世的儒家知识人对此身体力行。例如南宋朱熹在知南康和提举浙东时，努力劝农赈灾，宽恤民力，为减免贫困县的赋税和积年旧账，多次奏请朝廷。朱子为赈荒写了数以百计的奏状、札子、榜文、布告，想了一系列办法，逼使朝中宰辅同意他的救济百姓的措施。朱子曾向孝宗面奏七札，严词批评孝宗主政二十年的弊病：大政未举，用非其人，邪佞充塞，货赂公行，兵怨民愁，盗贼间作，哀鸿遍野，民不聊生。朱子忧心如焚，视民如伤，大修荒政，调度官粮、义仓，对富户中纳粟赈济者给予政策上的优惠，对乘机哄抬粮价、放高利贷者予以打击，抑制强宗豪右，严惩贪官污吏。他深入穷乡僻壤，拊问存恤，提出具体应对荒灾的办法，关注缉盗、捕蝗、兴修水利等事。足见古代廉吏在一定程度上实践着儒家“王道”“仁政”思想，竭力减缓苛政对百姓的压榨，使民众谋得温饱。儒家政治思想中的正义原则在开明专政、温和统治的时期，在制度上同样得以体现。此外，民间社会有调节性的组织与伦理，社会与政府之间亦有张力。

3. 最大的公正是机会的公平

开放教育，平民参政的制度安排及作为村社公共生活的庠序乡校

参照罗尔斯正义论所讲到的机会公平，我们就会联系到儒家所开创的教育公平和政治参与的公平。孔子"有教无类"的思想极其重要，向民间开放教育，是打破世卿世禄制，得以"举贤才"的基础。孔子说"举直措诸枉"，这是要把正直的人举拔在邪曲的人之上，即公正地选才用人。

孟子发展了孔子"富而后教"的思想，他说"善政不如善教之得民也"，良好的教育，使人们心悦诚服，以改革其心；而良好的政治手段，用以防止于外，达不到征服人心、使百姓衷心拥戴的效果。如果在上位的人没有礼义，在下位的人没有受教育，违法乱纪的人都出来了，国家的灭亡也就不远了。孟子教育的核心是伦理教育，旨在培养受教育者的仁德，使家庭和睦，使社会公平安定。"设为庠序学校以教之。庠者，养也；校者，教也；序者，射也。夏曰校，殷曰序，周曰庠，学则三代共之，皆所以明人伦也。人伦明于上，小民亲于下。"孝悌的推行，使社会长者普遍得到尊重。足见教育可以调治人心，和谐社会关系，安定社会秩序。教育可以使人"明人伦"，造成"小民亲于下"的良好社会风气。

荀子说"选贤良，举笃敬"。《礼记·礼运》也提出"天下为公，选贤与能"的理想，这些都在古代的教育制度与官僚制度中得到不同程度的体现。在中华文明史上屡见不鲜的史实是：贫苦农家子弟，由布衣而走上政治，甚至参与最高政治，位列三公，所谓"朝为田舍郎，暮登天子堂"。中国史上有一种机制，保证平民参政。当然，古代科举制等教育制度也有弊病（任何制度都会有弊病），但从总体上看，其中也贯穿

了平民受教育并通过受教育参与政治的机会平等的原则，这是中国文官制的依托。世界的文官制度是由中国开创的，这毫无疑问。教育的开放其实也意味着政治的开放，这其实是公民权利意识、民权、民选的萌芽。

值得注意的是，农家子弟读书受到了村社、宗族公田所得的资助。从杨宽《西周史》、吕思勉《燕石续札》等书可知，庠、序、校是村社成员公共集会的活动场所（包括前述的行养老礼）。射礼是很好的一种公共生活，也是古代选拔人才的场合。现在韩国、日本的大学都还有射箭馆，我们没有。今天我们办奥运会，射箭是由韩国人推广到世界上的，中国没有一个传统的项目推广到世界上，原因就在于缺乏传统的积淀和创造性的转化。中国古代社会不是铁板一块，不是用“专制”等词一言以蔽之即可概括的。从春秋末郑国子产的不毁乡校到明代何心隐的社会基层组织“聚和堂”，到清初黄宗羲的以学校为议政之所主张与议会之初步，均是中国政治平等与民主的重要资源。在公共生活中必有个人与群体的权力界限的规定。宋代朱子家礼、明代王阳明的乡约中都有契约精神与公民社会之初步，是文明化的体现。

4. 儒家是专制主义的护身符吗

尊重民意、察举与官员自律，防止公权力滥用的思想及革命论

我们知道，中国传统政治哲学的根本经典《尚书·洪范》中指出，三德以正直为主，有刚有柔，求得刚柔互济的中正平和。其大中至正的标准为：“无偏无陂”、“无偏无党”。儒家所追求的政治是一种公正不阿的政治。孔子提出以“敬”（严肃、慎重）的态度谨慎地使用公共权力的问题。孟子与齐宣王对话，巧妙地诱导宣王，涉及分级责任制及罢免问题：“曰：‘士师不能治士，则如之何？’王曰：‘已之。’曰：‘四境之内不治，则如之何？’王顾左右而言他。”孟子说可以进谏，不听可以辞职：“有官守者，不得其职则去；有言责者，不得其言则去。”这些都涉及了责任伦理和分权制衡。

据《孟子·梁惠王下》记载，孟子论民意与察举：国君进贤，“左右皆曰贤，未可也；诸大夫皆曰贤，未可也；国人皆曰贤，然后察之；见贤焉，然后用之。左右皆曰不可，勿听；诸大夫皆曰不可，勿听；国人皆曰不可，然后察之；见不可焉，然后去之。左右皆曰可杀，勿听；诸大夫皆曰可杀，勿听；国人皆曰可杀，然后察之；见可杀焉，然后杀之”。这些都涉及防止公权力的滥用。

孟子“仁政”思想是对孔子“德治”、“重民”思想的发展。他提出了“民贵君轻”的著名思想。他很看重民心的向背，认为民心的向背是政治上成功与否的决定因素。他说：“民为贵，社稷次之，君为轻。”在治理国家、统一天下的问题上，老百姓是最重要的，国家政权是次要的，国君是更次要的。孟子有“不召之臣”的说法，甚至还说“贼仁者谓之‘贼’，贼义者谓之‘残’。残贼之人谓之‘一夫’。闻诛一夫纣矣，未闻弑君也。”君有过错，臣可规劝，规劝多次不听则可推翻他。残暴的君主是独夫民贼，人民可以起来诛杀他。此即传统政治上的革命论。以上关于民意、官守、不召之臣、民贵君轻等思想是孟子思想中可贵的民主性精华。孟子的民本思想对历代批判君主专制的思想家影响很大，成为中国乃至东亚重要的政治资源。

5. 孔子“亲亲互隐”是鼓励腐败吗

德教及刑罚的慎重、程序化与私人领域的保护

儒家重视道德教化，以六德、六行、六艺来熏陶、培育民众。这其中的核心是仁爱、善良、关爱他人、体恤贫苦。儒家同时重视法治，《地官》、《王制》中也有刑罚制度的记录与设计。我这里只指出一点，即在审案、判案、处罚过程中如何审慎、认真，避免冤案，严格程序及对私人领域的保护问题。关于司寇听讼治狱的法规与审理案件的程序，根据《礼记·王制》，司寇负责审查刑律，明辨罪法，以审理诉讼。审案时一定不能草率，要再三探讯案情。对于有作案动机而无犯罪事实的案件不予受理，对于从犯从轻量刑，对于曾宽赦而重犯的人则从重处理，定罪施罚一定要符合事实。

孔子不主张儿子控告父亲偷羊，而提倡“亲亲互隐”。你们好好看看文本，孔子哪里主张你去偷羊呢？哪里主张违法？哪里主张腐败呢？孔子所主张的只有一条，就是不要因为这种事而使父子相互告发。儒家主张的是礼、乐、刑、政相配合，不惟刑法是从。“亲亲相隐”在后世转变为法制中的“容隐制”，规定亲属有作证豁免权，这其实是对老百姓的亲属权、隐私权的保护，不使公权力一竿子插到底。我们知道，后世儒家不断纠正法家，解构法家。商韩之法的“公”，指国家权力、帝王权力，这与孔孟之公共事务的正义指向有原则的不同。法家有功利化、工具性的趋向，为富国强兵的霸王之政治目标，牺牲人的丰富的价值乃至戕害人性与人情。商韩之法以刑赏二柄驾驭、驱使百姓，意在泯灭百姓私人利益，化私为公（其“公”即是霸主的“国家利益”）。

关于儒家理念中的权利意识、公私权界观，以及儒家与专制主义的区别，一个很好的例子是汉代的《盐铁论》。以桑弘羊为代表的国家主义者，主张盐铁官卖，由中央政府垄断，强力控制商人与商业，由政府自上而下维护社会秩序，而以文学为代表的广大儒生则主张盐铁由民间经营，反对控制商人与商业，由各地方与民间形成并维系自发的有层次的社会秩序。而且，桑弘羊主张以商韩什伍连坐之法控制民间，而文学则举起孔孟与公羊《春秋》“亲亲互隐”的大旗，强调保护老百姓的亲情权、隐私权、容隐权。

6. 儒家是唯道德理想主义吗

先秦儒学所内蕴的公平正义资源

有关孔子对最卑贱的小民的关怀，要求官府的首要职责在保障其辖区人民的温饱，以及庶富教的方略，汉学家罗思文（Henry Rosemont）认为，这具有通向作为民主理想的公共自治同样要求的特质。他还重视儒家君子品格的社会性。罗思文肯定孟子有关杀死那些不关心民生的暴君的合法性，并将这些不顾民生之辈置于道德等级的最下层。罗思文认为，孟子，尤其是荀子的《王制》中的有关以职业训练、公共福利和健康保险等社会事业来帮助人民，要求政府提供足够的物资和服务以接济人民，对病人、穷人、文盲、孤寡给予社会福利的关怀的相关论述，这在与他们同时代的西方思想家那里是找不到的，也与马基雅维里的论点大相径庭。罗思文还说：无论是柏拉图的《理想国》、《律法书》，还是亚里士多德的《政治学》，我们都找不到有关政府如何有义务救济老弱病残及贫民的言论。这一点非常重要。

有人指责中国传统文化中，特别是儒学中，没有尊重人的权利的看法，只有强调义务的看法，这是不准确的。权利与自由等都是历史的范畴，只能以历史主义的眼光来看待。重视人的生命，维护其财产，珍视其名誉，都是人的基本权利，儒家非常强调这些基本权利。不仅如此，孔子与孟子的公私观也内蕴着深厚的公共性与公正性的思想资源。孔孟一方面以天、天道与天德为背景，其仁、义的价值与仁政学说中，充满了对民众的最基本的生存权与私利的关怀，甚至把保护老百姓的生存权、财产权、受教育权、参与政治权和防止公权力滥用，作为真正的"公"，是良好政治的主要内容，并在历史上制度化为土地、赋税制度、农商政策与类似今天社会保障的养老、赈灾、救济弱者制度，以及拔擢平民子弟的教育制度与文官制度及其他制度；另一方面，以天、天道与天德为背景，孔孟深深体验到人性、人情的根本，护持亲情与家园，这些理念也逐步制度化为隐私权、容隐权与亲情权的保护。第三方面，孔孟强调从政者的敬业、忠诚、廉洁、信用品性等责任伦理，在君臣关系的处理上包含了区分职权、责任及相互制约的萌芽，尊重民意，强调察举以及官守与言责，不仅是公共责任意识，而且是分权制衡的初步。孔孟的人文价值理念长期浸润在中国民间社会，又不断转化为传统政治法律制度，是我国现代化建设重要的精神资源与制度的参鉴。

孙中山论心性文明与人格建国

孙中山先生是中国乃至东亚现代化的先行者。在他关于我国和亚洲现代化建设的思考中，对传统的政治、伦理、道德给予了充分的关注，其中的同情理解、理性批导和创造转化的方法论，尤其值得我们借鉴。孙先生关于现代化与传统政治文化、伦理文化关系的反思，是通过中西文化之比较和立国立人论的创设而展开的，故本文通过对孙先生文化思想与理想人格学说的追溯，考察了他的政治与道德文明的改造论。

1. 物质文明、制度文明与道德文明

孙中山自青年时代起，就从东西文化的冲突之中看到近代西方文明的力量和优长，急切地希望从器物、制度、思想与价值观念诸层面，全方位开放式地学习西方。在力量的强弱盛衰之鲜明对比面前，取法西方是救国保种的必由之路。西方的科学、民主、自由、平等、理性等价值，尤其是其制度文明，成为孙先生政治革命的支撑点及与他的对立面——腐朽的晚清政府及保皇派作

斗争的武器。孙中山一方面认为振起沉疴，建设现代国家，必须学习欧美科学、实业、工业化与民主制度，必须向日本那样在一定程度上西化；非如此，则不可能根本改变积弱的地位，不可能救中国，不可能解决亡国灭种的危机。孙先生深切体验了现代化的世界潮流，认识到资本主义经济的世界一体化是不可避免的，为迎接世界的挑战，克服中国的生存危机，必须学习西方。这是孙先生早年文化抉择的主要方面。

另一方面，孙中山又深切感受到西方文明与资本主义的殖民扩张是联系在一起的，与西方对非西方的民族压迫和掠夺，以及它内部的贫富不均等社会问题是联系在一起的。因此，他在呼唤西方制度与价值的同时，又警惕着西方文化的负面，开始注重中国传统制度与精神资源的转化。从20世纪初年开始，他的视野中不仅有西欧北美的文明，同时又有了中国固有的文明。他的政治改革和建国方略充分吸取了古代精英文化和近世欧美文明的双重资源。

民元以后直至“五四”新文化运动期间，孙先生的中西文化观继续沿着“中西融贯”的路数发展。这一段时期孙先生继续提倡文化开放主义，但对西方文明的批评更加尖锐，对中国数千年文明的认同感有所加强，所讨论的问题主要是如何将外国的规制和中国本有的规制融合起来，同时开始以道德价值尺度衡估中西文明。也就是说，他所提倡的中西融合，逐渐从制度文化层进入文化系统的核心——价值观念层。

(1) 建设一个中西合璧的中国

民国元年，孙中山在《咨参议院请核议暂行法律文》中，针对编纂法典、颁行律法之事指出：“事体重大，非聚中外硕学，积多年之调查研究，不易告成。”① 同年《在北京湖广会馆学界欢迎会的演说》中指出：“盖学问为立国根本，东西各国之文明，皆由学问中来。”② 在这次演说中，孙先生批评了欧洲诸国发明的优胜劣败、弱肉强食之生存竞争学说，即社会达尔文主义，指出这在欧洲文明进化之初是适用的，但“由今视之，殆是一种野蛮之学问”，“有强权无公理”。他代表了被压迫民族与人民的心声，抨击了国与国、人与人之间的不平等，号召学界“诸君今日于学问一途，尚当改良宗旨，着眼于文明，使中国学问与欧

① 《孙中山全集》第2卷，276页，北京，中华书局，1982。

② 同上书，422～423页。

美并驾”；“从此研究文明学问，铲去野蛮学问，使我国之道德日高一日，则我国之价值亦日高一日。价值日高，则有神圣不可侵犯之地位，而瓜分之说，自消灭于无形也”①。

同年10月《在安徽都督府欢迎会的演说》中，孙中山讲兴利除害，指出“兴利之事亦很多，最要紧的就是修铁路，开矿产，讲求农业，改良工艺数大端。但要想实业发达，非用门户开放主义不可”。他抨击了清末的闭关主义，指出在维护主权与领土完整的前提下，“外国人进来，毫无妨害，有何不可？况开放主义，我中国古时已行之。唐朝最盛时代，外国人遣派数万留学生到中国求学，如意大利、土耳其、波斯、日本等国。彼时外国人到中国来，我中国人不反对，因中国文明最盛时代，上下皆明白开放主义有利无弊”②。

正是在这篇提倡开放主义，主张借取、引进外国资本、外国人才、外国方法的演讲中，孙先生指出：“我中国是四千余年文明古国，人民受四千余年道德教育，道德文明比外国人高若干倍，不及外国人者，只是物质文明。”“物质上文明，外国费二三百年工夫，始有今日结果。我们采来就用，诸君看看，便宜不便宜？由此看来，我们物质上文明，只须三、五年即可与外国并驾齐驱。我们道德上文明，外国人是万万赶不及我们的。结果岂不比东西各国更加倍文明？”③ 在这里，孙中山过于乐观了，他对当时我国物质、精神方面的落后面估计不足，尤其对中国道德文明的负面及其改造的艰苦性缺乏认识，然而他的苦心是弘扬中国传统的道德教育与道德文明，吸取其精华，同时借取近世西方物质文明，加以融化。这种设定的意义在于，借取西方资本、人才、方法，借取西方物质文明与制度文明，与保存、转化、弘扬中国固有的道德精神文明并不是完全不相容之事。直到今天，仍有不少人认为二者是完全不相容的。有的论者指责孙先生在这里把物质文明与道德文明割裂起来了，其实非是。孙先生此时所呼唤的国民真正平等、自由、民主权利、幸福等价值，当然是与西方近世物质文明密切相联系的，但孙先生特意呼唤古代承传下来的心性文明、道德精神，以弥补或治疗西方文明的弊

① 《孙中山全集》第2卷，423～424页。

② 同上书，532页。

③ 同上书，533页。

病，这正是他独具慧眼之处。

同时，我们不能忽视的是，孙先生提出道德文明的一个背景，是针对西方列强的。西人指责我们“野蛮”，中山先生则把“野蛮”这顶帽子还给弱肉强食的列强。1913 年《在东京中国留学生欢迎会的演说》中，孙中山再次批评了生存竞争之说，指出：“今世界日近文明，此种学理，都成野蛮时代之陈谈，不能适用于今日。今进于社会主义，注重人道，故不重相争，而重相助，有道德始有国家，有道德始有世界。”“吾中华民国，为世界最伟大之国。土地人民，为诸国冠。不过因近二百年受制异族，文明退步，国势凌夷。外国遂谓中国为野蛮，实属大谬。”① 他批评中外一些蔑视中国的人，“实在是把中国数千年之文明忘记了。中国此次之革命，就是恢复数千年历史上之文明……今日得一种高尚完全之政体，政体既改良，人民道德亦必随之改良”②。中山先生在这里谆谆告诫国人，同时向外国人提示，切不要忘记中国数千年之文明。他倡导互助原则，以道德精神建国家、建世界，是批评帝国主义的扩张的，同时他又肯定了政治改革对道德改良的促进。

1916 年，在论及政治制度改革时，孙先生再次主张直接实施民权，指出：“吾人今既易专制而成代议政体，然何可故步自封，始终落于人后。故今后国民，当奋振全神于世界，发现一光芒万丈之奇采，俾更进而底于直接民权之域。”③ 在谈到五权宪法时，孙中山又指出：“此弹劾权及考试权实我国之优点，吾人采取外国良法，对于本国优点亦殊不可抛弃。”④ 他又说：“余尝见一西人日记，言杭州在五百年前之文明为当时欧洲所不及。吾甚希望诸君，不论职业大小，官阶尊卑，各尽其力，以保守固有之文明，并日图进步，为全国之模范。”⑤ 这样，他从制度文明到道德文明，都强调了不可“抛却自家无尽藏，沿门托钵效贫儿”⑥。

孙中山在民国建立之后，一方面一如既往提倡效法西方，促进中国

① 《孙中山全集》第 3 卷，25 页，北京，中华书局，1984。

② 同上书，25 页。

③ 同上书，323 页。

④ 同上书，332 页。

⑤ 同上书，342 页。

⑥ 王阳明：《致良知诗》。

的政治改革和社会进步；另一方面则更关注“保守固有之文明”，继承本有文化的优长。他的总体思路是：第一，不忘我们是20世纪的人类，因此各项改革必取法20世纪的西方先进经验与制度，不必重复17、18世纪西方旧法；第二，不忘我们是中国人，不忘我国为文明开化最早且具有悠久文化传统的国家，有自己的宝贵文化遗产，万万不可轻易抛弃。1918年2月，在《宴请国会及省议会议员时的演说》中，孙中山指出：“我国历史本素注意政治，所谓正心、修身、齐家、治国、平天下，屡言于数千年前，是吾人政治经验，应算宏且富矣。不徒一般毕业于外洋者，得有博士、学士诸学位者，尝以为未曾学过，而不细为研究，亦殊可惜。”① 他再次指出弹劾权、考试权“其实系中国良好之旧法”，“故甚望保存此良法，而勿忘记中国自己之良法也”。他企望“驾于欧美以上，作成一中西合璧的中国”②。1920年11月，孙先生《在上海中国国民党本部会议的演说》中指出：“我们现将外国的规制和中国本有的规制融合起来，较为周备。”③

总之，此时孙先生已从物质文明、制度文明与道德文明之全方位论及中西融合的问题，尤其在制度文明和道德精神方面趋向于从传统资源中寻找根据，予以创造性转化。孙中山对儒家心性文明与改良政治之关系的重视，实为20世纪欧风美雨冲击下颇有深意的回应。日后，他更加重视这一问题。

（2）趋新与守旧，开放与保存

孙先生对新文化运动持积极乐观的态度，认为它是我国思想界空前之大变动，是最有价值之事。他赞扬国民党当时所办的两种刊物，“激扬新文化之波浪，灌输新思想之萌蘖，树立新事业之基础，描绘新计划之雏形”④。但孙中山所持的文化观与新文化运动健将、激进主义者陈独秀和自由主义者胡适等人是不同的，尤其是对固有精神文明的态度方面，差异颇大。

这里，我们不妨以1917年至1919年间曾分别出版，后结集为《建

① 《孙中山全集》第4卷，332页，北京，中华书局，1985。

② 同上书，332页。

③ 《孙中山全集》第5卷，392页，北京，中华书局，1985。

④ 同上书，210页。

国方略》之1922年本，及1922年的若干演讲，来讨论孙先生这一时期比较系统的中西文化观。首先是关于中国文化的优长与危机。

孙先生指出："中国为世界最古之国，承数千年文化，为东方首出之邦。未与欧美通市以前，中国在亚洲之地位，向无有与之匹敌者。"① 中国的"文学、哲理、道德等，不但是现在中国人不知道，就是外国人也有不知道的。当东西大交通之初，外国人看不起中国人，以为中国人是与非洲、南洋等处的土人一样的，没有一点儿文化，但是现在都渐渐明白了，有很多佩服中国的，也有要学中国的，并且知道中国的文化，有许多地方，现在外国还有不如的"②。

孙先生特别推崇中国的心性文明，推崇中国人的人文理想和价值世界。但他并没有把物质文明与心性文明截然对立起来。他说：

> 实际则物质文明与心性文明相待，而后能进步。中国近代物质文明不进步，因之心性文明之进步亦为之稽迟。顾古来之研究，非可埋没。持中国近代之文明以比欧美，在物质方面不逮固甚远，其在心性方面，虽不如彼者亦多，而能与彼颉颃者正不少，即胜彼者亦间有之。彼于中国文明一概抹杀者，殆未之思耳。且中国人之心性理想无非古人所模铸，欲图进步改良，亦须从远祖之心性理想，究其源流，考其利病，始知补偏救弊之方。③

从上下文来看，孙中山是针对新文化运动中有关废除汉字的议论有感而发的。孙先生认为，中国汉字不可废。文字之废，可能导致国亡灭种。中国文字乃中国精神的载体，离开了汉字，亦无从理解中国人的心性理想。中国的心性之学是世界级的瑰宝。在这里，孙先生的评价是非常客观的，他一方面肯定了近代中国即使在心性文明方面，不如西方之处仍然很多，但确有远远超过西方的精华，不可随意毁弃。尤其令人敬佩的是，孙中山没有陷入唯科学主义、唯理性主义，

---

① 《孙中山全集》第6卷，224页，北京，中华书局，1985。

② 同上书，69页。

③ 同上书，180页。

他重视人们的精神生活，试图重新建构中西互融的新的人文精神与心性文明。以高度的人文精神来补充发达的科技物质文明，直到今天，仍是一世界性的课题。

另一方面，孙先生正视中国文化在近世以来面临的重重危机。孙先生说："中国现在底文明，一不如外国，二不如古人。中国古时底文明进步很快。外国近来底文明进步很快。""日本和暹罗的文明，也是近来进步很快。推求这个进步很快的原因都是一样的，都是因为有正当的学术，有正当的思想。"① 孙先生认为，中国文明不进步的原因，是思想上受到种种束缚，不敢创新，不敢实践，不敢去行，去做，去闯。知识分子习惯于"述而不作，坐而论道，把古人言行的文字，死读死记，另外来解释一次，或把古人的解释，再来解释一次。你一解释过去，我一解释过来，好像炒陈饭一样，怎么能够有进步呢？"② 这种教条主义的经学注疏模式妨害了思想解放和创造性实践，泯灭了人的好奇心和怀疑批判能力，也戕害了中国人文精神。

孙中山说："世界上文明的发达，是在近来二百多年，最快的是近来五六十年。以后人类知识越发多，文明的进步便越发快。中国两千多年以前，都有很好的文化，从前文化的进步是很快的。近二千多年以来，没有什么文化，现在的文化不如唐虞，不如秦汉，近人的知识，不如古人的知识。"③ 这种说法当然过头了，秦汉以后的文化有相当辉煌的一面，近人的知识也超过了古人。孙先生在这里只是强调秦汉以后影响文化进步的原因是，"政府一天专制一天，不是焚书坑儒，便是文字狱，想种种办法去束缚人民的思想，人民哪里能够自由去求文化的进步呢？"④ 实际上孙先生在《建国方略》中多次歌颂了秦汉以降两千年的文明成就，如长城、运河、印版、火药、瓷器、丝、茶、指南针等，大有助于世界文明进步。而心性文明，在秦汉以后的宋明时代发展到极致的地步。

孙中山重视古代文明成果的积极转化，但反对泥古，主张利用、改造，为现实服务。他说："如能用古人而不为古人所惑，能役古人而不

---

① 《孙中山全集》第6卷，70页。
② 同上书，69页。
③ 同上书，68页。
④ 同上书，68～69页。

为古人所奴，则载籍皆似为我调查，而使古人为我书记，多多益善矣。”①

其次，孙中山强调在向西方开放时，必须注意鉴其利弊得失。他说：“盖中国之孤立自大，由来已久，而向未知国际互助之益，故不能取人之长，以补己之短。中国所不知所不能者，则以为必无由以致之也。虽闭关自守之局为外力所打破者已六七十年，而思想则犹是闭关时代荒岛孤人之思想，故尚不能利用外资、利用外才以图中国之富强也。夫今日立国于世界之上，犹乎人处于社会之中，相资为用、互助以成者也。”②“夫以中国之地位，中国之富源，处今日之时会，倘吾国人民能举国一致，欢迎外资，欢迎外才，以发展我之生产事业，则十年之内吾实业之发达必能并驾欧美矣。”“若吾国人能晓然于互助之利，交换之益，用人所长，补我所短，则数年之间，即可将中国之实业造成如美国今日矣。”③ 这种打破自我封闭，引进外资、外才，发展民族工业，使国家富强的思路，是十分确当的。孙先生还提出了沿海开放和内陆开放的具体设想。

孙先生又强调鉴别外国经验的利弊得失，不盲目抄袭欧美旧法，一切都要通过比较，切于实际。他说：“予之于革命建设也，本世界进化之潮流，循各国已行之先例，鉴其利弊得失，思之稔熟，筹之有素，而后订为革命方略。”④ 他认为，中国现代化不必走西方老路，而应另辟蹊径。“发展中国工业，不论如何，必须进行。但其进行之方，将随西方文明之旧路径而行乎？然此之旧路径，不啻如哥伦布初由欧至美之海程。”“吾之意见，盖欲使外国之资本主义以造成中国之社会主义，而调和此人类进化之两种经济能力，使之互助为用，以促进将来世界之文明也。”⑤ 孙先生强调“不宜盲从他国”⑥，在革命实践活动中，他逐渐形成了一套中国现代化道路的构设。

综上所述，从1912年至1922年的十一年间，孙先生的文化思想继

① 《孙中山全集》第6卷，180页。

② 同上书，224页。

③ 同上书，227页。

④ 同上书，204页。

⑤ 同上书，397～398页。

⑥ 同上书，517页。

续沿着辛亥以前文化开放主义的路数发展，所不同的是，他在辛亥以前虽已反对全盘照搬欧美陈法，注意固有文化内在宝藏的发掘，但主导倾向是文化开放，甚至提出不妨事事取法于人；民国建立直到新文化运动期间，孙先生在经济建设方面坚持对外开放政策，但强调走自己的路，在制度与精神方面，对民族文化资源的认同日益加强，其“中西合璧”的构想逐渐系统化，对中西文化的利弊优劣均有所分疏，摸索寻找一条新的、独立的中西融合之路。因为这一段时期，孙中山所面对的不仅仅是救亡的问题，不仅仅是政治革命的问题。他对未来中国的设计，经过辛亥革命的激荡之后，更加考虑到民族文化心理、价值系统等文化方面的因素，认定必须批判其负面，转化其可用之处，继承其神髓，才有利于新的人文精神和文化系统的建构。这是比政治革命复杂得多的问题。他从辛亥革命的失败中，也痛切地感到参加革命和建设的人的道德素养的重要性。此外，面对西方列强与中国军阀的种种挑战和西方社会病的丛生，也使孙中山不能不放弃以西方价值和制度为核心重新整合中国社会并建设新国家的努力。直到“五四”时期，他深知全盘西化和全面反传统并不是现代化的最佳设计，因而一再提出中西制度与价值观念的互融问题，以克服西方政治的平面化、片面性与社会病，并适应中国人的心理和习惯，继而加以改良。因此，他没有患“五四”精英们所患的那种文化幼稚病。尤其是他对现代心性文明的构设，可以说一反西方工具理性、科学主义的唯此唯大，而以东方人文精神加以调剂。

2. 国粹的重光与民族精神的恢复

1924年，在孙中山的思想体系——《三民主义》这一鸿篇巨制中，他的一个成熟完整的中西文化观凸显在国人面前。下面，我们将孙先生《三民主义》及1924年至1925年间其他著作中的有关论述作一梳理。

(1) 内圣与外王

孙先生高度肯定了中华文明和中华民族的地位。他指出：“中国在没有亡国以前，是很文明的民族，很强盛的国家，所以常自称为‘堂堂大国’，声名‘文物之邦’……”①；“中国的文化比欧洲早几千年。欧

① 《孙中山全集》第9卷，215页，北京，中华书局，1986。

洲文化最好的时代是希腊、罗马，到了罗马才最盛。罗马不过与中国的汉朝同时。那个时候，中国的政治思想便很高深……"①

他指出，中国的政治资源大有可以发挥的地方。他说："欧洲之所以驾乎我们中国之上的，不是政治哲学，完全是物质文明……欧洲的科学发达、物质文明的进步，不过是近来二百多年的事。在数百年以前，欧洲还是不及中国。我们现在要学欧洲，是要学中国没有的东西。中国没有的东西是科学，不是政治哲学。至于讲到政治哲学的真谛，欧洲人还要求之于中国。诸君都知道世界上学问最好的是德国，但是现在德国研究学问的人，还要研究中国的哲学，甚至于研究印度的佛理，去补救他们科学之偏。"② 这一段话当然也有毛病，特别是对现代政治与古代政治的比较，还有些盲目性。他的目的，是提醒人们重视中国政治资源的发掘。他指出，黄老的政治哲学、孔孟的政治哲学，都有高深精微之处。他认为，中国四千年历史有治有乱，君权政治有利有害，而民权政治在儒家思想中确有根芽。孙中山说，"两千多年前的孔子、孟子便主张民权"③，这种说法显然也过了头，但儒家资源的"天下为公"、"民为贵，社稷次之，君为轻"等仍是很重要的、可转化的因素。从"天下者，是天下人之天下"、"闻诛一夫纣矣，未闻弑君也"中，可知庶民在儒家中的地位。而君民关系、君臣关系及政治架构中对君臣分别的一定的制约和监督，都可以与西方政治相融摄。

孙中山说欧美的政治文化还不如我们的政治哲学系统完备，所举的例子就是《大学》的"格物、致知、诚意、正心、修身、齐家、治国、平天下"那一段话。"把一个人从内发扬到外，由一个人的内部做起，推到平天下止。像这样精微开展的理论，无论外国什么政治哲学家都没有见到，都没有说出，这就是我们政治哲学的知识中独有的宝贝，是应

---

① 《孙中山全集》第9卷，227页。

② 同上书，230～231页。按，这里不仅指政治哲学，更有一层生命体验的哲学涵泳其中，救科学之偏的东方哲学之胜义，已渐渐进入孙中山的视野。这里亦可见孙先生受到德国近世人文学者的影响。另请参见姜义华：《论〈孙文学说〉人文精神的新建构》，载《学术月刊》，1994（1）。

③ 《孙中山全集》第9卷，262页。

该要保存的。"[①] 他认为，正心、诚意、修身、齐家的道理，本属于道德的范围，今天可以把它放到知识范围内来讲。内治的工夫是很难讲的，需要宋儒那种精微的生命体验，此外还要有齐家、治国等外修工夫。孙先生主张放到知识层面上来讲，使其规范化、客观化，使后人可以遵循，这是有意义的。他说，我们的民族精神丧失之后，这些珍宝也被人普遍抛弃，不能自修其身、自治其国，是十分遗憾的事情。孙先生没有平面化地理解"内圣"—"外王"结构，企图揭示以"修身"为本位的由内省心性到外王事功的道德—政治学说仍有其现代意义，这是十分深刻的认识。有的论者认为由内圣推到外王，不合逻辑。这也许的确不符合形式逻辑，不宜于平面地、表层地顺推与逆推，但深层地说，确有一种深厚的生命理性或生命逻辑。《大学》德化政治的八目，对治世者的道德素养之强调，完全可以与当代法治社会的要求相结合。现代法治不能没有伦理共识作为背景与基础，然而伦理共识离不开伦理传统。

(2) 修身与忠孝、仁爱、信义、和平

孙先生告诫国民与青年定要律己修身。"今天讲到修身，诸位新青年便应该学外国人的新文化。只要先能够修身，便可来讲齐家、治国。现在各国的政治都进步了，只有中国是退步，何以中国要退步呢？就是因为受外国政治经济的压迫，推究根本原因，还是由于中国人不修身。"[②] 他强调我们要能够齐家、治国，不受外国的压迫，根本上便要从修身做起，要学习外国的新的道德文明，并且把中国固有的知识、一贯的道理先恢复起来，然后我民族的精神和民族的地位才都可以恢复。他这里提到修身与政治进步的关系。尽管把我们受帝国主义强权政治的欺凌和经济掠夺之原因归咎于"中国人不修身"有欠公允和有待深究，但修身与责任、义务意识有关，而责任、义务与清明的政治，与当今的人权、法治，都有不可分离的关系。

孙先生肯定我们民族精神的核心就是道德精神，只有把固有道德恢复起来，才有民族的地位。孙先生说："我们今天要恢复民族的地位，便先要恢复民族的精神"；"我们现在要恢复民族的地位，除了大家联合起来做成一个国族团体以外，就要把固有的旧道德先恢复起来。有了固

---

① 《孙中山全集》第9卷，247页。

② 同上书，249页。

有的道德，然后固有的民族地位才可以图恢复。”“要维持民族和国家的长久地位，还有道德问题，有了很好的道德，国家才能长治久安。”①

孙中山在这里说到一个很有趣的问题，国力的盛衰并不标志文化的高下和治世的久暂。元朝的国力曾达到欧洲里海的西岸，但元朝的地位并没有维持很久。相反，文化精神、道德精神是维系民族和国家的中心，只要这个民族的文化存在，这个“民族的道德高尚，故国家虽亡，民族还能够存在；不但是自己的民族能够存在，并且有力量能够同化外来的民族”②。这是中华民族历久不衰、不断发展壮大的根据。

孙先生说：“讲到中国固有的道德，中国人至今不能忘记的，首是忠孝，次是仁爱，其次是信义，其次是和平。这些旧道德，中国人至今还是常讲的。但是，现在受外来民族的压迫，侵入了新文化，那些新文化的势力此刻横行中国。一般醉心新文化的人，便排斥旧道德，以为有了新文化，便可以不要旧道德。不知道我们固有的东西，如果是好的，当然是要保存，不好的才可以放弃。”③ 这里再次表明孙先生与新文化运动健将们的距离。孙中山所肯定的固有道德，特别是忠孝、仁爱、信义、和平，不仅是国与国、族与族、人与人共存互尊的保证，使得国际与国内的社会秩序和民心得以维系，而且是人之所以为人的根本，是人的价值和意义的根本。

在人们视“忠”“孝”全为糟粕的时候，孙先生肯定了“忠”“孝”的现代价值。“忠”可以转化为忠于国家、人民、民族、事业，忠于职守，不畏牺牲，始终不渝。“忠”的精神仍需保留与发扬。孙中山认为，扬弃了对君主、皇帝的愚忠，但不可没有尽忠之心，尤其要效忠人民。“孝”道本身也不能废除。“讲到孝字，我们中国尤为特长，尤其比各国进步得多。《孝经》所讲孝字，几乎无所不包，无所不至。现在世界中最文明的国家讲到孝字，还没有像中国讲到这么完全。所以孝字更是不能不要的。国民在民国之内，要能够把忠孝二字讲到极点，国家便自然可以强盛。”④ 事实证明，现代社会仍需要孝敬父母，父慈子孝，仍需

① 《孙中山全集》第9卷，242～243页。

② 同上书，243页。

③ 同上书，243页。

④ 同上书，244页。

要亲情，仍需要父母子女的情感交流，仍需要解决老人赡养的问题。在高龄化社会，这个问题更为突出。

“仁爱”的继承问题也是一个十分重要的问题。孙先生没有分疏墨子的“兼爱”、耶稣的“博爱”与儒家“仁民爱物”之仁爱的差别。他把墨家、儒家和基督教的博施济众、利济天下的精神统一了起来，统称之为“仁爱”。孙先生号召国人学习西方基督教的实行精神，把仁爱恢复起来，再发扬光大。“老吾老以及人之老，幼吾幼以及人之幼”，推广“仁爱”之心，对于天、地、人、物、我日益疏离和紧张的社会，对于恢复人之本心本性，使人自识生命的意义和价值，确实是十分必要的。

“信义”的继承同样十分重要，孙先生说，国家民族之间，工商业交易之际，人与人和朋友之间，都需要讲信义。没有信义，就没有一定的秩序和一定的国格、族格、人格。

针对帝国主义的侵略、干涉，孙中山特别提扬“和平”的价值。他指出：“中国更有一种极好的道德，是爱和平……中国从前的忠孝、仁爱、信义种种的旧道德，固然是驾乎外国人，说到和平的道德，更是驾乎外国人。这种特别的好道德，便是我们民族的精神。我们以后对于这种精神不但是要保存，并且要发扬光大，然后我们民族的地位才可以恢复。”①

孙先生创造性地发展了传统儒家的“五伦”思想。他剔除了“三纲”等专制主义的等级权威和君主中心主义、男性中心主义的内容，积极引导儒家传统精神进行现代转化，经受现代洗礼。这是十分重要的开拓。今天，当全球各国（包括西方）的有识之士在思考西方现代化所导致的人类困境时，人们都在发掘人类各民族固有的宗教、哲学和道德资源。孙先生提出的“忠孝”、“仁爱”、“信义”、“和平”等德目和以“修身”为本的德治思想，在当代宗教、民族、阶级充满误会与紧张，在财产、权力、资源、信息的分配极不合理，贫富悬殊，往往出现紧张、对抗与冲突的时候，的确可以为家国天下提供相处共存之道。西方的价值——以强力、功利、竞争横决天下为背景的西方文明的理念——自由、平等、理性、人权、法制等，与中国的价值，例如孙先生这里特别

① 《孙中山全集》第9卷，246～247页。

加以提示的——忠孝、仁爱、信义、和平与修身等，实际上可以相互融摄、相互补充、相得益彰。今天，极端的个人主义、权利要求和工具理性正需要调治。孙先生的思考，实际上已超出了民族、国家的界限而具有世界的、普遍的意义。从根本上来说，中国精英文化，特别是儒学，有助于族类和全球社群的整合与人的境界的提升。孙先生所提倡的这些思想，今天才被人们重视起来，并据此反省西方理念的单面性与平面化，从而把东西方价值整合起来。

在东西方冲突中，孙先生从被压迫民族与国家的立场出发，批判了西方的霸权主义和强权政治。他说："东方的文化是王道，西方的文化是霸道；讲王道是主张仁义道德，讲霸道是主张功利强权。讲仁义道德，是由正义公理来感化人；讲功利强权，是用洋枪大炮来压迫人。"① 在谈到"大亚洲主义"时，他指出，此当以固有文化、仁义道德作基础。"我们有了这种好基础，另外还要学欧洲的科学，振兴工业，改良武器。不过我们振兴工业，改良武器，来学欧洲，并不是学欧洲来消灭别的国家，压迫别的民族的，我们是学来自卫的。"② 他指出，他当时讲"大亚洲主义"是要为被压迫的民族来打不平，这个文化是反叛霸道的文化，是求一切民众和平解放的文化。他对东西方文化所作的王道与霸道的分疏，甚至指出欧洲物质文明发达，霸道大行之后，道德便一天天退步，肯定东方的道德比西方高得多，根本目的还是在批判西方对东方的压迫。他指出，当时欧洲的科学文化，注重功利，只见物质文明，崇尚武力，有悖于正义人道和全球和谐，这些批判的深刻性已不限于国家、民族之间的关系，而且涉及对科技文明和工具理性单向度膨胀的否定，具有深刻的文化哲学意蕴。

孙中山一再反对妄自菲薄，认为中国人在学习西方，走向现代的过程中，完全可以走一条自己的道路。这条道路，外之不脱离世界潮流，内之不抛弃固有精粹。总之，在孙先生那里，无论是恢复国粹，还是学习欧美之长，都依据现实中国的情形加以选择和改造，决不照搬照抄。这样，在世界各国思潮和民族精神之间，在现代与传统之间，在东方与西方之间，在科技与人文之间，在物质文明与心性文明之间，孙先生力

① 《孙中山全集》第11卷，407页，北京，中华书局，1986。

② 同上书，407页。

求找到契合点，创造性地以现代回应传统，以传统回应现代。面对西方的挑战，孙先生以“迎头赶上”、“驾乎欧美”的气概，为我们民族和国家的腾飞作出了卓越的贡献。

3. 改良人格，立国立人

以进化史观与知行学说为基础，孙中山提出了他的理想社会与理想人格的学说。他一生为实现崇高的理想而努力奋斗。无论经历了多少挫折与失败，他总是以百折不挠的气概和坚韧不拔的毅力，奋斗拼搏。因实力不济，他一生不断地遭受帝国主义列强和军阀的冷落、排斥、打击、暗算，备受欺辱，却始终保持旺盛的革命激情，不畏失败与孤立。他发展了传统的“大同”理想境界和“天下为公”的理想人格学说，力倡“替众人服务”的人生价值观念。

（1）“天下为公”的“大同”理想

中国近世几代思想家，例如洪秀全、康有为等，都曾重新解释“大同”思想，而孙中山的解释，却与众不同。孙先生把“民有、民治、民享”的内容与“大同”学说联系起来。他说：“我们要解决中国的社会问题，和外国是有相同的目标。这个目标，就是要全国人民都可以得安乐，都不致受财产分配不均的痛苦。要不受这种痛苦的意思，就是要共产。所以我们不能说共产主义与民生主义不同。我们三民主义的意思，就是民有、民治、民享。这个民有、民治、民享的意思，就是国家是人民所共有，政治是人民所共管，利益是人民所共享。照这样的说法，人民对于国家不只是共产，一切事权都是要共的。这才是真正的民生主义，就是孔子所希望之大同世界。”① 孙中山当时钟情于改良派小资产阶级的社会主义，特别是亨利·乔治的学说。借鉴此类西方空想社会主义的思想内容，嫁接于传统《礼记》之《礼运》“大同”学说上，是孙中山对于理想社会的特殊表达方式。其中透露了这样的信息：孙中山力图避免资本主义的弊病。他进一步把大同境界与俄国革命联系起来。在《致犬养毅书》中，孙中山说：“夫苏维埃主义者，即孔子之所谓大同也。孔子曰：‘大道之行也，天下为公，选贤与能，讲信修睦。故人不

① 《孙中山全集》第9卷，394页。

独亲其亲，不独子其子，使老有所终，壮有所用，幼有所长，矜寡孤独废疾者皆有所养，男有分，女有归。货恶其弃于地也，不必藏于己；力恶其不出于身也，不必为己。是故谋闭而不兴，盗窃乱贼而不作，故外户而不闭，是为大同。’露国（按指俄苏）立国之主义不过如此而已，有何可畏!”① 他对苏维埃革命的肯定，主要是对经济分配制度的肯定。他当时认为，俄国革命以后的劳农主义，即经济平均主义的实行，把我国先哲的大同理想和西方“民有、民治、民享”的主张统统实现了出来。这里不免有一些混淆，因为这三者实际上是不一致的。

孙中山所憧憬的大同理想是政治、经济平等，“各尽所能，按需分配”的社会。俄国革命的成功无疑使他十分兴奋。他充满激情地说：“在吾国数千年前，孔子有言曰：‘大道之行也，天下为公。’如此，则人人不独亲其亲，人人不独子其子，是为大同世界。大同世界即所谓‘天下为公’。要使老者有所养，壮者有所营，幼者有所教。孔子之理想世界，真能实现，然后不见可欲，则民不争，甲兵亦可以不用矣。今日惟俄国新创设之政府，颇与此相似，凡有老者、幼者、废疾者，皆由政府给养，故谓之劳农政府。其主义在打破贵族及资本家之专制。”② 孙先生又说：“昔文王以百里王天下，即以其能施行仁政，使万民皆蒙乐利也，故吾国人追思往古，动称唐虞三代，其时确为太平盛世，人人安居乐业，为后世所不可企及。本党目的即在达到此种境地。”③

综上所述，孙中山企望通过民族革命、政治革命、社会革命，建设一个至进步、至庄严、至富强、至安乐的国家，为民所有、为民所治、为民所享，使中国为国际社会所重视，并促进世界趋于大同。孙先生在第一次世界大战之后，痛感西方社会政治生活与精神文化的危机，因此特别强调“天下为公”的人类理想。

(2)“造就高尚人格”的立国立人论

孙中山 1923 年 10 月《在广州全国青年联合会的演说》中肯定了青年会的提法：国人与青年要以人格救国。他认为，一个良政府、强国家的基础，是这个政府的从业人员和国民，都有崇高的道德人格。孙先生

① 《孙中山全集》第 8 卷，405 页，北京，中华书局，1986。

② 《孙中山全集》第 6 卷，36 页。

③ 《孙中山全集》第 8 卷，269 页。

认为，欲要有好的政治，必先要有好的道德。他说："要正本清源，自根本上做工夫，便是在改良人格来救国。""要人类天天进步的方法，当然是在合大家力量，用一种宗旨，相互劝勉，彼此身体力行，造成顶好的人格。人类的人格既好，社会当然进步……我们要人类进步，是在造就高尚人格。要人类有高尚人格，就在减少兽性，增多人性。没有兽性，自然不至于作恶。完全是人性，自然道德高尚；道德既高尚，所做的事情，当然是向轨道而行，日日求进步，所谓'人为万物之灵'。"① 他认为，人源于动物，所赋的天性，便多少带有动物性（兽性）。因此，修养自身、造就人格的过程，就是"减少兽性，增多人性"的过程。他又说，在人类来源及关于人与自然、社会之关系问题上，科学与宗教有着十分不同的看法。他肯定科学优于宗教，但同时认定宗教亦有自身价值。"至于宗教的优点，是讲到人同神的关系，或同天的关系，古人所谓天人一体。依进化的道理推测起来，人是由动物进化而成，既成人形，当从人形更进化而入于神圣。是故欲造成人格，必当消灭兽性，发生神性，那么，才算是人类进步到了极点。"②

在这里，坚持科学建国的孙中山亦承认宗教在人生安立上的意义，并以"兽性—人性—神性"之尺度观照人类的进步和人格的提升。因此，造就人格的过程，亦是"消灭兽性，发生神性"的过程。我们知道，没有神圣感与敬畏心，没有终极层面的关怀，是不可能有健康人格的。在这里，孙先生所要表达的主要思想当然还是道德救国、人格救国。他指出，有四万万人口和四千年文明的中国的国际地位为什么一落千丈呢？"这就是因为我们中国人不自振作，所谓堕落。堕落的原因，就是在不讲人格。我们要恢复国际的地位，须要我们不堕落；要不堕落，便先要讲人格。"③ 孙中山批评了堕落已极的官僚武人，指摘他们只知道升官发财，自私自利，什么国事都不管。孙先生强调必须培养全国人民的自治能力与国民性格，必须要全国人民都有体育、智育、德育全面发展的健全人格才好。

孙中山把实现"天下为公"的大同理想与培育为理想而奋斗的人格

① 《孙中山全集》第8卷，319、315～316页。
② 同上书，316～317页。
③ 同上书，320页。

联系起来。他《在桂林对滇赣粤军的演说》中号召革命党人、革命军人和青年树立革命的生死观、人生观。他说："所谓成功成仁者，乃惊天动地之革命事业！吾人何为而革命？务在造成安乐之新世界，期其成功。不成功，毋宁死，死即成仁之谓，古之志士有求之而不可得者……虽然均一死也，有泰山、鸿毛之别。若因革命而死，因改造新世界而死，则为死重于泰山，其价值乃无量之价值，其光荣乃无上之光荣，惟诸君图之！吾人生在恶浊世界中，欲打破此旧世界，铲除一切烦恼，以求新世界之出现，则必有高尚思想，与强毅能力以为之先。"①

孙先生发扬儒家"仁"、"智"、"勇"、"三达德"的人格论，指出，革命军人与青年的健康人格，应当是"智"、"仁"、"勇"全面发展的人格。所谓"智"，在于"别是非，明利害，识时势，知彼己"；所谓"仁"，即"博爱"，即"为公爱而非私爱"，包括救世、救人、救国之仁；所谓"勇"，即有主义、有目的、有知识之勇，在于长技能，明生死。"将我祖宗数千年遗留之宝藏，次第开发，所有人民之衣、食、住、行四大需要，国家皆有一定之经营，为公众谋幸福。至于此时，幼者有所教，壮者有所用，老者有所养，孔子之理想的大同世界，真能实现，造成庄严华丽之新中华民国，且将驾欧美而上之。"② 他继承儒家民本思想，强调官员要为公众谋幸福。

人总是要有"为人"的精神的！这正是"人之所以为人"的根本。孙先生说："世界上仅有物质之体，而无精神之用者，必非人类；人类而失精神，则必非完全独立之人。虽现今科学进步，机器发明，或亦有制造之人，比生存之人，毫发无异者，然人之精神不能创造，终不得直谓之为人。我既为人，则当发扬我之精神，亦即所以发扬为人之精神，故革命在乎精神。革命精神者，革命事业之所由产出也。"③ 这是关于人文精神、人格境界的绝好的论述。

由此可见，孙中山的理想社会与理想人格是一致的。在他看来，革命的目的不仅在于建设一个幼有所教、壮有所用、老有所养的富强庄严的国家，尤其在于使人成为具有高尚人格的真正的人。立国在于立人。

---

① 《孙中山全集》第6卷，35～36页。

② 同上书，39页。

③ 同上书，12～13页。

人是目的。不仅国家、人民要靠有人格道德的人来救，而且救国济世、建设新中国的终极目的，乃在于培养千千万万具有健全人格的人。在他这里，“立国”与“立人”是相辅相成、相济互补的。

(3)“替众人服务”的人生目的

在革命生涯中，孙中山忠实地、一贯地、孜孜不倦地为国家、民族、庶众服务，真正做到了鞠躬尽瘁，死而后已。他以无私奉献的精神和利他主义的人生哲学与人生实践，影响和教育了几代革命党人与革命青年。孙中山反复告诫人们，不可贪图做官发财，而要立大志，做有益于民众的大事，随时准备着牺牲一己之自由，以谋公众之自由。

他在《致上海本部职员电》中批评了“革命党员只图一己之自由，而不顾公众之自由”的弊病。他指出，“革命为非常事业，苟获成功，其所贻留于后世者，远出巨万金钞之上”。“为党员者须一意办党，不可贪图做官；并当牺牲一己之自由，以谋公众之自由。现既觉悟前此种种之失，今后应当振刷精神，实行奋斗，一味向上发展，从此一步一步做去，前途实有无穷之希望也。”① 可见他在公与私、群与己、一人自由与公众自由的关系上有着十分明晰的界限。孙中山多次严厉批评了国民党人的“当官”意识，认为这是腐化革命政党的砒霜毒药。他《在广州中国国民党恳亲大会的演说》中说：

> 本总理向来主张以党治国。以党治国的这一说，是什么意思呢？是不是所有的党员都要做官，才算是治国呢？如果党员的存心都以为要用党人做官，才算是以党治国，那种思想便是大错。
>
> 许多党员，总是想做大官。如果是得志的，做了大官便心满意足；这些党员的心理，以为达到了做官的目的，革命事业便算了结一样。若是不得志的，不能做大官，便反对本党，去赞成敌党。至于热心党务、真正为本党主义去奋斗的，固然是很不少，但是大多数党员都是以加入本党为做官的终南捷径。因为加入本党的目的都是在做官，所以党员的人格便非常卑

① 《孙中山全集》第8卷，269页。

劣，本党的分子便非常复杂……做党员的精神是在什么地方呢？就是能够为主义去牺牲。大家为党做事，事无大小，必须持以毅力，彻底做成功。平日立志，应该想做大事，不可想做大官。如果存心做大官，便失去党员的真精神！①

孙中山认为，“以党治国”是以党的主义治国，而不仅仅是用党员当官；要某人当官，是要那人去做事；如果那个人的才能可以胜任，才可能使他去做那个官；一定要广泛地借才于党外，任用贤人做官。孙先生谆谆告诫人们，要树立正确的人生观，首先要“立志”！“要存心做大事，不可存心做大官”，否则，“本党前途便很危险，便要失败”②。在《三民主义·民权主义》中，孙先生把“利己”主义的人生观与“利人”主义的人生观对立起来，提出“人人当以服务为目的，而不以夺取为目的”的观点。他以“人人平等”的近代价值观阐释利他主义的问题。在他看来，“天之生人虽有聪明才力之不平等，但人心则必欲使之平等，斯为道德上之最高目的，而人类当努力进行者。但是要达到这个最高之道德目的，到底要怎么样做法呢？我们可以把人类两种思想来比对，便可以明白了。一种就是利己，一种就是利人。重于利己者，每每出于害人亦有所不惜……重于利人者，每每至到牺牲自己亦乐而为之。这种思想发达，则聪明才力之人专用彼之才能，以谋他人的幸福，渐而积成博爱之宗教慈善之事业。惟是宗教之力有所穷，慈善之事有不济，则不得不为根本之解决，实行革命，推翻专制，主张民权，以平人事之不平了。从此以后，要调和三种之人使之平等，则人人当以服务为目的，而不以夺取为目的。”③ 孙先生认为，人们在天赋、聪明、才智、能力等方面，在事实上总是不可能平等的；但只要人们都尽其能力服务、造福于社会、他人，所谓“各尽所能”，所谓“巧者拙之奴”；照这样做去，人的服务道德心发达，必能造成人人平等。

孙中山提出了“替众人来服务”、“为人类来服务”的新的人生观与道德观。他指出：“现在文明进化的人类，觉悟起来，发生一种新道德。

① 《孙中山全集》第8卷，280～282页。

② 同上书，282页。

③ 《孙中山全集》第9卷，298～299页。

这种新道德，就是有聪明能力的人，应该要替众人来服务。这种替众人来服务的新道德，就是世界上道德的新潮流。”[①] 孙中山提出的这一新人生观实际上是超民族、超党派的。这里既吸取了我国传统的优秀的道德资源，也吸取了人类各民族道德的精华，同时又具有现代性，是世界道德的新潮。在现实性上，孙先生晚年一再强调“不可居心发财，想做大官；要立志牺牲，想做大事”；批判专制社会官僚遗风和“人必曰利”的资产阶级金权政治；一再提出“反对假革命”。这都是具体的，有所指的。他希望革命党人永葆革命青春，发扬牺牲精神，舍身救国，为中国前途而努力奋斗。但民国建立以后，大批假革命党人“借革命来图个人的私利，借革命这条路来做终南捷径，来升官发财”。这些人充斥全国，冒革命之名，令国民失望。孙先生说：“我们对于国民，要表示我们的道德和一种革命的精神，令国民大家知道真革命党，是为国牺牲的，是来成仁取义的，是舍性命来救国的。只要把奋斗精神来感动国民，令国民知道是非，知道真假，知道真革命党是真心为国家的，令一般国民跟我们来革命，中国才有救呢。”[②] 这可以说是孙中山的革命道德遗言。

在公私、义利、群己的关系上，孙中山的价值取向是十分鲜明的。这表明，孙先生的人生哲学与人生态度是融合中西、高尚进取的。同时，孙先生对治世从政者的道德素养的要求是很高的，他对金钱拜物教、权力拜物教和钱权交易的贪痞之风是深恶痛绝的。所谓“革新政治”、“理想政治”，决不是脱离实际，而是强调在实际参与中的人的素质和品位问题。

孙先生的“立国立人论”值得我们今天认真地咀嚼和记取。试想，如果我们每一个人都只是为了自己的现实利益去打算、计较、掌权、贪污、施展影响、相互交易，社会风气进一步边缘化、痞子化、无廉耻化，如此下去的后果是不堪设想的。今天，官场腐败日甚一日，这与孙先生一辈人的理想和生活相较，何止十万八千里！

孙先生的人格，是大智大勇的人格。这样的人，敢于承担一切的挑战和痛苦，救民于水火，救国于危亡。正因为有了终极承担或终极献身的精神，才能有高品质的社会参与。他们的共同点是，都有理想的人格

---

① 《孙中山全集》第10卷，156页。

② 同上书，239页。

境界和高尚的内心世界，因此他们的人生实践、革命实践才能以出世的精神干入世的事业。孙先生的“天下为公”的信念目标、救世献身的热忱、力行实践的精神、安身立命之道，其使命感、责任感、担当精神、忧患意识，都是那样的强烈，那样的感人！它启迪我们重建人的意义世界和价值世界，再建崇高，再建理想！

4. 孙中山文化观的启示

自20世纪初年开始，孙先生目睹西方现代化的正负面现象，在寻找、设计中国现代化道路的过程中，不断地从西方现代化经验与理论中和我国古已有之的经验与理论中吸取营养，创造性地建构了他的思想体系和建国方略。孙先生关于现代化中的道德文明建设的理论，乃至他的文化观和立国立人论给予我们多方面的启示：

第一，从物质文明层面学习西方和从制度文化层面学习西方应有某种程度的区别；现代化的制度文化建构（例如政治、经济、法律等）必须充分借鉴西方的先进经验和学理，并与我国的传统和现实结合起来。现代化并不等同于西化，但西方的制度文明和价值观念是中国现代化极其重要的参照。所以，在一定意义上，孙先生坚持的政治改革和价值理念的内核，主要是西方的。但他充分协调了世界思潮与民族精神，整合了“现代性”与“民族本己性”。

第二，民族文化心理结构和价值意识的现代化必须与制度层面的现代化同步推进，而且前者更为艰巨。全盘西化和复归传统的二元对立，表明中国知识分子选择的单维性。作为实践家，孙先生在选择重新整合中国社会的参照系时表现出了某种弹性。尤其是他中晚年构设的西方文明与中国传统相融互补的方式，十分值得珍视。他企图建立一个强有力的民族国家来整合中国社会，推进现实改革，并且有时强调，为国家富强不惜牺牲个人自由。

第三，民主政治需要族群认同与伦理共识的支撑。对西方政治民主、科技理性及其他理念：自由、民主、平等、人权、法制的片面性、单向度性、平面化等弊病的揭露，对中国传统的政治文化资源和道德价值资源，例如选考制、监察制、弹劾制、内圣—外王结构和忠孝、仁爱、信义、和平的发掘，正是孙先生的睿智之所在，值得我们深思。人权离不开责任与义务，法治不能代替礼乐教化。当然，对东西方制度与价值的互融，必须作出深入的理论分析。孙先生对中西双方的制度文明和价值系统的深入研究还做得不够。例如对孔孟民本思想与现代民权思想的比较，例如有时他混淆自由与散漫，混淆个性自由与无政府主义的界限等，都表明了这一点。

第四，传统的价值体系和道德伦理不能被简单抛弃。孙先生珍视中国古代精英文化，而这正是克服当代人精神危机的重要资源。在经济繁荣的当代世界，全球社群整合的问题和天、地、人、物、我的疏离病痛愈来愈严峻，中国和东方精神价值有其用武之地，当然要经过痛苦的创造性的转化。

第五，科学精神与人文精神、物质文明与心性文明、民主政治与伦理社会的整合，是构建21世纪人类文明和中华新文化系统的基本框架。今天，人类的现代化和中国的现代化遇到的问题比孙中山当年所遇到的问题更为复杂，特别是人类生存状态的困境和危机进一步凸显。终极关怀的旁落，精神道德的沉沦，生态环境的恶化，人与自然的对立，家国天下的疏离，科技的宰制，群己的紧张，新的矛盾和冲突层出不穷。孙先生提示了解决这些矛盾和冲突的思路，这是我们绝对不能轻视的宝贵财富。

第六，在价值多元的现代工商社会，人们比较强调多方面的社会参与，强调人权、公民权益、个体性与主体性的张扬等，然而在人文淡薄、道德危机、现代化的负面日益显露的当今，单面或平面化的参与，工具理性与个人主义的膨胀，已无法协调社会各方面的利益，无法促进社会有序和谐地健康发展，无法救治人的异化和诸多的社会病、心理病。无论就社会的完美发展而言，抑或就个体人格的健康发展而言，人们在21世纪更加需要重建人格理想，重建伦理社会，重建个体与群体的和谐关系。

第七，孙先生的政治文明与道德文明观，更多地继承了传统儒学的资源。这表明，儒学的政治架构与政治批判、社会理想、心性理论、人格信念、价值意识、修养方法等，是可以转化为现代化的立国立人的精神食粮并滋养现代心灵的。儒学的政治、道德文明经过现代洗汰，仍可以为现代化服务。儒学精神价值可以走向世界。

"五四"的另一个被人忽略的传统：文化守成主义的形成、发展及其意义

文化保守主义或文化守成主义并非中国的特产或土产，并非我们一国的文化现象，而是国际文化现象。伴随着现代化由西方向全世界推进，在西方和非西方出现了形式上反现代化而在实际上成为促成各民族文化现代化的一个重要的方面军——以认同、回归民族文化传统为特点，表面上排拒，实际上吸纳西方近代文化价值的思潮。典型的代表人物有德国浪漫主义思想家与文化民主主义思想家哈曼、谢林、赫尔德和耶拿大战以后的费希特；英国的柏克、卡莱尔；俄国的陀思妥耶夫斯基；印度的辨喜、古斯、依克巴、泰戈尔、甘地；中国的辜鸿铭、吴宓、梅光迪、后期梁启超、梁漱溟、张君劢、熊十力、马一浮，以及他们的前驱章太炎，和一定程度上的蔡元培，日本的冈仓觉三、北一辉、和辻哲郎、西田几多郎，及非洲、中东的某些学者。[①] 由于现代化进程给人类和人类文化带来了多方面的影响，其中

① 参见［美］艾恺（Guy Alitto）：《文化守成主义论》，台北，台北时报文化出版有限公司，1986。

负面的东西，首先遭到英法特别是德国思想家的批评，继而遭到东欧、南欧思想家的批评，并随着帝国主义的殖民扩张，引起了亚、非、拉丁美洲思想家的批评。我们不能认为这些批评都是错误的、不识时务的，实际上，批评本身就是现代化的一个重要的组成部分，因为这些地区或国家的现代化决不可能是英国化或法国化，这些地区的知识分子也不可能不审视人类精神文化价值部分失落的问题。

美国学者史华慈（B. Schwartz）认为，18世纪末与19世纪初出现的保守主义与自由主义和激进主义是不可分离的整体，它们三者是“在许多共同观念的同一架构里运作”的，“而这些观念是出现于欧洲历史的某一时期”的；西方“保守主义起于对启蒙运动之主流的‘辩证的反动’”，英、德的保守主义是针对法国革命这样激烈的社会政治变革的；“现代中国保守主义主要是‘文化的保守主义’，根本上并不是墨守现行之社会政治现状的‘社会政治的保守主义’”；“可以用‘传统主义者’而不用‘保守主义者’来描述现代中国的所有这些人，如章炳麟、熊十力、梁漱溟和其他宣称过去的理念和价值对他们仍具有效的人”①。史华慈认为，20世纪的中国几乎没有全盘肯定现行的社会秩序的英国柏克式的保守主义，有的只是受民族主义情感所影响，肯认传统文化价值而很少肯认当时的政治秩序的保守主义（陶希圣是一个例外）。

1. 文化反省的多维性与“五四”传统的另一面

现代化从易北河以西的欧洲部分向易北河以东的地区乃至全世界推进，几乎给这些地区都带来了“文化危机”。每个地区、每个民族的现代化过程几乎都是对西欧近代文化的价值既吸纳又排拒的双向对流的过程，在推就之间，走上了民族文化启蒙或现代化的特殊道路。“西化”还是“本土化”，“体用之别”，“内外之异”，并非我国所专有。“西方文化派”与“本土文化派”的论战，更为普遍。

在这种文化危机中，文化保守主义者为大势所裹挟，逐渐认同西方科学与民主的价值，同时提出了值得深究的两个方面的课题：其一是，

① ［美］史华兹：《论保守主义》，《近代中国思想人物论——保守主义》，20～21、33～34页，台北，台北时报文化出版有限公司，1980。

经济、政治层面的现代化固然带来文化习俗、观念的现代化，但这种变化并不一定是全盘的，并不必然蕴涵文化价值层面上的全面反传统，现代化终究是各民族的现代化；其二是，科技理性的过分膨胀和工业文明对整合的人性的肢解，出现了人的真实存在性的丧失并化为抽象性的危机，因此，不能不重新省视人与自然的关系问题（环境污染与生态破坏）、人与社会的关系问题（社会异化），特别是人的生命存在、道德境界与精神价值的问题，人性的全面发展的问题。前者是现代化的民族化问题，后者是现代化过程中的人的问题，我们显然不能把提出如此重大问题的思想流派排除在现代化、启蒙或“五四”传统之外。

18 世纪末至 19 世纪初，法国启蒙运动的思想家们所确立的正义、理性、自由、真理、民主等观念传到落后、保守、分裂的德国，德国的知识精英如赫尔德（他自己也是启蒙思想家）等却提出“民族精神”的观念与所谓的“普遍价值”相对抗，反对把世界文化同化于法国文化的“普遍形式”，甚至认为只有区域性、民族性的价值和偶发的原则，而没有什么普遍与永恒的价值或原则，只有特殊形式的人类而没有普遍的人类，以此保卫德意志文化传统。我们这里不去讨论赫尔德文化哲学的问题，但有一点必须指出，赫尔德在德意志文化的现代化过程中占有显赫的一席，他的思想对包括法国在内的各国思想家都有一定的影响。

众所周知，日本的近代化大体上经历了从“欧化主义”到“日本主义”到“和洋折中化”的过程。明治维新运动的头 20 年，日本知识精英强烈主张“全盘西化”，甚至在外在形式上模仿西方；以后出现了“国粹保存”思潮（我国国粹派的“国粹”二字来自日本）；再以后才走上“西方文化日本化”的道路，在经营方式、引进技术设备等方面都没有全盘照搬先进国家的办法，善于有选择地汲取和改造外来文化思想，甚至转而保存传统的日本生活方式。① 可见“国粹保存”思潮在日本近代（或现代）化的过程中亦是重要的一环。

我们中国现代化过程中的文化保守主义是不是仅仅只起了“反面教员”的作用呢？不能这样看。文化保守主义同样是中国文化现代化过程中的一个重要的传统，是文化启蒙中不可或缺的一环。理由有三：

---

① 参见刘天纯：《论外来文化与“日本文化”》，载《社会科学战线》，1988 (1)。

第一，对民族文化的反省具有多维性。

对中外文化进行多重的全面的反省，是近代中国文化处于中西文化冲突和新旧文化嬗替之际，多数知识精英所持的态度。早在“五四”以前，章太炎就十分重视西方的文化学术，以西方文化作为一个主要的参照系，但又不囿于此，又十分尊重中国乃至印度文化自身的发展，将这些异质文化的不同表现，结合各自不同的社会条件认真地分别加以研究。论者指出：“章太炎不为传统文化所禁锢，不对西方近代文化盲从，对这两者都坚持了反省的态度，同时开启了两座闸门：一是激烈批评和反对传统文化尤其是长期占据支配地位的正统文化的闸门，二是怀疑、批评乃至摒斥西方近代文化特别是西方资本主义价值取向、行为模式的闸门。双重的反省，有助于寻觅中国文化自身近代化的特殊道路。”① 尽管章氏自己后来也不能驾驭这两股潮流，但至少说明“五四”思想家的前辈已具有这种慧识：对外来文化和中国文化进行多重反省。

“五四”时期是多元的外来文化与多元的传统文化相互碰撞、渗透、涵化和整合的时期。“五四”时期的文化开放及其多元趋向，被后世的史家大大地简约化了。对“五四”运动持不同甚至相反的评价的研究者，几乎都相当一致地对“五四”传统作出了单维性的诠释。在我们看来，“五四”传统或“五四”思潮显然不仅仅包括自由主义、科学主义、社会主义，而且包括民族主义、文化守成主义（或传统主义）；尽管以上每一思潮的内涵相当复杂，边界不易确定，相互搏击又相互发明，相互交叉又相互渗透，变迁频繁，然而这几大思潮的存在及其对后世（尤其是对20世纪80年代文化大讨论、20世纪末至21世纪初的国学热）的影响却是有目共睹的。

“五四”文化的多样性，尤其是彼时每一思潮、流派内部与外部争鸣的复杂性，多样的外来文化与多样的本土文化涵摄、结合的丰富性，为我们今天发展新文化提供了多样性的选择和广阔的文化背景。历史的客观进程是永无止境的，传统（包括“五四”以来90年的新传统）的多重意义和价值的发现永远不会结束，事实上，它是一个无限的过程。

作为“五四”主潮的科学主义、自由主义的反传统及全方位开放，

---

① 姜义华：《章太炎与中国文化的新旧嬗替》，载《文汇报》，1986-07-22。

冲破桎梏，吸纳西学，具有伟大的历史意义和功绩①，但他们的思想和行动并不能涵盖文化反省的全部意义。反传统，揭露传统的痼癖，鞭笞国民性格的阴暗面是文化反省的首要前提和重要方面；通过洗汰，重新认同传统，发掘其特殊的文化价值，同样是文化反省的重要方面。“百事不如人”的虚无主义尽管事出有因，但毕竟不可能做到健康、全面地体认传统。

既然从“前五四”到“五四”到“后五四”，对中西文化进行双重乃至多重的反省已构成百多年来文化思想史的重要内容，我们当然不能把文化守成主义排斥在新传统之外。

第二，“从离异到回归”的导向具有规律性。

无论是从百多年来各领风骚、相互取代的不同思潮演变的历史过程来看，还是从近现代众多思想家自身思想演变的历史过程来看，从批判到认同，从离异到回归，几成普遍现象。思潮的更迭，不必贬斥为“不是东倒就是西歪”的恶性震荡，实际上每一次循环，都提扬到了新的高度。至于思想家们，如严复、梁启超们的回归，也不必看成是堕落、复旧，他们晚年对东西文化冲突作出的不同回应有着十分复杂的背景和思想内涵。最典型的是孙中山先生。孙先生晚年反对盲目排斥一切传统，主张好的保存、不好的放弃，主张“发扬吾固有之文化，且吸收世界文化而光大之，以期与诸民族并驱于世界”②。这实际上是他对“五四”思潮的批判总结。“离异”与“回归”也并非中国土产，中西双方双向对流，各有一部分人背离自己的传统，向对方所扬弃的传统靠近，另一部分人则回过头来重新省视、解释、肯定并重建新的文化传统。③ 文化保守主义即出现在这样的震荡之中。

第三，不同时空条件下的启蒙具有特殊性。

“五四”文化启蒙和思想解放最值得体味的是文化多元格局。这种格局实际上在清末就开始了。扫除蒙昧，启发民智，打破中国中心、华

---

① 详见拙作：《五四与“文革”二题》，载《湖北社会科学》，1988 (3)；《文化多元论纲》，载《武汉大学学报》，1988 (2)。

② 《孙中山全集》第7卷，60页，北京，中华书局，1986。

③ 参见章开沅：《从离异到回归》，《东方的黎明》，成都，巴蜀书社，1988；龚书铎：《论孙中山的文化观》，《中国近代文化探索》，北京，北京师范大学出版社，1988。

夏中心，以及将中国文化化约为统治阶级文化或儒家文化的痼癖，肯定外来文化的价值，也肯定非统治阶级文化或非儒家正统文化的价值，这在实际上把人们的文化视野、观念从绝对主义、教条主义、一元论式导向了文化相对主义和多元价值观。“五四”主流派的启蒙呐喊，始于多元，终于一元，打破了一种褊狭，导致了另一种褊狭——不管实际上对国民启蒙有多么巨大的困难，这种思想逻辑的背反，例如把科学讲到唯科学主义的地步，把民主讲到不民主的地步，就不是一种正常现象。

这里还有一个问题：文化传统不同，文化启蒙的内容和方式应当具有不同的特点；世界科技、文化发展的条件不同，文化启蒙和实现工业化的道路、步骤也应注意到它的特殊性。

文化保守主义思潮在客观上修正了主流派，坚持中西融通的兼综导向，重视不同民族文化启蒙的不同特点，作出了一定的贡献。

多少年来，在对近代文化和“五四”文化的研究中，我们总是把主张文化的“西化”或“苏化”的自由主义、科学主义、社会主义思潮看做是进步的、革命的。这无疑是正确的，然而又是不全面的。离开了民族主义、保守主义，上述思潮便失去了张力。不惟如此，在中国现代化的过程中，后者不仅是前者的对立互补要素，而且是民族文化现代化重建的重要的动力之一。总之，与自由主义和科学主义相互对立而又相辅相成的文化保守主义，是“五四”思潮和“五四”传统不可或缺的一个方面、一个组成部分。

2. 文化守成主义的发展线索及其基本内容

“前五四”时期的文化保守主义的著名代表是国粹派——章太炎和刘师培。众所周知，他们是当时社会政治秩序的挑战者。在政治层面上，他们是激进派；在文化层面上，他们则对19世纪90年代中国伦理精神的危机作出了保守主义的回应。他们对外来文化的吸纳和本土文化的阐扬都非常之驳杂。在日本明治维新以后由三宅雪岭、志贺重昂所提倡的“保存国粹可以强国”的思想影响下，1904年冬，刘师培与邓实、黄节组织了“国学保存会”，次年初创办了《国粹学报》。1906年，章太炎出狱赴日，号召用国粹激励种性，增进爱国的热肠。不久，东京留学生中成立“国学讲习会”，由章太炎主讲；旋又成立“国学振起社”，章任社长，钱玄同和鲁迅兄弟参与。[①] 同时，刘师培、章太炎改变《民报》的编辑方针，使之变成深奥的国学刊物。在此前后，严复、梁启超转化到绍述国学的立场。

国粹派的基本口号是“学亡则亡国，国亡则亡族”，基本思路是以保文化来救国家、救民族，以国粹为立国之根本源泉。国粹派对社会进化、工业化与文化价值和道德理性的背反表示了困惑和不安。他们从历史、语言、文化与种族的具体而特殊的关系出发，界定“中国性”，探寻文化价值之源。他们的思考，不仅成为20世纪文化保守主义的滥觞，而且成为包括胡适、鲁迅、顾颉刚、郭沫若等在内的各派学者的思想资源之一。

“五四”时期的文化保守主义者，与《新青年》派分庭抗礼的，有大家所熟知的《东方杂志》主编杜亚泉（笔名伧父）及其继任者钱智修和作者陈嘉异，有《甲寅》周刊的主编主撰章士钊（孤桐），有《欧游心影录》的作者梁启超和《东西文化及其哲学》的作者梁漱溟等。1915年至1927年发生的东西文化问题论战，就文化保守主义这一方而言，在所谓“东方精神文明”、“西方物质文明”和“回过头去走儒家孔子的道路”等充斥臆说和带有不少谬误的论说之中，仍然包含着部分的真理，例如，揭示帝国主义战争所暴露的人类文明的危机，关于对科学万能论的怀疑，关于发掘传统文化中的不同于西学的价值，关于世界文化比较研究的多元参照，关于人类文化起源、发展路向和现代化道路的多样性及文化的民族性问题等，不能说没有借鉴意义。其实，杜亚泉先生为把西方科学教育引入国民教育系统做了大量工作。

1923年至1924年发生的“科学与人生观”论战，站在科学派健将对面的玄学家有极力推行西方民主政治的张君劢、张东荪以及林宰平、梁启超（中间偏玄）等。科学派的丁文江、唐钺、吴稚晖、王星拱、胡适等主张实验主义、马赫主义、新实在论，而玄学派则主张倭伊铿、柏格森、杜里舒哲学。从一定意义上说，这场论战是西方哲学界科学主义与人文主义争论的继续。与东西文化问题论战一样，科玄论战的水平不高，不可能解决科学与哲学、科学与人生观、精神文明与物质文明、客

---

① 鲁迅的《文化偏至论》正是这一时期的作品，基本上反映了国粹派和尼采的文化观。

观必然与意志自由等问题，但把这样一些问题提出来讨论，则是我国思想界的一大进步。张君劢的人生哲学和文化哲学提出了纯科学解决不了的人生问题和文化、历史问题，认为中国经济、政治、文化的改造，不能忽视道德修养，应防止西方文明的流弊，协调精神文明与物质文明，似不能完全加以否定。

1925年成立，维持了4年之久的清华国学研究院应值得人们高度重视。该院主持者是吴宓，先后执教的导师有王国维、梁启超、赵元任、陈寅恪。该院风格兼取中西之长。从该院毕业的学生有74人，大多成为人文教学和研究的种子。其中，著名学者有王力、刘盼遂、刘节、高亨、谢国桢、姚名达、徐中舒、蒋秉南、姚薇元、姜亮夫等。

1922年创刊的《学衡》杂志，在10多年内（1933年停刊）聚集了一批文学和史学界精英，成为文化保守主义的重镇。① 《学衡》宗旨为“论究学术，阐求真理，昌明国粹，融化新知，以中正之眼光，行批评之职事，无偏无党，不激不随”。但在实际上，《学衡》对新文化运动的主流派提出了尖锐的批评。其中，吴宓、梅光迪、汤用彤提出的“东西历史民性的差异性”问题，选择中西文化真正的精华加以融会贯通的问题，摒弃浅薄、狭隘的学风的问题，都有积极的意义。他们对中西文化作过切实的研究，有透辟的分析，因而多从学理上主张既“保存国粹又昌明欧化”，既反对菲薄国学又反对保守旧化，批评双方引进的西学（如前者引进的杜威、罗素，后者引进的柏格森、倭伊铿），“均仅取一偏，失其大体”，主张忠实全面地介绍、阐扬包括柏拉图、亚里士多德和孔子、墨子、庄子、佛教经典在内的东西方文化精粹。② 《学衡》连载的缪凤林的《中国民族西来辨》、柳诒徵和陆懋德分别撰著的《中国

---

① 《学衡》的主编是吴宓，参与者有梅光迪、刘伯明、柳诒徵、汤用彤等；主要撰稿人还有王国维、陈寅恪、蒙文通、胡先骕、张荫麟、郭斌和、释太虚、缪凤林、刘盼遂、郑鹤声、刘永济、景昌极等。

② 详见梅光迪：《评提倡新文化者》；吴宓：《论新文化运动》；汤用彤：《评近人之文化研究》；缪钺：《与学衡编者书》。分别载于《学衡》1922年第1、4、12期；1926年第56期。

文化史》，都有极高价值。①

"学衡"派沿着"国粹"派的思路，更加强调政治的根本在于道德；在文化哲学的取向上，"学衡"派推崇白璧德（Babbitt)、穆尔（P. E. More)、薛尔曼（S. P. Sherman）等美国的新人文主义者。白氏等人提倡人文道德、反对文艺与生活中粗浅滥污、浮靡颓废之趋势，拒斥科学一元论，认为文化与人生的规律根本不同于自然与生物的规律。

1927年至1937年间，有关国学的基础教育在公私立中小学中普遍受到重视，公私立大学的中文、国文系办得很好，甚至连所有的教会大学都相继建立了相当不错的国文系，作为通识教育的"大学国文"的课程建构起来并延继到抗战时期。在此期间，社会民间文化的空间比较大，在官、民、学三股力量的支持下，国学、国医、国药、国艺、国乐、国术、国画、国剧等都兴盛起来，兴起了"国字号"的社会文化运动。这些，恰好是在借鉴西学及中西学合流的背景下产生的，然而，毫无疑问，文化守成主义思潮在其中起了很大的作用。

1935年1月，国民政府官方和陈立夫先生授意陶希圣、何炳松、王新命、黄文山、萨孟武等十教授发表《中国本位文化建设宣言》，引起了关于本位文化问题的论战。《宣言》遭到真正的"全盘西化派"的陈序经和主张"充分世界化"的胡适等人的批判。具有强烈官方色彩的《文化建设月刊》(1924—1937）学派在持论基点上与"国粹"、"学衡"和我们下面要谈到的"现代新儒家"有一个很大的区别，即他们是"把价值建立在民族文化本身的现世层面，并且因而他们的现代化理论以科学主义式的混合主义为基础。他们强调科技是历史发展的枢纽，科学思想就是现代社会秩序的自然伴随物，并且主张按照科学标准来调和中西

① 侯健：《梅光迪与儒家思想》，《近代中国思想人物论——保守主义》，272页。该文还介绍了一些《学衡》的盟友，如章太炎、黄侃、吴梅、汪荣宝、朱祖谋、吴芳吉、钱基博等。与《学衡》性质相同的同人刊物，还有《史地学报》（南高，1921—1924)、《湘君季刊》（长沙明德学院，1922)、《国学丛刊》（南高，1923—1926)、《华国月刊》(1923—1926）等；其后还有《国风》、《国命》、天津《大公报》副刊等。又，吴芳吉的朋友、与吴同年生卒的蜀中大学者刘咸炘，字鉴泉，学富五车，中西会通，著《推十书》凡二百三十一种。刘鉴泉亦属于这个阵营。详见业师萧萐父先生：《刘鉴泉先生的学思成就及其时代意义》，《吹沙二集》，成都，巴蜀书社，2007。

方的精华”①。陶希圣等“文化建设派”政治上的保守主义，认同当今而不是发掘过去，以科学主义而不是以人文主义持论，都表明他们不是文化保守主义的主潮。但应当承认，他们在知识界仍有一定的影响。

文化保守主义在贞下起元、民族复兴的抗战期间获得长足的发展。在此期间，出现了大量的融会中西印思想文化精华的、富有民族特色的史学著作和哲学著作。其中包括熊十力富有原创性的《新唯识论》（语体文本）、《读经示要》；冯友兰的《新理学》等“贞元六书”；金岳霖的《论道》；贺麟的《近代唯心论简释》；钱穆的《国史大纲》；马一浮的《泰和宜山会语》、《复性书院讲录》；唐君毅的《道德自我之建立》等。抗战胜利之后，还有梁漱溟的《中国文化要义》、贺麟的《文化与人生》等。这些著作表明，这一时期的中国知识分子，能够以比较健全的心态认识和理解东西文化及其哲学，既不满足于转手贩卖，又不沉溺于盲目陶醉；对于传统文化的认同，有了比较清醒的理性的依据，对于现代世界必然之势的认同，则增加了情感的强度；在对古今中外文化精髓有了深切了解的前提下，综合熔铸，试图创造出新的文化系统。

这一时期文化保守主义的活动，主要有：1939 年至 1940 年间，马一浮、梁漱溟、张君劢分别在乐山、北碚和大理创办了旨在弘扬并复兴中华文化的复性书院、勉仁书院和民族文化书院。1941 年，《思想与时代》杂志②创刊号上刊载的贺麟的《儒家思想的新开展》的论文，被台港和海外学者视为“现代新儒学”或“现代新儒家”的宣言。该文明确提出了“以儒家思想或民族精神为主体去儒化或华化西洋文化”，否则，“中国将失掉文化上的自主权，而陷于文化上的殖民地”；认为民族文化的复兴主要是儒家文化的复兴，“假如儒家思想没有新的前途、新的开展，则中华民族以及民族文化也就不会有新的前途、新的开展”。贺麟

---

① ［美］傅乐诗（Charlotte Furth）：《现代中国保守主义的文化与政治》，《近代中国思想人物论——保守主义》，71 页，台北，台北时报文化出版有限公司，1980。

② 《思想与时代》杂志，由迁徙到遵义的浙江大学张荫麟等发起创办，主事者还有张晓峰（其昀）、谢幼伟等。张荫麟 1942 年 10 月去世后，该刊由谢幼伟主编，先后在贵阳印行了 40 期，复员后于 1946 年 12 月在杭州复刊。这一刊物经常发表熊十力、钱穆、冯友兰、贺麟、贺昌群、朱光潜、洪谦、周一良、韩德培、缪钺、唐君毅等人的文章。

认为，“五四”时代的新文化运动是促进儒家思想新开展的一大转机，因为它“破坏和扫除了儒家的僵化部分的躯壳的形式末节，及束缚个性的传统腐化部分。它并没有打倒孔孟的真精神、真意思、真学术，反而因其洗刷扫除的工夫，使得孔孟程朱的真面目更是显露出来”①。

抗战时期在大后方与《思想与时代》相类似的还有唐君毅与周辅成合办的《理想与文化》，以及《中国文化》（四川璧山，1945 年创刊），《图书集刊》（四川省立图书馆，1942 年创刊）等。1947 年，牟宗三和徐复观在南京分别创办了《历史与文化》和《学原》，其中尤其是《学原》，成为现代新儒家的重要阵地。

1949 年，钱穆、唐君毅、张丕介在香港创办“新亚书院”；徐复观在香港创办《民主评论》；1951 年，王道在香港创办《人生》杂志。现代新儒家以此为基地，“再植灵根”，弘扬儒学。港台或海外新儒学运动中最著名的事件，是 1958 年 1 月张君劢、唐君毅、牟宗三、徐复观联名发表的《中国文化与世界——我们对中国学术研究及中国文化与世界文化前途之共同认识》的宣言。

“宣言”主要是针对西方人对中国文化的误解而发的，反映了流寓海外的华人知识分子发自肺腑的“忧患意识”。“宣言”认为，“中国文化问题，有其世界的重要性”；中国文化不是“死物”“国故”，乃是“活的生命之存在”，“今日还有真实存在于此历史文化大流之中的有血有肉的人”，正在努力使人类和中华民族的“客观精神生命的表现”，继续发展下去。中国文化虽有多根，且不断与外来文化融合，但它的根本特点乃在于“一本性”，即在本原上是一个体系，并有一脉相承之统绪。中国文化的伦理道德思想及实践，不仅仅是一种外在规范，以维持社会秩序，而且是一种内在精神生活的根据，包含有宗教性的超越感情。由孔孟而宋明理学的心性之学“是中国文化之神髓所在”，是人之内在的精神生活的形上学。“我们不能只以一外在的标准，来衡量中国文化之价值，指导中国文化之前途。”将哲学、道德和宗教结合为一的心性之学认为，人的生命涵有一生生不已的仁心，由这一点仁心的体证不断扩充，可以由内在接通超越，由有限体证无限，解决人的终极托付的问

① 贺麟：《文化与人生》，2～5 页，北京，商务印书馆，1947。

题，使人达到安心立命的境界。“中国文化依其本身之要求，应当伸展出之文化理想，是要使中国人不仅由其心性之学，以自觉其自我之为一‘道德实践的主体’，同时当求在政治上，能自觉为一‘政治的主体’，在自然界、知识界成为‘认识的主体’及‘实用技术的活动之主体’。这就是说中国需要真正的民主建国，亦需要科学与实用技术，中国文化中须接受西方或世界之文化。”①

这里表现了“后五四”时期文化保守主义的一种普遍心态。第一代新儒家中梁漱溟、张君劢、熊十力等反复讨论了中国文化何以未能产生科学与民主的问题；第二代新儒家唐君毅、牟宗三、徐复观等，则提出了以民主政治或民主建国作为“新外王”的第一要务，以科学知识系统作为“新外王”的材质条件，充实中华文化生命的内容，以使中国人的人格有更高的完成，中国民族之客观的精神生命有更高的发展。

他们承认中国文化历史中缺乏西方近代民主制度及科学技术，致使中国未能实现现代化工业化，按照他们的理想方案，实现现代化必须以儒家的道德理想主义为科学与民主立根，以西方的知性和政道补正、扩充和发展儒家内圣之学。他们观照中西文化，认为“综合的尽理精神”的中国文化过分重视道德理性（即“仁心”）的“运用表现”和“内容表现”，缺少了“分解的尽理精神”的西方文化的“架构表现”的环节，“外延表现”不足，只有道统而无学统（无科学的知识系统），只有治道而无政道（民主政治），这是中国文化的弱点和不足。有鉴于此，牟宗三提出了“三统”之说：道统必须继续，即以内圣心性之学为立国之本；学统必须开出，即吸纳、融摄西方传统，由道德主体转化出知性主体和实用技术活动之主体；政统必须认识，即肯定民主政治发展的必然性，由道德主体转化出政治的主体。②

20世纪60年代在我国台湾地区，也发生了好几起自由主义与保守主义的论战。例如1961年底徐复观与胡适的论战，以及由此引发的胡

① 由唐君毅起草，四先生讨论并联署的《中国文化与世界宣言》，见《民主评论》和《再生》杂志1958年元旦号，又见唐君毅《中华人文与当今世界》（台北学生书局1975年版）等。其英文版有好几种本子，在海外有较大影响。

② 参见牟宗三的《历史哲学》、《道德的理想主义》、《政道与治道》等20世纪50年代著作，分别为台北学生书局和广文书局出版。

秋原与李敖的官司等。但总起来说，自由主义与保守主义相互渗透，这两大派的第二代著名代表殷海光和徐复观于20世纪60年代中期化敌为友，握手言和。殷氏在临终前认同传统文化价值，徐氏则被公认为是“以自由主义论政，以传统主义卫道”的人杰。

台湾的文化保守主义，主要是新儒家，通过与欧美、大洋洲和东南亚各地学者的广泛交往，在国际学术界已成为不可忽视的流派，在美籍华裔学者和台港学者中已有了第三代代表人物（如杜维明、刘述先、成中英等），有了很多国际性的学会和一些同人刊物（如台湾出版的《鹅湖》杂志等）。台湾《鹅湖》学派、香港霍韬晦先生的法住文化书院等召开了许多国际会议。美籍学者吴森说：“当代儒家思想可能是大陆中国之外最有影响和传播最广的思潮，除了它拥有众多的倡导者和拥护者外，它还通过台湾的教育制度，以及在某种范围内，通过香港一些学校的课程设置，保持着它显赫的声望和很高的地位。”对新儒家持批判态度的台湾学者韦政通说：“民国以后的学术思想史，新儒家虽然是一个保守的立场，但往长远看，这个新传统，尤其在哲学方面，会占一个重要地位。”①

3. 中国现代文化保守主义的利弊得失

20世纪中国文化保守主义从“国粹派”到“学衡派”到抗战时期的新儒家到当代新儒家，的确是有师承、有统系、有文化共同体、有丰硕成果的精英文化流派或思潮。其得其失，都比较突出。

第一，试图建立主体性的中国文化系统。1907年前后，当鲁迅还是章太炎的门生和“国学振起社”的成员时，他对资本主义文化的“偏至”（重物质、重多数）表示不满，他希望通过“立人”来使“沙聚之邦”转为“人国”，强调新文化建设需要“洞达世界之大势，权衡较量，去其偏颇，得其神明”，“外之既不后于世界之思潮，内之仍弗失固有之血脉”。这是革命派中“国粹主义”思潮对洋务派的“黄金黑铁”崇拜的反应。从章太炎、刘师培、黄节到吴宓、梅光迪，几乎一致认为民族

① 吴森：《中国大陆之外的中国哲学》，载《中国哲学史研究》，1986（2）；韦政通：《面对各种冲刷的历史思想使命》，载台北《中国论坛》第15卷第1期，1982年10月。

的存亡不足计，只要文化能够衍续就够了。“学衡”派的文化建设方针仍然是：“于国学则主以功实之工夫，为精确之研究，然后整理而条析之。明其源流，着其旨要，以见吾国文化，有可与日月争光之价值……于西学则主博极群忆，深窥底奥，然后明白辩析，审慎取择，庶使吾国学者，不至道听途说……陷于一偏而昧于大体。”

我们可以对照一下上引青年鲁迅《文化偏至论》和《学衡》创刊号“弁言”的两段话，实际上是一个意思，就是重建中国文化、改造固有文化与吸取他人文化，必须先有彻底研究，必须确立民族文化的主体性。史学巨擘王国维、陈寅恪也是这样一个心态。陈寅恪说：“中国自今日以后，即使能忠实输入北美或东欧之思想，其结局当亦等于玄奘唯识之学，在吾国思想史上既不能居最高之地位，且亦终归于竭绝者。其真能于思想上自成系统，有所创获者，必须一方面吸收输入外来之学说，一方面不忘本来民族之地位。”这是“两千年吾民族与他民族思想接触史所诏示者也”①。

对东西文化进行双重反省，互为参照，揭示中国文化的特殊价值，以之作为吸收西学、重建民族主体性的新文化系统的前提，这可以说是文化保守主义者的共识。这并不妨碍他们各自对东西文化某些方面的偏好。在借取和发挥上，王国维服膺叔本华、尼采；冯友兰偏于程朱一系，用唯物史观和新实在论分析文化发展的类型、阶段及共相与殊相（人类文化与民族文化）的问题；梁漱溟、熊十力、贺麟偏于陆王一系，对非理性主义的柏格森和新黑格尔主义属意；唐君毅的方法来自黑格尔，牟宗三的方法来自康德，他们对天台宗、华严宗，特别是宋明理学有精到的研究。重要的是，他们力图建立中国式的哲学思想体系。

真正在介绍西方文化与哲学的经典方面，在发掘传统文化的精华方面作出贡献的，并不是自由主义者、唯科学主义者，而是文化的保守主义者。他们在这些方面下了很深的工夫。例如贺麟 20 世纪 40 年代创办的编译馆培育的人才，新中国成立后在译述外国名著，帮助干部和群众理解马克思主义的理论渊源上，都起了一定的作用。他们在史学和国学方面的创获尤多。梁启超、王国维、陈寅恪、张荫麟、钱穆的史学，是

---

① 陈寅恪：《冯友兰（中国哲学史）审查报告》，参见冯友兰：《中国哲学史》，北京，商务印书馆，1934。

"五四"以来新史学的一个重要组成部分。例如钱先生提出"古史层累遗失说"，与"古史辨派"顾颉刚先生的"古史层累造成说"恰好构成对立互补的学说。在我们肯定疑古派学者的贡献时，也应注意到它的另一面，然后才能超越他们。五十年来的考古新发现，似乎在一定意义上证实了"古史层累遗失说"①。

移居港台的文化保守主义者，昔年在大陆，尔后在台港的著述，是"五四"以后我国文化宝库的一个重要部分。如钱穆先生的《先秦诸子系年》、《中国近三百年学术史》、《中国学术思想史论丛》、《朱子新学案》等，徐复观先生的《两汉思想史》、《中国人性论史》、《中国艺术精神》等，唐君毅先生的巨著《中国哲学原论》等，牟宗三先生的《才性与玄理》、《佛性与般若》、《心体与性体》等，以及虽不属于新儒家但同样具有中西文化兼综取向的方东美先生的《原始儒家道家哲学》、《中国大乘佛学》、《华严宗哲学》、《新儒家哲学十八讲》等，在中国文化和中国哲学的研究方面，作出了巨大的贡献。

第二，我国现代文化保守主义者所创制的哲学思想体系在20世纪人文哲学体系中占有一定的地位。他们大多数都是文化哲学家，是文化意识宇宙的巨人。他们大多有很高的悟性，是实践型、体验型的哲人。例如熊十力以《易经》形上学和船山、阳明二王之学与唯识、天台、华严、禅宗思想相渗透的理论体系，高扬了人的主体性和人文生命健动不息的特点。方东美的《生生之德》、《人生哲学》体系，探讨了人的文化生命的情调、美感、悲剧与诗的问题，以宽广的文化视野，研究人的终极关切、人与自然的关系、人的困惑和疏离的问题。唐君毅的《人文精神之重建》、《文化意识与道德理性》、《生命存在与心灵境界》等巨构，从人的生命存在这一最可靠最真实的前提出发，认识人在天、地、人、我之中的存在，理解世界和人生。他的文化哲学体系以人为体，以文为用，以道德理性为核心。他认为，人重于文，如果离开了人而言文（如宗教、如科学），则可能导致反人文或视人如非人；如果离开人之"精

① 1959年，大汶口文化遗址发掘以后，唐兰先生说，先秦儒家不仅没有增添和延长国古史，反而把中国古文明史删掉了（斩头）两千年。孔子编《尚书》时，古代流传的"五典"变成了"两典"，把尧舜以前的文明史抹杀了。

神上自作主宰”言自由人权，离开“道德意识”“人格平等”而言民主，则并不能有助于人之学术文化上的创造与独立的人格的形成，或使民主政治化为“分权力”或“分赃”之政治。针对现代社会使人有意或无意忘却、泯失了自己的具体存在，使人成为四分五裂的抽象的人、单面的人（即被异化、物化、外在化了的人），他们凭着对生命存在的体验，及对人的内在的道德自觉、价值自觉、文化自觉的阐扬，打开了一条探寻价值的新路，超越了狭义的民族主义，而具有世界的价值和意义。20世纪哲学的重要问题是人与文化的问题。他们的著作可以与雅斯贝斯、海德格尔、萨特和法兰克福学派的一些巨匠的作品媲美。文化保守主义者建构的哲学人类学，在人类存在这一永恒课题的研究上所作出的世界意义的贡献，将逐步被人们所体悟。因为，不论现代化如何推进，人的终极托付，“内在的安心立命始终是一个不可替代的问题，它不能靠对于一个超越外在的上帝的信仰来解决”①。

第三，文化保守主义的理论失误和它的学术贡献一样，也是多方面的。例如海外新儒家提出的“保内圣，开外王”的格局，从根本上来说，并没有离开儒家文化符号系统的基本框架，没有充分注意近三百年来文化涵化与整合的实际。儒家价值系统在现代化中仍然有它的价值和意义，但需要重新定位。中国原有的价值系统早已处在不能不解体、转型、重组的境地，所谓保持“道统”作为“国本”；所谓“返本开新”，即由心性之学开出科学与民主，显然是一种空想。历史和现实昭示我们，儒家道德理想主义的某些合理因素保留在新的统一交融的文化体系之中，甚至超越国界保留在全人类的新的文化之中，都是可能的，但其“内圣外王”的基本结构原封不动地保存下来，却是绝对不可能的。儒家道德主体意识不可能超越时空，超越不同的社会文化背景来给人以安心立命之根据。

工业文明、现代化确实给人类带来了许多新的问题，人类的特性及其全面发展的问题，人的生命存在和生活意义的问题，人类产生的种种疏离和困惑的问题，乃至环境污染、生态平衡的问题等。以“天人合一”模式，“圆而神”的智慧和儒家伦理转出或融摄西方的科学与民主，

① 刘述先：《当代新儒家的探索》，载《知识分子》（纽约），1985年秋季号。

然后补西方文化之偏弊，救西方文化之自毁，为全人类各民族文化提示一新的方向和模式，这是半个世纪台港文化保守主义者的主要看法。他们大都有一种“花果飘零”的失落感。他们的理论错误是，将儒家伦理道德脱离了与之整合着的彼时彼地的具体的社会、政治、经济和文化生活秩序，将其化约为最抽象的层次，然后再转移到更为普遍、不分时空的场合。儒家文化的道德传统，如果不在其基本结构上发生实质的改变，就无法对付历史文化变迁，对于中国文化的现代化建设不会产生任何积极效用。道德理想主义与商品经济的发展、民主法制的建设、多元文化的繁荣、主体意识的树立之关系问题尚需深入探讨。在不脱离世界文明发展大道的总前提下，扬弃内圣修己之学，使包括儒家在内的中国传统的基本价值与中心观念中的一些有益成分适应、调节、转化，求得创造性的发展。港台新儒家强调的中国文化的“一本性”，背离了“五四”文化多元的趋向，走向了褊狭的道路。

第四，这一思潮发展到当代又有了不少变化，更加开放。其思考对于当代文化建设也有一定意义。例如：

(1) 跳出传统文化与现代化二元对峙的模式，并由此反省现代性，重新思考东亚精神文明与东亚现代化的关系问题。东亚现代化不仅仅是对西方冲击的被动反应，传统与现代不仅仅是单线递进的关系。东亚诸国的现代化有自身的内发性，是在世界与东亚、世界与中国互动背景下自身的调适与发展的历程。东亚现代化有自身的精神、制度、人才资源。当代新儒家提出了现代性中的传统、现代性的多元倾向和从民族自身资源中开发出自己的现代性的问题。现代性在西方诸国有不同的内涵和特质，其在东亚及世界其他地区也应当有不同的形式、内容与精神。当代新儒家充分重视协调世界思潮与民族精神，整合世界性与根源感、现代性与民族本己性。全球化问题在我国大规模地讨论之先，当代新儒家思潮已经提供了不同于启蒙理性的新的思路，率先体认到现代化不等于西化，不同地域的文明都蕴藏着现代的价值，可以进行创造性转化。全球化绝不意味着某一种话语霸权的进一步扩张。在东亚诸国家和地区的现代化过程中，其地域与民族的文化大传统和小传统已经并将继续起着巨大的多重作用，在一定层次或程度上创造并丰富着现代化、现代性的新模式。

(2) 强调本土化与全球化的互动，重视“文明对话”。梁漱溟在新文化运动末期已经开始了跨文化比较与对话的工作，虽不免粗疏，却代表了一种思路。唐君毅等人的1958年《中国文化与世界宣言》，虽因强调一本性而遭到不少批评。当代新儒家为跨文化比较、对话和融合做了大量的工作。文明冲突在历史上和现时代已屡见不鲜，惟其如此，文明对话与沟通才尤显重要。文明对话与沟通如何可能呢？首先是民族文化精神的自觉自识。如果某种非西方文明或所有的非西方文明失掉了本己性，成为强势文明的附庸，恰恰使文明对话成为不可能之事。第三代新儒家更强调开放性。杜维明指出："文化与文化的交流，不是零和游戏，不必采取你争我夺的方式，越交流双方的资源就越多。如果以发扬传统精致文化为基础，和西方深刻的价值进行沟通，我们应向两方面开放，要向当代西方而不是狭隘意义上的工具理性和只突出富强价值的西方，而是当代西方之所以成为西方的精神源头充分开放。要了解基督教、犹太教、伊斯兰在西方文艺复兴时所起的积极作用，了解古希腊的哲学智慧，了解中世纪的发展对西方的影响。"多元性的中国文化与多元性的世界文化有千丝万缕的联系，中国文化对整个世界未来的多元、良性发展起着积极的作用。

（3）儒家价值与全球伦理、环境伦理、生命伦理的重建。20世纪90年代以来，世界宗教、文化学者非常关注世界伦理的问题。这显然必须调动世界各宗教、文化、伦理的资源。鉴于当代纷争的世界需要取得伦理共识与和谐的相处之道，1993年，天主教背景的孔汉斯（Hans Kung）教授起草的《世界伦理宣言》为不同宗教的代表所签署。该宣言把包括孔子在内的、世界上各文明、各宗教的原创性的思想家提出的"己所不欲，勿施于人"的原则放到了重要的地位。孔子的这一思想有助于国家间、宗教间、民族间、社群间、个体间的相互尊重，彼此理解与沟通。创造性地转化儒家的"为己之学"与"仁义礼智信"等核心价值观有着现代意义。发挥"和而不同""理一分殊"的睿识，可以解决既尊重差别又平等互待的问题，并接通传统与现代、一元与多元。调动儒家资源来参与新的环境伦理、生命伦理的建构亦已成为热点。

中国的现代化过程，是不同思潮相互激荡、共同耦合的过程，文化保守主义在其中也起了一定的作用，而且还有生命力，还将继续存在下去，需要认真地加以研究。

现代新儒家的易学思想论纲

现代新儒家代表人物都十分重视《周易》经传，特别是《易传》，将其作为自己重要的精神资源，予以创造性的诠释与转化。大体上，他们是沿着宋代易学家的理路讲，又在现代所接受到的西方哲学影响下，从形上学、本体论、宇宙论、价值论、方法论的视域来重新解读易学，开出了新的生面。

1. 熊十力：以“乾元”为中心的本体—宇宙论

关于熊十力的易学观，我曾在《熊十力思想研究》一书中有专章（第六章）论述。① 熊先生的易学思想主要源于王弼的体用观、程伊川之“体用一源，显微无间”说及王船山的《周易内传》、《周易外传》。熊先生自谓根据于且通之于《周易》的“平生之学”的核心，是与船山相通的“尊生而不可溺寂”（或“尊生以箴寂灭”）、

① 郭齐勇：《熊十力思想研究》，240～277页，天津，天津人民出版社，1993。

"彰有而不可耽空"(或"明有以反空无")、"健动而不可颓废"(或"主动以起颓废")、"率性而无事绝欲"(或"率性以一性欲")。他有取于船山易学的活泼新创、力求实用,但又批评船山之"乾坤并建"有二元论之嫌(其实船山并无二元论,当另说)。

熊先生说他四十岁左右"舍佛而学《易》"或"舍佛归易",其重心是"体用不二"的本体论。他所提倡的《周易》智慧,是以西学与佛学为参照的,即不把形上与形下、本体与现象剖作两片、两界的智慧。其"真元""本体"就是"乾知大始"的本心,以"乾元性体"为天地万物、现象世界的本体,是万化之大原,万有之根基,具足万理又明觉无妄。

此体即"仁体"。他以"生生"讲"仁"。"乾"、"仁"都是生德,是生命本体。他说:"生命一词,虽以名辟,亦即为本体之名。……夫生命云者,恒创恒新之谓生,自本自根之谓命。""本体是生生化化流行不息的,儒家《大易》特别在此处发挥。"① 他把《易传》生生不已、健动不息的创造性、创新性思想发挥到极致。

熊先生认为,宇宙间有"刚健、纯净、升进、虚寂、灵明及凡万德具备的一种势用,即所谓辟者,与翕俱显,于以默运乎翕之中,而包涵无外。《易》于乾元言统天,亦此义也。乾元,阳也,即辟也……辟之势用,实乃控御诸天体,故言统天。……翕不碍辟也,由坎而离,则知天化终不爽其贞常。而险陷乃生命之所必经,益以见生命固具刚健、升进等盛德,毕竟能转物而不至物化,毕竟不舍自性,此所以成其贞常也。"②

在熊先生看来,本体之为本体,是内在的有一种生命精神,或曰心,或曰辟,具有生生不已、创进不息的力量,能成就整个世界(宇宙)。他借批评船山易学而发挥了一套生命创进的理论,指出世界(宇宙)的形成与演进并无目的性,不是有上帝或人有意计度、预先计划、预定,当然也不是盲目的冲动,只是生命精神的唯变所适、随缘做主。正因为有随缘做主的明智,物化过程是刚健精神的实现过程,而不是迷

---

① 熊十力:《新唯识论》(语体文本),《熊十力全集》第3卷,358、200页,武汉,湖北教育出版社,2001。

② 同上书,349~350页。

暗势力的冲动过程。他借诠释《坎》、《离》二卦，表明生命跳出物质障锢之险陷，而得自遂。在这个意义上，他讲精神本体生命的“举体即摄用”，“即用而显体”，讲“生即是命”，“命即是生”。本体有很多潜能，无穷无尽的可能，原因乃在于本体生命的本质是创造变化，这就是乾阳之性，可以由潜而显，化几通畅，现为大用。

熊先生又用华严宗的“海沤不二”与《易纬·乾凿度》的“变易”“不易”来比喻本体与现象、本体与功能的关系。隐微的常体内具有完备的品质，涵盖了众多的道理，能够展现为大用流行，使现象界开显。本体与功用、现象，变易与不易，海水与众沤是相即不离的关系。

熊反对在太极、太易、乾元的头上安头。“乾元性海”可以开发、转化为万事万物，又不离开现象界。乾元本体统摄乾坤、神器、天人、物我。

其本体论是本体—宇宙论，“体用不二”包容了“翕辟成变”。这一讲法源于严复的《天演论》。翕辟是乾元仁体的两大势用，翕是摄聚成物的能力，辟是与翕同时而起的刚健的势用，两者相辅相成。此即称体起用，摄用归体。熊先生之晚年定论《乾坤衍》直接以乾坤代翕辟。他视宇宙天体、动植物、人类及人类的心灵的发展，每一刹那，灭故生新，是无穷的过程，无有一瞬一息不疾趋未来。他认为发展总是全体的、整体的发展。他又认为宇宙之大变化根源在乾元内部含藏的相反的两种功能、势用，相交互补互动。乾坤并非两物，只是两种生命力，独阳不变，孤阴不化，变必有对。这些看法与宋代易学十分契合。

熊先生依据《周易》讲了一套宇宙论与人生论，此即乾元性体的即体即用、即存有即活动的开显。无其体即无其用，无其用亦无其体。用是现实层面的撑开、变现、转化，体是吾与天地万物浑然同体之真性，是创造性的生命精神，是内在的、能与天地万物相互沟通、交融的灵明觉知。只有道德的人才能性灵发露，良知显现，尽人道而完成天道。

其体用、天人之学又发展为“性修不二”的工夫论与“内圣外王”的政治观。就外王学而言，他讲庶民政治，讲革命，且拿“群龙无首”喻民主政治。

2. 马一浮：以“性理”为中心的本体—工夫论

马先生的易学思想带有很深的理学、佛学的印痕。他抓住的核心是

“穷理尽性至命”，“顺性命之理”。其易学思想包括以下内容：

首先，将天下学术、天下之道归于六艺，而六经之教、六艺之道归之于《易经》之教、之道。他说：“《易》为六艺之原，亦为六艺之归。《乾》、《坤》开物，六子成务，六艺之道，效天法地，所以成身。‘以通天下之志’，《诗》、《书》是也；‘以定天下之业’，《礼》、《乐》是也；‘以断天下之疑’，《易》、《春秋》是也。冒者，覆也。如天之无不覆帱，即摄无不尽之意。知《易》‘冒天下之道’，即知六艺冒天下之道，‘无不从此法界流，无不还归此法界’。故谓六艺之教终于易也。”① 他又用华严宗一摄一切，一切摄一，一入一切，一切入一，一中有一切，一切中有一，交参全遍，圆融无碍的思想，说明《诗》、《书》、《礼》、《乐》、《春秋》之教体者，莫非《易》也。

其次，以“穷理尽性以至于命”和“顺性命之理”为易经、易教之主旨。他说：三材之道所以立者，即是顺性命之理也。儒者不明性命之理，决不能通六艺。他以“性”“理”思想来说明六经，特别是《易经》。他说：“学《易》之要，观象而已；观象之要，求之十翼而已。孔子晚而系《易》，十翼之文幸未失坠，其辞甚约，而其旨甚明。”② 在概述了汉、宋、清代易学之后，马先生特别指出：“近人恶言义理，将‘穷理尽性’之说为虚诞乎？何其若是之纷纷也？……不有十翼，《易》其终为卜筮之书乎？”③ 他以为要重视象，重视辞，通过“象”以尽其意，通过“辞”以明其吉凶，不能随便说“忘象”、“忘言”。他说：“寻言以观象而象可得也，寻象以观意而意可尽也。数犹象也，象即理也，从其所言之异则有之。若曰可遗，何谓‘以言乎天地之间则备’邪？与其求之后儒，何如直探之十翼？”④ 他又说，象是能诠，意是所诠。数在象后，理在象先。离理无以为象，离象无以为数。又说：物之象即心之象也。又说：今治《易》者，只在卦象上着例，不求圣人之意，卦象便成无用。

---

① 《马一浮集》第1册，422～423页，杭州，浙江古籍出版社、浙江教育出版社，1996。

② 同上书，421页。

③ 同上书，421～422页。

④ 同上书，422页。

马先生指出："圣人作《易》，乃是称性称理。""三才之道所以立者，即是顺性命之理也。凡言理，与道有微显之别。理本寂然，但可冥证，道则著察见之流行。就流行言，则曰三才；就本寂言，唯是一理。性命亦浑言不别，析言则别。性唯是理，命则兼气。理本纯全，气有偏驳，故性无际畔，命有终始。然有是气则必有是理，故命亦以理言也。顺此性命之理，乃道之所以行。不言行而言立者，立而后能行也。顺理则率性之谓也，立道即至命之谓也，故又曰'穷理尽性以至于命'，此《易》之所为作也。知圣人作《易》之旨如此，然后乃可以言学《易》之道。"①

以上对理与道、性与命的诠释，运用了理学家理气关系的模型。"理"、"性"为本体，"道"为流行，命则兼气。他又说乾元是性，坤元是命，合德曰人。资始者理，资生者气，总为一理。又说理必顺性命故，离性命无以为理故。但这个"理"并不在吾人之外，不可用客观方法求之于外，不能用分析、计算、比较、推理的方式求得，只能由自己会悟、证悟。因此，在一定意义上，马一浮先生的"理"即是"心"。

与熊十力类似，马一浮最终把性命之理视为本心，以心遍摄一切法，心即是一切法。三材之道只是显本心本体之大用。圣人作《易》垂教，只是要人识得本心。本心与习心不同，我们不能只随顺习气，失坠本心。

由本体论进入工夫论、修养论，马先生讲"全性起修"，"全修在性"，乾坤合德，故"性修不二"。在性德与修德的关系上，"因修以显性，不执性以废修"。他亦讲成己，成物，认为成物是性分内事，但物之气有不齐，不得不谓之命，圣人尽性至命，所以知其不可而为之。在他看来，"穷理尽性以至于命"，是兼性、修而言，兼内圣外王而言；极深研几，即所以崇德广业，开物成务；此即成性、成能、成位。

在体用、性修关系上，熊马有一致性。如对"神无方易无体"、"精义入神"、"各正性命"等的解释，如关于从体起用、摄用归体、本隐之显、推见至隐的解释等。但马先生多用佛学来谈，如佛之三身，圆伊三点等，熊先生则不然。熊马二人无疑接着宋明诸家而讨论易学，重心在本体论。马的讲法更传统一些，熊用了一些现代哲学的讲法。熊着意于

① 《马一浮集》第1册，425页。

本体—宇宙论，马着意于本体—工夫论。

3. 方东美：以“生生”为中心的形上学

方先生很重视《易》的逻辑问题，他评论了京房、荀爽、虞翻等汉易诸家，认为最重要的是旁通之说，但“旁通之理应当从卦象去求，不应当从易辞去求……应当由易之取象演卦着手，然后再从卦与卦间的逻辑关系，试求通辞”①。他自己曾以现代逻辑手段说明六十四卦的联系。

方东美先生的《原始儒家道家哲学》一书，有专章“原始儒家思想——《易经》部分”。他考察了《易》的逻辑及其符号系统的起源与结构，肯定了从符号到道德的转化。方先生认为，《周易》符号和卦爻辞系统是从远古到成周时代的历史产品，后经周公、孔子的诠释，成为人本主义的思想体系，有了道德理性的提升，既保留了原始宗教价值，又转化为道德价值，把神圣世界与现实世界联系起来，成就一个人类的生命道德秩序。方先生指出，《周易》只是经孔子、孔孟弟子的系统研究，对这些历史资料以哲学的解释，然后才有了真正的哲学。

方先生强调的是，孔子演《易》之“元德”、“元理”是中国文化精神的主脉，是中国智慧的精品。与熊十力、马一浮二先生一样，方先生也肯定孔子对《易传》十翼的创制，甚至认为孔子真正的贡献在《易》。他进而指出，通过孔子与子思，孟子才是真正透悟《周易》精神的大师，贯通《易》、《庸》，从一切生命的观点、价值的理想、哲学的枢纽上安排人的地位与尊严。

方先生所谓“元德”、“元理”，即是“生生之德”，“生生不已”的天地精神。天道的创新精神转化为人性内在的创造性，转化为人文主义的价值系统。在这里，“乾元”是“大生之德”，“坤元”是“广生之德”，“天”的生命与“地”的生命合并起来，是一个广大悉备的天地生生之德，即创造性的力量，而人处在天地之间成为天地的枢纽。《周易》是以生命为中心、以价值为中心的哲学体系。②

---

① 方东美：《生生之德》，3页，台北，黎明文化事业公司，1987。

② 参见方东美：《原始儒家道家哲学》，156～160页，台北，黎明文化事业公司，1983。

方东美先生对《易传》的解释，认为这是中国独有的“宇宙—本体论”和“价值中心的本体论”。请注意，方先生的讲法与熊先生不同，熊先生讲的是“本体—宇宙论”，而方先生是从宇宙论到本体论再到价值论的理路。

方先生在《中国形上学中之宇宙与人》一文中认为：“《易经》一书是一部体大思精而又颠扑不破的历史文献，其中含有：(1) 一套历史发展的格式，其构造虽极复杂，但层次却有条不紊；(2) 一套完整的卦爻符号系统，其推演步骤悉依逻辑谨严法则；(3) 一套文辞的组合，凭藉其语法交错连緜的应用，可以发抉卦爻间彼此意义之衔接贯串处。此三者乃是一种‘时间论’之序曲或导论，从而引伸出一套形上学原理，藉以解释宇宙秩序。”① 他又指出：“《周易》这部革命哲学，启自孔子……其要义可自四方面言：(1) 主张‘万有含生论’之新自然观，视全自然界为宇宙生命之洪流所弥漫贯注。自然本身即是大生机，其蓬勃生气，盎然充满，创造前进，生生不已；宇宙万有，秉性而生，复又参赞化育，适以圆成性体之大全。(2) 提倡‘性善论’之人性观，发挥人性中之美善诸秉彝，使善与美俱，相得益彰，以‘尽善尽美’为人格发展之极致，唯人为能实现此种最高的理想。(3) 形成一套‘价值总论’，将流衍于全宇宙中之各种相对性的差别价值，使之含章定位，一一统摄于‘至善’。(4) 形成一套‘价值中心观’之本体论，以肯定性体实有之全体大用。”②

方东美概括的《周易》的这四点要义，确有见地。他阐发了《周易》哲学的宇宙自然观、人性论、境界论、价值论，特别指出这几者的合一。他指出儒家是“时际人”，而“时间”的观念在《周易》中特别明显。

就《周易》的宇宙自然观而言，他认为《易传》揭示的是“万有含生论”，是自然和谐的化育生机论。此由孔子创发，见之于《彖传》、《系辞传》及《说卦传》前两部分。方东美认为，《周易》生生之理中，

① 方东美：《生生之德》，289 页。

② 同上书，289～290 页。

育种成性、开物成务、创进不息、变化通几、绵延不朽诸义，均值得深究。[①] 方先生指出，中国人喜欢用“自然”代替“宇宙”。中国人心目中的“自然”（宇宙）与西方人不同，不是物质的、机械运动的，不是可以被宰割（或征服）的经验对象物，而是整体存在界的生存处所，也是万事万物顺其自然的律则律动变化的过程，是万物融通为一的境界。方东美对《易传》宇宙自然观的诠释，肯定其中蕴藏的生机活泼的生命力。他认为，我们的宇宙是生生不已、新新相续的创造领域。任何生命的冲动，都无灭绝的危险；任何生命的希望，都有满足的可能；任何生命的理想，都有实现的必要。“保合太和，各正性命”，真是我的宇宙的全体气象。这一“宇宙含生论”或“宇宙有生论”，确乎是《周易》哲学所代表的中国哲学的特质。他认为《易纬·乾凿度》也代表了中国哲学的机体主义的特征。所谓中国哲学的机体主义，即否定人与物、主观与客观的绝对对待，否定世界的机械秩序和由一些元素构成，否认将变动不居的宇宙本身压缩成一套紧密的封闭系统。这是针对西方哲学而言的。[②]

就《周易》的人性论和境界论而言，方先生认为，据万物含生论之自然观而深心体会之，油然而生，成就人性内具道德价值之使命感，发挥人性中之美善品质，实现尽善尽美的最高之人格理想，惟人为能。方先生指出，这一意义也是孔子首先创发，见于《乾》、《坤》二卦的《文言》，特别是《象传》曾系统发挥了这一思想。《周易》讲“精进”，“自强不息”，刚健创新不守其故，生意盎然，生机洋溢，生命充实。宇宙大生命与吾人生命彻上彻下、彻里彻外、彻头彻尾，无不洋溢着生机活力，生香活意。人的德性生命、价值理想随之精进而提升。方先生发挥“易简之善配至德”，认为在整体存在界的一切人，都是透过生命的实践来达到至善的境界的。当人们凭借其创造生机臻入完美境界，就可以与天地合其德，与神性同其工。这即是理想的精神人格，儒家所谓之“圣人”，尽性践形，止于至善。方先生在解释《文言传》时，强调天人合德的至善之境，即为大人、圣人的最高境界。

---

① 参见方东美：《中国人生哲学》，127～129页，台北，黎明文化事业公司，1980。

② 参见方东美：《生生之德》，284页。

就《周易》哲学的价值论、境界论与自然观、人性论的关系而言，方东美指出，在中国哲学家看来，自然是宇宙普遍生命大化流行的境域，它本身充满着无穷无尽的大生机。人与自然之间没有任何间隔，因为人的生命与宇宙生命是融为一体的。自然是一和谐的体系，它凭借着神奇的创造力（所谓鬼斧神工、神妙不测），点化了呆滞的物性，陶冶人的性情，提升人的美德。天德施生，地德生化，生生不已，浩瀚无涯。大化流行的生命景象，不是与人了无相涉的。正因为人参与了永恒无限的创化历程，并逐渐地在这一"健动"的历程中取得了中枢的地位，因而个体生命与宇宙生命一样，具有了无限的价值和意义。我们面对着一个创造的宇宙，我们每个人只有同样富有创造精神，才能德配天地。所以，儒家动态流衍的宇宙观，也就是价值中心的本体论，其基点是哲学人类学的。

方先生论《易》，大气磅礴，汪洋恣肆，横贯中西古今，是现代哲学的诠释，已超越汉宋易学的分别。他的义理，较之熊、马，更无拘束。

4. 牟宗三：从自然哲学到道德形上学

牟先生早年以希腊哲学的形上学、自然本体论来讲中国哲学，特别是用新实在论与数理逻辑来讨论《周易》，重视汉代、清代易学。他早年认为《周易》有四个含义：第一是数学物理的世界观，即生生条理的世界观；第二是数理逻辑的方法论，即以符号表象世界的"命题逻辑"；第三是实在论的知识论，即以彖象来界说或类推卦象所表象的世界之性德的知识论；第四是实在论的价值观，即由彖象之所定所示而昭示出的伦理意谓。①

（1）早期的易学观——对汉易象数的研究。

他提出了关于爻位的五个根本公理：第一，六爻之位各有所象而成一层级性，是谓"六位"公理；第二，六位分为上中下即象天地人，是为"三材"公理；第三，二五居卦之中，而为一卦之焦点或主座，是谓"中"之公理；第四，六爻成为既济式者，是谓"当位"公理；第五，

① 详见牟宗三：《周易的自然哲学与道德函义》之《重印志言》，台北，文津出版社，1988。

凡当位之爻初四、二五、三上各相应者，是谓“相应”公理。① 牟先生对爻之位置所反映的六爻之相互关系非常敏感，以上概括是准确的。他的看法，前四条公理均为静态的存在，最后一条“相应公理”则为爻的动用，如初、四爻相应，二、五爻相应，三、上爻相应。由六爻所代表的宇宙论言之，“相应”即是“感通”。汉易通过卦爻象数之路来观阴阳气化之变。

牟先生有关乾坤升降的讨论，提出气化交感互应的宇宙论，又研究了“据”（阳爻在阴爻之上）、“承”（阴爻在阳爻之下）、“乘”（阴爻居阳爻上者）的意义，互体问题和时空问题等，多有创发。②

牟先生对胡煦、焦循的研究非常深入，多有心得。熊十力先生对牟宗三有关胡煦生成哲学的阐发大为赞赏。关于焦循的易学，牟先生指出，他是由卦爻象数的关系而建立了“旁通情也”的道德哲学。至于焦循《当位失道图》的讨论，“成两既济”与“当位失道”的关系，能否称为“当位律”、“失道律”及其与“旁通律”的关系，焦循的混淆和牟先生归纳分析之不足，岑溢成先生的《焦循〈当位失道图〉牟释述补》一文论之甚详。③ 当然牟先生对焦氏旁通、相错、时行等卦爻变动的基本原则的提扬，总体上是有很大意义的。

（2）晚年的易学观——以“穷神知化”为中心

牟先生对《中庸》、《易传》的总体看法是，《易》、《庸》是从天命、天道的下贯，从宇宙论的进路来讲人性的，与孟子“仁义内在”，即心说性的道德的进路不一样。

他指出，天命之性总是一种超越意义、价值意义的“性”。《易经·乾象》“乾道变化，各正性命”，就是贞定这种性；《易·系辞传》“一阴一阳之谓道，继之者善也，成之者性也”，就是成的这种性。《易·说卦传》“穷理尽性以至于命”，也是尽的这种性。天、天命、天道下贯而为性的“性”，不是材质主义的“气命之性”。《易》、《庸》之学是儒家从

① 详见牟宗三：《周易的自然哲学与道德函义》之《重印志言》，49页，台北，文津出版社，1988。

② 详见邓立光：《象数易学义理新诠——牟宗三先生的易学》，参见刘大均主编：《大易集述》，149～152页，成都，巴蜀书社，1998。

③ 岑溢成文载《牟宗三先生与中国哲学之重建》，245～262页，台北，文津出版社，1996。

天道处说下来的人性论的传统中的“客观性原则”①。

牟先生认为，《彖》、《象》、《文言》与《系辞》，总名为孔门《周易》方面之义理，代表了儒家精神。其中心思想在“穷神知化”（《系辞下传》云“穷神知化，德之盛也”）。《乾彖》、《坤彖》集中体现此种精神，特别是“乾道变化，各正性命，保合太和乃利贞”一语，颇值得深究。所谓“知化”者，知天地生化之德（“天地之大德曰生”），即知“天道”。所谓“穷神”者，穷生化不测之神也，如“阴阳不测之谓神”，“知变化之道者，其知神之所为乎”，“神无方而易无体”等。② 牟先生反复阐释“易无思也，无为也，寂然不动，感而遂通天下之故。非天下之至神，其孰能与于此？夫易，圣人之所以极深而研几也。唯深也，故能通天下之志。唯几也，故能成天下之务。唯神也，故不疾而速，不行而至。”“蓍之德圆而神，卦之德方以智，六爻之义易以贡。圣人以此洗心，退藏于密，吉凶与民同患。神以知来，智以藏往，其孰能与于此哉！古之聪明睿智、神武而不杀者夫。是以明于天之道，而察于民之故，是兴神物以前民用。圣人以此斋戒以神明其德夫。”对以上《系辞》话语及相关思想的诠释，牟先生强调的是：

第一，“穷神”即“知化”，反之亦然。“穷”不是科学求知，不是以器求之；“知”不是质测、知识之知。“穷神知化”是德性生命的证悟，是发之于德性生命之超越的形而上之洞见，其根据完全在“仁”。“显诸仁，藏诸用”云云，即根据“仁”所证悟之天道也。天道并不是蹈空飘荡的冥惑之事，同时要实现出来，有大用有实功。天道是“仁”亦是“诚”，天道的生化秩序（宇宙秩序）也即是一道德秩序，这是发之于德性生命的必然的证悟。③

第二，《易传》是根据仁体的遍在而言天道即仁道，易道即仁道即生道。天道是“乾知大始，坤作成物”，生化不测之真几、实体。《易》、《庸》根据孔子的证境而显扬，是内在性的证悟。德行生命的健行，而

---

① 详见牟宗三：《中国哲学特质》第8讲，60～61页，上海，上海古籍出版社，1997。

② 详见牟宗三：《心体与性体》第1册，300页，台北，正中书局，1990。

③ 同上书，301～302页。

且又虔诚敬畏地"奉天时"，此即为超越与内在的圆一。①

第三，《易经》之学即是由蓍卦之布算而见到生命之真几。"极深研几"云云，正是《易》之本义。这就是要透过物质世界上达至精无碍的超越实体。《易》学正是以生化不测之神或易简之理来体证超越实体的。无论是天道的生化或是圣心的神明，都可以"无思无为、寂然不动、感而遂通"来形容之。这就是"寂感真几"。所以，超越实体者即是此"寂感真几"，神化与易简是其本质之属性。这都是由精诚的德性生命、精神生命的升进之所澈悟者。所证悟的是人生宇宙的本源。所以乾卦象传的"天行健，君子以自强不息"正是儒者超越智慧之不同于佛、老之处。②

牟宗三不拘泥于现实功利和具体物象，着力发掘《易》学之中内蕴的理想价值、精神生命，肯定体证本体正是洁净精微的"易教"的本色，促进人们养育心性，达到道德的高明之境。他对《易传》的诠释，与他"内在—超越"的哲学系统是一致的。在他看来，这种境界形上学，这种精神生命力的方向有其普遍性、永恒性与真理性，并永远是具体的普遍。

5. 唐君毅：天人内外相生相涵的圆教

唐君毅先生有关易学的探讨亦是哲学性的，与牟先生有很多相近之处。他们二人相互影响，唐的很多探讨较之以上所述牟晚年的探讨，在时间上要早一些。

唐先生在《中国哲学原论·原道篇二》及《中国哲学原论·原性篇》中多处论及《易传》。从这些标题："《易传》之即易道以观天之神道"，"《易传》之即继言善、即成言性与本德性以有神明之知"、"运神明以知乾坤之道与即道言性"等，不难看出唐的诠释路向。

唐先生指出，关于"寂静不动"之境而又"感而遂通"，从这一观点看一切天地万物，即见一切天地万物皆由寂而感，由无形而有形，由形而上而形而下，即见一切形而下之有为而可思者，皆如自一无思无为之世界中流出而生而成。知此，即可以入于《易传》之形上学之门。知

---

① 详见牟宗三：《心体与性体》第1册，304页。

② 同上书，307～308、310页。

一切物的生成皆由无形的形而上而有形的形而下，更观一切物生成的“相续”，即见此万物的生成，乃一由幽而明，由明而幽，亦由阖而辟，由辟而阖之历程。《易传》正是由此以言物之阖辟相继、往来不穷，由象而形而器，以成其生生不已。这些器可以为人所制而利用之，其利用之事亦有出有入而变化无穷，至神不测。①

唐先生肯定人有超越于一定时空限制的“神明之知”，即无定限的心知。他说，物之感应变化之道即是易道，而神即在其中，故易道即神道。易无体神无方，不是易道之外别有神道。他发挥“神而明之，存乎其人，默而成之，存乎德行”，“穷神知化，德之盛也”，进而讨论神明之知与德行的关系。

他说：“人若无自私之心，亦不自私其心为我所独有，将此心亦还诸天地，而观凡此天地之所在，即吾之心知、吾之神明之所运所在，天地皆此心知神明中之天地；则天地之现于前者无穷，此心知神明亦与之无穷。”②

唐先生解释“神妙万物”，特别指出这不是说“神超万物”，也不是说“神遍在于万物”。为什么呢？因为说“神超万物”，以安排计划生万物，则皆有定限而可测者也；说“神遍在万物”，乃就万物之已成者而言其遍在。这与言“神妙万物”，即就神之运于方生者之不可测是不同的。唐先生在这里把中国哲学（特别是儒学）与一元外在超越的基督教，与泛神论，区别开来。③

唐先生认定，人们在观照自然界之相互感应时，一面见自然物之德之凝聚，一面求自有其德行，与之相应；自然界启示人当有德行，自然不是纯粹的自然，而是有德行意义的自然（这与方东美的看法十分接近）。中国学者善于随处由自然得其启示于人之德行上的意义。这与《周易·大象传》等易教的影响有关。不仅人之德与天地之德相结合，而且如《周易·贲》之彖辞所说“观乎人文以化成天下”与“观乎天文以察时变”相对应。

---

① 参见唐君毅：《中国哲学原论·原道篇二》，《唐君毅全集》卷十五，140～145页，台北，学生书局，1993。

② 同上书，163页。

③ 同上书，164页。

就序卦之文而论，唐先生指出，《周易》之辩证法与西方之辩证法不同。《周易》多蕴涵顺承式的发展，西方辩证法多以正反直相转变为第一义。他重视乾阳而坤顺以相承之义。另一方面，他认为《周易》中所说的正反之相转以见正反之相成，与西方辩证法的事物有内在的矛盾说不同。唐先生之本意，在强调中国哲学的和谐方式的辩证法与西方哲学的斗争方式的辩证法是不同的。

唐先生亦肯定《大戴礼记》的《本命》所说“分于道谓之命，形于一谓之性”，《乐记》的“性命不同”与《易传》的“各正性命”、“穷理尽性以至于命”、“顺性命之理”与《中庸》的“天命之谓性”的重要。这一点亦同于马一浮、牟宗三。

唐先生认为：“人在其尽性之事中，即见有一道德生活上之自命。此自命，若自一超越于现实之人生已有之一切事之源泉流出，故谓之源于天命。实则此天命，即见于人之道德生活之自命之中，亦即见于人之自尽其性而求自诚自成之中，故曰天命之谓性也。至《中庸》之连天命以论性之思想之特色，亦即在视此性为一人之自求其德行之纯一不已，而必自成其德之性，是即一必归于‘成’之性，亦必归于‘正’之性，而通于《易传》之旨。此性，亦即彻始彻终，以底于成与正，而藏自命于内之性命。故人之尽性，即能完成天之所命，以至于命也。是又见《易传》之言‘成之者性’，言‘各正性命’，‘尽性至命’，正为与《中庸》为相类之思想形态也。”[①] 此言《易》、《庸》之同。

唐先生指出，《易传》之“一阴一阳之谓道，继之者善也，成之者性也”，“成性存存，道义之门”，“乾道变化，各正性命，乾知大始，坤作成物”及乾坤之鼓万物之盛德大业等，其思想似纯为以一形上学为先，以由天道而人性之系统。这与《孟子》尽心知性以知天，存心养性以事天，等直下在心性上取证者不同，也与《中庸》由圣人之至诚无息，方见其德其道之同于化育万物之天德天道者，亦似有异。唐先生进而指出，《易传》的阴阳、乾坤并举，尤与《中庸》之举一诚为一贯天人之道者不同。此言《易》、《庸》之异。

唐先生认为，理解《易传》先道后善而后性的入路是：须先在吾人

---

① 唐君毅：《中国哲学原论·原性篇》，《唐君毅全集》卷十三，88页，台北，学生书局，1991。

之道德生活之历程上及吾人如何本此心之神明以观客观宇宙之变化上，有所取证。这即是道德生活之求自诚而自成，即求其纯一无间而相续不已，这就是善善相继的历程。这里是先有继之善，而后见其性之成，故先言继善，而后言成性；非必谓继中只有善而无性，性中只有成而无善，善与性分有先后之谓也。[①]

唐先生指出，吾人之神明能兼藏往与知来，通观往者与来者，即见往者来者皆运于有形无形之间，而由无形以之有形，又由有形以之无形，遂可见一切形象实乃行于一无形象之道上，或形而上之道上，以一屈而一伸。这个无形之道不是虚理，而是能使形“生而显，成而隐”的有实作用的乾坤之道。

总而言之，唐先生说，乾坤之道与吾人性命的关系有两种论法，《易传》中均有。“穷理尽性以至于命”是第一种论法；“乾道变化，各正性命”是第二种论法。第一种论法是由主体到客体，第二种论法则相反。第一种论法是说，吾人之所以见宇宙有此乾坤之道，依吾人心之神明之知。人能有神明之知，乃出于吾人之心之性和吾人之性命。那么，客观宇宙的乾坤之道，是宇宙对吾人之性命之所呈，而内在于吾人之性命者。人之穷彼客观宇宙之理，亦即所以自尽性而自至命。

第二种论法是把吾人之性命客观化为与万物的性命同存在于客观宇宙中的性命，亦同为依于乾坤之道之所生之变化以自得自生而自成，以正其自己之一性命者。吾人的性命亦由乾道的变化而后得自生自成而自正者也。

这两种论法互为根据，互为其本。由人以知天与由天以知人，可同归于天人合德之旨，以见外穷宇宙之理与内尽自己之性，皆可以正性命而尽性至命。唐先生的结论是：“《易传》之论性命与乾坤之道，在根底上，仍为一视天人内外之关系为相生而相涵之圆教，而与《中庸》同为一具大智慧之书也。”[②]

由以上我们知道，以《孟子》为参照，牟先生认为《易》、《庸》是宇宙论的进路，重心是从天道下贯人性的客观性原理。然而，同样以《孟子》为参照，唐先生不仅指出了《易》、《庸》之同，又指出了《易》、

① 唐君毅：《中国哲学原论·原性篇》，《唐君毅全集》卷十三，83～89页。

② 同上书，96页。

《庸》之异，虽同样认为《易传》是由天道而人性的系统，但指出其包括了由主体到客体和由客体到主体两方面的原理，此即乾坤并建。牟先生发挥《易传》“穷神知化”的意义，认定是以“仁”为根据的德性生命的证悟。唐先生论“神明之知”，则指出其包含有形与无形、形下与形上两面，即道德实践历程、本心神明与客观宇宙变化的相续不已。

6. 现代新儒家的易学观的意义

冯友兰、徐复观、张君劢等先生也讨论过《周易》，特别是《易传》，也发挥过《易传》之旨。本文之所以略而不论，是因为他们大体上未曾把对《易传》的诠释与自家的哲学体系或哲学性思考相融，或仅是以思想史家、哲学史家的立场加以阐发的。冯友兰先生重视《易传》所含有的对待、变化、流行的观念，特别是发展的观点在宇宙观、社会观和人生论上的意义。徐复观先生重视《易传》的性命思想，认为其在性与命之间介入了阴阳的观念，认为其所言道德，外在的意义较重，与《孟子》、《中庸》不同。

前面我讨论的熊十力、马一浮、方东美、牟宗三、唐君毅五家的周易思想，相互发明者在在皆是。除牟先生早年外，他们均未（包括牟氏中晚年）理会象数学，均未从学术性路数具体而微地研究易学与易学史。五先生的共同之处是，抓住《易传》的一些关键性、哲理性话语予以创造性解读，在现当代重建了《易》的形上学，特别是道德形上学，并从形上易体的存有与活动的两面及其统合上加以发展。

五先生所论内容或有一些差异，然通而观之，不难发现他们虽出之于宋易又推陈出新，赋予《周易》以现代哲学的意蕴。其价值与意义是：

（1）不再拘束于烦琐的形式系统，亦不拘泥于物化的世界，提扬《周易》所代表的儒家乃至中国哲学的精神方向、价值世界，激励中国人的真善美相融通的人生境界的追求，并形成信念信仰，以安身立命。

（2）发挥《易传》的创造精神，撑开“用”、“现象界”、“形下界”和“外王学”，面对西方世界的挑战，面对现代生活而开物成务，崇德广业。此即体用不二、乾坤并建的题中应有之义。

（3）以现代哲学的观念与问题意识重点阐发了《周易》哲学的宇宙论、本体论、生命论、人性论、境界论、价值论及其间的联系，肯定了中国哲学之不同于西方哲学的特性是生机的自然观，整体的和谐观，自然宇宙和事实世界涵有价值的观念，至美至善的追求，生命的学问和内在性的体验。

（4）重建了本体论和宇宙论，证实了超越性与内在性的贯通及天与人合德的意义。重释“穷理尽性至命”、“继善成性”等命题的价值，肯定人有“神明之知”，能“穷神知化”，从而成就了儒家式的道德形上学。

《周易》经传是我国哲学的重要经典，特别是战国晚期以后逐渐形成的七种十篇《易传》，代表了中国人的人文觉醒，为中国哲学的本体论、宇宙论、人生论、价值论奠定了一种范式。与汉代流行的阴阳家、杂家的气化宇宙论不同，《易传》的思想更加博大精深。在今天，《易传》哲学仍有价值与意义。过去五十多年来，我国大陆学者比较重视《易传》的辩证发展观的价值，外国汉学家则比较重视从过程哲学或宇宙演化图式上来肯定《易传》，这当然都是不错的。相比较而言，现代新儒家学者的诠释，特别能抓住“易道”的本体—宇宙论这一关键。也就是说，《易传》最为重大的价值是继承了殷周以来、孔孟以来的大传统，从宗教性的范式转化为宗教与道德结合的范式，把天道、地道、人道等三才之道整合为一个大系统。《易传》的精神，从刚健创化的功能体认天道，从承顺宽容的功能体认地道，并把天地之道与人道（人事条理）的感通作为枢纽，从感应配合上体认生生不已的易道。易道的本体宇宙论含括了修人道以证天道，明天道以弘人道的两面，包含了儒家成己成物、内圣外王的“成德之教”。① 现代新儒家学者阐释了这种本体—宇宙论的体用观，建构了新的哲学模型，藉以融摄现代的科学。他们又特别在进德修业、道德实践的理路上，把“道”、“理”、“性”、“命”结合起来，实际上说明了人的道德自由，人所承担的绝对命令和无条件的义行。这就在道德形上学方面留下了更多的发展空间。我们今天仍然要追问天道、自然、社会、人性、个我生命的意义及其终极归属等问题，现代新儒家的阐述对我们发展《周易》哲学的精神具有多重的启发。这本身也是一重要的精神遗产。

---

① 参见戴琏璋：《易传之形成及其思想》，54～55页，台北，文津出版社，1989。

后 记

承蒙杨耕教授的厚爱，在饶涛博士的悉心帮助下，在祁传华同志认真编辑之后，本书终于与读者见面了。谨此向北京师范大学出版社的同仁致以衷心感谢！本书收录了我自 1985 年至今撰写、发表的近四十篇论文。我在选录、编入时，遵循了这样几个原则：一，凡收入我在中华书局出版的论文集《中国哲学智慧的探索》中的单篇论文，不再收入本书，故这两本论文集可以互补。二，集中地选编两方面的代表性论文，一是关于中华人文精神与文化哲学的探索方面的，二是关于中国哲学的特色、要义与方法论的思考方面的，按类编为上下篇。三，论文在此次编入时略有文字修订，但总体上都尽量保持了原样。

除了前述《中国哲学智慧的探索》外，我近年还出版了《中国儒学之精神》（复旦大学出版社）与《中国哲学史》（高等教育出版社），敬请读者参看，并请指教。本书与以上三本书反映了我多年来的思考。

本书编定过程中，时时想到恩师萧萐父、李德永、唐明邦三教授的教诲与提携。唐老师健在，日前我还去府上看望、聊天，他老人家八五高龄仍在为弘扬中国文化而努力工作。遗憾的是，萧老师、李老师已经作古。萧先生是 2008 年 9 月 17 日走的，李先生是 2009 年 7 月 21 日走的，两位老师的音容笑貌，历历在目。没有这三位老师，就没有我，就没有我们这个国家重点学科——"武汉大学中国哲学学科"。三位老师对我恩重如山，我很难用语言来加以描述。2009 年 5 月 22 日我们的太老师周辅成先生走了，7 月 11 日我们的太老师任继愈先生遽归道山。周先生、任先生及国内中国哲学思想史界的前辈们，我院的诸位前辈们对我的关照、扶掖，春风化雨，点点滴滴，我永远铭记心头，没齿难忘。

谨以此书敬献周先生、任先生、萧先生、李先生的灵前，衷心祝愿他们安息！

郭齐勇

己丑年寒露后四日（2009 年 10 月 12 日）

于武汉大学中国传统文化研究中心